最新

最新中华人民共和国法律配套解读与实例系列

9

中华人民共和国

安全生产法

配套解读与实例

李遐桢 编著

法律出版社
LAW PRESS·CHINA

北京

图书在版编目(CIP)数据

最新中华人民共和国安全生产法配套解读与实例 / 李遐桢编著. --2版. --北京：法律出版社，2022
ISBN 978-7-5197-7036-5

Ⅰ. ①最… Ⅱ. ①李… Ⅲ. ①安全法规-法律解释-中国 Ⅳ. ①D922.545

中国版本图书馆 CIP 数据核字(2022)第 158579 号

最新中华人民共和国安全生产法配套解读与实例
ZUI XIN ZHONGHUA RENMIN GONGHEGUO ANQUAN SHENGCHANFA PEITAO JIEDU YU SHILI

李遐桢 编著

责任编辑 董 昱
装帧设计 李 瞻

出版发行 法律出版社
编辑统筹 法规出版分社
责任校对 张红蕊
责任印制 耿润瑜
经　　销 新华书店

开本 710 毫米×1000 毫米 1/16
印张 25　**字数** 439 千
版本 2022 年 10 月第 2 版
印次 2022 年 10 月第 1 次印刷
印刷 固安华明印业有限公司

地址：北京市丰台区莲花池西里 7 号(100073)
网址：www.lawpress.com.cn
投稿邮箱：info@lawpress.com.cn
举报盗版邮箱：jbwq@lawpress.com.cn

销售电话：010-83938349
客服电话：010-83938350
咨询电话：010-63939796

书号：ISBN 978-7-5197-7036-5　**定价**：68.00 元

凡购买本社图书，如有印装错误，我社负责退换。电话：010-83938349

出版说明

“最新中华人民共和国法律配套解读与实例系列”丛书由相关领域法律专家编写，收录法律标准文本，解读法律重点条文，并对与法律条文相配套的法律、法规、部门规章、司法解释、审判政策和典型案例予以精要分析。丛书自2014年出版以来，得到了广大读者的关注与厚爱，连续再版。

近年来，随着我国立法的完善与发展，国家出台或者修改了与丛书各个领域联系紧密的法律、法规、部门规章及司法解释，如《民法典》《安全生产法》《民事诉讼法》《道路交通安全法》《刑法修正案（十一）》《土地管理法实施条例》等。为了进一步适应新的形势需要，编者再次对丛书进行了较为系统的修改和完善。

丛书此次修订，重点吸纳最新的配套规定，精选近年来最高人民法院公报案例、最高人民法院和最高人民检察院指导案例及典型案例，旨在提高案例的典型性和代表性，增强案例的针对性。

丛书编写以实用、易用为原则，编写体例如下：

1. 法律适用提要。分册皆由该领域法律专家撰写适用提要，帮助读者对立法背景、主要内容、注意事项有更全面深入的理解。

2. 重点法条注释。对重点法条进行条文解读，且给每个条文都提炼条文主旨，帮助读者准确理解法条内容。

3. 配套法规解读。对与主体法重点条文配套的其他法律、法规、部门规章、司法解释、审判政策进行解读，使观点更为鲜明、准确，语言更为通俗、精练，主体法更便于读者理解和适用。

4. 关联法规索引。详细列出与主体法条文相关联的法规的名目，方便读者查询使用。

5. 典型案例精选。重点条文下精选典型案例，以案说法、以案析法。

6. 附录法规实用。书末收录与本领域紧密相关的法律、法规和司法解释，增强法律法规的实效性。

需要说明的是,本丛书的“适用提要”“条文主旨”“条文解读”“法规解读”等内容皆是编者为方便读者阅读、理解而编写,非国家正式颁布的法律文本,不具有法律效力。

总之,我们所有的付出都旨在提高本书的实用性,以满足广大读者的需求。书中不足之处还望读者在使用过程中不吝赐教,提出宝贵意见,以便本书继续修订完善。

法律出版社法规中心

2022 年 7 月

目　　录

中华人民共和国安全生产法

配 套 法 规

《中华人民共和国安全生产法》适用提要

安全生产是事关人民群众生命财产安全的大事，是经济社会协调健康发展的标志，是党和政府对人民利益高度负责的要求。所以，安全生产工作必须牢固树立新发展理念，坚持安全发展，坚守发展绝不能以牺牲安全为代价这条不可逾越的红线，以防范遏制重特大生产安全事故为重点，坚持安全第一、预防为主、综合治理的方针。《安全生产法》是关于安全生产工作的法律制度，我国《安全生产法》与《职业病防治法》并存，体现出不同于国外职业安全卫生法的独特性。

现行《安全生产法》由第九届全国人民代表大会常务委员会第二十八次会议于2002年6月29日通过并公布，自2002年11月1日起施行。2009年8月27日，第十一届全国人民代表大会常务委员会第十次会议通过了《关于修改部分法律的决定》，对该法进行了第一次修正。2014年8月31日，第十二届全国人民代表大会常务委员会第十次会议审议通过了《关于修改〈中华人民共和国安全生产法〉的决定》，对该法进行了第二次修正，自2014年12月1日起施行。2021年6月10日，第十三届全国人民代表大会常务委员会第二十九次会议通过了《关于修改〈中华人民共和国安全生产法〉的决定》，对该法进行了第三次修正，自2021年9月1日起施行。

我国现行《安全生产法》共7章119条。主要内容包括总则、生产经营单位的安全生产保障、从业人员的安全生产权利义务、安全生产的监督管理、生产安全事故的应急救援与调查处理、法律责任和附则。《安全生产法》实施以来，安全生产形势逐年好转，事故起数由2002年的107.3万起下降至2020年的3.8万起，死亡人数由13.9万人下降至2.74万人，连续13年实现事故起数和死亡人数“双下降”。尽管安全生产工作取得了明显成效，但我们也清醒地认识到，当前安全平稳态势是长期高压严管下取得的，企业落实主体责任的自觉性还不够高，安全基础还不够牢,安全风险依然较大,稍有松懈事故就有可能反弹,甚至发生惊天动地的大事故。为进一步压实企业主体责任和政府监管责任,2021年修改的《安全生产法》突出问题导向:一是强化了生产经营单位主体责任和政府监管责任;二是针对安全生产工作中出现的新问题作出了回应,如对平台经济等新兴行业、领域的生产经营单位的安全生产、安全生产公益诉讼等作了规定;三是完善了安全生产违法行为的类型,提高了对安全生产违法行为的行政处罚;四是完善了主要负责人、其他负责人等的职责及法律责任。

生产经营单位千差万别,生产经营活动安全性各不相同,安全生产立法要反映各行各业的安全生产工作要求。除了《安全生产法》之外,还有《矿山安全法》《特种设备安全法》《道路交通安全法》《消防法》《海上交通安全法》《铁路法》《民用航空法》等法律。为配合上述法律的实施,国务院制定了《安全生产许可证条例》《民用核安全设备监督管理条例》《放射性同位素与射线装置安全和防护条例》《矿山安全法实施条例》《生产安全事故应急条例》《危险化学品安全管理条例》《国务院关于预防煤矿生产安全事故的特别规定》《煤矿安全监察条例》《生产安全事故报告和调查处理条例》等大量行政法规。按照“管行业必须管安全、管业务必须管安全、管生产经营必须管安全”和“谁主管,谁负责”的原则,为了做好安全生产工作,负有安全生产监督管理责任的部门制定了关于安全生产方面的大量部门规章。例如,自《安全生产法》施行以来原国家安全生产监督管理总局制定、修订了《煤矿安全规程》《安全生产培训管理办法》《特种作业人员安全技术培训考核管理规定》《煤矿安全培训规定》《安全生产违法行为行政处罚办法》《生产安全事故信息报告和处置办法》《生产安全事故应急预案管理办法》《安全生产事故隐患排查治理暂行规定》《注册安全工程师管理规定》《生产经营单位安全培训规定》《生产安全事故罚款处罚规定(试行)》等多部规章。为了打击生产安全犯罪,2006年6月29日第十届全国人民代表大会常务委员会第二十二次会议通过的《中华人民共和国刑法修正案(六)》规定:(1)将《刑法》第134条修改为“在生产、作业中违反有关安全管理的规定,因而发生重大伤亡事故或者造成其他严重后果的,处三年以下有期徒刑或者拘役;情节特别恶劣的,处三年以上七年以下有期徒刑。强令他人违章冒险作业,因而发生重大伤亡事故或者造成其他严重后果的,处五年以下有期徒刑或者拘役;情节特别恶劣的,处五年以上有期徒刑”。(2)将《刑法》第135条修改为“安全生产设施或者安全生产条件不符合国家规定,因而发生重大伤亡事故或者造成其他严重后果的，对直接负责的主管人员和其他直接责任人员，处三年以下有期徒刑或者拘役；情节特别恶劣的，处三年以上七年以下有期徒刑。”（3）在《刑法》第135条后增加一条，作为第135条之一“举办大型群众性活动违反安全管理规定，因而发生重大伤亡事故或者造成其他严重后果的，对直接负责的主管人员和其他直接责任人员，处三年以下有期徒刑或者拘役；情节特别恶劣的，处三年以上七年以下有期徒刑”。（4）在《刑法》第139条后增加一条，作为第139条之一“在安全事故发生后，负有报告职责的人员不报或者谎报事故情况，贻误事故抢救，情节严重的，处三年以下有期徒刑或者拘役；情节特别严重的，处三年以上七年以下有期徒刑”。为依法惩治危害生产安全犯罪，根据《刑法》有关规定，最高人民法院审判委员会第1665次会议和最高人民检察院第十二届检察委员会第44次会议通过了《关于办理危害生产安全刑事案件适用法律若干问题的解释》，该解释自2015年12月16日起施行。本解释施行后，最高人民法院、最高人民检察院《关于办理危害矿山生产安全刑事案件具体应用法律若干问题的解释》（法释〔2007〕5号）同时废止。2020年12月第十三届全国人民代表大会常务委员会第二十四次会议通过了《刑法修正案（十一）》，进一步完善了生产安全犯罪罪名，涉及安全生产的主要有三点：一是增加“明知存在重大事故隐患而不排除，仍冒险组织作业”“强令、组织他人违章冒险作业罪”；二是增加“危险作业罪”；三是修改“提供虚假证明文件罪”和“出具证明文件重大失实罪”。可以说，2002年《安全生产法》施行20年来，我国已经逐步建立起了以《安全生产法》为安全生产方面的一般法，以《特种设备安全法》等法律为安全生产方面的特别法，以相关行政法规、部门规章、国家标准或行业标准和司法解释为补充的安全生产法律法规体系。由此可见，仅知道《安全生产法》显然是“管中窥豹”，只能看到安全生产工作的一般性规定。要准确把握我国的安全生产法律制度，不但要熟悉《安全生产法》本身，还要掌握与其配套的相关法律、法规及司法解释，只有通盘了解，才能真正理解我国的安全生产法律制度。

中华人民共和国安全生产法

（2002年6月29日第九届全国人民代表大会常务委员会第二十八次会议通过　根据2009年8月27日第十一届全国人民代表大会常务委员会第十次会议《关于修改部分法律的决定》第一次修正　根据2014年8月31日第十二届全国人民代表大会常务委员会第十次会议《关于修改〈中华人民共和国安全生产法〉的决定》第二次修正　根据2021年6月10日第十三届全国人民代表大会常务委员会第二十九次会议《关于修改〈中华人民共和国安全生产法〉的决定》第三次修正）

第一章　总　　则

本章介绍

第一章是《安全生产法》的总则部分，共19条，它是关于安全生产工作基本内容的规定，是其他各章的总结与统领。本章明确了《安全生产法》的立法目的、适用范围、工作方针、生产经营单位基本义务、单位主要负责人主体责任、从业人员安全生产权利义务、工会职责、各级人民政府职责、安全生产监督管理体制、安全生产标准、安全生产宣传教育、协会组织职责、安全生产服务中介机构、事故责任追究制度、安全生产科学技术研究、奖励等。2021年本章修正的重点如下：一是增加了“安全生产工作坚持中国共产党的领导”。二是明确了“政府监管责任”，根据“安全生产工作实行管行业必须管安全、管业务必须管安全、管生产经营必须管安全”和“对新兴行业、领域的安全生产监督管理职责不明确的，由县级以上地方各级人民政府按照业务相近的原则确定监督管理部门”的原则确定监管部门。三是对新兴行业、领域适用《安全生产法》作出明确规定。四是明确生产经营单位的主要负责人是本单位安全生产第一责任人,其他负责人对职责范围内的安全生产工作负责。五是对基层安全生产监督管理作出立法上的安排。六是增加了关于安全生产国家标准制定的内容,推动了安全生产国家标准制定。

第一条 【立法目的】〔1〕**为了加强安全生产工作,防止和减少生产安全事故,保障人民群众生命和财产安全,促进经济社会持续健康发展,制定本法。**

条文解读

本法第 1 条是关于《安全生产法》立法目的的规定。

从本条规定来看,我国《安全生产法》的立法目的主要有四个层次:

一是加强安全生产工作。所谓"安全生产"是指在生产经营活动中,为避免发生造成人员损害和财产损失的事故,有效消除或控制危险和有害因素而采取的一系列措施,控制生产过程中的危险因素,保证人民群众的人身安全与健康、设备和设施免受损坏、环境免遭破坏,确保生产经营活动得以顺利进行。这里的"生产"是广义的,不仅包括各种产品的生产经营,而且包括各类工程建设、娱乐业以及其他服务业的经营活动。既包括具有高度危险性的生产,也包括危险性比较小的生产,换言之,工矿商贸等各行各业生产经营都属于本法中的"生产"。

二是防止和减少生产安全事故。何为"生产安全事故",立法上没有明确界定。国务院《生产安全事故报告和调查处理条例》第 2 条规定:"生产经营活动中发生的造成人身伤亡或者直接经济损失的生产安全事故的报告和调查处理,适用本条例;环境污染事故、核设施事故、国防科研生产事故的报告和调查处理不适用本条例。"因此,生产安全事故是指生产经营活动中发生的造成人身伤亡或者直接经济损失的事故,但不包括环境污染事故、核设施事故、国防科研生产事故。生产安全事故是生产经营活动中造成人员伤亡和直接经济损失的事故。人员伤亡包括造成人员死亡和伤害。直接经济损失是指因事故造成人身伤亡及善后处理支出的费用和毁坏财产的价值。生产经营单位在生产经营过程中都存在某些可能对人身和财产安全造成损害的危险因素,如果对这些危险因素缺乏认识,或者没有采取有效的

---

〔1〕 条文主旨为编者所加,下同。

预防、控制措施，这些潜在的危险就会造成诸如爆炸等导致人身伤害和财产损失的生产安全事故。生产经营活动中的事故虽然难以做到完全避免，但只要高度重视，加大投入，严格遵守法律、法规、规章和操作规程，事故是可以预防和减少的。发生安全事故后，救援措施得当，也可以减少伤亡和财产损失。

需要指出的是，本法中的生产安全事故造成的人员伤亡和财产损失中的“人员”，不限于从业人员，还包括周围群众，“财产”除生产经营单位本身的财产损失外，还包括周围群众的财产损失。

三是保障人民群众生命和财产安全。安全生产事关人民群众生命财产安全，事关改革开放、经济发展和社会稳定大局，事关党和政府的形象和声誉。这就要求生产经营单位必须始终把安全生产放在重中之重的位置，始终把保障人民群众生命财产安全放在首位，进一步牢固树立生命至上的理念，严格落实安全生产主体责任制，确保人民生命财产安全，绝不能以牺牲人的生命作为发展的代价。保障人民群众生命和财产安全是本法的根本目的。这充分说明我国安全生产属于公共安全的范畴，不限于职业安全。

四是促进经济社会持续健康发展。2014 年《安全生产法》修正时，将原法中的“促进经济发展”修改为“促进经济社会持续健康发展”，主要是考虑到经济与社会要同步发展、持续发展和健康发展，《安全生产法》的重要目的是保障经济社会全面、协调、可持续健康发展。

配套法规及解读

《生产安全事故报告和调查处理条例》(2007 年 6 月 1 日施行)

第二条 生产经营活动中发生的造成人身伤亡或者直接经济损失的生产安全事故的报告和调查处理，适用本条例；环境污染事故、核设施事故、国防科研生产事故的报告和调查处理不适用本条例。

第三条 根据生产安全事故(以下简称事故)造成的人员伤亡或者直接经济损失，事故一般分为以下等级：

(一)特别重大事故，是指造成 30 人以上死亡，或者 100 人以上重伤(包括急性工业中毒，下同)，或者 1 亿元以上直接经济损失的事故；

(二)重大事故，是指造成 10 人以上 30 人以下死亡，或者 50 人以上 100 人以

下重伤,或者5000万元以上1亿元以下直接经济损失的事故;

（三）较大事故,是指造成3人以上10人以下死亡,或者10人以上50人以下重伤,或者1000万元以上5000万元以下直接经济损失的事故;

（四）一般事故,是指造成3人以下死亡,或者10人以下重伤,或者1000万元以下直接经济损失的事故。

国务院安全生产监督管理部门可以会同国务院有关部门,制定事故等级划分的补充性规定。

本条第一款所称的“以上”包括本数,所称的“以下”不包括本数。

※法规解读:《生产安全事故报告和调查处理条例》第2条对生产安全事故报告和调查处理的适用范围作了规定,将环境污染事故、核设施事故、国防科研生产事故的报告和调查处理排除在该条例的适用范围之外。但是,《安全生产法》作为安全生产领域的综合性法律,其对核设施、国防科研生产等仍具有适用性。该条例第3条根据生产安全事故造成的人员伤亡或者直接经济损失,将生产安全事故分为四级:一般事故、较大事故、重大事故和特别重大事故。从本条关于事故等级划分标准来看,伤害主要是造成人员重伤。造成轻伤的也会产生直接经济损失,也属于生产安全事故,但这时是否应适用《生产安全事故报告和调查处理条例》进行报告和调查,实务界有不同的处理。有人认为,即使造成一人轻伤的,也属于直接经济损失,应属于一般事故,应适用《生产安全事故报告和调查处理条例》进行报告和调查;也有人认为,造成轻伤的,虽然有直接经济损失,但是《生产安全事故报告和调查处理条例》中所称的直接经济损失不包括人身伤亡造成的直接经济损失,所以造成轻伤的不属于该条例中的生产安全事故。

第二条 【适用范围】在中华人民共和国领域内从事生产经营活动的单位(以下统称生产经营单位)的安全生产,适用本法;有关法律、行政法规对消防安全和道路交通安全、铁路交通安全、水上交通安全、民用航空安全以及核与辐射安全、特种设备安全另有规定的,适用其规定。

条文解读

本法第2条是关于《安全生产法》适用范围的规定。

法律的效力表现为法对何种空间范围内的人和事产生法律拘束力。它包括：法律的时间效力，即法律从什么时候开始发生效力和什么时候失去效力；法律的空间效力，即法律适用的地域范围；法律对人的效力，即法律适用于什么法律主体（我国《民法典》将法律主体分为自然人、法人和非法人组织三类）；法律对事的效力，是指法律适用于特定法律主体的何种活动。

我国现行《安全生产法》由第九届全国人民代表大会常务委员会第二十八次会议于2002年6月29日通过并公布，自2002年11月1日起施行。根据2021年6月10日第十三届全国人民代表大会常务委员会第二十九次会议《关于修改〈中华人民共和国安全生产法〉的决定》第三次修正，自2021年9月1日起施行。

从本法第2条来看，本法的空间效力为“中华人民共和国领域内”，即本法的效力及于中华人民共和国的全部领域，包括领陆、领海和领空，即在中华人民共和国领域内从事生产经营活动的单位就要受《安全生产法》的调整。企业在我国专属经济区内从事生产经营活动的，也适用本法。按照我国《香港特别行政区基本法》和《澳门特别行政区基本法》的规定，只有列入这两个基本法附件三的全国性法律，才能在这两个特别行政区适用。《安全生产法》没有被列入其中，因此《安全生产法》不适用于我国已经恢复行使主权的香港特别行政区和澳门特别行政区。香港和澳门的安全生产立法由特区立法机关自行制定。

依照本法第2条的规定，本法适用于在中华人民共和国领域内从事生产经营活动的单位（以下简称生产经营单位）。但是，本条中的“生产经营单位”主要有两个问题需要明确：第一，生产经营单位是否包括自然人？第二，生产经营单位是否包括非法从事生产经营活动的单位？

针对第一个问题，根据原国家安全生产监督管理总局（2018年3月撤销，职能并入应急管理部，下同）《关于生产安全事故认定若干意见问题的函》（政法函〔2007〕39号）第2条的规定，《安全生产法》所称的生产经营单位，是指从事生产活动或者经营活动的基本单元，既包括企业法人，也包括不具有企业法人资格的经营单位、个人合伙组织、个体工商户和自然人等其他生产经营主体。根据该函件，自然人包括在生产经营单位之中。但全国人民代表大会常务委员会法制工作委员会编的“中华人民共和国法律释义丛书”之《中华人民共和国安全生产法释义》认为，从事生产经营活动的单位包括从事生产经营活动的企业、事业单位和个体经济组织以及其他组织，包括国有企事业单位、集体所有制的企事业单位、股份制企业、中外合资经营企业、中外合作经营企业、外资企业、合伙企业、个人独资企业等，无论性质如何、规模大小，只要从事生产经营活动，都应遵守本法的各项规定。[1] 从严格意义上讲，单位并不是一个非常严谨的法律概念，也不是一个独立的法律主体，根据《现代汉语词典》的解释，"单位"有两层含义：(1)计量事物的标准量的名称。如米为计量长度的单位，千克为计量质量的单位，升为计量容积的单位等。(2)指机关、团体等或属于一个机关、团体等的各个部门。[2] 按照《劳动合同法》第2条的规定，用人单位是指中华人民共和国境内的企业、个体经济组织、民办非企业单位等组织。司法实践认为，生产经营单位不含自然人。所以，自然人不属于用人单位，不适用《安全生产法》的规定。当然，也有地方性法规规定，自然人属于生产经营单位，例如《广东省安全生产条例》。

针对第二个问题，根据原国家安全生产监督管理总局《关于生产安全事故认定若干意见问题的函》（政法函〔2007〕39号）第2条的规定，《安全生产法》所称的生产经营活动，既包括合法的生产经营活动，也包括违法违规的生产经营活动。非法单位的安全生产也适用本法的规定。但是，实践中很多法院认为，未进行工商登记的，不具有行政相对人资格，不能依据《安全生产法》之规定进行处罚。但也有学者认为，非法单位从事的行为危险性极大，《安全生产法》应当对其适用。非法单位是假冒非法单位的自然人，而非法单位并非一个法律主体，不宜将其纳入《安全生产法》的调整范围，发生事故的，也不能对该自然人以非法单位之主要负责人处以事故罚款，更不可能对不存在之单位实施处罚。不能因这些非法单位有时实施行为的社会危害性巨大，而不顾一切地将其纳入《安全生产法》的调整范围。实际上，这些假冒非法单位从事的违法行为，在目前法律框架内并非不能解决，我国现有立法已经张开了天罗地网，如非法经营罪等。

依照依法治国、依法行政的要求，各级人民政府负有安全生产监督管理职责的部门以及工作人员，在对生产经营单位监管监察时，也必须遵守本法的规定。

本法对事的效力，是生产经营活动中的安全问题，其调整的事项仅限于生产经营领域，公共安全、国家安全等不适用本法的规定，如公共场所的集会活动等。但在公共场所组织的各类商业活动，受本法的调整。这里的生产经营活动范围非常

---

〔1〕 参见阚珂主编：《中华人民共和国安全生产法释义》，法律出版社2014年版，第6页。

〔2〕 参见中国社会科学院语言研究所词典编辑室编：《现代汉语词典》（第7版），商务印书馆2016年版，第254页。

广泛,既包括资源的开采活动,各种产品的加工、制作活动,也包括各类工程建设和商业、娱乐业以及其他服务业的经营活动。其调整的对象既包括生产经营单位的安全生产,也包括负有安全生产监督管理职责的部门及其工作人员对生产经营单位的监管监察工作。

考虑到从事某些生产经营活动的单位或者某些安全事项具有特殊性,对其单独立法非常有必要。目前,《消防法》对消防安全、《道路交通安全法》对道路交通安全、《海上交通安全法》对海上交通安全、《铁路法》对铁路交通安全、《民用航空法》对航空安全、《特种设备安全法》对特种设备安全,以及《民用核安全设备监督管理条例》《放射性同位素与射线装置安全和防护条例》对核与辐射安全等作了特别规定。因此,对这些领域的安全问题,应当适用相关法律和行政法规的规定。也就是说,在这些领域中的安全问题,由专门的法律、行政法规进行调整,执行这些专门法律、行政法规作出的规定。对于一些安全生产方面的问题,上述法律、行政法规中未作出规定的,仍然要适用本法的规定。

配套法规及解读

《道路交通安全法》(2021 年 4 月 29 日修正)

第五条 国务院公安部门负责全国道路交通安全管理工作。县级以上地方各级人民政府公安机关交通管理部门负责本行政区域内的道路交通安全管理工作。

县级以上各级人民政府交通、建设管理部门依据各自职责,负责有关的道路交通工作。

第六条 各级人民政府应当经常进行道路交通安全教育,提高公民的道路交通安全意识。

公安机关交通管理部门及其交通警察执行职务时,应当加强道路交通安全法律、法规的宣传,并模范遵守道路交通安全法律、法规。

机关、部队、企业事业单位、社会团体以及其他组织,应当对本单位的人员进行道路交通安全教育。

教育行政部门、学校应当将道路交通安全教育纳入法制教育的内容。

新闻、出版、广播、电视等有关单位,有进行道路交通安全教育的义务。

第七十条 在道路上发生交通事故,车辆驾驶人应当立即停车,保护现场;造成人身伤亡的，车辆驾驶人应当立即抢救受伤人员，并迅速报告执勤的交通警察或者公安机关交通管理部门。因抢救受伤人员变动现场的，应当标明位置。乘车人、过往车辆驾驶人、过往行人应当予以协助。

在道路上发生交通事故，未造成人身伤亡，当事人对事实及成因无争议的，可以即行撤离现场，恢复交通，自行协商处理损害赔偿事宜；不即行撤离现场的，应当迅速报告执勤的交通警察或者公安机关交通管理部门。

在道路上发生交通事故，仅造成轻微财产损失，并且基本事实清楚的，当事人应当先撤离现场再进行协商处理。

第七十三条 公安机关交通管理部门应当根据交通事故现场勘验、检查、调查情况和有关的检验、鉴定结论，及时制作交通事故认定书，作为处理交通事故的证据。交通事故认定书应当载明交通事故的基本事实、成因和当事人的责任，并送达当事人。

《海上交通安全法》(2021 年 4 月 29 日修订)

第四条 国务院交通运输主管部门主管全国海上交通安全工作。

国家海事管理机构统一负责海上交通安全监督管理工作，其他各级海事管理机构按照职责具体负责辖区内的海上交通安全监督管理工作。

第十九条 海事管理机构根据海域的自然状况、海上交通状况以及海上交通安全管理的需要，划定、调整并及时公布船舶定线区、船舶报告区、交通管制区、禁航区、安全作业区和港外锚地等海上交通功能区域。

海事管理机构划定或者调整船舶定线区、港外锚地以及对其他海洋功能区域或者用海活动造成影响的安全作业区，应当征求渔业渔政、生态环境、自然资源等有关部门的意见。为了军事需要划定、调整禁航区的，由负责划定、调整禁航区的军事机关作出决定，海事管理机构予以公布。

第二十七条 任何单位、个人发现下列情形之一的，应当立即向海事管理机构报告；涉及航道管理机构职责或者专用航标的，海事管理机构应当及时通报航道管理机构或者专用航标的所有人：

（一）助航标志或者导航设施位移、损坏、灭失；

（二）有妨碍海上交通安全的沉没物、漂浮物、搁浅物或者其他碍航物；

（三）其他妨碍海上交通安全的异常情况。

第四十八条 在中华人民共和国管辖海域内进行施工作业，应当经海事管理机构许可，并核定相应安全作业区。取得海上施工作业许可，应当符合下列条件：

（一）施工作业的单位、人员、船舶、设施符合安全航行、停泊、作业的要求；

（二）有施工作业方案；

（三）有符合海上交通安全和防治船舶污染海洋环境要求的保障措施、应急预案和责任制度。

从事施工作业的船舶应当在核定的安全作业区内作业，并落实海上交通安全管理措施。其他无关船舶、海上设施不得进入安全作业区。

在港口水域内进行采掘、爆破等可能危及港口安全的作业，适用港口管理的法律规定。

第五十一条 碍航物的所有人、经营人或者管理人应当按照有关强制性标准和技术规范的要求及时设置警示标志，向海事管理机构报告碍航物的名称、形状、尺寸、位置和深度，并在海事管理机构限定的期限内打捞清除。碍航物的所有人放弃所有权的，不免除其打捞清除义务。

不能确定碍航物的所有人、经营人或者管理人的，海事管理机构应当组织设置标志、打捞或者采取相应措施，发生的费用纳入部门预算。

第八十条 船舶、海上设施发生海上交通事故，应当及时向海事管理机构报告，并接受调查。

第八十一条 海上交通事故根据造成的损害后果分为特别重大事故、重大事故、较大事故和一般事故。事故等级划分的人身伤亡标准依照有关安全生产的法律、行政法规的规定确定；事故等级划分的直接经济损失标准，由国务院交通运输主管部门会同国务院有关部门根据海上交通事故中的特殊情况确定，报国务院批准后公布施行。

第八十二条 特别重大海上交通事故由国务院或者国务院授权的部门组织事故调查组进行调查，海事管理机构应当参与或者配合开展调查工作。

其他海上交通事故由海事管理机构组织事故调查组进行调查，有关部门予以配合。国务院认为有必要的，可以直接组织或者授权有关部门组织事故调查组进行调查。

海事管理机构进行事故调查，事故涉及执行军事运输任务的，应当会同有关军事机关进行调查；涉及渔业船舶的，渔业渔政主管部门、海警机构应当参与调查。

第八十三条 调查海上交通事故，应当全面、客观、公正、及时，依法查明事故事实和原因，认定事故责任。

第八十四条 海事管理机构可以根据事故调查处理需要拆封、拆解当事船舶的航行数据记录装置或者读取其记录的信息，要求船舶驶向指定地点或者禁止其离港，扣留船舶或者海上设施的证书、文书、物品、资料等并妥善保管。有关人员应当配合事故调查。

第八十五条 海上交通事故调查组应当自事故发生之日起九十日内提交海上交通事故调查报告；特殊情况下，经负责组织事故调查组的部门负责人批准，提交事故调查报告的期限可以适当延长，但延长期限最长不得超过九十日。事故技术鉴定所需时间不计入事故调查期限。

海事管理机构应当自收到海上交通事故调查报告之日起十五个工作日内作出事故责任认定书，作为处理海上交通事故的证据。

事故损失较小、事实清楚、责任明确的，可以依照国务院交通运输主管部门的规定适用简易调查程序。

海上交通事故调查报告、事故责任认定书应当依照有关法律、行政法规的规定向社会公开。

第八十六条 中国籍船舶在中华人民共和国管辖海域外发生海上交通事故的，应当及时向海事管理机构报告事故情况并接受调查。

外国籍船舶在中华人民共和国管辖海域外发生事故，造成中国公民重伤或者死亡的，海事管理机构根据中华人民共和国缔结或者参加的国际条约的规定参与调查。

第八十七条 船舶、海上设施在海上遭遇恶劣天气、海况以及意外事故，造成或者可能造成损害，需要说明并记录时间、海域以及所采取的应对措施等具体情况的，可以向海事管理机构申请办理海事声明签注。海事管理机构应当依照规定提供签注服务。

《铁路法》(2015 年 4 月 24 日修正)

第四十二条 铁路运输企业必须加强对铁路的管理和保护，定期检查、维修铁路运输设施，保证铁路运输设施完好，保障旅客和货物运输安全。

第四十三条 铁路公安机关和地方公安机关分工负责共同维护铁路治安秩序。车站和列车内的治安秩序，由铁路公安机关负责维护；铁路沿线的治安秩序，由地方公安机关和铁路公安机关共同负责维护，以地方公安机关为主。

第四十四条 电力主管部门应当保证铁路牵引用电以及铁路运营用电中重要负荷的电力供应。铁路运营用电中重要负荷的供应范围由国务院铁路主管部门和国务院电力主管部门商定。

第四十五条 铁路线路两侧地界以外的山坡地由当地人民政府作为水土保持的重点进行整治。铁路隧道顶上的山坡地由铁路运输企业协助当地人民政府进行整治。铁路地界以内的山坡地由铁路运输企业进行整治。

第四十八条 运输危险品必须按照国务院铁路主管部门的规定办理,禁止以非危险品品名托运危险品。

禁止旅客携带危险品进站上车。铁路公安人员和国务院铁路主管部门规定的铁路职工,有权对旅客携带的物品进行运输安全检查。实施运输安全检查的铁路职工应当佩戴执勤标志。

危险品的品名由国务院铁路主管部门规定并公布。

第四十九条 对损毁、移动铁路信号装置及其他行车设施或者在铁路线路上放置障碍物的,铁路职工有权制止,可以扭送公安机关处理。

第五十七条 发生铁路交通事故,铁路运输企业应当依照国务院和国务院有关主管部门关于事故调查处理的规定办理,并及时恢复正常行车,任何单位和个人不得阻碍铁路线路开通和列车运行。

《消防法》(2021 年 4 月 29 日修正)

第四条 国务院应急管理部门对全国的消防工作实施监督管理。县级以上地方人民政府应急管理部门对本行政区域内的消防工作实施监督管理,并由本级人民政府消防救援机构负责实施。军事设施的消防工作,由其主管单位监督管理,消防救援机构协助;矿井地下部分、核电厂、海上石油天然气设施的消防工作,由其主管单位监督管理。

县级以上人民政府其他有关部门在各自的职责范围内,依照本法和其他相关法律、法规的规定做好消防工作。

法律、行政法规对森林、草原的消防工作另有规定的,从其规定。

第五十二条 地方各级人民政府应当落实消防工作责任制,对本级人民政府有关部门履行消防安全职责的情况进行监督检查。

县级以上地方人民政府有关部门应当根据本系统的特点,有针对性地开展消防安全检查,及时督促整改火灾隐患。

第五十三条 消防救援机构应当对机关、团体、企业、事业等单位遵守消防法律、法规的情况依法进行监督检查。公安派出所可以负责日常消防监督检查、开展消防宣传教育，具体办法由国务院公安部门规定。

消防救援机构、公安派出所的工作人员进行消防监督检查，应当出示证件。

《特种设备安全法》(2013 年 6 月 29 日通过)

第二条 特种设备的生产(包括设计、制造、安装、改造、修理)、经营、使用、检验、检测和特种设备安全的监督管理，适用本法。

本法所称特种设备，是指对人身和财产安全有较大危险性的锅炉、压力容器(含气瓶)、压力管道、电梯、起重机械、客运索道、大型游乐设施、场(厂)内专用机动车辆，以及法律、行政法规规定适用本法的其他特种设备。

国家对特种设备实行目录管理。特种设备目录由国务院负责特种设备安全监督管理的部门制定，报国务院批准后执行。

第五条 国务院负责特种设备安全监督管理的部门对全国特种设备安全实施监督管理。县级以上地方各级人民政府负责特种设备安全监督管理的部门对本行政区域内特种设备安全实施监督管理。

《民用航空法》(2021 年 4 月 29 日修正)

第三条 国务院民用航空主管部门对全国民用航空活动实施统一监督管理；根据法律和国务院的决定，在本部门的权限内，发布有关民用航空活动的规定、决定。

国务院民用航空主管部门设立的地区民用航空管理机构依照国务院民用航空主管部门的授权，监督管理各该地区的民用航空活动。

第四十九条 民用航空器发生事故，机长应当直接或者通过空中交通管制单位，如实将事故情况及时报告国务院民用航空主管部门。

《建筑法》(2019 年 4 月 23 日修正)

第二条 在中华人民共和国境内从事建筑活动，实施对建筑活动的监督管理，应当遵守本法。

本法所称建筑活动，是指各类房屋建筑及其附属设施的建造和与其配套的线路、管道、设备的安装活动。

第六条 国务院建设行政主管部门对全国的建筑活动实施统一监督管理。

※法规解读：《道路交通安全法》《海上交通安全法》《铁路法》《民用航空法》

等法律对特殊行业或者特殊设备的安全问题作了特别规定的，适用上述特别法的规定，上述法律、行政法规中未作规定的，仍然要适用本法的规定。

1992年制定的《矿山安全法》对矿山安全、1997年制定的《建筑法》对建筑安全、1994年制定的《劳动法》对劳动安全、1996年制定的《煤炭法》对煤矿安全等都作了规定，这些规定与《安全生产法》的立法目标是一致的，但是为了减少法律与法律之间不必要的重复，对这些法律中已经作出的具体规定，《安全生产法》就采取了从简的办法，只作出基本规定或原则规定。《立法法》第94条规定："法律之间对同一事项的新的一般规定与旧的特别规定不一致，不能确定如何适用时，由全国人民代表大会常务委员会裁决。行政法规之间对同一事项的新的一般规定与旧的特别规定不一致，不能确定如何适用时，由国务院裁决。"所以，当这些法律与《安全生产法》冲突时，是按照特别法优于一般法的原则选择适用《矿山安全法》等特别规定，还是根据新法优于旧法的原则选择适用《安全生产法》，应按照《立法法》第94条的规定，由全国人民代表大会常务委员会裁决。

最高人民法院《关于安监部门是否有权适用〈安全生产法〉及〈生产安全事故报告和调查处理条例〉对道路交通安全问题予以行政处罚及适用法律问题的答复》[(2010)行他字第12号]认为，根据《安全生产法》第2条规定，《道路交通安全法》等法律、行政法规对道路交通安全有关问题有特别规定的，应当适用特别规定。没有特别规定的，安监部门可以适用《安全生产法》和《生产安全事故报告和调查处理条例》的规定处理。运输企业违反《安全生产法》第21条规定的，安监部门可以适用《安全生产法》第82条第3款予以处罚。未履行安全生产教育和培训义务不是发生交通事故直接原因的，安监部门适用《生产安全事故报告和调查处理条例》第37条对相关运输企业实施行政处罚不妥。

关联法规索引

《消防法》《道路交通安全法》《海上交通安全法》《铁路法》《民用航空法》《特种设备安全法》《民用核安全设备监督管理条例》《放射性同位素与射线装置安全和防护条例》

典型案例

哈尔滨市呼兰区安全生产监督管理局与哈尔滨朗奥客运有限公司安全生产管理行政处罚纠纷案[1]

争议焦点

运营性道路交通事故是否适用《安全生产法》。

案例解读

由于道路交通安全的特殊性,国家专门制定了《道路交通安全法》及其实施条例、《道路运输条例》予以规范。但是,运营性道路交通事故具有交通安全和生产安全双重属性。因此,道路运输事故属于生产安全事故的范畴。故应急管理部门依据《安全生产法》相关规定对发生交通事故的运输公司予以行政处罚的行为没有超越其职权。但是,应急管理部门在对生产经营单位处以事故罚款时,需要证明"生产经营单位对事故发生负有责任"。但是,"负有责任"是直接责任还是间接责任,应急管理部门认为,无论生产经营单位对事故发生负有直接责任还是间接责任,都需要承担事故责任。在司法实践中,最高人民法院《关于安监部门是否有权适用〈安全生产法〉及〈生产安全事故报告和调查处理条例〉对道路交通安全问题予以行政处罚及适用法律问题的答复》中认为,根据《安全生产法》第 2 条规定,《道路交通安全法》等法律、行政法规对道路交通安全有关问题有特别规定的,应当适用特别规定。没有特别规定的,安监部门可以适用《安全生产法》和《生产安全事故报告和调查处理条例》的规定处理。司法机关和行政机关之间对"负有责任"的理解仍有不同。

第三条 【安全生产工作理念、三管三必须和机制】安全生产工作坚持中国共产党的领导。

安全生产工作应当以人为本,坚持人民至上、生命至上,把保护人民生命安全摆在首位,树牢安全发展理念,坚持安全第一、预防为主、综合治理的方针,从源头上防范化解重大安全风险。

---

〔1〕 案号:(2016)黑01行终514号。

安全生产工作实行管行业必须管安全、管业务必须管安全、管生产经营必须管安全，强化和落实生产经营单位主体责任与政府监管责任，建立生产经营单位负责、职工参与、政府监管、行业自律和社会监督的机制。

条文解读

本法第 3 条是关于安全生产工作应当坚持中国共产党的领导、安全生产理念、三管三必须和安全生产工作机制的规定。

习近平总书记在党的十九大报告中强调："树立安全发展理念，弘扬生命至上、安全第一的思想，健全公共安全体系，完善安全生产责任制，坚决遏制重特大安全事故，提升防灾减灾救灾能力。"2016 年 12 月中共中央、国务院《关于推进安全生产领域改革发展的意见》强调，"牢固树立新发展理念，坚持安全发展，坚守发展决不能以牺牲安全为代价这条不可逾越的红线，以防范遏制重特大生产安全事故为重点，坚持安全第一、预防为主、综合治理的方针""坚持安全发展。贯彻以人民为中心的发展思想，始终把人的生命安全放在首位，正确处理安全与发展的关系，大力实施安全发展战略，为经济社会发展提供强有力的安全保障"。新时代对安全生产工作提出了新的要求，就是应当以人为本，坚持人民至上、生命至上，把保护人民生命安全摆在首位，树牢安全发展理念，坚持安全第一、预防为主、综合治理的方针，从源头上防范化解重大安全风险。

1. 安全生产工作坚持中国共产党的领导

中国特色社会主义最本质的特征是中国共产党领导，中国特色社会主义制度的最大优势是中国共产党领导。党是我们各项事业的领导核心。我国之所以实现了安全生产形势的根本好转，根本的一条就是始终坚持中国共产党领导。在当代中国，没有党的领导，这是做不到的。做好安全生产工作，关键在党，而要把安全生产工作这件大事办好，最关键的也是要坚持党的领导。所以，本条第 1 款明确规定"安全生产工作坚持中国共产党的领导"。《安全生产法》规定"安全生产工作坚持中国共产党的领导"有其深刻的原因：一是中国特色社会主义最本质的特征是中国共产党领导，党是我们各项事业的领导核心。做好安全生产工作，关键在党，而要把安全生产工作这件大事办好，最关键的是要坚持党的领导。二是"党委和行政"对安全生产工作负同等责任，"党委书记"和"行政主要负责人"同为安全生产第一责任人，也要求安全生产工作坚持中国共产党的领导。这就要求：第一，必须坚决落实习近平关于安全生产工作一系列重要讲话和重大论述；第二，必须坚决落实中共中央、国务院《关于推进安全生产领域改革发展的意见》；第三，必须坚持党政同责、一岗双责、齐抓共管、失职追责，确保习近平总书记关于安全生产工作重要论述落到实处。

2. 把保护人民生命安全摆在首位

安全生产工作应当以人为本，坚持人民至上、生命至上，把保护人民生命安全摆在首位。以人为本，就是要以人的生命健康为本。生产经营单位要做到以人为本，就要以尊重职工、爱护职工、维护职工的人身安全为出发点，以消灭生产经营过程中存在的安全隐患为手段，不断改善劳动环境和安全生产条件，保护职工生命健康，绝不能为了发展经济以牺牲人的生命为代价。当人的生命健康与生产经营单位等法律主体的财产利益发生冲突时，首先应当考虑人的生命健康，而不是首先考虑和维护财产利益。

3. 树牢安全发展理念

安全生产工作还要以安全发展为理念。2014 年《安全生产法》规定“坚持安全发展”，2021 年修正后的《安全生产法》规定“树牢安全发展理念”，这就要求我们不但要坚持安全发展理念，而且还要牢固树立安全发展理念，坚持统筹兼顾，协调发展，正确处理安全与发展的关系。安全作为发展的前提和基础，坚持将安全放在首要位置，促进区域、行业领域的科学、安全、可持续发展，绝不能以牺牲安全换取一时的发展。

4. 安全生产工作的十二字方针

“安全第一、预防为主、综合治理”是安全生产工作的十二字方针。这一方针是开展安全生产工作总的指导方针，是长期实践经验的总结。

（1）安全第一。在生产经营活动中，在处理保证安全与实现生产经营活动的其他各项目标的关系上，要始终把安全特别是从业人员和其他人员的人身安全放在首要的位置，实行“安全优先”的原则。在确保安全的前提下，实现生产经营活动的其他目标，不安全不生产，生产要安全。安全第一，体现了以人为本、安全发展的理念，是预防为主、综合治理的统帅，没有安全第一的思想，预防为主就失去了思想支撑，综合治理就失去了整治依据。

（2）预防为主。这既是安全生产工作方针的核心，也是安全第一理念的具体要求和支撑,预防为主要求将预防安全生产事故的发生放在安全工作的首位。安全生产工作不是发生事故后的救援工作,而是要在事前预防上下功夫,做到防患于未然,将事故消灭在萌芽状态。我国《安全生产法》规定的生产经营单位的安全保障义务、从业人员的安全义务以及应急管理部门的检查权等,都是坚持预防为主的体现,可以说现行《安全生产法》就是一部事故预防法。

(3)综合治理。所谓综合治理是指要综合运用法律、经济、行政等手段,从发展规划、行业管理、安全投入、科技进步、经济政策、税收政策、教育培训、安全文化以及责任追究等方面着手,建立安全生产长效机制。综合治理的目的在于预防事故的发生,实现以人为本、安全发展的理念,它是"安全第一、预防为主"的安全管理目标实现的重要手段和方法,只有不断健全和完善综合治理工作机制,才能有效贯彻安全生产方针。

5. 坚持"三管三必须"

中共中央、国务院《关于推进安全生产领域改革发展的意见》提出:"按照管行业必须管安全、管业务必须管安全、管生产经营必须管安全和谁主管谁负责的原则,厘清安全生产综合监管与行业监管的关系,明确各有关部门安全生产和职业健康工作职责,并落实到部门工作职责规定中。"该意见中的"三管三必须"主要指向部门监管职责,厘清综合监管和行业监管的关系。2021 年《安全生产法》进一步发展了"三管三必须",提出"安全生产工作"要实行"三管三必须",这既是对监管部门落实监管责任的要求,也是对生产经营单位落实安全生产主体责任的要求。

6. 安全生产工作机制

按照本条的规定,我国安全生产工作机制是"生产经营单位负责、职工参与、政府监管、行业自律和社会监督"。建立这一工作机制的目的在于形成齐抓共管的合力。

(1)生产经营单位负责是落实生产经营单位主体责任的要求,生产经营单位要按照法律、法规、规章和各项标准规定的安全生产义务,落实主体责任,对本单位的安全生产工作负责。

(2)职工参与。职工参与是指职工有义务也有权利参与本单位生产经营活动中的安全工作,我国《安全生产法》第 3 章对从业人员的安全生产权利义务作了规定。要充分发挥工会、共青团、妇联组织的作用,依法维护和落实生产经营单位职工对安全生产的参与权与监督权,鼓励职工监督举报各类安全生产问题,对举报者予以奖励。

(3)政府监管。各级人民政府要切实履行安全生产管理职责,各级人民政府中负有安全生产监督管理职能的部门要切实履行监管部门安全生产管理和监督职责。根据管行业必须管安全的要求,各行业主管部门要履行安全生产监督管理职责。健全完善安全生产综合监管与行业监管相结合的工作机制,强化应急管理部门对安全生产的综合监管,全面落实行业主管部门的专业监管、行业管理和指导职责。各部门要加强协作,形成监管合力,在各级人民政府的统一领导下,严厉打击违法生产、经营等影响安全生产的行为,对拒不执行监管监察指令的生产经营单位,要依法依规从重处罚。

(4)行业自律。行业自律主要是行业协会等行业组织要自我约束,一方面各个行业要遵守国家法律、法规和政策,另一方面行业组织要通过行规约束本行业生产经营单位的行为。通过行业间的自律,促使生产经营单位能从自身安全生产的需要和保护从业人员生命健康的角度出发,自觉开展安全生产工作,切实履行法定职责和社会责任。

(5)社会监督。社会监督就是要发挥社会监督的作用,任何单位和个人都有权对违反安全生产的行为进行检举和控告。发挥新闻媒体的舆论监督作用,有关部门和地方要进一步畅通安全生产的社会监督渠道,设立举报电话,接受人民群众的公开监督,打一场安全生产工作的全民战争。

关联法规索引

《安全生产领域举报奖励办法》

典型案例

重庆正发运输有限公司与重庆市巴南区人民政府重庆市巴南区安全生产监督管理局行政处罚纠纷案[1]

争议焦点

谁承担“9·28 事故”的主体责任?

案例解读

《道路交通安全法》对发生道路交通事故的道路运输企业并无事故行政处罚的规定,故应急管理部门可以适用《安全生产法》及相关行政法规的规定进行处罚。巴南区应急管理局具有作出本案被诉行政处罚行为的职权。其在行政处罚过程中,按照《行政处罚法》的规定进行了立案、调查,履行了处罚前的告知程序,在法定期限内作出了行政处罚决定并送达正发公司,行政处罚程序合法。对县级以上地方各级人民政府工作部门的具体行政行为不服的,可以向该部门的本级人民政府申请行政复议。据此,对巴南区应急管理局作出的行政处罚,巴南区政府有权进行复议。其受理正发公司的行政复议申请后,依法进行了审查,在法定期限内作出了行政复议决定并送达正发公司,符合《行政复议法》的规定,行政复议程序合法。

第四条　【生产经营单位的基本义务】生产经营单位必须遵守本法和其他有关安全生产的法律、法规,加强安全生产管理,建立健全全员安全生产责任制和安全生产规章制度,加大对安全生产资金、物资、技术、人员的投入保障力度,改善安全生产条件,加强安全生产标准化、信息化建设,构建安全风险分级管控和隐患排查治理双重预防机制,健全风险防范化解机制,提高安全生产水平,确保安全生产。

平台经济等新兴行业、领域的生产经营单位应当根据本行业、领域的特点,建立健全并落实全员安全生产责任制,加强从业人员安全生产教育和培训,履行本法和其他法律、法规规定的有关安全生产义务。

[1] 案号:(2017)渝 05 行终 639 号。

条文解读

本法第 4 条是关于生产经营单位基本安全生产义务的规定。

1. 生产经营单位安全生产的一般性义务

本条第 1 款是关于生产经营单位安全生产一般性义务的规定。根据本条规定,生产经营单位安全生产的一般义务包括:

一是遵守法律法规的义务。安全生产工作必须依法,遵守安全生产法律、法规是生产经营单位必须履行的义务。生产经营单位不但要遵守《安全生产法》,还要遵守其他法律,如《矿山安全法》《建筑法》《消防法》《特种设备安全法》等法律的规定;生产经营单位不但要遵守国务院制定的关于安全生产的行政法规,如《安全生产许可证条例》,而且要遵守负有安全生产监督管理职责的部门根据法律、行政法规制定的关于安全生产的部门规章和规范性文件,如《烟花爆竹生产企业安全生产许可证实施办法》。生产经营单位不但要遵守各地方根据法律、行政法规结合本地方实际情况,制定的有关生产安全的地方性法规,如《山东省安全生产条例》等,而且要遵守地方人民政府制定的关于安全生产的政府规章,如《北京市生产经营单位安全生产主体责任规定》。

二是加强安全生产管理。安全生产管理是企业管理的重要内容。生产经营单位要依法设置安全生产管理机构或者安全生产管理人员,建立健全本单位安全生产的各项安全生产管理制度并组织实施。生产经营单位的主要负责人是企业安全生产管理工作的第一责任人,带头执行现场带班制度,切实加强安全生产现场管理工作;分管负责人对分管范围内的安全生产加强管理。

三是建立健全全员安全生产责任制和安全生产规章制度。全员安全生产责任制是企业岗位责任制的一个重要组成部分,是企业中最基本的一项安全制度,也是企业安全生产、劳动保护管理制度的核心。做到安全工作人人有责、各负其责,实现“一岗双责”。安全生产责任制要做到“三定”,即定岗位、定人员、定安全生产责任,即什么人在何岗位,负何种安全生产责任。全员安全生产责任制中,生产经营单位的主要负责人对本单位安全生产工作全面负责,其他分管负责人、各级管理人员、职能部门、技术人员、各岗位操作人员以及生产工人,应当根据各自的工作岗位,确定其在安全生产方面应做的工作和应负的责任,并与奖惩制度挂钩。全员安全生产责任制的目的在于落实各岗位的安全生产职责,避免职责不清、相互推诿而使安全生产工作无人负责，无法进行，防止工伤事故与职业病的发生。

安全生产规章制度是以安全生产责任制为核心建立起来的指引和约束人们在安全生产方面的行为准则。安全生产规章制度的目的是明确各岗位安全职责，规范安全生产行为，建立和维护安全生产秩序，包括安全生产责任制、安全操作规程和基本的安全生产管理制度，是生产经营单位制定的组织生产过程和进行生产管理的规则和制度的"总称"。它属于生产经营单位内部规则，是生产经营单位内部的行为规范，对生产经营单位和从业人员具有法律约束力。

四是加大对安全生产资金、物资、技术、人员的投入保障力度。目前，我国安全生产工作取得了重要成绩，但生产安全事故仍时有发生，甚至发生惊天动地的大事故，我们对安全生产工作不能掉以轻心。对生产经营单位而言，安全生产工作主要是"投入"是否到位的问题，投入包括资金、物资、技术和人员四个方面。资金投入主要包括两个方面：一是生产经营单位要确保安全生产教育培训和劳动防护用品等方面的资金投入；二是依法提取和使用安全生产费用。物资投入包括安全设施、设备投入和应急物资投入。技术投入主要是生产经营单位采用技术手段确保本单位生产安全，国家鼓励安全生产技术创新，落实技术淘汰制度。人员投入包括依法建立安全生产管理机构、配置安全生产管理人员，以及根据全员安全生产责任制确保所有从业人员关注本单位的安全生产。

五是改善安全生产条件。安全生产条件是指生产经营单位实现安全生产所需要的设施、设备、环境等条件。生产经营单位安全生产条件分为物质性条件和文化性条件。物质性条件主要是安全生产需要具备的各项物质技术条件，如安全帽等。文化性条件也称软条件，如安全生产教育培训、企业安全文化等。因不同行业其潜在的危险因素各不相同，对高危行业我国制定了专门的市场准入条件。按照《安全生产许可证条例》第 2 条的规定，国家对矿山企业、建筑施工企业和危险化学品、烟花爆竹、民用爆炸物品生产企业实行安全生产许可制度。企业未取得安全生产许可证的，不得从事生产活动。对于从事上述生产经营活动的单位要具备取得安全生产许可证的条件才能生产经营。对于不需要取得安全生产许可证的生产经营单位，也要达到安全生产需要的条件。同时，《安全生产法》第 4 条第 1 款要求，生产经营单位在符合安全生产条件的基础上，还要持续具备并不断改善安全生产条件。

六是加强安全生产标准化、信息化建设。安全生产标准化，是指通过建立安全生产责任制，制定安全管理制度和操作规程，排查治理事故隐患和监控重大危险源，建立预防机制，规范生产行为，使各生产环节符合有关安全生产法律法规和标准规范的要求，人（人员）、机（机械）、料（材料）、法（工法）、环（环境）、测（测量）处于良好的生产状态，并持续改进，不断加强企业安全生产规范化建设。生产经营单位是安全生产的责任主体，必须依法建立健全安全生产标准化管理体系，通过树立安全生产理念和目标，实施安全承诺，建立健全组织机构，配备安全管理人员，建立并落实安全生产责任制和安全管理制度，提升从业人员素质，开展安全生产风险分级管控和事故隐患排查治理，抓好安全生产质量控制，不断规范、改进安全生产工作。安全生产标准化强调企业安全生产工作的规范化、科学化、系统化和法治化，强化风险管理和过程控制，注重绩效管理和持续改进，这符合安全管理的基本规律，代表了现代安全管理的发展方向，是先进安全管理思想与我国传统安全管理方法、企业具体实际的有机结合，有效提高了企业安全生产水平，从而推动了我国安全生产状况的根本好转。安全生产标准化主要包含目标职责、制度化管理、教育培训、现场管理、安全投入、安全风险管控及隐患排查治理、应急管理、事故查处、绩效评定、持续改进等方面。

随着信息时代的到来，各个行业都开始应用信息技术实现生产安全，信息化为安全生产工作注入了新的生命力和创造力。信息化要求生产经营单位运用信息化技术手段确保生产安全，通过开展智慧矿山等信息化建设，以信息化手段实现对本单位内部风险管控和隐患排查治理。但因部分企业缺乏对信息化技术的认识，没有重视信息化技术对安全生产的作用，因此，企业在信息化系统上的资金投入也较少，导致企业没有相应的设备和技术，无法对生产数据进行分析，缺乏生产信息化管理系统，造成安全生产工作开展较难。所以，2021 年《安全生产法》明确要求加强安全生产"信息化建设"。

七是构建安全风险分级管控和隐患排查治理双重预防机制。风险管控必将成为安全工作的重点，风险预警是预防事故的首要环节。从世界范围来看，风险管控的质量高低直接决定了安全状况。生产安全事故风险管控法律制度包括风险辨识、风险评估、风险监控、风险处置预案、风险响应等内容，它是安全法律制度的核心内容。生产经营单位要定期开展风险评估和危害辨识，针对高危工艺、设备、物品、场所和岗位，建立分级管控制度，制定落实安全操作规程。

树立隐患就是事故的观念，建立健全隐患排查治理制度、重大隐患治理情况向负有安全生产监督管理职责的部门和企业职代会"双报告"制度，实行自查自改自报闭环管理。生产经营单位应当建立健全生产安全事故隐患排查治理制度，采取技术、管理措施，及时发现并消除事故隐患。事故隐患排查治理情况应当如实记录，并向从业人员通报。

生产经营单位通过落实上述七个方面的安全生产职责，不断健全风险防范化解机制，提高安全生产水平，确保安全生产。

2. 新兴行业、领域的生产经营单位的安全生产义务

互联互通时代，平台经济、共享经济等新兴行业、领域的生产经营单位层出不穷。滴滴打车、美团外卖、宅急送、闪送、共享单车、共享汽车等已经成为我们生活必不可少的组成部分，从事这些新兴行业、领域的企业虽然也属于生产经营单位，必须承担安全生产主体责任，但又属于新业态，其行业、领域特色明显。因此，本条第 2 款规定，平台经济等新兴行业、领域的生产经营单位应当根据本行业、领域的特点，建立健全并落实全员安全生产责任制，加强从业人员安全生产教育和培训，履行《安全生产法》和其他法律、法规规定的有关安全生产义务。例如，从事外卖平台经营服务的生产经营单位，应建立并落实全员安全生产责任制，加强对从业人员安全生产教育和培训，确保生产安全。快递员在配送过程中发生事故的，也属于生产安全事故，依法适用《安全生产法》的规定追究相关单位和人员的法律责任。

关联法规索引

《安全生产法》第 20 条；各省、自治区、直辖市制定的地方安全生产条例，如《北京市安全生产条例》等；《关于全面推进全国工贸行业企业安全生产标准化建设的意见》；《企业安全生产标准化评审工作管理办法（试行）》；《安全生产许可证条例》第 2 条

典型案例

陕西建科建设监理有限责任公司与西安市安全生产监督管理局行政处罚纠纷案[1]

争议焦点

建筑工程监理建科公司对事故的发生是否应当承担相应的法律责任。

案例解读

事故发生单位是指对事故发生负有责任的生产经营单位。因此,生产经营单位不一定具备责任主体资格,而对事故发生负有责任的生产经营单位才具备责任主体资格。从上述法律规定工程监理单位实施监督的范围,不能对应工程监理单位是对事故发生负有报告责任的生产经营单位的规定,不能根据事故发生单位的规定进行处罚。市安监局以建科公司监理职责履行不力为由,根据《生产安全事故报告和调查处理条例》第37条第1项规定作出20万元罚款的行政处罚,适用法律错误。

第五条 【责任人的安全生产责任】生产经营单位的主要负责人是本单位安全生产第一责任人,对本单位的安全生产工作全面负责。其他负责人对职责范围内的安全生产工作负责。

条文解读

本法第5条是关于生产经营单位的负责人所负安全生产责任的规定。

《安全生产法》区分主要负责人和其他负责人并分别对其安全生产职责作了规定。

1. 生产经营单位安全生产主体责任能否落实,重点在主要负责人

生产经营单位的主要负责人,因生产经营单位的法律组织形式不同而有所不同。对于公司制的生产经营单位,按照我国《公司法》的规定,有限责任公司和股份

〔1〕 案号:(2014)西中行终字第00179号。

有限公司的董事长是公司的法定代表人，经理负责“主持公司的生产经营管理工作”。因此，有限责任公司和股份有限公司的主要负责人应当是公司的董事长和经理（总经理、首席执行官或者其他实际履行经理职责的企业负责人）。对于非公司制的企业，主要负责人为企业的厂长、经理、矿长等企业行政“一把手”。例如，《全民所有制工业企业法》第 7 条规定，企业实行厂长（经理）负责制。厂长依法行使职权，受法律保护。第 44 条规定，厂长是企业的法定代表人。企业建立以厂长为首的生产经营管理系统。厂长在企业中处于中心地位，对企业的物质文明建设和精神文明建设负有全面责任。厂长领导企业的生产经营管理工作。对于个人独资企业，按照《个人独资企业法》第 19 条的规定，个人独资企业投资人，或者其委托或聘用其他具有民事行为能力的人是生产经营单位的主要负责人。个体工商户的主要负责人是个体工商户营业执照上登记的自然人。

生产经营单位的主要负责人是本单位安全生产第一责任人，对本单位的安全生产工作全面负责。“第一责任人”是指主要负责人是本单位安全生产工作的首要负责人，在全员安全生产责任制中，应首先明确主要负责人的安全生产职责。主要负责人不但是第一责任人，而且还要对本单位的安全生产全面负责。按照《安全生产法》第 21 条的规定，生产经营单位的主要负责人对本单位安全生产工作负有下列职责：(1)建立健全并落实本单位全员安全生产责任制，加强安全生产标准化建设；(2)组织制定并实施本单位安全生产规章制度和操作规程；(3)组织制定并实施本单位安全生产教育和培训计划；(4)保证本单位安全生产投入的有效实施；(5)组织建立并落实安全风险分级管控和隐患排查治理双重预防工作机制，督促、检查本单位的安全生产工作，及时消除生产安全事故隐患；(6)组织制定并实施本单位的生产安全事故应急救援预案；(7)及时、如实报告生产安全事故。

按照《安全生产法》第 94 条的规定，生产经营单位的主要负责人未履行本法规定的安全生产管理职责的，责令限期改正，处 2 万元以上 5 万元以下的罚款；逾期未改正的，处 5 万元以上 10 万元以下的罚款，责令生产经营单位停产停业整顿。生产经营单位的主要负责人未履行《安全生产法》规定的安全生产管理职责，导致发生生产安全事故的，给予撤职处分；构成犯罪的，依照《刑法》有关规定追究刑事责任。生产经营单位的主要负责人受刑事处罚或者撤职处分的，自刑罚执行完毕或者受处分之日起，5 年内不得担任任何生产经营单位的主要负责人；对重大、特别重大生产安全事故负有责任的，终身不得担任本行业生产经营单位的主要负责人。

按照《安全生产法》第 95 条的规定，生产经营单位的主要负责人未履行本法规定的安全生产管理职责，导致发生生产安全事故的，由应急管理部门依照下列规定处以罚款：“（一）发生一般事故的，处上一年年收入百分之四十的罚款；（二）发生较大事故的，处上一年年收入百分之六十的罚款；（三）发生重大事故的，处上一年年收入百分之八十的罚款；（四）发生特别重大事故的，处上一年年收入百分之一百的罚款。”

2. 其他负责人的安全生产工作职责

主要负责人毕竟精力有限，难以履行方方面面的安全生产职责。所以，2021 年《安全生产法》第 5 条中规定“其他负责人对职责范围内的安全生产工作负责”。其他负责人是指除主要负责人之外对生产经营活动等负有组织、指挥、管理职责的负责人，主要是指各分管负责人、车间（区队）负责人、班组负责人等。其他负责人的职责范围主要根据“三管三必须”以及“全员安全生产责任制”确定。例如，煤矿的生产副矿长，在负责煤矿生产的同时，要承担其相应的安全生产职责。

关联法规索引

《安全生产法》第 21、93 ~ 95、110 条

典型案例

靖江市安全生产监督管理局与朱某林非诉执行审查案件裁定书[1]

争议焦点

申请人作出的行政处罚决定书是否符合申请强制执行的条件。

案例解读

主要负责人朱某林对发现的隐患未及时采取措施，未履行法定职责，对该起事故的发生负有主要管理责任，导致发生生产安全事故的，安全生产监督管理部门有

〔1〕 案号：（2014）泰靖非诉行审字第 0033 号。

权对其进行行政处罚。公民、法人或者其他组织对行政行为在法定期限内不提起诉讼又不履行的，行政机关可以申请人民法院强制执行，或者依法强制执行。朱某林没有履行作出的行政处罚决定书，安全生产监督管理部门有权申请人民法院强制执行。最高人民法院《关于适用〈中华人民共和国行政诉讼法〉的解释》第155条第1款规定："行政机关根据行政诉讼法第九十七条的规定申请执行其行政行为，应当具备以下条件：（一）行政行为依法可以由人民法院执行；（二）行政行为已经生效并具有可执行内容；（三）申请人是作出该行政行为的行政机关或者法律、法规、规章授权的组织；（四）被申请人是该行政行为所确定的义务人；（五）被申请人在行政行为确定的期限内或者行政机关催告期限内未履行义务；（六）申请人在法定期限内提出申请；（七）被申请执行的行政案件属于受理执行申请的人民法院管辖。"申请人作出的行政处罚决定书，认定事实清楚、适用法律正确且程序合法，符合人民法院强制执行的法定条件。所以，人民法院准予强制执行。

第六条　【从业人员安全生产权利义务】生产经营单位的从业人员有依法获得安全生产保障的权利，并应当依法履行安全生产方面的义务。

条文解读

本法第6条是关于从业人员安全生产权利义务的规定，是《安全生产法》第3章"从业人员的安全生产权利义务"在本法"总则"部分的概括。

生产经营单位的从业人员是指在生产经营单位从事生产经营活动各项工作的所有人员，既包括管理人员、技术人员和各岗位的工人，也包括临时聘用的人员、被派遣劳动者以及实习人员。其范围包括劳动者，但不限于劳动者。

根据《安全生产法》的规定，从业人员在安全生产方面的权利主要包括：(1)安全生产知情权，即生产经营单位的从业人员有权了解其作业场所和工作岗位存在的危险因素、防范措施及事故应急措施。(2)获得符合国家标准的劳动防护用品的权利。(3)建议权。生产经营单位的从业人员有权对本单位的安全生产工作提出建议。(4)批评、检举、控告权。生产经营单位的从业人员有权对本单位安全生产工作中存在的问题提出批评、检举、控告。生产经营单位不得因从业人员对本单位安全生产工作提出批评、检举、控告而降低其工资、福利等待遇或者解除与其订立的劳动合同。(5)对违章指挥的拒绝权。生产经营单位的从业人员有权拒绝违章指挥和强令冒险作业。生产经营单位不得因从业人员拒绝违章指挥、强令冒险作业而降低其工资、福利等待遇或者解除与其订立的劳动合同。(6)采取紧急避险措施的权利。从业人员发现直接危及人身安全的紧急情况时,有权停止作业或者在采取可能的应急措施后撤离作业场所。生产经营单位不得因从业人员在紧急情况下停止作业或者采取紧急撤离措施而降低其工资、福利等待遇或者解除与其订立的劳动合同。(7)损害赔偿请求权。因生产安全事故受到损害的从业人员,除依法享有工伤保险外,依照有关民事法律尚有获得赔偿的权利的,有权向本单位提出赔偿要求。

从业人员不仅是《安全生产法》保护的对象,而且是生产经营单位安全生产工作的具体参与者,根据《安全生产法》的规定,从业人员在安全生产方面的义务主要包括:(1)从业人员在作业过程中,应当严格遵守本单位的安全生产规章制度、操作规程和全员安全生产责任制的规定,服从管理。(2)正确佩戴和使用劳动防护用品。(3)接受安全生产教育和培训,掌握本职工作所需的安全生产知识,提高安全生产技能,增强事故预防和应急处理能力。(4)报告义务。从业人员发现事故隐患或者其他不安全因素,应当立即向现场安全生产管理人员或者本单位负责人报告;接到报告的人员应当及时予以处理。只有每一个从业人员都认真履行自己在安全生产方面的法定义务,生产经营单位的安全生产工作才能得到保证。实践中,许多生产安全事故的发生,都是由于从业人员违章操作,或者不遵守规章制度造成的。因此,从业人员认真履行安全生产义务,是生产经营单位能够真正做到安全生产的非常重要的因素。

关联法规索引

《安全生产法》第52~61、107条;《生产经营单位安全培训规定》;《安全生产培训管理办法》;《煤矿安全培训规定》;《煤矿班组安全建设规定(试行)》

第七条　【工会安全生产职责】工会依法对安全生产工作进行监督。

生产经营单位的工会依法组织职工参加本单位安全生产工作的民主管理和民主监督,维护职工在安全生产方面的合法权益。生产经营单位制定或者修改有关安全生产的规章制度,应当听取工会的意见。

条文解读

本法第 7 条是关于工会在安全生产职责方面的规定。

维护职工合法权益是工会的基本职责。工会在维护全国人民总体利益的同时,代表和维护职工的合法权益。工会通过平等协商和集体合同制度,协调劳动关系,维护企业职工劳动权益。工会依照法律规定通过职工代表大会或者其他形式,组织职工参与本单位的民主决策、民主管理和民主监督。工会必须密切联系职工,听取和反映职工的意见和要求,关心职工的生活,帮助职工解决困难,全心全意为职工服务。根据本条规定,工会的安全生产职责主要包括两个层次:

一是对本单位的安全生产工作实施监督。工会的根本职责是维护工人的合法权益,工会对生产经营单位事关从业人员生命安全的安全生产工作实施监督,是履行其保护工人合法权益的行为。工会对安全生产工作的监督主要体现在以下几个方面:(1)工会依照国家规定对新建、扩建企业和技术改造工程中的劳动条件和安全卫生设施与主体工程同时设计、同时施工、同时投产使用进行监督。(2)工会发现企业违章指挥、强令工人冒险作业,或者生产过程中发现明显重大事故隐患和职业危害时,有权提出解决的建议,企业应当及时研究答复;发现危及职工生命安全的情况时,工会有权向企业建议组织职工撤离危险现场,企业必须及时作出处理决定。(3)对生产经营单位违反安全生产法律、法规,侵犯从业人员合法权益的行为,工会有权要求纠正。(4)工会有权依法参加事故调查,向有关部门提出处理意见,并有权要求追究直接负责的主管人员和有关责任人员的责任。

二是生产经营单位的工会依法组织职工参加本单位安全生产工作的民主管理和民主监督,维护职工在安全生产方面的合法权益。生产经营单位制定的各项安全生产管理制度违反职工代表大会制度和其他民主管理制度的,工会有权要求纠正,保障职工依法行使民主管理的权利。工会依照法律规定通过职工代表大会或者其他形式,组织职工参与本单位安全生产的民主决策、民主管理和民主监督。生产经营单位制定或者修改有关安全生产的规章制度,应当听取工会的意见。

关联法规索引

《工会法》第6、20、23、24、25、27条

典型案例

张某英、范某强行政赔偿裁定书[1]

争议焦点

再审申请是否符合法律的规定。

案例解读

工会依法对安全生产工作进行监督,在生产的各个环节都需要工会的参与。在本案中,调查拆除事故的原因时,工会就参与其中。桃源县安监局、县公安局、县监察局、县总工会组成的2015年桃源县建龙鞭炮厂原厂区"9·16"拆除事故调查组,作出《2015年桃源县建龙鞭炮厂原厂区"9·16"拆除事故调查报告》,调查报告认定事故的直接原因是建龙鞭炮厂原厂区实施整体搬迁至今法定代表人刘某海没有制订拆除施工组织方案,没有彻底清除废弃危险品,未按国家相关规定设置安全警示标志,致使隐患爆发;范某门安全意识淡漠,擅自进入存在危险因素的建龙鞭炮厂原厂区,实施拆墙取砖活动,未辨析进入场所的危险因素,用锄头等铁器挖该厂工房墙体基脚。间接原因是建龙鞭炮厂法定代表人刘某海履行法定安全生产职责不到位。事故性质是一般生产安全责任事故。

第八条 【各级人民政府安全生产职责】国务院和县级以上地方各级人民政府应当根据国民经济和社会发展规划制定安全生产规划,并组织实施。安全生产规划应当与国土空间规划等相关规划相衔接。

[1] 案号:(2018)最高法行赔申102号。

各级人民政府应当加强安全生产基础设施建设和安全生产监管能力建设，所需经费列入本级预算。

县级以上地方各级人民政府应当组织有关部门建立完善安全风险评估与论证机制，按照安全风险管控要求，进行产业规划和空间布局，并对位置相邻、行业相近、业态相似的生产经营单位实施重大安全风险联防联控。

条文解读

本法第8条是关于各级人民政府安全生产职责的规定。

1. 安全生产规划的编制

关于安全生产规划的制定，国务院和县级以上地方各级人民政府应当根据国民经济和社会发展规划制定安全生产规划，并组织实施。2021年3月11日，第十三届全国人民代表大会第四次会议表决通过了《国民经济和社会发展第十四个五年规划和2035年远景目标纲要》。该纲要共分为19篇，其中第15篇“统筹发展和安全建设更高水平的平安中国”第54章第1节规定：“完善和落实安全生产责任制，建立公共安全隐患排查和安全预防控制体系。建立企业全员安全生产责任制度，压实企业安全生产主体责任。加强安全生产监测预警和监管监察执法，深入推进危险化学品、矿山、建筑施工、交通、消防、民爆、特种设备等重点领域安全整治，实行重大隐患治理逐级挂牌督办和整改效果评价。推进企业安全生产标准化建设，加强工业园区等重点区域安全管理。加强矿山深部开采与重大灾害防治等领域先进技术装备创新应用，推进危险岗位机器人替代。在重点领域推进安全生产责任保险全覆盖。”

安全生产规划应当与国土空间规划等相关规划衔接。国土空间规划是各级政府统筹安排发展建设空间布局，保护生态和自然环境，合理利用自然资源，维护社会公正与公平的重要依据。安全生产规划与国土空间规划等相关规划衔接，主要是指安全生产规划中涉及国土空间规划的内容应当与其相衔接，如有关危险化学品的工业园区建设、化工产业布局等，就应当与国土空间规划相衔接。同时，各级人民政府在编制国土空间规划时，也要考虑安全生产工作。

2. 政府安全生产能力建设

本条第2款是关于各级政府安全生产能力建设的规定，属于新增加的内容。

国务院、省、地级市、县、乡镇等各级人民政府要承担相应的安全生产责任，确保本辖区安全生产。一是各级政府应当加强安全生产基础设施建设，要求各地区和负有安全生产监督管理职责的部门根据本地区和本部门实际情况，制订安全生产基础设施建设方案并加以落实，加强基础建设，提升安全保障能力，针对城市建设、危旧房屋、玻璃幕墙、渣土堆场、尾矿库、燃气管线、地下管廊等重点隐患和煤矿、非煤矿山、危险化学品、烟花爆竹、交通运输等重点行业以及游乐、“跨年夜”等大型群众性活动，坚决做好安全防范，严防重特大事故发生。二是加强安全生产监管能力建设。各级政府对安全生产监管责任的落实需要加强监管能力建设，监管能力建设需要从监管职责分工、监管机关和监管队伍、监管技术、监管人员培训等各方面着手。无论是安全生产基础设施建设还是监管能力建设，都需要投入。因此，本款明确规定建设“所需经费列入本级预算”，从制度上保障各级人民政府安全生产基础设施建设和监管能力建设所需资金。例如，按照行政执法机构车辆配置标准，为各级应急管理部门配备执法车辆；落实安全监管职业能力建设标准要求，为监管执法人员配备专业执法装备，根据各地财政状况，为基层监管执法人员配备移动执法终端、执法记录仪、个人安全防护等装备。这就要求各级人民政府建立完善财政部门牵头负责、有关部门参与配合的安全监管执法经费保障机制、动态调整机制和安全监管执法经费使用管理制度。

3. 县级以上各级人民政府的风险管控

应急管理部门应加强对企业实施安全生产风险管理，科学评估生产经营单位事故风险等级，对风险实行分类管理，建立外部激励约束机制，促进依法规范管理，自我控制风险，提高本质安全水平。所以，地方人民政府及相关部门应对本辖区内的生产安全风险进行辨识与评价，制定本地生产安全事故风险预警预案，其内容应包括事故风险等级、分级标准、应急预案、响应以及解除等。事故风险等级应从安全许可、安全投入、机构设置和人员配备、规章制度制定、安全教育、风险管控和预警、安全管理状况、现场安全条件、事故报告等方面进行评估，将本地区企业列入相应的等级区间。县级以上地方各级人民政府应当组织有关部门建立完善安全风险评估与论证机制，按照安全风险管控要求，进行产业规划和空间布局，并对位置相邻、行业相近、业态相似的生产经营单位实施重大安全风险联防联控。

关联法规索引

《城乡规划法》第2、4、17条;《突发事件应对法》第2章、第3章

第九条 【各级人民政府安全生产工作职责】 国务院和县级以上地方各级人民政府应当加强对安全生产工作的领导,建立健全安全生产工作协调机制,支持、督促各有关部门依法履行安全生产监督管理职责,及时协调、解决安全生产监督管理中存在的重大问题。

乡镇人民政府和街道办事处,以及开发区、工业园区、港区、风景区等应当明确负责安全生产监督管理的有关工作机构及其职责,加强安全生产监管力量建设,按照职责对本行政区域或者管理区域内生产经营单位安全生产状况进行监督检查,协助人民政府有关部门或者按照授权依法履行安全生产监督管理职责。

条文解读

本法第9条是关于各级人民政府安全生产工作职责的规定。

根据本条第1款的规定,各级人民政府安全生产工作的职责主要包括:

1. 加强领导

加强对安全生产工作的领导是政府应尽的职责,各级人民政府必须充分认识加强对安全生产工作领导的重要性和必要性,依法履行对本地区安全生产工作的领导责任,落实各级人民政府安全生产行政首长负责制和领导班子成员安全生产"一岗双责"制度,健全安全生产监管监察体制,认真研究解决本地区安全生产中的重大问题。

2. 建立健全安全生产工作协调机制

安全生产工作涉及各种行业、领域的生产经营活动,应由不同的部门行使对不同行业、领域的监管职责,但负有安全生产监督管理职责的部门之间监管职责划分有时不够明确。所以,各级人民政府对安全生产监管监察中存在的重大问题,应及时予以协调、解决。因此,需要县级以上各级人民政府建立健全安全生产工作协调机制。安全生产工作协调机制,主要是通过成立安全生产委员会,对安全生产工作

进行协调指导。

3. 支持、监督各有关部门依法履行安全生产监督管理职责

各级人民政府应急管理部门和其他依法负有安全生产监督管理职责的部门肩负安全生产的监督管理职责，其职责虽然有法律的授权，但都是代表相关政府实施管理。所以，一方面，县级以上各级人民政府要通过资金投入等方式支持本级政府负有安全生产监督管理职责的部门依法履职；另一方面，要领导和监督负有安全生产监督管理职责的部门依法履行监督管理职责。

实践中，针对开发区、工业园区、港区、风景区等区域安全生产监督管理职责不明的现象，2021 年修正《安全生产法》时明确要求“开发区、工业园区、港区、风景区等应当明确负责安全生产监督管理的有关工作机构及其职责，加强安全生产监管力量建设”。这就要求，在设定这些特定功能区时，必须同时明确该功能区安全生产监督管理的责任主体，明确其安全生产监督管理的工作机构及其职责，加强安全生产监管力量建设。同时，要求乡镇人民政府和街道办事处，以及开发区、工业园区、港区、风景区等负责安全生产监督管理的有关工作机构，应按照职责分工负责以下工作：(1)对本行政区域内生产经营单位安全生产状况的监督检查。(2)协助上级人民政府有关部门依法履行安全生产监督管理职责。换言之，乡镇人民政府以及街道办事处等应为负有安全生产监督管理职责的部门依法履行职责提供便利，切实保证本地区的安全生产工作。

配套法规及解读

《行政处罚法》(2021 年 1 月 22 日修订)

第二十条 行政机关依照法律、法规、规章的规定，可以在其法定权限内书面委托符合本法第二十一条规定条件的组织实施行政处罚。行政机关不得委托其他组织或者个人实施行政处罚。

委托书应当载明委托的具体事项、权限、期限等内容。委托行政机关和受委托组织应当将委托书向社会公布。

委托行政机关对受委托组织实施行政处罚的行为应当负责监督，并对该行为的后果承担法律责任。

受委托组织在委托范围内，以委托行政机关名义实施行政处罚；不得再委托其

他组织或者个人实施行政处罚。

第二十一条 受委托组织必须符合以下条件:

(一)依法成立并具有管理公共事务职能;

(二)有熟悉有关法律、法规、规章和业务并取得行政执法资格的工作人员;

(三)需要进行技术检查或者技术鉴定的,应当有条件组织进行相应的技术检查或者技术鉴定。

第二十四条 省、自治区、直辖市根据当地实际情况,可以决定将基层管理迫切需要的县级人民政府部门的行政处罚权交由能够有效承接的乡镇人民政府、街道办事处行使,并定期组织评估。决定应当公布。

承接行政处罚权的乡镇人民政府、街道办事处应当加强执法能力建设,按照规定范围、依照法定程序实施行政处罚。

有关地方人民政府及其部门应当加强组织协调、业务指导、执法监督,建立健全行政处罚协调配合机制,完善评议、考核制度。

《行政强制法》(2012 年 1 月 1 日施行)

第十七条 行政强制措施由法律、法规规定的行政机关在法定职权范围内实施。行政强制措施权不得委托。

依据《中华人民共和国行政处罚法》的规定行使相对集中行政处罚权的行政机关,可以实施法律、法规规定的与行政处罚权有关的行政强制措施。

行政强制措施应当由行政机关具备资格的行政执法人员实施,其他人员不得实施。

※法规解读:《行政处罚法》第 20、21 条是关于行政处罚权委托的规定,《行政强制法》第 17 条是关于行政强制措施权不得委托的规定。根据《安全生产法》第 9 条第 2 款的规定,乡镇人民政府以及地方人民政府派出机关有监督检查权,但没有对安全生产违法行为作出行政处罚的职权,也没有查封、扣押等强制措施权。但是,根据《行政处罚法》第 20、21 条的规定,负有安全生产监督管理职责的部门可以将其享有的行政处罚权,依法委托给乡镇人民政府以及地方人民政府派出机关。行政处罚委托是指行政机关依照法律、法规或者规章的规定,在其法定权限内委托其他组织实施行政处罚。受委托组织必须符合以下条件:(1)依法成立并具有管理公共事务职能;(2)有熟悉有关法律、法规、规章和业务并取得行政执法资格的工作人员;(3)需要进行技术检查或者技术鉴定的,应当有条件组织进行相应的技术检

查或者技术鉴定。除了上述组织之外,行政机关不得委托其他组织或者个人实施行政处罚。委托行政机关对受委托的组织实施行政处罚的行为应当负责监督,并对该行为的后果承担法律责任。受委托组织在委托范围内,以委托行政机关名义实施行政处罚;不得再委托其他组织或者个人实施行政处罚。

根据《行政处罚法》第24条的规定,省、自治区、直辖市根据当地实际情况,可以决定将基层管理迫切需要的县级人民政府部门的行政处罚权交由能够有效承接的乡镇人民政府、街道办事处行使,并定期组织评估。决定应当公布。承接行政处罚权的乡镇人民政府、街道办事处应当加强执法能力建设,按照规定范围、依照法定程序实施行政处罚。有关地方人民政府及其部门应当加强组织协调、业务指导、执法监督,建立健全行政处罚协调配合机制,完善评议、考核制度。如果省、自治区、直辖市已经将行政处罚权交由乡镇人民政府承接,乡镇人民政府可以独立行使行政处罚权。这时,无须另外的委托行使行政处罚权。

典型案例

荣某忠与宁阳县东疏镇人民政府乡政府行政纠纷案[1]

争议焦点

宁阳县安监局委托被告所作的行政行为是否合法。

案例解读

公民、法人或者其他组织直接向人民法院提起诉讼的,作出行政行为的行政机关是被告。行政机关委托的组织所作的行政行为,委托的行政机关是被告。镇政府受县安监局委托所作行政行为的,应提供委托证据予以证实,不能提供证据证明委托关系存在的,人民法院不予支持。镇政府是作出被诉行政行为的行政机关,应为适格被告。被告不能提供行政行为的事实、程序证据,应视为没有相应证据,属于作出被诉行政行为主要证据不足,程序违法,应予撤销。

---

〔1〕 案号:(2016)鲁0921行初4号。

第十条 【安全生产监督管理体制】 国务院应急管理部门依照本法，对全国安全生产工作实施综合监督管理；县级以上地方各级人民政府应急管理部门依照本法，对本行政区域内安全生产工作实施综合监督管理。

国务院交通运输、住房和城乡建设、水利、民航等有关部门依照本法和其他有关法律、行政法规的规定，在各自的职责范围内对有关行业、领域的安全生产工作实施监督管理；县级以上地方各级人民政府有关部门依照本法和其他有关法律、法规的规定，在各自的职责范围内对有关行业、领域的安全生产工作实施监督管理。对新兴行业、领域的安全生产监督管理职责不明确的，由县级以上地方各级人民政府按照业务相近的原则确定监督管理部门。

应急管理部门和对有关行业、领域的安全生产工作实施监督管理的部门，统称负有安全生产监督管理职责的部门。负有安全生产监督管理职责的部门应当相互配合、齐抓共管、信息共享、资源共用，依法加强安全生产监督管理工作。

条文解读

本法第10条是关于安全生产监督管理体制的规定。

1. 应急管理部门负责“综合监管”

2018年3月，中共中央印发《深化党和国家机构改革方案》，组建应急管理部，是国务院组成部门，为正部级。将国家安全生产监督管理总局的职责划归应急管理部，不再保留国家安全生产监督管理总局。2018年7月，中共中央办公厅、国务院办公厅发布《应急管理部职能配置、内设机构和人员编制规定》，规定应急管理部依法行使国家安全生产综合监督管理职权，指导协调、监督检查有关部门和各省(自治区、直辖市)政府安全生产工作，组织开展安全生产巡查、考核工作。依据本法以及其他相关法律的规定，应急管理部门的主要职责有：(1)依照有关法律、行政法规的规定，对涉及安全生产的事项进行审批。(2)依法对生产经营单位执行有关安全生产法律、法规和国家标准或者行业标准的情况进行监督检查。(3)按照国务院规定的权限组织对生产安全事故的调查处理。(4)对违反本法的行为依法给予行政处罚等。

国务院应急管理部门依据《安全生产法》等对全国安全生产工作实施综合监督

管理;县级以上地方各级人民政府应急管理部门依照《安全生产法》等对本行政区域内安全生产工作实施综合监督管理。应急管理部对全国安全生产工作实施综合监督管理,其综合监督管理表现在:(1)综合监督管理全国安全生产工作,组织起草安全生产方面的综合性法律和行政法规,制定发布工矿商贸行业及有关综合性安全生产规章,研究拟订安全生产方针政策和工矿商贸安全生产标准、规程,并组织实施。负责职责范围内非煤矿山企业和危险化学品、烟花爆竹生产企业安全生产许可证的颁发和管理工作。(2)依法行使国家安全生产综合监督管理职权,按照分级、属地原则,指导、协调和监督有关部门安全生产监督管理工作,对地方应急管理部门进行业务指导;制定全国安全生产发展规划;定期分析和预测全国安全生产形势,研究、协调和解决安全生产中的重大问题。(3)负责发布全国安全生产信息,综合管理全国生产安全伤亡事故调度统计和安全生产行政执法分析工作;依法组织、协调重大和特别重大事故的调查处理工作,并监督事故查处的落实情况;组织、指挥和协调安全生产应急救援工作。(4)负责综合监督管理危险化学品和烟花爆竹安全生产工作。(5)指导、协调全国和各省、自治区、直辖市安全生产检测检验工作;组织实施对工矿商贸生产经营单位安全生产条件和有关设备(特种设备除外)进行检测检验、安全评价、安全培训、安全咨询等社会中介组织的资质管理工作,并进行监督检查。(6)组织、指导全国和各省、自治区、直辖市安全生产宣传教育工作,负责安全生产监督管理人员的安全培训、考核工作,依法组织、指导并监督特种作业人员(煤矿特种作业人员、特种设备作业人员除外)的考核工作和工矿商贸生产经营单位主要经营管理者、安全生产管理人员的安全资格考核工作(煤矿矿长安全资格除外);监督检查工矿商贸生产经营单位安全培训工作。(7)负责监督管理中央管理的工矿商贸生产经营单位安全生产工作,依法监督工矿商贸生产经营单位贯彻执行安全生产法律、法规情况及其安全生产条件和有关设备(特种设备除外)、材料、劳动防护用品的安全生产管理工作。(8)依法监督检查职责范围内新建、改建、扩建工程项目的安全设施与主体工程同时设计、同时施工、同时投产使用情况;依法监督检查工矿商贸生产经营单位作业场所(煤矿作业场所除外)职业卫生情况,负责职业卫生安全许可证的颁发管理工作;监督检查重大危险源监控、重大事故隐患的整改工作,依法查处不具备安全生产条件的工矿商贸生产经营单位。(9)组织拟订安全生产科技规划,组织、指导和协调相关部门和单位开展安全生产重大科学技术研究和技术示范工作。(10)组织实施注册安全工程师执业资格制度，监督和指导注册安全工程师执业资格考试和注册工作。（11）组织开展与外国政府、国际组织及民间组织安全生产方面的国际交流与合作。（12）承办国务院、国务院安全生产委员会交办的其他事项。

2. 行业监管

“有关部门”是指除应急管理部外，依照法律、行政法规和国务院有关部门的“三定方案”的规定，对安全生产工作负有监督管理职责的部门，主要是国务院交通运输、住房和城乡建设、水利、民航等有关部门。例如，交通运输部负责交通运输安全监督管理；水利部负责指导监督水利工程建设与运行管理；公安部负责烟花爆竹的公共安全管理，许可烟花爆竹运输和确定运输路线，许可焰火晚会燃放，组织销毁处置废旧和罚没的非法烟花爆竹，侦查非法生产、买卖、储存、运输、邮寄烟花爆竹的刑事案件。各行业主管部门在对各自的安全生产工作实行专项监督管理的同时，应急管理部门对各行业主管部门的安全生产工作又负有监督检查和指导协调的职能，这充分体现了专项监管和综合监管相结合的工作原则。地方各级人民政府有关部门也应当依照相关的分工，承担本部门相应的安全生产监督管理职责。

在实践中，出现了一些新兴行业、领域，这些新兴行业、领域通常没有明确的行业、领域管理部门，造成安全生产监管职责不明确，所以2021年《安全生产法》规定“对新兴行业、领域的安全生产监督管理职责不明确的，由县级以上地方各级人民政府按照业务相近的原则确定监督管理部门”。例如，闪送属于典型的运输业务，应由负责道路交通运输管理的部门对其进行安全生产监督管理。

3. 负有安全生产监督管理职责的部门

应急管理部门和对有关行业、领域的安全生产工作实施监督管理的部门，统称负有安全生产监督管理职责的部门。负有安全生产监管职责的行业主管部门要按照“管行业必须管安全、管业务必须管安全、管生产经营必须管安全”的要求，做到安全生产责任“五落实”。一是落实“党政同责”，部门党政主要负责人对安全生产工作负总责；二是落实领导班子成员“一岗双责”，部门领导班子成员要在各自分管领域各负其责；三是落实行业领域安全生产监督管理责任，健全工作机构、明确工作职责、充实专业力量；四是落实日常监督检查和指导督促职责，加强本行业领域安全生产监管执法，做好有关事故预防控制，发生重特大事故立即派员到现场指导参与抢险救援、事故调查等工作；五是落实安全生产工作考核奖惩、“一票否决”等制度，建立自我约束、持续改进的安全生产长效机制，按照“谁主管，谁负责”“谁审批，谁负责”的原则，督促落实企业安全生产主体责任，健全本行业领域安全生产责任体系。负有安全生产监督管理职责的部门多，各部门之间应当相互配合、齐抓共管、信息共享、资源共用，依法加强安全生产监督管理工作。

关联法规索引

《行政处罚法》第24条；《深化党和国家机构改革方案》；《国务院安全生产委员会成员单位安全生产工作任务分工》；中共中央、国务院《关于推进安全生产领域改革发展的意见》

典型案例

乐清桃花岛旅游开发有限公司、浙江省应急管理厅电力行政管理案[1]

争议焦点

上诉人提出的行政复议程序异议是否成立。

案例解读

国务院有关部门依照《安全生产法》和其他有关法律、行政法规的规定，在各自的职责范围内对有关行业、领域的安全生产工作实施监督管理；县级以上地方各级人民政府有关部门依照《安全生产法》和其他有关法律、法规的规定，在各自的职责范围内对有关行业、领域的安全生产工作实施监督管理。故有些专门行业的安全生产工作并非由县级以上地方各级人民政府安全生产监督管理部门实施监督管理。上诉人上诉称可推定案涉工程施工建设必须要向原浙江省安全生产监督管理局办理安全生产相关手续，并无事实和法律依据。原浙江省安全生产监督管理局答复称“信息不属于本机关的掌握范围”，并在行政复议过程中进一步解释“不具有申请人申请公开信息涉及相关电力工程的审批职责”，已尽到法定的告知及说明理由义务。

---

〔1〕 案号：(2019)浙行终627号。

第十一条 【安全生产标准的制定和执行】 **国务院有关部门应当按照保障安全生产的要求，依法及时制定有关的国家标准或者行业标准，并根据科技进步和经济发展适时修订。**

生产经营单位必须执行依法制定的保障安全生产的国家标准或者行业标准。

条文解读

本法第11条是关于安全生产国家标准、行业标准的制定和执行的规定。

科学、合理地制定国家标准、行业标准，对保障安全生产具有重要意义。安全标准涉及安全设施设备、作业场所、生产作业或施工工艺、安全生产劳动防护用品等。标准（含标准样品），是指农业、工业、服务业以及社会事业等领域需要统一的技术要求，包括国家标准、行业标准、地方标准和团体标准、企业标准。国家标准分为强制性标准、推荐性标准，行业标准、地方标准是推荐性标准。强制性标准必须执行。关于安全生产的标准，是强制性标准，要求企业必须执行，且是安全生产监督管理的重要方面。国务院有关部门应根据科技进步和经济发展对安全生产标准适时加以修订。

根据《标准化法》的规定，对保障人身健康和生命财产安全、国家安全、生态环境安全以及满足经济社会管理基本需要的技术要求，应当制定强制性国家标准。对没有推荐性国家标准、需要在全国某个行业范围内统一的技术要求，可以制定行业标准。行业标准由国务院有关行政主管部门制定，报国务院标准化行政主管部门备案。行业标准是推荐性标准。但是《安全生产法》规定，生产经营单位必须执行依法制定的保障安全生产的行业标准。所以，根据《安全生产法》的规定，关于安全生产的行业标准也属于强制性标准，生产经营单位也应执行。

关联法规索引

《标准化法》第2、10、14、17条

典型案例

玉林市博通公路工程监理有限责任公司与百色市安全生产监督管理局、百色市人民政府质量监督行政管理案[1]

争议焦点

监理单位是否为生产经营单位。

案例解读

《安全生产法》适用于生产经营单位在生产经营过程中的安全工作，监理单位属于营利性单位，监理活动也属于生产经营活动。监理单位应当依法履行自己的安全生产职责，如果没有履行职责导致事故发生的，应急管理部门有权依据《安全生产法》的规定对其进行罚款。本案中，被告市安监局对原告进行处罚基于原告虽然对施工单位发出了监理指令单，但施工单位仍未整改，原告未按照《建设工程安全生产管理条例》的规定要求施工单位暂时停止施工并及时向有关部门报告，且引发事故的安全隐患为其监理指令单所要求的施工单位整改的事由，故原告存在监督检查、督促整改不到位的违法行为，被告市安监局根据《安全生产法》的规定对原告进行处罚并无不当。

第十二条　【安全生产国家标准】 国务院有关部门按照职责分工负责安全生产强制性国家标准的项目提出、组织起草、征求意见、技术审查。国务院应急管理部门统筹提出安全生产强制性国家标准的立项计划。国务院标准化行政主管部门负责安全生产强制性国家标准的立项、编号、对外通报和授权批准发布工作。国务院标准化行政主管部门、有关部门依据法定职责对安全生产强制性国家标准的实施进行监督检查。

---

[1] 案号：(2017)桂1002行初37号。

条文解读

本法第12条是关于安全生产国家标准制定的规定。本条之规定意在促进安全生产国家标准的制定。

安全生产领域存在大量强制性行业标准,这些强制性行业标准要求生产经营单位必须执行。《标准化法》则认为,行业标准属于推荐性标准。因此,非常有必要加快安全生产国家标准的制定,将行业标准及时转化为国家标准,提高标准的层次和效力。国务院标准化行政主管部门统一管理全国标准化工作。国务院有关行政主管部门分工管理本部门、本行业的标准化工作。县级以上地方各级人民政府标准化行政主管部门统一管理本行政区域内的标准化工作。县级以上地方各级人民政府有关行政主管部门分工管理本行政区域内本部门、本行业的标准化工作。对保障人身健康和生命财产安全、国家安全、生态环境安全以及经济社会发展所急需的标准项目,制定标准的行政主管部门应当优先立项并及时完成。

国务院有关部门按照职责分工负责安全生产强制性国家标准的项目提出、组织起草、征求意见、技术审查。国务院应急管理部门统筹提出安全生产强制性国家标准的立项计划。国务院标准化行政主管部门负责安全生产强制性国家标准的立项、编号、对外通报和授权批准发布工作。国务院标准化行政主管部门、有关部门依据法定职责对安全生产强制性国家标准的实施进行监督检查。

关联法规索引

《标准化法》第10~24、29、32条

第十三条 【各级人民政府安全生产宣传教育】各级人民政府及其有关部门应当采取多种形式,加强对有关安全生产的法律、法规和安全生产知识的宣传,增强全社会的安全生产意识。

条文解读

本法第13条是关于加强安全生产宣传教育的规定。

各级人民政府应当采取多种形式,利用电视、广播、报纸、微信公众号、微博等,大力开展安全生产法律、法规、标准的宣传,使广大职工和人民群众熟悉安全生产法律、法规和标准,宣传安全生产知识,增强全社会的安全生产意识。

县级人民政府及其有关部门、乡级人民政府、街道办事处应当组织开展安全生产应急知识的宣传普及活动和必要的应急演练。居民委员会、村民委员会、企业事业单位应当根据所在地人民政府的要求,结合各自的实际情况,开展有关安全生产应急知识的宣传普及活动和必要的应急演练。新闻媒体应当无偿开展安全生产预防与应急、自救与互救知识的公益宣传。各级各类学校应当把安全生产应急知识教育纳入教学内容,对学生进行安全生产应急知识教育,培养学生的安全意识和自救与互救能力。教育主管部门应当对学校开展安全生产应急知识教育进行指导和监督。

经国务院批准,由国家经委、国家建委、国防工办、国务院财贸小组、全国总工会和中央广播事业局等十个部门共同作出决定,于 1980 年 5 月在全国开展安全生产月(1991 ~2001 年改为“安全生产周”),并确定以后每年 6 月都开展安全生产月,使之经常化、制度化。

关联法规索引

《突发事件应对法》第 6、29、30 条

第十四条 【协会组织在安全生产方面的职责】 有关协会组织依照法律、行政法规和章程,为生产经营单位提供安全生产方面的信息、培训等服务,发挥自律作用,促进生产经营单位加强安全生产管理。

条文解读

本法第 14 条是关于协会组织在安全生产方面的职责的规定。

协会组织是社会中介组织,它的产生和发展是社会分工和市场竞争日益加剧的结果,反映了各行业的企业自我服务、自我协调、自我监督、自我保护的意识和要求。协会组织是由个人、单个组织为达到某种目标,通过签署协议,自愿组成的团体或组织,它通常是依法成立的社会团体法人。有关协会组织一方面要做好服务

工作,为生产经营单位提供安全生产方面的信息、培训等服务;另一方面要发挥自律作用,促进生产经营单位加强安全生产管理。

第十五条 【安全生产服务中介机构】依法设立的为安全生产提供技术、管理服务的机构,依照法律、行政法规和执业准则,接受生产经营单位的委托为其安全生产工作提供技术、管理服务。

生产经营单位委托前款规定的机构提供安全生产技术、管理服务的,保证安全生产的责任仍由本单位负责。

条文解读

本法第 15 条是关于为安全生产提供技术、管理服务机构的职责的规定。

安全生产工作具有很强的专业性、技术性特点。生产经营单位的有关安全生产保障,都离不开相关的技术、管理服务工作,如对安全条件的评价,对有关设施、设备性能的检验和检测,以及安全生产培训、咨询等。负有安全生产监督管理职责的部门对安全生产进行监督管理也需要一定的服务机构提供支撑,如需要对某种物质是否属于"危险化学品"进行鉴定等。为安全生产提供技术、管理服务的机构必须是依法设立的提供安全评价、认证、检测、检验、培训和咨询等服务的机构。例如,2019 年应急管理部制定的《安全评价检测检验机构管理办法》对检测检验机构设立的条件和程序等作了规定。"依法设立",是指专业服务机构必须依照法律、法规、规章的规定设立,需要具备相应资质条件并经有关主管部门批准的应当依法经批准。这些机构依法独立执业,并对其提供服务的结果负责,承担法律责任。非依法设立的机构,不得接受生产经营单位的委托,提供安全生产技术、管理服务。

专业服务机构必须依照法律、行政法规和执业准则,为生产经营单位的安全生产工作提供服务。"依照法律、行政法规",是指专业服务机构提供服务的范围、对象、内容、出具的有关报告和证明以及有关程序等,都必须符合有关法律、行政法规的规定。专业服务机构必须对自己的行为结果负责。"执业准则"是专业服务机构在开展业务时应当遵守的具体规范和要求。执业准则一般由有关行业协会或者主管部门制定,对保证服务机构规范、公正地开展业务具有重要意义。专业服务机构在遵守法律、行政法规的同时,还必须遵守执业准则,自觉约束自己的执业行为。

专业服务机构接受委托,应当与委托方签订安全生产技术、管理服务合同,明确提供服务的范围、方式、要求以及双方的权利和义务等事项。未经生产经营单位委托,专业服务机构不得强行为其提供服务。同时,除法律、法规规定外,任何单位和个人不得强令生产经营单位接受服务。生产经营单位委托专业服务机构提供安全生产技术、管理服务的,保证安全生产的责任仍由本单位负责。当然,这并不意味着专业服务机构不需要承担任何责任,其也应当根据法律、行政法规以及委托合同的约定,承担相应的责任,但这种责任不同于生产经营单位保证本单位安全生产的主体责任。

配套法规及解读

《刑法》(2020 年 12 月 26 日修正)

第二百二十九条 承担资产评估、验资、验证、会计、审计、法律服务、保荐、安全评价、环境影响评价、环境监测等职责的中介组织的人员故意提供虚假证明文件,情节严重的,处五年以下有期徒刑或者拘役,并处罚金;有下列情形之一的,处五年以上十年以下有期徒刑,并处罚金:

(一)提供与证券发行相关的虚假的资产评估、会计、审计、法律服务、保荐等证明文件,情节特别严重的;

(二)提供与重大资产交易相关的虚假的资产评估、会计、审计等证明文件,情节特别严重的;

(三)在涉及公共安全的重大工程、项目中提供虚假的安全评价、环境影响评价等证明文件,致使公共财产、国家和人民利益遭受特别重大损失的。

有前款行为,同时索取他人财物或者非法收受他人财物构成犯罪的,依照处罚较重的规定定罪处罚。

第一款规定的人员,严重不负责任,出具的证明文件有重大失实,造成严重后果的,处三年以下有期徒刑或者拘役,并处或者单处罚金。

※法规解读:本条是关于提供虚假证明文件罪和出具证明文件重大失实罪的规定。

提供虚假证明文件罪,是指承担资产评估、验资、验证、会计、审计、法律服务、保荐、安全评价、环境影响评价、环境监测等职责的中介组织的人员故意提供虚假证明文件,情节严重的行为。构成该罪的,处 5 年以下有期徒刑或者拘役,并处罚金。但该罪属于情节加重犯,有以下三种情形之一的,处 5 年以上 10 年以下有期徒刑,并处罚金:(1)提供与证券发行相关的虚假的资产评估、会计、审计、法律服务、保荐等证明文件,情节特别严重的;(2)提供与重大资产交易相关的虚假的资产评估、会计、审计等证明文件,情节特别严重的;(3)在涉及公共安全的重大工程、项目中提供虚假的安全评价、环境影响评价等证明文件,致使公共财产、国家和人民利益遭受特别重大损失的。

出具证明文件重大失实罪,是指承担资产评估、验资、验证、会计、审计、法律服务、保荐、安全评价、环境影响评价、环境监测等职责的中介组织的人员严重不负责任,出具的证明文件有重大失实,造成严重后果的行为。构成该罪的,处 3 年以下有期徒刑或者拘役,并处或者单处罚金。

关联法规索引

《安全评价检测检验机构管理办法》;《安全生产法》第 92 条

典型案例

湖南长沙汽车检测站有限公司、罗某出具证明文件重大失实案[1]

争议焦点

上诉人是否构成出具证明文件重大失实罪。

案例解读

出具证明文件重大失实罪,是指承担资产评估、验资、验证、会计、审计、法律服务、保荐、安全评价、环境影响评价、环境监测等职责的中介组织的人员严重不负责任,出具的证明文件有重大失实,造成严重后果的行为。构成该罪的,处 3 年以下有期徒刑或者拘役,并处或者单处罚金。该案中,湖南长沙汽车检测站有限公司作为承担出具具有证明作用的汽车检验报告职责的中介组织,严重不负责任,出具的

〔1〕 案号:(2017)湘 01 刑终 543 号。

证明文件在内容上存在重大失误,情节严重,其行为已构成出具证明文件重大失实罪;胡某斌、罗某作为直接负责的主管人员,郭某锋、樊某作为直接责任人员,其行为均已构成出具证明文件重大失实罪。

第十六条 【事故责任追究制度】国家实行生产安全事故责任追究制度,依照本法和有关法律、法规的规定,追究生产安全事故责任单位和责任人员的法律责任。

条文解读

本法第16条是关于生产安全事故责任追究制度的规定。

引发生产安全事故的原因很多,有的生产安全事故是由于自然原因引起的,这属于灾难,这时不能追究生产经营单位的责任,例如,交通运输过程中突然遭遇泥石流,造成车毁人亡等。但很多时候,生产安全事故是因为生产经营单位以及从业人员违反生产安全法律、法规、标准和有关技术规程规范等人为因素造成的,例如,煤矿超产能作业引发生产安全事故,或者管理人员违章指挥或者从业人员违章作业等引发生产安全事故等。从导致生产安全事故发生的原因来看,既有技术方面的,也有管理方面的,甚至还有设施设备方面的。鉴于生产安全事故对人民群众生命、财产造成的严重损害,对因人为原因造成的责任事故,必须依法追究责任单位和责任人员的法律责任,达到警示教育的作用。为此本条明确规定,对生产安全事故实行责任追究制度。

法律责任分为民事责任、行政责任和刑事责任。生产安全事故责任追究主要强调行政责任和刑事责任的追究,民事责任主要体现为事故发生单位对受害人的赔偿。

1. 民事责任

生产经营单位因生产安全事故造成伤亡主要分为两种情形:一种情形是造成从业人员人身伤亡;另一种情形是造成从业人员之外的其他人的伤亡。生产安全事故造成从业人员伤亡的,因从业人员主要是劳动者,多属于工伤事故的范畴,按照工伤损害赔偿等相关规定对受害者进行赔付。受害者是从业人员之外的其他人的,则按照《民法典》侵权责任编的规定进行赔付。如果生产经营单位造成他人伤亡在侵权责任法上有特别规定的,适用特别规定承担民事责任。例如,生产经营单位因高度危险作业造成的,按照《民法典》关于高度危险作业致害的规定承担责任。如果生产事故造成伤亡,不属于特别侵权的,适用《民法典》侵权责任编关于一般侵权行为的规定对受害人承担民事责任。

生产经营单位民事责任赔偿的范围分为人身损害赔偿范围和财产损害赔偿范围。侵害他人造成人身损害的,应当赔偿医疗费、护理费、交通费等为治疗和康复支出的合理费用,以及因误工减少的收入;造成残疾的,还应当赔偿残疾生活辅助器具费和残疾赔偿金;造成死亡的,还应当赔偿丧葬费和死亡赔偿金。侵害他人财产的,财产损失按照损失发生时的市场价格或者其他方式计算。

2. 行政责任

行政责任是指因违反有关行政管理的法律、法规的规定而依法应当承担的法律后果。行政责任一般分为行政处分和行政处罚。行政处分是对国家工作人员及由国家机关委派到企业、事业单位任职人员违法违纪行为给予的制裁性处理。按照《公务员法》的规定,行政处分主要包括警告、记过、记大过、降级、撤职、开除。行政处罚是对有行政违法行为的单位或者个人给予的行政制裁。按照《行政处罚法》的规定,行政处罚的种类包括警告、通报批评;罚款、没收违法所得、没收非法财物;暂扣许可证件、降低资质等级、吊销许可证件;限制开展生产经营活动、责令停产停业、责令关闭、限制从业;行政拘留;法律、行政法规规定的其他行政处罚。在对生产安全事故调查处理时,必须实事求是地查明事故的责任,对确实为责任事故的,既要查清事故单位责任者的责任,也要查清对安全生产负有监督管理职责的有关部门是否有违法审批或不依法履行监督管理职责的责任,并根据不同情节,分别给予行政处分或者行政处罚。按照《安全生产法》和《生产安全事故报告和调查处理条例》的规定,发生事故的,对负有责任的生产经营单位以及主要负责人分别处以罚款。

3. 刑事责任

刑事责任是指犯罪人因实施犯罪行为应当承担的法律责任,按刑事法律的规定追究其法律责任,包括主刑和附加刑两种刑事责任。主刑,是对犯罪分子适用的主要刑罚,它只能独立适用,不能相互附加适用。主刑分为管制、拘役、有期徒刑、无期徒刑和死刑。附加刑分为罚金、剥夺政治权利、没收财产。对犯罪的外国人,也可以独立或附加适用驱逐出境。我国《安全生产法》多处规定了对发生生产安全事故负有责任的人需要承担刑事责任，如《安全生产法》第 100 条规定："未经依法批准，擅自生产、经营、运输、储存、使用危险物品或者处置废弃危险物品的，依照有关危险物品安全管理的法律、行政法规的规定予以处罚；构成犯罪的，依照刑法有关规定追究刑事责任。"我国《刑法》也规定了多个安全生产罪名，如重大责任事故罪，重大劳动安全事故罪，危险作业罪，强令、组织他人违章冒险作业罪等罪名。

配套法规及解读

《生产安全事故报告和调查处理条例》(2007 年 6 月 1 日施行)

第三条 根据生产安全事故（以下简称事故）造成的人员伤亡或者直接经济损失，事故一般分为以下等级：

（一）特别重大事故，是指造成 30 人以上死亡，或者 100 人以上重伤（包括急性工业中毒，下同），或者 1 亿元以上直接经济损失的事故；

（二）重大事故，是指造成 10 人以上 30 人以下死亡，或者 50 人以上 100 人以下重伤，或者 5000 万元以上 1 亿元以下直接经济损失的事故；

（三）较大事故，是指造成 3 人以上 10 人以下死亡，或者 10 人以上 50 人以下重伤，或者 1000 万元以上 5000 万元以下直接经济损失的事故；

（四）一般事故，是指造成 3 人以下死亡，或者 10 人以下重伤，或者 1000 万元以下直接经济损失的事故。

国务院安全生产监督管理部门可以会同国务院有关部门，制定事故等级划分的补充性规定。

本条第一款所称的"以上"包括本数，所称的"以下"不包括本数。

第四条 事故报告应当及时、准确、完整，任何单位和个人对事故不得迟报、漏报、谎报或者瞒报。

事故调查处理应当坚持实事求是、尊重科学的原则，及时、准确地查清事故经过、事故原因和事故损失，查明事故性质，认定事故责任，总结事故教训，提出整改措施，并对事故责任者依法追究责任。

第五条 县级以上人民政府应当依照本条例的规定，严格履行职责，及时、准确地完成事故调查处理工作。

事故发生地有关地方人民政府应当支持、配合上级人民政府或者有关部门的事故调查处理工作,并提供必要的便利条件。

参加事故调查处理的部门和单位应当互相配合,提高事故调查处理工作的效率。

第十七条　事故发生地公安机关根据事故的情况,对涉嫌犯罪的,应当依法立案侦查,采取强制措施和侦查措施。犯罪嫌疑人逃匿的,公安机关应当迅速追捕归案。

第二十二条　事故调查组的组成应当遵循精简、效能的原则。

根据事故的具体情况,事故调查组由有关人民政府、安全生产监督管理部门、负有安全生产监督管理职责的有关部门、监察机关、公安机关以及工会派人组成,并应当邀请人民检察院派人参加。

事故调查组可以聘请有关专家参与调查。

第二十三条　事故调查组成员应当具有事故调查所需要的知识和专长,并与所调查的事故没有直接利害关系。

第二十四条　事故调查组组长由负责事故调查的人民政府指定。事故调查组组长主持事故调查组的工作。

第二十五条　事故调查组履行下列职责:

(一)查明事故发生的经过、原因、人员伤亡情况及直接经济损失;

(二)认定事故的性质和事故责任;

(三)提出对事故责任者的处理建议;

(四)总结事故教训,提出防范和整改措施;

(五)提交事故调查报告。

第二十六条　事故调查组有权向有关单位和个人了解与事故有关的情况,并要求其提供相关文件、资料,有关单位和个人不得拒绝。

事故发生单位的负责人和有关人员在事故调查期间不得擅离职守,并应当随时接受事故调查组的询问,如实提供有关情况。

事故调查中发现涉嫌犯罪的,事故调查组应当及时将有关材料或者其复印件移交司法机关处理。

第二十七条　事故调查中需要进行技术鉴定的,事故调查组应当委托具有国家规定资质的单位进行技术鉴定。必要时,事故调查组可以直接组织专家进行技术鉴定。技术鉴定所需时间不计入事故调查期限。

第二十八条 事故调查组成员在事故调查工作中应当诚信公正、恪尽职守，遵守事故调查组的纪律，保守事故调查的秘密。

未经事故调查组组长允许，事故调查组成员不得擅自发布有关事故的信息。

第二十九条 事故调查组应当自事故发生之日起60日内提交事故调查报告；特殊情况下，经负责事故调查的人民政府批准，提交事故调查报告的期限可以适当延长，但延长的期限最长不超过60日。

第三十条 事故调查报告应当包括下列内容：

（一）事故发生单位概况；

（二）事故发生经过和事故救援情况；

（三）事故造成的人员伤亡和直接经济损失；

（四）事故发生的原因和事故性质；

（五）事故责任的认定以及对事故责任者的处理建议；

（六）事故防范和整改措施。

事故调查报告应当附具有关证据材料。事故调查组成员应当在事故调查报告上签名。

第三十一条 事故调查报告报送负责事故调查的人民政府后，事故调查工作即告结束。事故调查的有关资料应当归档保存。

第三十二条 重大事故、较大事故、一般事故，负责事故调查的人民政府应当自收到事故调查报告之日起15日内做出批复；特别重大事故，30日内做出批复，特殊情况下，批复时间可以适当延长，但延长的时间最长不超过30日。

有关机关应当按照人民政府的批复，依照法律、行政法规规定的权限和程序，对事故发生单位和有关人员进行行政处罚，对负有事故责任的国家工作人员进行处分。

事故发生单位应当按照负责事故调查的人民政府的批复，对本单位负有事故责任的人员进行处理。

负有事故责任的人员涉嫌犯罪的，依法追究刑事责任。

第三十五条 事故发生单位主要负责人有下列行为之一的，处上一年年收入40%至80%的罚款；属于国家工作人员的，并依法给予处分；构成犯罪的，依法追究刑事责任：

（一）不立即组织事故抢救的；

（二）迟报或者漏报事故的；

（三）在事故调查处理期间擅离职守的。

第三十六条　事故发生单位及其有关人员有下列行为之一的，对事故发生单位处100万元以上500万元以下的罚款；对主要负责人、直接负责的主管人员和其他直接责任人员处上一年年收入60%至100%的罚款；属于国家工作人员的，并依法给予处分；构成违反治安管理行为的，由公安机关依法给予治安管理处罚；构成犯罪的，依法追究刑事责任：

（一）谎报或者瞒报事故的；

（二）伪造或者故意破坏事故现场的；

（三）转移、隐匿资金、财产，或者销毁有关证据、资料的；

（四）拒绝接受调查或者拒绝提供有关情况和资料的；

（五）在事故调查中作伪证或者指使他人作伪证的；

（六）事故发生后逃匿的。

第三十七条　事故发生单位对事故发生负有责任的，依照下列规定处以罚款：

（一）发生一般事故的，处10万元以上20万元以下的罚款；

（二）发生较大事故的，处20万元以上50万元以下的罚款；

（三）发生重大事故的，处50万元以上200万元以下的罚款；

（四）发生特别重大事故的，处200万元以上500万元以下的罚款。

第三十八条　事故发生单位主要负责人未依法履行安全生产管理职责，导致事故发生的，依照下列规定处以罚款；属于国家工作人员的，并依法给予处分；构成犯罪的，依法追究刑事责任：

（一）发生一般事故的，处上一年年收入30%的罚款；

（二）发生较大事故的，处上一年年收入40%的罚款；

（三）发生重大事故的，处上一年年收入60%的罚款；

（四）发生特别重大事故的，处上一年年收入80%的罚款。

第三十九条　有关地方人民政府、安全生产监督管理部门和负有安全生产监督管理职责的有关部门有下列行为之一的，对直接负责的主管人员和其他直接责任人员依法给予处分；构成犯罪的，依法追究刑事责任：

（一）不立即组织事故抢救的；

（二）迟报、漏报、谎报或者瞒报事故的；

（三）阻碍、干涉事故调查工作的；

（四）在事故调查中作伪证或者指使他人作伪证的。

第四十条 事故发生单位对事故发生负有责任的，由有关部门依法暂扣或者吊销其有关证照；对事故发生单位负有事故责任的有关人员，依法暂停或者撤销其与安全生产有关的执业资格、岗位证书；事故发生单位主要负责人受到刑事处罚或者撤职处分的，自刑罚执行完毕或者受处分之日起，5 年内不得担任任何生产经营单位的主要负责人。

为发生事故的单位提供虚假证明的中介机构，由有关部门依法暂扣或者吊销其有关证照及其相关人员的执业资格；构成犯罪的，依法追究刑事责任。

第四十一条 参与事故调查的人员在事故调查中有下列行为之一的，依法给予处分；构成犯罪的，依法追究刑事责任：

（一）对事故调查工作不负责任，致使事故调查工作有重大疏漏的；

（二）包庇、袒护负有事故责任的人员或者借机打击报复的。

第四十二条 违反本条例规定，有关地方人民政府或者有关部门故意拖延或者拒绝落实经批复的对事故责任人的处理意见的，由监察机关对有关责任人员依法给予处分。

第四十三条 本条例规定的罚款的行政处罚，由安全生产监督管理部门决定。

法律、行政法规对行政处罚的种类、幅度和决定机关另有规定的，依照其规定。

《安全生产法》（2021 年 6 月 10 日修正）

第八十七条 生产经营单位发生生产安全事故，经调查确定为责任事故的，除了应当查明事故单位的责任并依法予以追究外，还应当查明对安全生产的有关事项负有审查批准和监督职责的行政部门的责任，对有失职、渎职行为的，依照本法第九十条的规定追究法律责任。

第一百一十条 生产经营单位的主要负责人在本单位发生生产安全事故时，不立即组织抢救或者在事故调查处理期间擅离职守或者逃匿的，给予降级、撤职的处分，并由应急管理部门处上一年年收入百分之六十至百分之一百的罚款；对逃匿的处十五日以下拘留；构成犯罪的，依照刑法有关规定追究刑事责任。

生产经营单位的主要负责人对生产安全事故隐瞒不报、谎报或者迟报的，依照前款规定处罚。

第一百一十一条 有关地方人民政府、负有安全生产监督管理职责的部门，对生产安全事故隐瞒不报、谎报或者迟报的，对直接负责的主管人员和其他直接责任人员依法给予处分；构成犯罪的，依照刑法有关规定追究刑事责任。

第一百一十四条 发生生产安全事故，对负有责任的生产经营单位除要求其依法承担相应的赔偿等责任外，由应急管理部门依照下列规定处以罚款：

（一）发生一般事故的，处三十万元以上一百万元以下的罚款；

（二）发生较大事故的，处一百万元以上二百万元以下的罚款；

（三）发生重大事故的，处二百万元以上一千万元以下的罚款；

（四）发生特别重大事故的，处一千万元以上二千万元以下的罚款。

发生生产安全事故，情节特别严重、影响特别恶劣的，应急管理部门可以按照前款罚款数额的二倍以上五倍以下对负有责任的生产经营单位处以罚款。

※法规解读：《安全生产法》规定了生产安全事故责任追究制度，但同时本法第86条中规定："事故调查和处理的具体办法由国务院制定。"根据本条规定，国务院制定了《生产安全事故报告和调查处理条例》，该条例于2007年6月1日起施行，该条例以《安全生产法》中关于事故责任追究的规定为基础，对生产安全事故责任追究作了更为明确和细化的规定，根据这些规定，生产安全事故责任主要有：

1. 民事赔偿责任

即事故发生单位要对因生产安全事故造成的损失承担赔偿责任。

2. 行政责任

行政责任包括两个方面：

其一，对事故发生单位的行政处罚。

事故发生单位主要负责人有《安全生产法》第110条、该条例第35条规定的下列行为之一的，依照下列规定处以罚款：(1)事故发生单位主要负责人在事故发生后不立即组织事故抢救的，处上一年年收入100%的罚款；(2)事故发生单位主要负责人迟报事故的，处上一年年收入60%至80%的罚款；漏报事故的，处上一年年收入40%至60%的罚款；(3)事故发生单位主要负责人在事故调查处理期间擅离职守的，处上一年年收入80%至100%的罚款。

事故发生单位有该条例第36条规定行为之一的，依照原国家安全生产监督管理总局《关于印发〈安全生产行政处罚自由裁量标准〉的通知》（安监总政法〔2010〕137号）等规定给予罚款。

事故发生单位的主要负责人、直接负责的主管人员和其他直接责任人员有《安全生产法》第110条、该条例第36条规定的下列行为之一的,依照下列规定处以罚款:(1)伪造、故意破坏事故现场,或者转移、隐匿资金、财产、销毁有关证据、资料,或者拒绝接受调查,或者拒绝提供有关情况和资料,或者在事故调查中作伪证,或者指使他人作伪证的,处上一年年收入80%至90%的罚款;(2)谎报、瞒报事故或者事故发生后逃匿的,处上一年年收入100%的罚款。

发生生产安全事故,对负有责任的生产经营单位除要求其依法承担相应的赔偿等责任外,由应急管理部门依照下列规定处以罚款:(1)发生一般事故的,处30万元以上100万元以下的罚款;(2)发生较大事故的,处100万元以上200万元以下的罚款;(3)发生重大事故的,处200万元以上1000万元以下的罚款;(4)发生特别重大事故的,处1000万元以上2000万元以下的罚款。发生生产安全事故,情节特别严重、影响特别恶劣的,应急管理部门可以按照前款罚款数额的2倍以上5倍以下对负有责任的生产经营单位处以罚款。

事故发生单位主要负责人未依法履行安全生产管理职责,导致事故发生的,由应急管理部门依照下列规定处以罚款:(1)发生一般事故的,处上一年年收入40%的罚款;(2)发生较大事故的,处上一年年收入60%的罚款;(3)发生重大事故的,处上一年年收入80%的罚款;(4)发生特别重大事故的,处上一年年收入100%的罚款。

个人经营的投资人未依照《安全生产法》的规定保证安全生产所必需的资金投入,致使生产经营单位不具备安全生产条件,导致发生生产安全事故的,依照下列规定对个人经营的投资人处以罚款:(1)发生一般事故的,处2万元以上5万元以下的罚款;(2)发生较大事故的,处5万元以上10万元以下的罚款;(3)发生重大事故的,处10万元以上15万元以下的罚款;(4)发生特别重大事故的,处15万元以上20万元以下的罚款。

事故发生单位及其有关责任人员有两种以上应当处以罚款的行为的,应急管理部门或者矿山安全监察机构应当分别裁量,合并作出处罚决定。对事故发生负有责任的其他单位及其有关责任人员处以罚款的行政处罚,依照相关法律、法规和规章的规定实施。

其二,如果生产经营单位负责人属于国家工作人员的,除了依法进行罚款等行政处罚外,还要依法给予处分;构成违反治安管理行为的,由公安机关依法给予治安管理处罚。

事故发生单位是指对事故发生负有责任的生产经营单位。主要负责人是指有限责任公司、股份有限公司的董事长或者总经理或者个人经营的投资人，其他生产经营单位的厂长、经理、局长、矿长（含实际控制人）等人员。事故发生单位主要负责人、直接负责的主管人员和其他直接责任人员的上一年年收入，属于国有生产经营单位的，是指该单位上级主管部门所确定的上一年年收入总额；属于非国有生产经营单位的，是指经财务、税务部门核定的上一年年收入总额。生产经营单位提供虚假资料或者由于财务、税务部门无法核定等原因，致使有关人员的上一年年收入难以确定的，按照下列办法确定：(1)主要负责人的上一年年收入，按照本省、自治区、直辖市上一年度职工平均工资的5倍以上10倍以下计算；(2)直接负责的主管人员和其他直接责任人员的上一年年收入，按照本省、自治区、直辖市上一年度职工平均工资的1倍以上5倍以下计算。该条例所称的迟报、漏报、谎报和瞒报，依照下列情形认定：(1)报告事故的时间超过规定时限的，属于迟报；(2)因过失对应当上报的事故或者事故发生的时间、地点、类别、伤亡人数、直接经济损失等内容遗漏未报的，属于漏报；(3)故意不如实报告事故发生的时间、地点、初步原因、性质、伤亡人数和涉险人数、直接经济损失等有关内容的，属于谎报；(4)隐瞒已经发生的事故，超过规定时限未向安全监管监察部门和有关部门报告，经查证属实的，属于瞒报。

3. 刑事责任

发生生产安全事故，构成犯罪的，依法追究刑事责任。

事故发生单位对事故发生负有责任的，由有关部门依法暂扣或者吊销其有关证照；对事故发生单位负有事故责任的有关人员，依法暂停或者撤销其与安全生产有关的执业资格、岗位证书；事故发生单位主要负责人受到刑事处罚或者撤职处分的，自刑罚执行完毕或者受处分之日起，5年内不得担任任何生产经营单位的主要负责人。

为发生事故的单位提供虚假证明的中介机构，由有关部门依法暂扣或者吊销其有关证照及其相关人员的执业资格；构成犯罪的，依法追究刑事责任。

有关地方人民政府、应急管理部门和负有安全生产监督管理职责的有关部门有下列行为之一的，对直接负责的主管人员和其他直接责任人员依法给予处分；构成犯罪的，依法追究刑事责任：(1)不立即组织事故抢救的；(2)迟报、漏报、谎报或者瞒报事故的；(3)阻碍、干涉事故调查工作的；(4)在事故调查中作伪证或者指使他人作伪证的。

关联法规索引

《公务员法》第56条;《民法典》第1179、1180、1236～1244条;《生产安全事故罚款处罚规定(试行)》

典型案例

张某旗与东莞市金喜鹊商务酒店有限公司生命权、健康权、身体权纠纷案[1]

争议焦点

张某旗于2012年4月28日的受伤事件是否构成生产安全事故。

案例解读

《安全生产法》第56条第2款规定:"因生产安全事故受到损害的从业人员,除依法享有工伤保险外,依照有关民事法律尚有获得赔偿的权利的,有权提出赔偿要求。"受害人因生产安全事故受到伤害的,才可依据《安全生产法》第56条第2款的规定主张赔偿责任。本案中,张某旗未能提交证据证明其所受伤害事故属于《安全生产法》第56条规定的"生产安全事故",故其在主张了工伤保险待遇后,再行主张人身损害赔偿,缺乏依据。

第十七条 【安全生产权责清单】县级以上各级人民政府应当组织负有安全生产监督管理职责的部门依法编制安全生产权力和责任清单,公开并接受社会监督。

条文解读

本法第17条是关于负有安全生产监督管理职责的部门编制安全生产权责清单的规定。

权责清单包括权力清单和责任清单。推行地方各级政府工作部门权力清单和

[1] 案号:(2015)东二法虎民一初字第523号。

责任清单制度，是党中央、国务院部署的重要改革任务，是国家治理体系和治理能力现代化建设的重要举措，对于深化行政体制改革，建设法治政府、创新政府、廉洁政府具有重要意义。所以，县级以上各级人民政府应当组织负有安全生产监督管理职责的部门依法编制安全生产权力和责任清单。

2015 年中共中央办公厅、国务院办公厅印发了《关于推行地方各级政府工作部门权力清单制度的指导意见》。该指导意见提出，将地方各级政府工作部门行使的各项行政职权及其依据、行使主体、运行流程、对应的责任等，以清单形式明确列示出来，向社会公布，接受社会监督。通过建立权力清单和相应责任清单制度，进一步明确地方各级政府工作部门职责权限，大力推动简政放权，加快形成边界清晰、分工合理、权责一致、运转高效、依法保障的政府职能体系和科学有效的权力监督、制约、协调机制，全面推进依法行政。

为全面推进安全生产领域依法行政，负有安全生产监督管理职责的部门应依法编制权责清单，全面彻底梳理安全生产监督管理行政职权，逐项列明设定依据；对没有法定依据的安全生产监督管理行政职权，应及时取消；编制权力清单要依法逐条逐项进行合法性、合理性和必要性审查，在审查过程中，要广泛听取基层、专家学者和社会公众的意见。除保密事项外，负有安全生产监督管理职责的部门要以清单形式将每项职权的名称、编码、类型、依据、行使主体、流程图和监督方式等，及时在政府网站等载体公布。垂直管理的负有安全生产监管监察职责的部门设在地方的具有行政职权的机构，其权力清单由其上级部门进行合法性、合理性和必要性审核确认，并在本机构业务办理窗口、上级部门网站等载体公布，并接受人民群众的社会监督。

在建立权力清单的同时，要按照权责一致的原则，逐一厘清与安全生产监管监察职权相对应的责任事项，建立责任清单，明确责任主体，健全问责机制。负有安全生产监督管理职责的部门的责任清单中，需要明确各有关部门必须承担哪些责任、必须做哪些事情，明确每个部门的“职责边界”。该指导意见要求已经建立权力清单的，要加快建立责任清单；尚未建立权力清单的，要把建立责任清单作为一项重要改革内容，与权力清单一并推进。

权责清单的编制应结合负有安全生产监督管理职责的部门实际，参照行政许可、行政处罚、行政强制、行政征收、行政给付、行政检查、行政确认、行政奖励、行政裁决和其他类别的分类方式进行编制。

关联法规索引

中共中央办公厅、国务院办公厅《关于推行地方各级政府工作部门权力清单制度的指导意见》

第十八条 【安全生产科学技术研究】国家鼓励和支持安全生产科学技术研究和安全生产先进技术的推广应用,提高安全生产水平。

条文解读

本法第18条是关于鼓励和支持安全生产科学技术研究和先进技术推广应用的规定。

科学技术是第一生产力,安全生产离不开科学技术的支持。保障安全生产,既要靠建立健全有关安全生产管理制度,加强监督管理,提高人们的安全生产意识,最大限度做好"人防";也要靠加强安全生产科学技术研究和安全生产先进技术的推广应用,把安全生产工作建立在先进的科学技术基础上,通过先进的技术和设备,全力做好"技防"和"物防"。由于安全生产科学技术研究和安全生产先进技术的推广应用是一项基础性、长远性工作,仅靠市场机制难以解决问题,还需要国家给予鼓励和支持。国家的鼓励和支持,可以采取多种形式,如宣传舆论上的鼓励和支持;政策上的鼓励和支持,包括财政、税收、金融以及人事政策的鼓励和支持;直接给予物质扶持、奖励等。在《安全生产法》中明确规定国家鼓励和支持安全生产科学技术研究和先进技术的推广应用,有利于发挥法律的政策导向功能,为促进我国安全生产科学技术研究和安全生产先进技术推广应用创造良好的环境和条件。

关联法规索引

《科学技术进步法》

第十九条　【安全生产奖励】国家对在改善安全生产条件、防止生产安全事故、参加抢险救护等方面取得显著成绩的单位和个人，给予奖励。

条文解读

本法第19条是关于对在安全生产方面取得显著成绩的单位和个人给予奖励的规定。

为了充分发挥有关单位和个人在安全生产工作中的积极性，本条明确规定“国家对在改善安全生产条件、防止生产安全事故、参加抢险救护等方面取得显著成绩的单位和个人，给予奖励”。这一规定为奖励在安全生产工作中作出显著成绩的单位和个人提供了法律依据。

获得奖励的条件是“在改善安全生产条件、防止生产安全事故、参加抢险救护等方面取得显著成绩”。改善安全生产条件，是指通过对现有生产经营设施、设备、工艺等的革新，使安全生产条件明显改善，安全生产得到进一步的保障。防止生产安全事故是指通过及时发现事故隐患和其他安全生产问题并采取措施，有效防止事故发生。参加抢险救护是指在事故发生后积极参与抢险救护，防止事故损失或影响进一步扩大。应当奖励的不仅限于以上三种情况，还包括其他有利于安全生产工作的情况。

奖励对象，是指有上述三种情况的单位和个人，既包括生产经营单位及其有关人员，也包括政府、有关部门及其工作人员，还包括其他社会组织和公民个人。

奖励包括精神奖励和物质奖励。精神奖励，是指对受奖者给予一定的名誉、荣誉奖励，使社会对其贡献和成绩予以充分肯定。物质奖励，是指对受奖者予以物质方面的奖励，包括奖金、实物等。无论是精神奖励还是物质奖励，其目的都是使受奖者得到一种激励和鼓舞，使其更加积极地为安全生产工作作出贡献。

关联法规索引

《国家科学技术奖励条例》;《烈士褒扬条例》

第二章　生产经营单位的安全生产保障

本章介绍

本章是关于生产经营单位的安全生产保障的规定。本章共32个法律条文，明确了生产经营单位对本单位安全生产工作全面负责的具体内容。生产经营单位从事生产经营活动需要具备安全生产条件，单位主要负责人是安全生产的第一责任人。生产经营单位应当保证安全资金投入，建立安全生产责任制，设立安全生产管理机构，对从业人员进行安全生产教育培训，特种作业人员还要取得特种作业资格证，设置必要的安全警示标志，加强安全设施设备、重大危险源和特种设备的管理，建立事故隐患排查治理制度，为从业人员提供必要的劳动防护用品，发生事故时应立即组织抢救。生产经营单位建设项目的安全设施要做到“三同时”，依法进行安全评价、安全设施设计和安全设施设计审查，特殊建设项目的安全设施应当验收合格。

第二十条　【安全生产条件】生产经营单位应当具备本法和有关法律、行政法规和国家标准或者行业标准规定的安全生产条件；不具备安全生产条件的，不得从事生产经营活动。

条文解读

本法第20条是关于生产经营单位应当具备安全生产条件的规定。

生产经营单位要保证生产经营活动安全顺利地进行，防止和减少生产安全事故，必须在安全设施、设备、人员安全素质、管理制度、采用的工艺和技术等方面达到相应的要求，具备必要的安全生产条件。按照本法的规定，不具备安全生产条件的，不得从事生产经营活动。如果达不到安全生产条件而进行生产经营的，需要承担相应的法律责任。例如，达不到安全生产资金投入的，要根据《安全生产法》第

93 条的规定承担责任；再如，对从业人员教育培训达不到法律、法规规定的要求的，要依据《安全生产法》第 97 条之规定进行处罚。那么，生产经营单位要达到哪些安全生产条件呢？

不同的生产经营活动，其危险性各不相同，甚至存在千差万别。所以，本法规定生产经营单位应当具备本法和有关法律、行政法规和国家标准或者行业标准规定的安全生产条件。法律、行政法规、国家标准和行业标准对生产经营单位安全生产条件作出明确规定的，生产经营单位必须达到这些规定要求的安全生产条件。

《安全生产法》对生产经营单位的安全生产条件作了规定，除此之外，《建筑法》《消防法》《矿山安全法》《煤炭法》等法律也对生产经营单位的安全生产条件进行了规定，生产经营单位不但要具备《安全生产法》规定的安全生产条件，而且要具备这些专门法中规定的安全生产条件。例如，本法对生产经营单位的安全生产管理机构、专职安全生产管理人员、兼职安全生产管理人员的设置作了规定，那么，无论从事何种生产经营活动的生产经营单位都要按照本法的规定，设置相应的安全管理机构或者专兼职安全生产管理人员。

生产经营单位还要具备行政法规规定的安全生产条件，其中最为重要的行政法规是《安全生产许可证条例》。该条例规定，国家对矿山企业、建筑施工企业和危险化学品、烟花爆竹、民用爆炸物品生产企业实行安全生产许可制度。企业未取得安全生产许可证的，不得从事生产活动。企业取得安全生产许可证，应当具备下列安全生产条件：(1)建立、健全安全生产责任制，制定完备的安全生产规章制度和操作规程；(2)安全投入符合安全生产要求；(3)设置安全生产管理机构，配备专职安全生产管理人员；(4)主要负责人和安全生产管理人员经考核合格；(5)特种作业人员经有关业务主管部门考核合格，取得特种作业操作资格证书；(6)从业人员经安全生产教育和培训合格；(7)依法参加工伤保险，为从业人员缴纳保险费；(8)厂房、作业场所和安全设施、设备、工艺符合有关安全生产法律、法规、标准和规程的要求；(9)有职业危害防治措施，并为从业人员配备符合国家标准或者行业标准的劳动防护用品；(10)依法进行安全评价；(11)有重大危险源检测、评估、监控措施和应急预案；(12)有生产安全事故应急救援预案、应急救援组织或者应急救援人员，配备必要的应急救援器材、设备；(13)法律、法规规定的其他条件。

《危险化学品安全管理条例》对危险化学品的生产、经营、运输等安全生产条件作了规定。危险化学品生产企业进行生产前，应当依照《安全生产许可证条例》的规定,取得危险化学品安全生产许可证。生产列入国家实行生产许可证制度的工业产品目录的危险化学品的企业,应当依照《工业产品生产许可证管理条例》的规定,取得工业产品生产许可证。负责颁发危险化学品安全生产许可证、工业产品生产许可证的部门,应当将其颁发许可证的情况及时向同级工业和信息化主管部门、生态环境主管部门和公安机关通报。生产、储存危险化学品的单位,应当根据其生产、储存的危险化学品的种类和危险特性,在作业场所设置相应的监测、监控、通风、防晒、调温、防火、灭火、防爆、泄压、防毒、中和、防潮、防雷、防静电、防腐、防泄漏以及防护围堤或者隔离操作等安全设施、设备,并按照国家标准、行业标准或者国家有关规定对安全设施、设备进行经常性维护、保养,保证安全设施、设备的正常使用。生产、储存危险化学品的单位,应当在其作业场所和安全设施、设备上设置明显的安全警示标志。生产、储存危险化学品的单位,应当在其作业场所设置通信、报警装置,并保证处于适用状态。国家对危险化学品经营实行许可制度。未经许可,任何单位和个人不得经营危险化学品。依法设立的危险化学品生产企业在其厂区范围内销售本企业生产的危险化学品,不需要取得危险化学品经营许可。依照《港口法》的规定取得港口经营许可证的港口经营人,在港区内从事危险化学品仓储经营,不需要取得危险化学品经营许可。从事危险化学品经营的企业应当具备下列条件:(1)有符合国家标准、行业标准的经营场所,储存危险化学品的,还应当有符合国家标准、行业标准的储存设施;(2)从业人员经过专业技术培训并经考核合格;(3)有健全的安全管理规章制度;(4)有专职安全管理人员;(5)有符合国家规定的危险化学品事故应急预案和必要的应急救援器材、设备;(6)法律、法规规定的其他条件。从事危险化学品道路运输、水路运输的,应当分别依照有关道路运输、水路运输的法律、行政法规的规定,取得危险货物道路运输许可、危险货物水路运输许可,并向市场监督管理部门办理登记手续。危险化学品道路运输企业、水路运输企业应当配备专职安全管理人员。危险化学品道路运输企业、水路运输企业的驾驶人员、船员、装卸管理人员、押运人员、申报人员、集装箱装箱现场检查员应当经交通运输主管部门考核合格,取得从业资格。具体办法由国务院交通运输主管部门制定。危险化学品的装卸作业应当遵守安全作业标准、规程和制度,并在装卸管理人员的现场指挥或者监控下进行。水路运输危险化学品的集装箱装箱作业应当在集装箱装箱现场检查员的指挥或者监控下进行,并符合积载、隔离的规范和要求;装箱作业完毕后,集装箱装箱现场检查员应当签署装箱证明书。运输危险化学品，应当根据危险化学品的危险特性采取相应的安全防护措施，并配备必要的防护用品和应急救援器材。用于运输危险化学品的槽罐以及其他容器应当封口严密，能够防止危险化学品在运输过程中因温度、湿度或者压力的变化发生渗漏、洒漏；槽罐以及其他容器的溢流和泄压装置应当设置准确、起闭灵活。运输危险化学品的驾驶人员、船员、装卸管理人员、押运人员、申报人员、集装箱装箱现场检查员，应当了解所运输的危险化学品的危险特性及其包装物、容器的使用要求和出现危险情况时的应急处置方法。

生产经营单位从事生产经营活动，必须具备有关国家标准或者行业标准规定的安全生产条件。安全生产的国家标准或者行业标准是关于安全生产的技术规范或管理规范，是保障安全设施、设备、仪器、仪表、器材有效可靠的手段，是政府开展依法行政和履行安全生产监管监察职责的技术依据，是防止和减少生产安全事故，促进安全生产稳定好转的保证。多年来，为搞好安全生产工作，国家制定颁布了一系列安全生产方面的国家标准和行业标准。目前，我国安全生产的国家标准或行业标准主要包括安全生产技术、管理方面的标准，生产设备、工具的安全标准，生产工艺的安全标准，劳动防护用品的安全标准等。按照《标准化法》的规定，有关安全生产的国家标准或者行业标准都属于强制性标准。生产经营单位从事生产经营活动，需要具备有关国家标准或者行业标准，否则不得从事生产经营活动。

但有些生产经营活动，危险性不高，法律、行政法规、国家标准和行业标准并没有对其规定安全生产条件，这些单位在生产经营过程中，也要根据生产经营活动的实际情况，达到安全生产条件，确保安全生产。

除了法律、行政法规、国家标准、行业标准之外，其他规范性文件不得设定安全生产条件。其他规范性文件对安全生产条件等作出规定时，如果达不到这些条件，构成事故隐患的，生产经营单位也应遵守这些规定，依法消除事故隐患。否则，负有安全生产监督管理职责的部门可依生产经营单位拒不执行消除隐患给予行政处罚。

配套法规及解读

《安全生产许可证条例》(2014 年 7 月 29 日修订)

第二条 国家对矿山企业、建筑施工企业和危险化学品、烟花爆竹、民用爆炸物品生产企业(以下统称企业)实行安全生产许可制度。

企业未取得安全生产许可证的,不得从事生产活动。

第三条 国务院安全生产监督管理部门负责中央管理的非煤矿矿山企业和危险化学品、烟花爆竹生产企业安全生产许可证的颁发和管理。

省、自治区、直辖市人民政府安全生产监督管理部门负责前款规定以外的非煤矿矿山企业和危险化学品、烟花爆竹生产企业安全生产许可证的颁发和管理,并接受国务院安全生产监督管理部门的指导和监督。

国家煤矿安全监察机构负责中央管理的煤矿企业安全生产许可证的颁发和管理。

在省、自治区、直辖市设立的煤矿安全监察机构负责前款规定以外的其他煤矿企业安全生产许可证的颁发和管理,并接受国家煤矿安全监察机构的指导和监督。

第四条 省、自治区、直辖市人民政府建设主管部门负责建筑施工企业安全生产许可证的颁发和管理,并接受国务院建设主管部门的指导和监督。

第五条 省、自治区、直辖市人民政府民用爆炸物品行业主管部门负责民用爆炸物品生产企业安全生产许可证的颁发和管理,并接受国务院民用爆炸物品行业主管部门的指导和监督。

第六条 企业取得安全生产许可证,应当具备下列安全生产条件:

(一)建立、健全安全生产责任制,制定完备的安全生产规章制度和操作规程;

(二)安全投入符合安全生产要求;

(三)设置安全生产管理机构,配备专职安全生产管理人员;

(四)主要负责人和安全生产管理人员经考核合格;

(五)特种作业人员经有关业务主管部门考核合格,取得特种作业操作资格证书;

(六)从业人员经安全生产教育和培训合格;

(七)依法参加工伤保险,为从业人员缴纳保险费;

(八)厂房、作业场所和安全设施、设备、工艺符合有关安全生产法律、法规、标准和规程的要求;

(九)有职业危害防治措施,并为从业人员配备符合国家标准或者行业标准的劳动防护用品;

(十)依法进行安全评价;

（十一）有重大危险源检测、评估、监控措施和应急预案；

（十二）有生产安全事故应急救援预案、应急救援组织或者应急救援人员，配备必要的应急救援器材、设备；

（十三）法律、法规规定的其他条件。

第九条　安全生产许可证的有效期为3年。安全生产许可证有效期满需要延期的，企业应当于期满前3个月向原安全生产许可证颁发管理机关办理延期手续。

企业在安全生产许可证有效期内，严格遵守有关安全生产的法律法规，未发生死亡事故的，安全生产许可证有效期届满时，经原安全生产许可证颁发管理机关同意，不再审查，安全生产许可证有效期延期3年。

第十条　安全生产许可证颁发管理机关应当建立、健全安全生产许可证档案管理制度，并定期向社会公布企业取得安全生产许可证的情况。

第十一条　煤矿企业安全生产许可证颁发管理机关、建筑施工企业安全生产许可证颁发管理机关、民用爆炸物品生产企业安全生产许可证颁发管理机关，应当每年向同级安全生产监督管理部门通报其安全生产许可证颁发和管理情况。

第十二条　国务院安全生产监督管理部门和省、自治区、直辖市人民政府安全生产监督管理部门对建筑施工企业、民用爆炸物品生产企业、煤矿企业取得安全生产许可证的情况进行监督。

第十三条　企业不得转让、冒用安全生产许可证或者使用伪造的安全生产许可证。

第十四条　企业取得安全生产许可证后，不得降低安全生产条件，并应当加强日常安全生产管理，接受安全生产许可证颁发管理机关的监督检查。

安全生产许可证颁发管理机关应当加强对取得安全生产许可证的企业的监督检查，发现其不再具备本条例规定的安全生产条件的，应当暂扣或者吊销安全生产许可证。

第十五条　安全生产许可证颁发管理机关工作人员在安全生产许可证颁发、管理和监督检查工作中，不得索取或者接受企业的财物，不得谋取其他利益。

第十九条　违反本条例规定，未取得安全生产许可证擅自进行生产的，责令停止生产，没收违法所得，并处10万元以上50万元以下的罚款；造成重大事故或者其他严重后果，构成犯罪的，依法追究刑事责任。

第二十条　违反本条例规定，安全生产许可证有效期满未办理延期手续，继续进行生产的,责令停止生产,限期补办延期手续,没收违法所得,并处5万元以上10万元以下的罚款;逾期仍不办理延期手续,继续进行生产的,依照本条例第十九条的规定处罚。

第二十一条 违反本条例规定,转让安全生产许可证的,没收违法所得,处10万元以上50万元以下的罚款,并吊销其安全生产许可证;构成犯罪的,依法追究刑事责任;接受转让的,依照本条例第十九条的规定处罚。

冒用安全生产许可证或者使用伪造的安全生产许可证的,依照本条例第十九条的规定处罚。

※法规解读:为了严格规范安全生产条件,进一步加强安全生产监督管理,防止和减少生产安全事故,根据《安全生产法》的有关规定,国务院制定了《安全生产许可证条例》。该条例对安全生产许可证的取证企业、发证机关、取证条件、安全生产许可证监督管理和违法责任作了规定。

1. 取证企业

矿山企业、建筑施工企业和危险化学品、烟花爆竹、民用爆炸物品生产企业需要取得安全生产许可证,企业未取得安全生产许可证的,不得从事生产活动。

2. 发证机关

国务院应急管理部门负责中央管理的非煤矿矿山企业和危险化学品、烟花爆竹生产企业安全生产许可证的颁发和管理。省、自治区、直辖市人民政府应急管理部门负责《安全生产许可证条例》第3条第1款规定以外的非煤矿矿山企业和危险化学品、烟花爆竹生产企业安全生产许可证的颁发和管理,并接受国务院负有安全生产监督管理职责的部门的指导和监督。国家矿山安全监察机构负责中央管理的煤矿企业安全生产许可证的颁发和管理。在省、自治区、直辖市设立的矿山安全监察机构负责《安全生产许可证条例》第3条第3款规定以外的其他煤矿企业安全生产许可证的颁发和管理,并接受国家矿山安全监察机构的指导和监督。省、自治区、直辖市人民政府住房城乡建设主管部门负责建筑施工企业安全生产许可证的颁发和管理,并接受国务院住房城乡建设主管部门的指导和监督。省、自治区、直辖市人民政府民用爆炸物品行业主管部门负责民用爆炸物品生产企业安全生产许可证的颁发和管理,并接受国务院民用爆炸物品行业主管部门的指导和监督。

3. 取证条件

企业取得安全生产许可证,应当具备下列安全生产条件:(1)建立、健全安全生产责任制,制定完备的安全生产规章制度和操作规程;(2)安全投入符合安全生产要求;(3)设置安全生产管理机构,配备专职安全生产管理人员;(4)主要负责人和安全生产管理人员经考核合格;(5)特种作业人员经有关业务主管部门考核合格,取得特种作业操作资格证书;(6)从业人员经安全生产教育和培训合格;(7)依法参加工伤保险,为从业人员缴纳保险费;(8)厂房、作业场所和安全设施、设备、工艺符合有关安全生产法律、法规、标准和规程的要求;(9)有职业危害防治措施,并为从业人员配备符合国家标准或者行业标准的劳动防护用品;(10)依法进行安全评价;(11)有重大危险源检测、评估、监控措施和应急预案;(12)有生产安全事故应急救援预案、应急救援组织或者应急救援人员,配备必要的应急救援器材、设备;(13)法律、法规规定的其他条件。

4. 安全生产许可证的延期

安全生产许可证的有效期为3年。安全生产许可证有效期满需要延期的,企业应当于期满前3个月向原安全生产许可证颁发管理机关办理延期手续。企业在安全生产许可证有效期内,严格遵守有关安全生产的法律法规,未发生死亡事故的,安全生产许可证有效期届满时,经原安全生产许可证颁发管理机关同意,不再审查,安全生产许可证有效期延期3年。

5. 法律义务

企业取得安全生产许可证后,不得降低安全生产条件,并应当加强日常安全生产管理,接受安全生产许可证颁发管理机关的监督检查。安全生产许可证颁发管理机关应当加强对取得安全生产许可证的企业的监督检查,发现其不再具备《安全生产许可证条例》规定的安全生产条件的,应当暂扣或者吊销安全生产许可证。企业不得转让、冒用安全生产许可证或者使用伪造的安全生产许可证。

6. 法律责任

(1)未取得安全生产许可证擅自进行生产的,责令停止生产,没收违法所得,并处10万元以上50万元以下的罚款;造成重大事故或者其他严重后果,构成犯罪的,依法追究刑事责任。(2)安全生产许可证有效期满未办理延期手续,继续进行生产的,责令停止生产,限期补办延期手续,没收违法所得,并处5万元以上10万元以下的罚款;逾期仍不办理延期手续,继续进行生产的,依照《安全生产许可证条例》第19条的规定处罚。(3)转让安全生产许可证的,没收违法所得,处10万元以上50万元以下的罚款,并吊销其安全生产许可证;构成犯罪的,依法追究刑事责任;接受转让的,依照未取得安全生产许可证的规定处罚。冒用安全生产许可证或者使用伪造的安全生产许可证的,依照未取得安全生产许可证的规定处罚。

关联法规索引

《煤矿企业安全生产许可证实施办法》《非煤矿矿山企业安全生产许可证实施办法》《危险化学品生产企业安全生产许可证实施办法》《烟花爆竹生产企业安全生产许可证实施办法》《民用爆炸物品安全生产许可实施办法》《建筑施工企业安全生产许可证管理规定》

典型案例

浙江天城建设集团有限公司与突泉泰银矿业有限责任公司建设工程施工合同纠纷案[1]

争议焦点

天城公司与泰银公司签订的《矿山建设施工及采掘工程承包合同》的效力以及是否要承担违约责任。

案例解读

生产经营单位应当具备本法和有关法律、行政法规和国家标准或者行业标准规定的安全生产条件;不具备安全生产条件的,不得从事生产经营活动。所以,安全保障义务是生产经营单位的法定义务。负有安全生产监督管理职责的部门对检查中发现的事故隐患,应当责令立即排除;重大事故隐患排除前或者排除过程中无法保证安全的,应当责令暂时停产停业或者停止使用相关设施、设备。依据《安全生产法》第49条的规定,生产经营单位不得将生产经营项目、场所、设备发包或者出租给不具备安全生产条件或者相应资质的单位或者个人。生产经营项目、场所发包或者出租给其他单位的,生产经营单位应当与承包单位、承租单位签订专门的安全生产管理协议,或者在承包合同、租赁合同中约定各自的安全生产管理职责;生产经营单位对承包单位、承租单位的安全生产工作统一协调、管理,定期进行安

〔1〕 案号:(2015)民申字第3010号。

全检查,发现安全问题的,应当及时督促整改。本案中,案涉《矿山建设施工及采掘工程承包合同》第 19 条约定“因安全不合格造成停产停工的损失由乙方负责”。该约定是关于损失承担的约定,并不涉及安全生产义务,所以该约定有效,根据该约定,本案应由天城公司承担因停产造成的损失。

第二十一条　【主要负责人的职责】 生产经营单位的主要负责人对本单位安全生产工作负有下列职责:

(一)建立健全并落实本单位全员安全生产责任制,加强安全生产标准化建设;

(二)组织制定并实施本单位安全生产规章制度和操作规程;

(三)组织制定并实施本单位安全生产教育和培训计划;

(四)保证本单位安全生产投入的有效实施;

(五)组织建立并落实安全风险分级管控和隐患排查治理双重预防工作机制,督促、检查本单位的安全生产工作,及时消除生产安全事故隐患;

(六)组织制定并实施本单位的生产安全事故应急救援预案;

(七)及时、如实报告生产安全事故。

条文解读

本法第 21 条是关于生产经营单位主要负责人安全生产职责的规定。

生产经营单位要建立健全本单位安全生产责任制,主要负责人负责建立健全本单位安全生产责任制。生产经营单位主要负责人的安全生产职责除了生产经营单位安全生产责任制中规定的以外,本条还规定了主要负责人的以下职责:

1. 建立健全并落实本单位全员安全生产责任制,加强安全生产标准化建设

全员安全生产责任制是生产经营单位最基本的安全生产管理制度,它是对单位的主要负责人与其他负责人员、职能部门及其工作人员、工程技术人员和岗位操作人员在安全生产方面应做的工作及应负的责任加以明确规定的一种制度。安全生产责任制必须具有全面性,做到安全工作层层有人负责。生产经营单位主要负责人根据“管业务必须管安全,管生产经营必须管安全”的原则,建立健全并落实纵向到底、横向到边的全员安全生产责任制,做到安全工作人人有责、各负其责,实现

"一岗双责"。安全生产标准化建设对促进生产经营的本质安全建立具有重要意义。安全生产标准化建设需要充分调动生产经营单位的人、财、物,不是分管负责人能够实现的,它是"一把手"工程。为加强企业安全生产标准化,2021年修改后的《安全生产法》将"安全生产标准化建设"作为主要负责人的职责。

2. 组织制定并实施本单位安全生产规章制度和操作规程

生产经营单位的安全生产规章制度和操作规程是根据其自身生产经营范围、危险程度、工作性质及具体工作内容,依照国家有关法律、行政法规、规章和标准的要求,有针对性规定的、具有可操作性的、保障安全生产的工作运转制度及工作方式、方法和操作程序。安全生产规章制度主要内容包括两个方面:一是安全生产管理方面的规章制度,即安全生产责任制、安全生产教育和培训、安全生产现场检查、生产安全事故报告、特殊区域内施工审批、危险物品安全管理、安全设施管理、要害岗位管理、特种作业安全管理、安全值班、安全生产竞赛、安全生产奖惩、劳动防护用品的配备和发放等制度;二是安全生产技术方面的规章制度,即电气安全技术、锅炉压力容器安全技术、建筑施工安全技术、危险场所作业安全技术、矿山灾害治理等制度。规程则是对工艺、操作、安装、检测、安全、管理等具体技术要求和实施程序所作的统一规定;安全操作规程是指在生产经营活动中,为消除能导致人身伤亡或者造成设备、财产破坏以及危害环境的因素而制定的具体技术要求和实施程序的统一规定。生产经营单位的主要负责人应当组织制定本单位的安全生产规章制度和操作规程,并保证其有效实施。

3. 组织制定并实施本单位安全生产教育和培训计划

具有高安全素质和技能的作业人员,是保证生产经营活动安全进行的前提。安全生产教育和培训计划是具体落实从业人员教育和培训任务,保证教育和培训质量,提高从业人员安全素质和安全操作技能的重要保障。生产经营单位的安全生产教育和培训计划是根据本单位的安全生产状况、岗位特点、人员结构组成,有针对性地规定单位负责人、职能部门负责人、车间主任、班组长、安全生产管理人员、特种作业人员以及其他从业人员的安全生产教育和培训的统筹安排,包括经费保障、教育培训以及组织实施措施等内容。安全生产教育和培训工作又是一项系统工程,涉及本单位主管人事培训、财务劳资、安全管理、业务主管等多个部门以及人、财、物的安排。实践中,安排人员参加安全生产教育和培训往往最难处理和协调,因此,主要负责人有组织制定并实施本单位安全生产教育和培训计划的义务。

4. 保证本单位安全生产投入的有效实施

安全生产需要一定的资金投入，用于安全设施设备建设、安全防护用品配备等。时常发生的生产安全事故分析表明，安全生产投入不足是导致事故发生的重要原因之一。市场经济条件下，生产经营单位的主要负责人往往更重视经济效益，认为安全生产投入会影响经济效益，或者存在侥幸心理，不想或不愿意在安全方面过多地投入。因此，本条规定，生产经营单位的主要负责人应当保证本单位安全生产投入的有效实施。

5. 组织建立并落实安全风险分级管控和隐患排查治理双重预防工作机制，督促、检查本单位的安全生产工作，及时消除生产安全事故隐患

所谓“风险分级管控”是指生产经营单位对本单位的危险源进行辨识，并对其危险性进行评估，确定其风险等级并采取相应的管控措施。所谓“事故隐患”是指生产经营单位在生产设施、设备以及安全管理制度等方面存在的可能引发事故的各种自然或者人为因素，包括物的不安全状态、人的不安全行为以及管理上的缺陷等。隐患是导致事故的根源，隐患不除，事故难断。风险挺在隐患前，隐患挺在事故前，关口前移，防微杜渐，主要负责人应组织建立并落实安全生产风险分级管控和隐患排查治理双重预防工作机制，并经常性地对本单位的安全生产工作进行督促、检查，对检查中发现的问题及时解决，对存在的生产安全事故隐患及时予以排除。

6. 组织制定并实施本单位的生产安全事故应急救援预案

生产安全事故应急预案，是指生产经营单位根据本单位的实际，针对可能发生的事故的类别、性质、特点和范围等情况，制定的事故发生时组织、采取的技术措施和其他应急措施。生产安全事故应急预案对于防止事故扩大和迅速抢救受害人员，尽可能地减少损失，具有重要的作用。它是一个涉及多方面工作的系统工程，需要生产经营单位主要负责人组织制定和实施，一旦发生事故也要亲自指挥、调度。

7. 及时、如实报告生产安全事故

发生生产安全事故及时向有关部门报告，一方面可以使有关部门及时领导、指挥事故救援，防止事故扩大，减少人员伤亡和损失，如实掌握事故的情况，按照规定向社会披露相关事故信息；另一方面也有利于有关部门对事故进行调查处理，分析事故原因，处理有关责任人员，提出整改和防范措施。生产经营单位的主要负责人

应当按照《安全生产法》和其他法律、法规、规章的规定,及时、如实报告生产安全事故,不得隐瞒不报、谎报、迟报或者漏报。

关联法规索引

《安全生产法》第93、94、110条

典型案例

孙某焕与北京市昌平区安全生产监督管理局行政处罚决定纠纷再审审查与审判监督行政裁定书[1]

争议焦点

昌平区安监局作出的行政处罚决定是否合法。

案例解读

根据《安全生产法》,生产经营单位的主要负责人未履行本法规定的安全生产管理职责,导致发生一般生产安全责任事故的,由安全生产监督管理部门处上一年年收入40%的罚款。事故发生单位主要负责人、直接负责的主管人员和其他直接责任人员的上一年年收入,属于国有生产经营单位的,是指该单位上级主管部门所确定的上一年年收入总额;属于非国有生产经营单位的,是指经财务、税务部门核定的上一年年收入总额。生产经营单位提供虚假资料或者由于财务、税务部门无法核定等,原因致使有关人员的上一年年收入难以确定的,主要负责人的上一年年收入,按照本省、自治区、直辖市上一年度职工平均工资的5倍以上10倍以下计算。本案中,事故调查组认定2015年12月6日事故发生时孙某焕作为涉案工程承包单位亿源永泰公司的法定代表人,未督促、检查本单位的安全生产工作,及时消除生产安全事故隐患,未制定安全生产责任制、安全生产管理制度以及生产安全事故应急救援预案,对该事故的发生负有领导责任,具有事实依据。因此,昌平区安监局对其作出的事故罚款符合法律规定。

---

〔1〕 案号:(2019)京行申430号。

第二十二条　【全员安全生产责任制】 生产经营单位的全员安全生产责任制应当明确各岗位的责任人员、责任范围和考核标准等内容。

生产经营单位应当建立相应的机制，加强对全员安全生产责任制落实情况的监督考核，保证全员安全生产责任制的落实。

条文解读

本法第 22 条是关于全员安全生产责任制的规定。

生产经营单位要建立健全本单位安全生产责任制。根据“管业务必须管安全，管生产经营必须管安全”的原则，生产经营单位应当建立纵向到底、横向到边的全员安全生产责任制，做到安全工作人人有责、各负其责，实现“一岗双责”。安全生产责任制要做到“三定”（定岗位、定人员、定安全生产责任），即什么人在何岗位，负何种安全生产责任。全员安全生产责任制主要内容应当包括以下五个方面：一是负责生产和经营的各级管理人员，在完成生产或者经营任务的同时，对保证生产安全负责；二是各职能部门的人员，对自己业务范围内有关的安全生产负责；三是班组长、特种作业人员对其岗位的安全生产工作负责；四是所有从业人员应在自己本职工作范围内做到安全生产；五是各类安全责任的考核标准，以及奖惩措施。全员安全生产责任制应当内容全面、要求清晰、操作方便，各岗位的责任人员、责任范围及相关考核标准一目了然。

生产经营单位应当建立完善的与全员安全生产责任制监督、考核、奖惩相关的制度，明确安全生产管理机构和人事、财务等相关职能部门的职责。生产经营单位应当建立相应的机制，加强对全员安全生产责任制落实情况的监督考核，保证全员安全生产责任制的落实。对于严格履行安全职责，未超出责任制考核要求的，应当予以奖励；对于弄虚作假、未认真履行安全生产职责或者存在重大事故隐患、发生生产安全事故等超出责任制考核标准要求的，给予严惩。充分发挥工会的作用，鼓励从业人员对全员安全生产责任制落实情况进行监督。

主要负责人的范围，根据企业具体情形不同而有差别。例如，根据《煤矿安全培训规定》第 10 条第 1 款的规定，煤矿企业主要负责人，是指煤矿企业的董事长、总经理，矿务局局长，煤矿矿长等人员。生产经营单位的主要负责人必须具备与本单位所从事的生产经营活动相应的安全生产知识和管理能力。危险物品的生产、经营、储存单位以及矿山、金属冶炼、建筑施工、道路运输单位的主要负责人，应当由主管的负有安全生产监督管理职责的部门对其安全生产知识和管理能力考核合格。考核不得收费。

关联法规索引

《安全生产法》第21、27条

典型案例

上海隽新图文设计中心与上海市静安区安全生产监督管理局行政纠纷案[1]

争议焦点

闸北安监局对隽新设计中心的行政处罚是否符合法律规定。

案例解读

施工项目的承揽方，在施工过程中未认真履行生产经营单位的安全生产职责，建立健全安全生产责任制和安全生产管理制度。相关人员均未经过安全生产教育培训，导致施工现场安全管理混乱，施工人员安全生产责任意识淡薄，违反安全管理规定，以致发生了1人死亡的生产安全事故。因此，承揽方对本次生产安全事故应承担相应的责任。闸北安监局对隽新设计中心作出的行政处罚决定符合法律规定。

第二十三条 【安全投入】生产经营单位应当具备的安全生产条件所必需的资金投入，由生产经营单位的决策机构、主要负责人或者个人经营的投资人予以保证，并对由于安全生产所必需的资金投入不足导致的后果承担责任。

---

〔1〕 案号：(2016)沪02行终317号。

有关生产经营单位应当按照规定提取和使用安全生产费用，专门用于改善安全生产条件。安全生产费用在成本中据实列支。安全生产费用提取、使用和监督管理的具体办法由国务院财政部门会同国务院应急管理部门征求国务院有关部门意见后制定。

条文解读

本法第 23 条是关于安全投入的规定。

1. 生产经营单位的安全生产资金投入保障义务

资金是安全生产的物质保障。生产经营单位应当具备的安全生产条件所必需的资金投入，由生产经营单位的决策机构、主要负责人或者个人经营的投资人予以保证，并对由于安全生产所必需的资金投入不足导致的后果承担责任。

《安全生产法》第 93 条第 1 款规定："生产经营单位的决策机构、主要负责人或者个人经营的投资人不依照本法规定保证安全生产所必需的资金投入，致使生产经营单位不具备安全生产条件的，责令限期改正，提供必需的资金；逾期未改正的，责令生产经营单位停产停业整顿。"第 2 款规定："有前款违法行为，导致发生生产安全事故的，对生产经营单位的主要负责人给予撤职处分，对个人经营的投资人处二万元以上二十万元以下的罚款；构成犯罪的，依照刑法有关规定追究刑事责任。"

2. 生产经营单位要保证资金投入，对一些特殊的高危行业，还要提取安全生产费用

安全生产费用是指企业按照规定标准提取在成本中列支，专门用于完善和改进企业或者项目安全生产条件的资金。财政部、原国家安全生产监督管理总局于 2012 年 2 月 14 日发布了《企业安全生产费用提取和使用管理办法》，该办法对安全生产费用提取等作了规定。

配套法规及解读

《企业安全生产费用提取和使用管理办法》（2012 年 2 月 14 日发布）

第二条　在中华人民共和国境内直接从事煤炭生产、非煤矿山开采、建设工程施工、危险品生产与储存、交通运输、烟花爆竹生产、冶金、机械制造、武器装备研制

生产与试验(含民用航空及核燃料)的企业以及其他经济组织(以下简称企业)适用本办法。

第三条 本办法所称安全生产费用(以下简称安全费用)是指企业按照规定标准提取在成本中列支,专门用于完善和改进企业或者项目安全生产条件的资金。

安全费用按照"企业提取、政府监管、确保需要、规范使用"的原则进行管理。

第二十六条 在本办法规定的使用范围内,企业应当将安全费用优先用于满足安全生产监督管理部门、煤矿安全监察机构以及行业主管部门对企业安全生产提出的整改措施或者达到安全生产标准所需的支出。

第二十七条 企业提取的安全费用应当专户核算,按规定范围安排使用,不得挤占、挪用。年度结余资金结转下年度使用,当年计提安全费用不足的,超出部分按正常成本费用渠道列支。

主要承担安全管理责任的集团公司经过履行内部决策程序,可以对所属企业提取的安全费用按照一定比例集中管理,统筹使用。

第二十八条 煤炭生产企业和非煤矿山企业已提取维持简单再生产费用的,应当继续提取维持简单再生产费用,但其使用范围不再包含安全生产方面的用途。

第二十九条 矿山企业转产、停产、停业或者解散的,应当将安全费用结余转入矿山闭坑安全保障基金,用于矿山闭坑、尾矿库闭库后可能的危害治理和损失赔偿。

危险品生产与储存企业转产、停产、停业或者解散的,应当将安全费用结余用于处理转产、停产、停业或者解散前的危险品生产或者储存设备、库存产品及生产原料支出。

企业由于产权转让、公司制改建等变更股权结构或者组织形式的,其结余的安全费用应当继续按照本办法管理使用。

企业调整业务、终止经营或者依法清算,其结余的安全费用应当结转本期收益或者清算收益。

第三十条 本办法第二条规定范围以外的企业为达到应当具备的安全生产条件所需的资金投入,按原渠道列支。

第三十一条 企业应当建立健全内部安全费用管理制度,明确安全费用提取和使用的程序、职责及权限,按规定提取和使用安全费用。

第三十二条 企业应当加强安全费用管理,编制年度安全费用提取和使用计划，纳入企业财务预算。企业年度安全费用使用计划和上一年安全费用的提取、使用情况按照管理权限报同级财政部门、安全生产监督管理部门、煤矿安全监察机构和行业主管部门备案。

第三十三条 企业安全费用的会计处理，应当符合国家统一的会计制度的规定。

第三十四条 企业提取的安全费用属于企业自提自用资金，其他单位和部门不得采取收取、代管等形式对其进行集中管理和使用，国家法律、法规另有规定的除外。

第三十五条 各级财政部门、安全生产监督管理部门、煤矿安全监察机构和有关行业主管部门依法对企业安全费用提取、使用和管理进行监督检查。

第三十六条 企业未按本办法提取和使用安全费用的，安全生产监督管理部门、煤矿安全监察机构和行业主管部门会同财政部门责令其限期改正，并依照相关法律法规进行处理、处罚。

建设工程施工总承包单位未向分包单位支付必要的安全费用以及承包单位挪用安全费用的，由建设、交通运输、铁路、水利、安全生产监督管理、煤矿安全监察等主管部门依照相关法规、规章进行处理、处罚。

第三十九条 实行企业化管理的事业单位参照本办法执行。

第四十条 本办法自公布之日起施行。

※法规解读：在中华人民共和国境内直接从事煤炭生产、非煤矿山开采、建设工程施工、危险品生产与储存、交通运输、烟花爆竹生产、冶金、机械制造、武器装备研制生产与试验（含民用航空及核燃料）的企业以及其他经济组织应该提取安全生产费用。安全费用按照"企业提取、政府监管、确保需要、规范使用"的原则进行管理。同时，该办法还对各种不同类型企业提取安全生产费用的数量、使用情形、安全生产费用管理等作了规定。

煤炭生产企业依据开采的原煤产量按月提取。各类煤矿原煤单位产量安全费用提取标准如下：(1)煤（岩）与瓦斯（二氧化碳）突出矿井、高瓦斯矿井吨煤30元；(2)其他井工矿吨煤15元；(3)露天矿吨煤5元。矿井瓦斯等级划分按现行《煤矿安全规程》和《矿井瓦斯等级鉴定规范》的规定执行。

非煤矿山开采企业依据开采的原矿产量按月提取。各类矿山原矿单位产量安全费用提取标准如下：(1)石油，每吨原油17元；(2)天然气、煤层气（地面开采），每千立方米原气5元；(3)金属矿山，其中露天矿山每吨5元，地下矿山每吨10元；(4)核工业矿山，每吨25元；(5)非金属矿山，其中露天矿山每吨2元，地下矿山每吨4元；(6)小型露天采石场，即年采剥总量50万吨以下，且最大开采高度不超过50米，产品用于建筑、铺路的山坡型露天采石场，每吨1元；(7)尾矿库按入库尾矿量计算，三等及三等以上尾矿库每吨1元，四等及五等尾矿库每吨1.5元。该办法下发之日以前已经实施闭库的尾矿库，按照已堆存尾砂的有效库容大小提取，库容100万立方米以下的，每年提取5万元；超过100万立方米的，每增加100万立方米增加3万元，但每年提取额最高不超过30万元。原矿产量不含金属、非金属矿山尾矿库和废石场中用于综合利用的尾砂和低品位矿石。地质勘探单位安全费用按地质勘查项目或者工程总费用的2%提取。

建设工程施工企业以建筑安装工程造价为计提依据。各建设工程类别安全费用提取标准如下：(1)矿山工程为2.5%；(2)房屋建筑工程、水利水电工程、电力工程、铁路工程、城市轨道交通工程为2.0%；(3)市政公用工程、冶炼工程、机电安装工程、化工石油工程、港口与航道工程、公路工程、通信工程为1.5%。建设工程施工企业提取的安全费用列入工程造价，在竞标时，不得删减，列入标外管理。国家对基本建设投资概算另有规定的，从其规定。总包单位应当将安全费用按比例直接支付分包单位并监督使用，分包单位不再重复提取。

危险品生产与储存企业以上年度实际营业收入为计提依据，采取超额累退方式按照以下标准平均逐月提取：(1)营业收入不超过1000万元的，按照4%提取；(2)营业收入超过1000万元至1亿元的部分，按照2%提取；(3)营业收入超过1亿元至10亿元的部分，按照0.5%提取；(4)营业收入超过10亿元的部分，按照0.2%提取。

交通运输企业以上年度实际营业收入为计提依据，按照以下标准平均逐月提取：(1)普通货运业务按照1%提取；(2)客运业务、管道运输、危险品等特殊货运业务按照1.5%提取。

冶金企业以上年度实际营业收入为计提依据，采取超额累退方式按照以下标准平均逐月提取：(1)营业收入不超过1000万元的，按照3%提取；(2)营业收入超过1000万元至1亿元的部分，按照1.5%提取；(3)营业收入超过1亿元至10亿元的部分，按照0.5%提取；(4)营业收入超过10亿元至50亿元的部分，按照0.2%提取；(5)营业收入超过50亿元至100亿元的部分，按照0.1%提取；(6)营业收入超过 100 亿元的部分，按照 0.05% 提取。

机械制造企业以上年度实际营业收入为计提依据，采取超额累退方式按照以下标准平均逐月提取：(1) 营业收入不超过 1000 万元的，按照 2% 提取；(2) 营业收入超过 1000 万元至 1 亿元的部分，按照 1% 提取；(3) 营业收入超过 1 亿元至 10 亿元的部分，按照 0.2% 提取；(4) 营业收入超过 10 亿元至 50 亿元的部分，按照 0.1% 提取；(5) 营业收入超过 50 亿元的部分，按照 0.05% 提取。

烟花爆竹生产企业以上年度实际营业收入为计提依据，采取超额累退方式按照以下标准平均逐月提取：(1) 营业收入不超过 200 万元的，按照 3.5% 提取；(2) 营业收入超过 200 万元至 500 万元的部分，按照 3% 提取；(3) 营业收入超过 500 万元至 1000 万元的部分，按照 2.5% 提取；(4) 营业收入超过 1000 万元的部分，按照 2% 提取。

武器装备研制生产与试验企业以上年度军品实际营业收入为计提依据，采取超额累退方式按照以下标准平均逐月提取：(1) 火炸药及其制品研制、生产与试验企业（包括：含能材料，炸药、火药、推进剂，发动机，弹箭，引信、火工品等）：①营业收入不超过 1000 万元的，按照 5% 提取；②营业收入超过 1000 万元至 1 亿元的部分，按照 3% 提取；③营业收入超过 1 亿元至 10 亿元的部分，按照 1% 提取；④营业收入超过 10 亿元的部分，按照 0.5% 提取。(2) 核装备及核燃料研制、生产与试验企业：①营业收入不超过 1000 万元的，按照 3% 提取；②营业收入超过 1000 万元至 1 亿元的部分，按照 2% 提取；③营业收入超过 1 亿元至 10 亿元的部分，按照 0.5% 提取；④营业收入超过 10 亿元的部分，按照 0.2% 提取；⑤核工程按照 3% 提取（以工程造价为计提依据，在竞标时，列为标外管理）。(3) 军用舰船（含修理）研制、生产与试验企业：①营业收入不超过 1000 万元的，按照 2.5% 提取；②营业收入超过 1000 万元至 1 亿元的部分，按照 1.75% 提取；③营业收入超过 1 亿元至 10 亿元的部分，按照 0.8% 提取；④营业收入超过 10 亿元的部分，按照 0.4% 提取。(4) 飞船、卫星、军用飞机、坦克车辆、火炮、轻武器、大型天线等产品的总体、部分和元器件研制、生产与试验企业：①营业收入不超过 1000 万元的，按照 2% 提取；②营业收入超过 1000 万元至 1 亿元的部分，按照 1.5% 提取；③营业收入超过 1 亿元至 10 亿元的部分，按照 0.5% 提取；④营业收入超过 10 亿元至 100 亿元的部分，按照 0.2% 提取；⑤营业收入超过 100 亿元的部分，按照 0.1% 提取。(5) 其他军用危险品研制、生产与试验企业：①营业收入不超过 1000 万元的，按照 4% 提取；②营业收入超过1000万元至1亿元的部分,按照2%提取;③营业收入超过1亿元至10亿元的部分,按照0.5%提取;④营业收入超过10亿元的部分,按照0.2%提取。

中小微型企业和大型企业上年末安全费用结余分别达到本企业上年度营业收入的5%和1.5%时,经当地县级以上应急管理部门、煤矿安全监察机构商财政部门同意,企业本年度可以缓提或者少提安全费用。

新建企业和投产不足一年的企业以当年实际营业收入为提取依据,按月计提安全费用。混业经营企业,如能按业务类别分别核算的,则以各业务营业收入为计提依据,按标准分别提取安全费用;如不能分别核算的,则以全部业务收入为计提依据,按主营业务计提标准提取安全费用。

企业应当将安全费用优先用于满足应急管理部门、矿山安全监察机构以及行业主管部门对企业安全生产提出的整改措施或者达到安全生产标准所需的支出。企业提取的安全费用应当专户核算,按规定范围安排使用,不得挤占、挪用。年度结余资金结转下年度使用,当年计提安全费用不足的,超出部分按正常成本费用渠道列支。主要承担安全管理责任的集团公司经过履行内部决策程序,可以对所属企业提取的安全费用按照一定比例集中管理,统筹使用。

企业应当建立健全内部安全费用管理制度,明确安全费用提取和使用的程序、职责及权限,按规定提取和使用安全费用。企业应当加强安全费用管理,编制年度安全费用提取和使用计划,纳入企业财务预算。企业年度安全费用使用计划和上一年安全费用的提取、使用情况按照管理权限报同级财政部门、应急管理部门、煤矿安全监察机构和行业主管部门备案。

未按照规定提取和使用安全生产费用的,要承担相应的法律责任。《企业安全生产费用提取和使用管理办法》第36条规定:"企业未按本办法提取和使用安全费用的,安全生产监督管理部门、煤矿安全监察机构和行业主管部门会同财政部门责令其限期改正,并依照相关法律法规进行处理、处罚。建设工程施工总承包单位未向分包单位支付必要的安全费用以及承包单位挪用安全费用的,由建设、交通运输、铁路、水利、安全生产监督管理、煤矿安全监察等主管部门依照相关法规、规章进行处理、处罚。"依据《安全生产违法行为行政处罚办法》第43条的规定,生产经营单位的决策机构、主要负责人、个人经营的投资人(包括实际控制人)未依法提取或者使用安全生产费用的,致使生产经营单位不具备安全生产条件的,责令限期改正,提供必需的资金,并可以对生产经营单位处1万元以上3万元以下罚款,对生产经营单位的主要负责人、个人经营的投资人处5000元以上1万元以下罚款;逾期未改正的,责令生产经营单位停产停业整顿。导致发生生产安全事故的,依照《生产安全事故罚款处罚规定(试行)》的规定给予处罚。但是,《煤矿重大事故隐患判定标准》第18条"'其他重大事故隐患',是指有下列情形之一的:……(二)未按照国家规定足额提取或者未按照国家规定范围使用安全生产费用的"将"未按规定足额提取和使用安全生产费用"作为"煤矿重大生产安全事故隐患"处理,根据国务院《关于预防煤矿生产安全事故的特别规定》第10条第1款的规定,煤矿有重大生产安全事故隐患,仍然进行生产的,由县级以上地方人民政府负责煤矿安全生产监督管理的部门或者矿山安全监察机构责令停产整顿,提出整顿的内容、时间等具体要求,处50万元以上200万元以下的罚款;对煤矿企业负责人处3万元以上15万元以下的罚款。

关联法规索引

《企业安全生产费用提取和使用管理办法》;《安全生产违法行为行政处罚办法》第43条;《煤矿重大事故隐患判定标准》第18条

典型案例

史某杰与平阳县安全生产监督管理局、温州市安全生产监督管理局行政处罚纠纷案[1]

争议焦点

工程监理单位未尽到职责是事故发生间接原因的,能否适用《安全生产法》的规定对其进行事故罚款。

案例解读

监理单位在监理过程中,未有效履行安全管理职责,未保证本单位安全生产投入的有效实施,未严格落实安全生产机构和人员,导致工程监理不到位,是事故发生的间接原因,对事故的发生负有一定的责任。应急管理部门可以依据现行《安全

〔1〕 案号:(2016)浙03行终325号。

生产法》第114条之规定对工程监理单位进行处罚。本案中，安监局在依据事故报告的基础上，对监理单位的违法行为进行立案、调查，认定涉案事故发生在被处罚人的监理期间和监理范围，安监局在履行告知、听证等法定程序后，作出被诉行政处罚决定，认定事实清楚，适用法律正确，量罚适当，行政程序合法。

第二十四条 【安全生产管理机构和人员】矿山、金属冶炼、建筑施工、运输单位和危险物品的生产、经营、储存、装卸单位，应当设置安全生产管理机构或者配备专职安全生产管理人员。

前款规定以外的其他生产经营单位，从业人员超过一百人的，应当设置安全生产管理机构或者配备专职安全生产管理人员；从业人员在一百人以下的，应当配备专职或者兼职的安全生产管理人员。

条文解读

本法第24条是关于安全生产管理机构和管理人员的规定。

必须强调的是，2021年修改的《安全生产法》将具有较大危险性的生产经营单位的范围加以扩大，主要有两个方面：一是将原来的"道路交通运输"扩大到"交通运输"，包括道路运输、水路运输、航空运输、铁路运输等。二是将从事危险化学品作业的单位在原来"生产、经营、储存单位"的基础上增加了"装卸单位"。安全生产管理机构是指生产经营单位内部设立的专门负责安全生产管理事务的独立的部门；专职安全生产管理人员，是指在生产经营单位中专门负责安全生产管理，不再兼任其他工作的人员。因矿山、金属冶炼、建筑施工、运输单位和危险物品的生产、经营、储存、装卸单位生产经营过程中，危险性比较大，因此必须设置安全生产管理机构或者配备专职安全生产管理人员。除矿山、金属冶炼、建筑施工、运输单位和危险物品的生产、经营、储存、装卸单位外，其他生产经营单位，从业人员超过100人的多属于人员密集型作业，如服装加工企业，人工装配、包装等场所，也必须设置安全生产管理机构或者配备专职安全生产管理人员。从业人员在100人以下的，应当配备专职或者兼职的安全生产管理人员。这里的"超过"不包含本数，"以下"包含本数。因此，除矿山、金属冶炼、建筑施工、运输单位和危险物品的生产、经营、储存、装卸单位外，其他生产经营单位，从业人员100人的，生产经营单位应当配备专职或者兼职的安全生产管理人员。生产经营单位根据本单位的危险因素、从业人员数量等,决定是否设立专职安全生产管理人员;决定不设置专职安全生产管理人员的,应设立兼职安全生产管理人员。

关联法规索引

《安全生产法》第 25 ~27 条

典型案例

重庆市綦江区人民政府、重庆綦南建筑工程有限公司再审审查与审判监督行政纠纷案[1]

争议焦点

綦南公司是否依法对涉案区域履行了安全保障义务。

案例解读

建筑施工单位应当设置安全生产管理机构或者配备专职安全生产管理人员,应当在有较大危险因素的生产经营场所和有关设施、设备上,设置明显的安全警示标志。施工单位虽然成立了项目部,任命了专职安全生产管理人员,确定了该项目复垦工程安全管理职责和安全保证措施,但在实际执行中,施工现场负责人却邀请不具有安全生产管理资格的人与其一同管理安全生产,并且在施工范围内的房屋已存在明显的重大安全隐患的情况下,未设置明显的安全警示标志,也未拉出警戒线,禁止村民进入,造成村民进场拆抬条石,进而发生事故。施工单位未尽到安全生产管理职责,与事故的发生存在因果关系。县人民政府关于"不属于生产安全事故"的批复认定事实不清,证据不足,所以不能得到人民法院的支持。

第二十五条　【安全管理机构和人员的职责】 生产经营单位的安全生产管理机构以及安全生产管理人员履行下列职责:

〔1〕 案号:(2018)最高法行申 9232 号。

（一）组织或者参与拟订本单位安全生产规章制度、操作规程和生产安全事故应急救援预案；

（二）组织或者参与本单位安全生产教育和培训，如实记录安全生产教育和培训情况；

（三）组织开展危险源辨识和评估，督促落实本单位重大危险源的安全管理措施；

（四）组织或者参与本单位应急救援演练；

（五）检查本单位的安全生产状况，及时排查生产安全事故隐患，提出改进安全生产管理的建议；

（六）制止和纠正违章指挥、强令冒险作业、违反操作规程的行为；

（七）督促落实本单位安全生产整改措施。

生产经营单位可以设置专职安全生产分管负责人，协助本单位主要负责人履行安全生产管理职责。

条文解读

本法第 25 条是关于生产经营单位的安全生产管理机构以及安全生产管理人员职责的规定。

根据本条规定，生产经营单位的安全生产管理机构以及安全生产管理人员应履行以下安全生产职责：

1. 组织或者参与拟订本单位安全生产规章制度、操作规程和生产安全事故应急救援预案

为了将具体工作落实到具体机构、具体责任人，让具有专业优势和实践经验的安全生产管理机构和安全生产管理人员组织或参与拟订安全生产规章制度、操作规程和生产安全事故应急救援预案等安全生产重要文件，既是必要的，也是可行的。因此，生产经营单位主要负责人应负责组织制定并落实本单位的安全生产规章制度、操作规程以及事故应急救援预案。

2. 组织或者参与本单位安全生产教育和培训，如实记录安全生产教育和培训情况

生产经营单位主要负责人组织制定并实施本单位安全生产教育和培训计划，

而安全生产管理机构和安全生产管理人员组织或者参与本单位安全生产教育和培训的具体工作,并由其如实记录安全生产教育和培训情况。

3. 组织开展危险源辨识和评估,督促落实本单位重大危险源的安全管理措施

主要负责人组织建立并落实安全风险分级管控和隐患排查治理双重预防工作机制。作为专门从事安全生产管理的机构和人员,安全生产管理机构和安全生产管理人员有责任组织开展危险源辨识和评估,督促落实重大危险源的安全管理措施。

4. 组织或者参与本单位应急救援演练

主要负责人组织制定并实施本单位的生产安全事故应急救援预案,而依据《生产安全事故应急条例》《生产安全事故应急预案管理办法》的规定,应急救援演练是日常安全生产工作的重要组成部分,应急救援演练的频次、规模、方式等都需要有明确的组织安排,以使应急救援演练与生产经营单位的正常生产经营活动相协调,取得良好的效果。这项工作也应当交由安全生产管理机构和安全生产管理人员组织或参与落实。

5. 检查本单位的安全生产状况,及时排查生产安全事故隐患,提出改进安全生产管理的建议

安全生产管理机构和安全生产管理人员要切实履行检查职责,随时关注本单位的安全生产状况,排查生产安全事故隐患,发现隐患的,要及时提出整改建议;没有发现隐患,但认为仍有加强和改进的必要的,也要提出改进安全生产管理的建议。

6. 制止和纠正违章指挥、强令冒险作业、违反操作规程的行为

生产经营单位为了赶工期、赶进度,有关人员违章指挥、强令冒险作业、违规操作等情况屡见不鲜,对这些行为必须坚决予以制止和纠正。《安全生产法》要求生产经营单位设置安全生产管理机构和安全生产管理人员的目的在于确保本单位的生产安全。所以,安全生产管理机构和安全生产管理人员有职责也有权利制止和纠正违章指挥、强令冒险作业、违反操作规程的行为。违章指挥主要是指生产经营活动的组织者、管理者、指挥者,违反安全生产方针、政策、法律、法规、规章、规程和有关安全管理制度指挥生产经营活动的行为。强令冒险作业是指单位的领导者、指挥者、组织者在明知存在危险或已经违章的情况下,以强制、威胁、恐吓等手段强令从业人员进行作业的行为。

7. 督促落实本单位安全生产整改措施

生产经营单位日常安全检查或者执法部门执法检查发现的安全隐患，需要整改。整改措施关键在于落实，这就需要生产经营单位有专门机构和人员来督促。安全生产管理机构和安全生产管理人员是督促落实整改措施的第一责任人，应当采取切实有效的措施将整改工作落实到位。

安全生产工作涉及生产经营的方方面面，生产经营单位根据安全生产工作的需要，可以设置专职安全生产分管负责人，协助本单位主要负责人履行安全生产管理职责。实践中，安全生产分管负责人多称为安全总监。安全总监是协助本单位主要负责人履行安全生产管理职责，专项分管本单位安全生产管理工作的职位。目前，我国多地政府规章对设置安全总监作了规定。例如，《山东省生产经营单位安全生产主体责任规定》第 12 条规定："从业人员在 300 人以上的高危生产经营单位和从业人员在 1000 人以上的其他生产经营单位，应当设置安全总监。安全总监应当具备安全生产管理经验，熟悉安全生产业务，掌握安全生产相关法律法规知识。安全总监协助本单位主要负责人履行安全生产管理职责，专项分管本单位安全生产管理工作。"《北京市生产经营单位安全生产主体责任规定》第 5 条规定："生产经营单位分管安全生产工作的负责人或者安全总监协助主要负责人履行安全生产职责，其他分管负责人对分管业务范围内的安全生产工作负责。安全总监的具体办法，由市应急管理部门会同国有资产管理部门和有关行业管理部门制定。"安全总监为本单位副职级别，待遇要高于其他副职并单独发放岗位风险津贴。

关联法规索引

《安全生产法》第 29、30、47、53 条；《生产安全事故应急条例》第 8 条；《生产安全事故应急预案管理办法》第 5 条

典型案例

重庆渝东建设有限公司与云阳县安全生产监督管理局、重庆市应急管理局行政处罚和行政协议案[1]

争议焦点

渝东建司对本次事故是否应承担责任。

案例解读

根据《安全生产法》的规定，建筑施工单位应当设置安全生产管理机构或者配备专职安全生产管理人员。生产经营单位的安全生产管理机构以及安全生产管理人员应当检查本单位的安全生产状况，及时排查生产安全事故隐患，提出改进安全生产管理的建议；有权制止和纠正违章指挥、强令冒险作业、违反操作规程的行为并督促落实本单位安全生产整改措施。本案中，渝东建司承包养鹿镇2016年大中型水库移民后扶工程后，将该工程交给其项目负责人汪某伦组织建设。在施工过程中，渝东建司及其项目负责人没有安排专职或兼职的安全管理人员现场管理，其委托现场管理的人员长期不在岗，对工地临时租用的铲车没有进行检查、维护，未及时排查生产安全事故隐患，让驻车制动不良、后轴制动效能不良的铲车带病运行，未对从业人员进行安全教育，未制止铲车驾驶员曾某琼违章冒险作业，造成本次生产安全责任事故。因此，事故调查报告认定施工单位对事故的发生负有责任，并依据《安全生产法》的规定对其进行事故罚款，符合法律规定。

第二十六条　【履职要求和履职保障】 生产经营单位的安全生产管理机构以及安全生产管理人员应当恪尽职守，依法履行职责。

生产经营单位作出涉及安全生产的经营决策，应当听取安全生产管理机构以及安全生产管理人员的意见。

生产经营单位不得因安全生产管理人员依法履行职责而降低其工资、福利等待遇或者解除与其订立的劳动合同。

[1] 案号：(2019)渝02行终86号。

危险物品的生产、储存单位以及矿山、金属冶炼单位的安全生产管理人员的任免，应当告知主管的负有安全生产监督管理职责的部门。

条文解读

本法第26条是关于生产经营单位的安全生产管理机构和安全生产管理人员尽职履责及其相关机制保障的规定。

1. 生产经营单位的安全生产管理机构以及安全生产管理人员应当恪尽职守，依法履行职责

安全生产管理机构以及安全生产管理人员应严格按照有关法律、法规以及本单位内部安全生产规章制度的要求，恪尽职守地履行每一项职责，不马虎、不懈怠，更不能玩忽职守。安全生产管理机构以及安全生产管理人员要通过自己依法履行职责，保证本单位日常安全生产管理工作始终有人抓、有人管，最大限度地预防和减少事故发生。

2. 生产经营单位作出涉及安全生产的经营决策，应当听取安全生产管理机构以及安全生产管理人员的意见

按照生产经营单位的组织架构和内部分工，如煤矿，安全副矿长的排位通常低于生产副矿长，安全生产管理机构和安全生产管理人员的权威和话语权比较弱。针对这一现实，《安全生产法》从法律层面强化了安全生产管理机构和安全生产管理人员在本单位生产经营决策中的地位，使其能够参与涉及安全生产的经营决策，从安全角度认真把关。生产经营单位必须保障安全生产管理机构以及安全生产管理人员的这一权利，认真听取他们的意见。

3. 生产经营单位不得因安全生产管理人员依法履行职责而降低其工资、福利等待遇或者解除与其订立的劳动合同

安全生产工作并不直接产生经济效益，有时反而会增加成本，降低本单位的产品竞争力，在一定程度上还可能降低生产经营效益。因此，安全生产管理人员在履行职责过程中，难免会与作业部门、业务部门、市场部门甚至管理层产生矛盾和分歧。由于安全生产管理人员属于生产经营单位内部职工，有可能因为履行职责而遭到管理层的打击报复，甚至在本单位难以立足。为此，《安全生产法》对安全生产管理人员依法履行职责规定了保护机制：一是生产经营单位不得因安全生产管理

人员依法履行职责而降低其工资、福利等待遇；二是不得因安全生产管理人员履行职责而解除与其订立的劳动合同。

4. 危险物品的生产、储存单位以及矿山、金属冶炼单位的安全生产管理人员的任免，应当告知主管的负有安全生产监督管理职责的部门

危险物品的生产、储存单位以及矿山、金属冶炼单位将安全生产管理人员的任免情况告知主管的负有安全生产监督管理职责的部门，主要目的是对安全生产管理人员的任免进行监督，防止其对依法履行职责的安全生产管理人员进行打击报复，将安全生产管理人员调离安全生产管理岗位，甚至解除与其订立的劳动合同。关于告知的方式，本条没有具体规定，实践中原则上应书面告知，告知内容应包括任免的原因、任免时间等。

关联法规索引

《安全生产法》第96～99、101、102、105条；《刑法》第134～137、139条

典型案例

林某某重大责任事故案[1]

争议焦点

本案的争议焦点是林某某在生产、作业中违反有关安全管理规定行为与他人死亡之间是否存在因果关系。

案例解读

重大责任事故罪是指在生产、作业中违反有关安全管理的规定，因而发生重大伤亡事故或者造成其他严重后果的犯罪行为。本罪的犯罪主体是对生产、作业负有组织、指挥或者管理职责的负责人、管理人员、实际控制人、投资人等人员，以及直接从事生产、作业的人员。本罪的客观方面表现为对生产、作业负有组织、指挥或者管理职责的负责人、管理人员、实际控制人、投资人等人员，以及直接从事生产、作业的人员存在违反有关安全管理的规定，且造成"重大伤亡事故或者造成其

〔1〕 案号：(2020)内2921刑初207号。

他严重后果”的行为。本罪属于结果犯，只有造成“重大伤亡事故或考造成其他严重后果”的，才构成本罪。“重大伤亡事故或者造成其他严重后果”认定标准如下：①造成死亡1人以上，或者重伤3人以上的；②造成直接经济损失100万元以上的；③其他造成严重后果或者重大安全事故的情形。本罪的犯罪主观方面属于过失，即行为人对造成的后果不存在故意。构成本罪的，处3年以下有期徒刑或者拘役。被告人林某某作为内蒙古伊伊矿业有限责任公司分管安全生产的负责人，未履行安全生产职责，在生产、作业中违反有关安全管理的规定，因而发生1人死亡的事故，其行为已构成重大责任事故罪。

第二十七条 【知识和管理能力】生产经营单位的主要负责人和安全生产管理人员必须具备与本单位所从事的生产经营活动相应的安全生产知识和管理能力。

危险物品的生产、经营、储存、装卸单位以及矿山、金属冶炼、建筑施工、运输单位的主要负责人和安全生产管理人员，应当由主管的负有安全生产监督管理职责的部门对其安全生产知识和管理能力考核合格。考核不得收费。

危险物品的生产、储存、装卸单位以及矿山、金属冶炼单位应当有注册安全工程师从事安全生产管理工作。鼓励其他生产经营单位聘用注册安全工程师从事安全生产管理工作。注册安全工程师按专业分类管理，具体办法由国务院人力资源和社会保障部门、国务院应急管理部门会同国务院有关部门制定。

条文解读

本法第27条是关于生产经营单位的主要负责人和安全生产管理人员应当具备的知识、能力和考核制度，以及注册安全工程师制度的原则规定。

1. 生产经营单位的主要负责人和安全生产管理人员应当具备的知识、能力要求

根据本条第1款的规定，生产经营单位的主要负责人和安全生产管理人员必须具备与本单位所从事的生产经营活动相应的安全生产知识和管理能力。这是一项原则性规定，“相应的安全生产知识和管理能力”，既要考虑单位的生产经营范

围、规模,也要考虑单位的性质、危险程度等因素。生产经营单位的主要负责人要熟悉和了解国家有关安全生产的法律、法规、规章以及方针政策,要对本单位所从事生产经营活动必需的安全知识有一定的了解,并能够较好地组织和领导本单位的安全生产工作。对安全生产管理人员来说,需要对本单位所从事的生产经营活动必需的安全生产知识有比较具体的、深入的了解和掌握,并能够熟练地在安全生产管理工作中运用。

2. 生产经营单位的主要负责人和安全生产管理人员考核制度

由于危险物品的生产、经营、储存、装卸单位以及矿山、金属冶炼、建筑施工、运输单位专业性强、危险性大,属于事故多发、易发领域。因此,对这类生产经营单位的主要负责人和安全生产管理人员的安全生产知识和管理能力应当有更高的要求。不仅要求上述单位的主要负责人和安全管理人员具备相应的安全生产知识和管理能力,还要经有关主管部门考核合格,增加了考核程序,以确保其具备相应的安全生产知识和管理能力。考核不得收费。

3. 注册安全工程师

注册安全工程师是指取得中华人民共和国注册安全工程师执业资格证书,在生产经营单位从事安全生产管理、安全技术工作或者在安全生产中介机构从事安全生产专业服务工作的人员。

对于危险物品的生产、储存、装卸单位以及矿山、金属冶炼单位等高危行业,应当有注册安全工程师从事安全生产管理工作。对于上述之外的其他生产经营单位,鼓励聘用注册安全工程师从事安全生产管理工作。为贯彻落实《安全生产法》和中共中央、国务院《关于推进安全生产领域改革发展的意见》的有关要求,加强安全生产监督管理,完善注册安全工程师职业资格制度,原国家安全生产监督管理总局、人力资源社会保障部于 2017 年 11 月 2 日印发《注册安全工程师分类管理办法》,并于 2018 年 1 月 1 日起施行。目前,注册安全工程师专业类别划分为煤矿安全、金属非金属矿山安全、化工安全、金属冶炼安全、建筑施工安全、道路运输安全、其他安全(不包括消防安全)。

从业人员 300 人以上的煤矿、非煤矿矿山、建筑施工单位和危险物品生产、经营单位,应当按照不少于安全生产管理人员 15% 的比例配备注册安全工程师;安全生产管理人员在 7 人以下的,至少配备 1 名。其他生产经营单位,应当配备注册安全工程师或者委托安全生产中介机构选派注册安全工程师提供安全生产服务。

安全生产中介机构应当按照不少于安全生产专业服务人员30%的比例配备注册安全工程师。

关联法规索引

《注册安全工程师分类管理办法》;中共中央、国务院《关于推进安全生产领域改革发展的意见》

第二十八条 【安全教育和培训】 生产经营单位应当对从业人员进行安全生产教育和培训,保证从业人员具备必要的安全生产知识,熟悉有关的安全生产规章制度和安全操作规程,掌握本岗位的安全操作技能,了解事故应急处理措施,知悉自身在安全生产方面的权利和义务。未经安全生产教育和培训合格的从业人员,不得上岗作业。

生产经营单位使用被派遣劳动者的,应当将被派遣劳动者纳入本单位从业人员统一管理,对被派遣劳动者进行岗位安全操作规程和安全操作技能的教育和培训。劳务派遣单位应当对被派遣劳动者进行必要的安全生产教育和培训。

生产经营单位接收中等职业学校、高等学校学生实习的,应当对实习学生进行相应的安全生产教育和培训,提供必要的劳动防护用品。学校应当协助生产经营单位对实习学生进行安全生产教育和培训。

生产经营单位应当建立安全生产教育和培训档案,如实记录安全生产教育和培训的时间、内容、参加人员以及考核结果等情况。

条文解读

本法第28条是关于生产经营单位安全教育和培训的规定。

生产经营单位负责本单位从业人员安全培训工作。生产经营单位应当按照《安全生产法》和有关法律、行政法规的规定,建立健全安全培训工作制度。生产经营单位教育培训对象包括从业人员、劳务派遣人员、实习的学生等。

从业人员包括生产经营单位的负责人和安全生产管理人员。按照《安全生产法》第25条的规定，生产经营单位应当对从业人员进行安全生产教育和培训，保证从业人员具备必要的安全生产知识，熟悉有关的安全生产规章制度和安全操作规程，掌握本岗位的安全操作技能，了解事故应急处理措施，知悉自身在安全生产方面的权利和义务。未经安全生产教育和培训合格的从业人员，不得上岗作业。生产经营单位主要负责人和安全生产管理人员应当接受安全培训，具备与所从事的生产经营活动相适应的安全生产知识和管理能力。生产经营单位主要负责人安全培训应当包括下列内容：(1)国家安全生产方针、政策和有关安全生产的法律、法规、规章及标准；(2)安全生产管理基本知识、安全生产技术、安全生产专业知识；(3)重大危险源管理、重大事故防范、应急管理和救援组织以及事故调查处理的有关规定；(4)职业危害及其预防措施；(5)国内外先进的安全生产管理经验；(6)典型事故和应急救援案例分析；(7)其他需要培训的内容。

生产经营单位安全生产管理人员安全培训应当包括下列内容：(1)国家安全生产方针、政策和有关安全生产的法律、法规、规章及标准；(2)安全生产管理、安全生产技术、职业卫生等知识；(3)伤亡事故统计、报告及职业危害的调查处理方法；(4)应急管理、应急预案编制以及应急处置的内容和要求；(5)国内外先进的安全生产管理经验；(6)典型事故和应急救援案例分析；(7)其他需要培训的内容。

厂(矿)级岗前安全培训内容应当包括：(1)本单位安全生产情况及安全生产基本知识；(2)本单位安全生产规章制度和劳动纪律；(3)从业人员安全生产权利和义务；(4)有关事故案例等。煤矿、非煤矿山、危险化学品、烟花爆竹、金属冶炼等生产经营单位厂(矿)级安全培训除包括上述内容外，应当增加事故应急救援、事故应急预案演练及防范措施等内容。

车间(工段、区、队)级岗前安全培训内容应当包括：(1)工作环境及危险因素；(2)所从事工种可能遭受的职业伤害和伤亡事故；(3)所从事工种的安全职责、操作技能及强制性标准；(4)自救互救、急救方法、疏散和现场紧急情况的处理；(5)安全设备设施、个人防护用品的使用和维护；(6)本车间(工段、区、队)安全生产状况及规章制度；(7)预防事故和职业危害的措施及应注意的安全事项；(8)有关事故案例；(9)其他需要培训的内容。

班组级岗前安全培训内容应当包括：(1)岗位安全操作规程；(2)岗位之间工作衔接配合的安全与职业卫生事项；(3)有关事故案例；(4)其他需要培训的内容。

生产经营单位主要负责人和安全生产管理人员初次安全培训时间不得少于

32 学时,每年再培训时间不得少于 12 学时。煤矿、非煤矿山、危险化学品、烟花爆竹、金属冶炼等生产经营单位主要负责人和安全生产管理人员初次安全培训时间不得少于 48 学时,每年再培训时间不得少于 16 学时。生产经营单位新上岗的从业人员,岗前安全培训时间不得少于 24 学时。煤矿、非煤矿山、危险化学品、烟花爆竹、金属冶炼等生产经营单位新上岗的从业人员安全培训时间不得少于 72 学时,每年再培训的时间不得少于 20 学时。从业人员在本生产经营单位内调整工作岗位或离岗一年以上重新上岗时,应当重新接受车间(工段、区、队)和班组级的安全培训。

生产经营单位采用新工艺、新技术、新材料或者使用新设备时,应当对有关从业人员重新进行有针对性的安全培训。

生产经营单位的特种作业人员,必须按照国家有关法律、法规的规定接受专门的安全培训,经考核合格,取得特种作业操作资格证书后,方可上岗作业。特种作业人员,是指直接从事特殊种类作业的从业人员。特种作业,是指容易发生事故,对操作者本人、他人的安全健康及设备、设施的安全可能造成重大危害的作业。特种作业的范围由特种作业目录规定。生产经营单位的特种作业人员必须按照国家有关规定经专门的安全作业培训,取得相应资格,方可上岗作业。特种作业人员的范围由国务院应急管理部门会同国务院有关部门确定。特种作业人员必须经专门的安全技术培训并考核合格,取得《中华人民共和国特种作业操作证》后,方可上岗作业。特种作业人员的安全技术培训、考核、发证、复审工作实行统一监管、分级实施、教考分离的原则。

劳务派遣是劳务派遣单位与被派遣劳动者签订劳动合同,并与用工单位签订劳务派遣协议,由被派遣劳动者向用工单位给付劳务的用工方式。在这种用工方式中,劳动合同关系存在于劳务派遣单位与被派遣劳动者之间,而劳动力给付的事实则发生于被派遣劳动者和用工单位之间。从安全生产实践角度看,一个突出问题是,用工单位对被派遣劳动者"另眼相看",不履行相应的义务,特别是不对被派遣劳动者进行安全生产教育和培训,或者不为被派遣劳动者提供必要的劳动保护条件。因此,《安全生产法》特别规定:"生产经营单位使用被派遣劳动者的,应当将被派遣劳动者纳入本单位从业人员统一管理,对被派遣劳动者进行岗位安全操作规程和安全操作技能的教育和培训。"统一管理,是指生产经营单位将被派遣劳动者与本单位的从业人员一样对待和管理,统一纳入安全生产教育和培训计划。

生产经营单位应当打破被派遣劳动者与本单位从业人员的区别,严格按照岗位特点、人员结构、新员工或者调换工种人员等情况,统一组织安全生产教育和培训,包括对被派遣劳动者进行岗位安全操作规程和安全操作技能的教育和培训,保证相同岗位、相同人员(被派遣劳动者和从业人员)达到同等的水平。劳务派遣单位作为被派遣劳动者的管理单位,应当组织本单位的有关人员,或者聘请本单位以外的有关人员对被派遣劳动者进行必要的安全生产教育和培训。

生产经营单位接收中等职业学校、高等学校学生实习的,生产经营单位是实习学生安全生产教育和培训的责任主体,应当针对实习学生制定专门的安全生产教育和培训计划。安全生产教育和培训计划应当根据本单位生产经营的特点、各种危险性的状况以及实习学生所在岗位具体情况确定,生产经营单位依计划对实习学生进行相应的安全生产教育和培训,并提供必要的劳动防护用品。学校作为实习学生的管理方,应当协助和配合生产经营单位对实习学生进行安全生产教育和培训。通过安全生产教育和培训,保证实习学生了解和熟悉有关的安全生产法律法规、安全生产规章制度和操作规程,了解相应的安全生产知识,掌握基本的应急处理措施,能够适应所实习的工作。

安全生产教育培训记录和档案应详细记录每位从业人员参加安全生产教育培训的时间、内容、考核结果以及复训等情况,档案的范围应当包括本单位的主要负责人、有关负责人、安全生产管理人员、特种作业人员、职能部门工作人员、班组长以及其他从业人员安全生产教育培训情况。记录和档案能够反映生产经营单位对安全生产教育和培训的时间、内容、参加人员以及考核结果等情况,是生产经营单位履行安全生产教育培训义务的主要证据。因此,档案应当按照有关法律法规的要求进行保存,不得擅自修改、伪造。档案除以电子文档形式保存外,原则上还应当有纸质文件形式。

根据《安全生产法》第 97 条第 3 项和第 4 项的规定,未按照规定对从业人员、被派遣劳动者、实习学生进行安全生产教育和培训,或者未如实记录安全生产教育和培训情况的,责令限期改正,处 10 万元以下的罚款;逾期未改正的,责令停产停业整顿,并处 10 万元以上 20 万元以下的罚款,对其直接负责的主管人员和其他直接责任人员处 2 万元以上 5 万元以下的罚款。

关联法规索引

《安全生产法》第29、30、47、58条;《生产经营单位安全培训规定》;《煤矿安全培训规定》;《特种作业人员安全技术培训考核管理规定》

典型案例

青岛经济技术开发区黄浦纺织机械厂、青岛市黄岛区安全生产监管执法局再审审查与审判监督行政纠纷案[1]

争议焦点

被诉行政处罚决定认定事实是否清楚,适用法律是否正确。

案例解读

根据《安全生产法》的规定,如果生产经营单位存在未能如实记录安全生产教育和培训情况、特种作业人员未按照规定经专门的安全作业培训并取得相应资格就上岗作业的,属于"生产经营单位存在未如实记录安全生产教育和培训情况"和"特种作业人员未按照规定经专门的安全作业培训并取得相应资格上岗作业的"两种不同的违法行为,负有安全生产监督管理职责的部门依据《安全生产法》第97条第4项、第7项的规定,对两项违法行为分别裁量、合并处罚,符合《安全生产违法行为行政处罚办法》第53条的规定。

第二十九条　【技术更新的教育培训】生产经营单位采用新工艺、新技术、新材料或者使用新设备,必须了解、掌握其安全技术特性,采取有效的安全防护措施,并对从业人员进行专门的安全生产教育和培训。

条文解读

本法第29是关于生产经营单位采用新工艺、新技术、新材料、新设备时有关安全生产教育和培训的规定。

[1] 案号:(2018)鲁行申264号。

随着科技进步和社会发展,越来越多的新工艺、新技术、新材料或者新设备运用于生产经营活动中。但是,新工艺、新技术、新材料或者使用的设备属于“新”的,生产经营单位或者从业人员对其安全技术性能掌握得不充分,容易成为导致事故的重大隐患。因此,生产经营单位采用新工艺、新技术、新材料或者使用新设备时,必须了解、掌握其安全技术特性,采取有效的安全防护措施,并对从业人员进行专门的安全生产教育和培训,保证从业人员了解、掌握其安全技术特性、防护措施等,并能够在工作中加以运用。

第三十条　【特种作业人员的教育培训】生产经营单位的特种作业人员必须按照国家有关规定经专门的安全作业培训,取得相应资格,方可上岗作业。

特种作业人员的范围由国务院应急管理部门会同国务院有关部门确定。

条文解读

本法第30条是关于特种作业人员安全管理的规定。

1. 特种作业人员的概念

特种作业人员,是指直接从事特殊种类作业的从业人员。特种作业,是指容易发生事故,对操作者本人、他人的安全健康及设备、设施的安全可能造成重大危害的作业。特种作业的范围由特种作业目录规定。特种作业人员应当符合下列条件:(1)年满18周岁,且不超过国家法定退休年龄;(2)经社区或者县级以上医疗机构体检健康合格,并无妨碍从事相应特种作业的器质性心脏病、癫痫病、美尼尔氏症、眩晕症、癔病、震颤麻痹症、精神病、痴呆症以及其他疾病和生理缺陷;(3)具有初中及以上文化程度;(4)具备必要的安全技术知识与技能;(5)相应特种作业规定的其他条件。危险化学品特种作业人员除符合上述第1、2、4、5项规定的条件外,应当具备高中或者相当于高中及以上文化程度。

2. 特种作业人员安全技术培训考核管理规定

特种作业人员的范围由国务院应急管理部门会同国务院有关部门确定。2010年4月26日,原国家安全生产监督管理总局审议通过《特种作业人员安全技术培训考核管理规定》,自2010年7月1日起施行。特种作业人员必须经专门的安全技术培训并考核合格,取得《中华人民共和国特种作业操作证》(以下简称特种作业操作证)后,方可上岗作业。特种作业人员的安全技术培训、考核、发证、复审工作实行统一监管、分级实施、教考分离的原则。

特种作业操作证有效期为6年,在全国范围内有效。特种作业操作证由应急管理部统一式样、标准及编号。特种作业操作证每3年复审1次。特种作业人员在特种作业操作证有效期内,连续从事本工种10年以上,严格遵守有关安全生产法律法规的,经原考核发证机关或者从业所在地考核发证机关同意,特种作业操作证的复审时间可以延长至每6年1次。

配套法规及解读

《特种作业人员安全技术培训考核管理规定》(2015年5月29日修正)

第三条 本规定所称特种作业,是指容易发生事故,对操作者本人、他人的安全健康及设备、设施的安全可能造成重大危害的作业。特种作业的范围由特种作业目录规定。

本规定所称特种作业人员,是指直接从事特种作业的从业人员。

第五条 特种作业人员必须经专门的安全技术培训并考核合格,取得《中华人民共和国特种作业操作证》(以下简称特种作业操作证)后,方可上岗作业。

第六条 特种作业人员的安全技术培训、考核、发证、复审工作实行统一监管、分级实施、教考分离的原则。

第七条 国家安全生产监督管理总局(以下简称安全监管总局)指导、监督全国特种作业人员的安全技术培训、考核、发证、复审工作;省、自治区、直辖市人民政府安全生产监督管理部门指导、监督本行政区域特种作业人员的安全技术培训工作,负责本行政区域特种作业人员的考核、发证、复审工作;县级以上地方人民政府安全生产监督管理部门负责监督检查本行政区域特种作业人员的安全技术培训和持证上岗工作。

国家煤矿安全监察局(以下简称煤矿安监局)指导、监督全国煤矿特种作业人员(含煤矿矿井使用的特种设备作业人员)的安全技术培训、考核、发证、复审工作;省、自治区、直辖市人民政府负责煤矿特种作业人员考核发证工作的部门或者指定的机构指导、监督本行政区域煤矿特种作业人员的安全技术培训工作,负责本行政区域煤矿特种作业人员的考核、发证、复审工作。

省、自治区、直辖市人民政府安全生产监督管理部门和负责煤矿特种作业人员考核发证工作的部门或者指定的机构(以下统称考核发证机关)可以委托设区的市人民政府安全生产监督管理部门和负责煤矿特种作业人员考核发证工作的部门或者指定的机构实施特种作业人员的考核、发证、复审工作。

第八条 对特种作业人员安全技术培训、考核、发证、复审工作中的违法行为,任何单位和个人均有权向安全监管总局、煤矿安监局和省、自治区、直辖市及设区的市人民政府安全生产监督管理部门、负责煤矿特种作业人员考核发证工作的部门或者指定的机构举报。

第二十八条 考核发证机关或其委托的单位及其工作人员应当忠于职守、坚持原则、廉洁自律,按照法律、法规、规章的规定进行特种作业人员的考核、发证、复审工作,接受社会的监督。

第二十九条 考核发证机关应当加强对特种作业人员的监督检查,发现其具有本规定第三十条规定情形的,及时撤销特种作业操作证;对依法应当给予行政处罚的安全生产违法行为,按照有关规定依法对生产经营单位及其特种作业人员实施行政处罚。

考核发证机关应当建立特种作业人员管理信息系统,方便用人单位和社会公众查询;对于注销特种作业操作证的特种作业人员,应当及时向社会公告。

第三十条 有下列情形之一的,考核发证机关应当撤销特种作业操作证:

(一)超过特种作业操作证有效期未延期复审的;

(二)特种作业人员的身体条件已不适合继续从事特种作业的;

(三)对发生生产安全事故负有责任的;

(四)特种作业操作证记载虚假信息的;

(五)以欺骗、贿赂等不正当手段取得特种作业操作证的。

特种作业人员违反前款第四项、第五项规定的,3 年内不得再次申请特种作业操作证。

第三十六条 生产经营单位不得印制、伪造、倒卖特种作业操作证,或者使用非法印制、伪造、倒卖的特种作业操作证。

特种作业人员不得伪造、涂改、转借、转让、冒用特种作业操作证或者使用伪造的特种作业操作证。

第三十九条 生产经营单位使用未取得特种作业操作证的特种作业人员上岗作业的，责令限期改正，可以处5万元以下的罚款；逾期未改正的，责令停产停业整顿，并处5万元以上10万元以下的罚款，对直接负责的主管人员和其他直接责任人员处1万元以上2万元以下的罚款。

煤矿企业使用未取得特种作业操作证的特种作业人员上岗作业的，依照《国务院关于预防煤矿生产安全事故的特别规定》的规定处罚。

第四十条 生产经营单位非法印制、伪造、倒卖特种作业操作证，或者使用非法印制、伪造、倒卖的特种作业操作证的，给予警告，并处1万元以上3万元以下的罚款；构成犯罪的，依法追究刑事责任。

第四十一条 特种作业人员伪造、涂改特种作业操作证或者使用伪造的特种作业操作证的，给予警告，并处1000元以上5000元以下的罚款。

特种作业人员转借、转让、冒用特种作业操作证的，给予警告，并处2000元以上1万元以下的罚款。

※法规解读：《特种作业人员安全技术培训考核管理规定》对特种作业操作证的取得、复审等作了规定。根据规定，生产经营单位不得印制、伪造、倒卖特种作业操作证，或者使用非法印制、伪造、倒卖的特种作业操作证。特种作业人员不得伪造、涂改、转借、转让、冒用特种作业操作证或者使用伪造的特种作业操作证。生产经营单位非法印制、伪造、倒卖特种作业操作证，或者使用非法印制、伪造、倒卖的特种作业操作证的，给予警告，并处1万元以上3万元以下的罚款；构成犯罪的，依法追究刑事责任。特种作业人员伪造、涂改特种作业操作证或者使用伪造的特种作业操作证的，给予警告，并处1000元以上5000元以下的罚款。特种作业人员转借、转让、冒用特种作业操作证的，给予警告，并处2000元以上1万元以下的罚款。

关联法规索引

《安全生产法》第97条；《特种作业人员安全技术培训考核管理规定》；《刑法》第280条

典型案例

王某林、肖某等伪造、变造国家机关证件案[1]

争议焦点

上诉人是否具有自首和立功情节。

案例解读

伪造、变造、买卖或者盗窃、抢夺、毁灭国家机关的公文、证件、印章的，处 3 年以下有期徒刑、拘役、管制或者剥夺政治权利，并处罚金；情节严重的，处 3 年以上 10 年以下有期徒刑，并处罚金。肖某、王某林，原审被告人苏某国多次买卖国家机关证件，情节严重，其行为均已构成买卖国家机关证件罪。犯罪以后自动投案，如实供述自己的罪行的，是自首。对于自首的犯罪分子，可以从轻或者减轻处罚。其中，犯罪较轻的，可以免除处罚。被采取强制措施的犯罪嫌疑人、被告人和正在服刑的罪犯，如实供述司法机关还未掌握的本人其他罪行的，以自首论。犯罪嫌疑人虽不具有自首情节，但是如实供述自己罪行的，可以从轻处罚；因其如实供述自己罪行，避免特别严重后果发生的，可以减轻处罚。犯罪分子有揭发他人犯罪行为，查证属实的，或者提供重要线索，从而得以侦破其他案件等立功表现的，可以从轻或者减轻处罚；有重大立功表现的，可以减轻或者免除处罚。

第三十一条　【建设项目安全设施"三同时"】生产经营单位新建、改建、扩建工程项目（以下统称建设项目）的安全设施，必须与主体工程同时设计、同时施工、同时投入生产和使用。安全设施投资应当纳入建设项目概算。

条文解读

本法第 31 条是关于建设项目安全设施"三同时"的规定。

"三同时"是指生产经营单位的建设项目的安全设施，必须与主体工程同时设计、同时施工、同时投入生产和使用。建设项目安全设施，是指生产经营单位在生

〔1〕 案号：(2021)川 01 刑终 832 号。

产经营活动中用于预防生产安全事故的设备、设施、装置、构(建)筑物和其他技术措施的总称。生产经营单位是建设项目安全设施建设的责任主体。同时设计,要求在编制建设项目的设计文件时,必须同时编制安全设施的设计,不得不编制或者迟延编制。安全设施设计必须符合有关法律、法规、规章和国家标准的要求,不得随意降低要求。同时施工,是指建设项目施工过程中,必须严格按照设计要求,对安全设施同时进行施工,安全设施施工不得偷工减料,降低建设质量。同时投入生产和使用,是指安全设施必须与主体工程同时竣工并经验收合格后,同时投入生产和使用,不得只将主体工程投入生产和使用,而将安全设施摆样子,不予使用。

建设项目概算是对工程建设预计花费的全部费用的计划。安全设施投资纳入建设项目概算,对于落实安全设施与主体工程的"三同时"制度具有重大意义。实践中,大量的生产经营单位不重视安全设施建设资金投入,所以本条有针对性地规定"安全设施投资应当纳入建设项目概算"。生产经营单位必须切实按照建设项目概算落实安全设施投资。

配套法规及解读

《建设项目安全设施"三同时"监督管理办法》(2015年4月2日修正)

第三十条 本办法第七条第(一)项、第(二)项、第(三)项和第(四)项规定以外的建设项目有下列情形之一的,对有关生产经营单位责令限期改正,可以并处5000元以上3万元以下的罚款:

(一)没有安全设施设计的;

(二)安全设施设计未组织审查,并形成书面审查报告的;

(三)施工单位未按照安全设施设计施工的;

(四)投入生产或者使用前,安全设施未经竣工验收合格,并形成书面报告的。

※法规解读:《安全生产法》第31条是关于"三同时"的规定,生产经营单位新建、改建、扩建工程项目的安全设施,必须与主体工程同时设计、同时施工、同时投入生产和使用。《安全生产法》第98条对矿山、金属冶炼建设项目和用于生产、储存、装卸危险物品的建设项目违反"三同时"的行政处罚作了规定,但是对下列几种违反"三同时"的违法行为并没有规定行政处罚:(1)没有安全设施设计的;(2)安全设施设计未组织审查,并形成书面审查报告的;(3)施工单位未按照安全设施设

计施工的;(4)投入生产或者使用前,安全设施未经竣工验收合格,并形成书面报告的。所以,《建设项目安全设施"三同时"监督管理办法》第30条对上述违法行为的行政处罚作了规定。根据本条的规定,使用危险化学品从事生产并且使用量达到规定数量的化工建设项目(属于危险化学品生产的除外)以及法律、行政法规和国务院规定的其他建设项目,如果存在上述违法行为,对有关生产经营单位责令限期改正,可以并处5000元以上3万元以下的罚款。

关联法规索引

《安全生产法》第32、33条;《建设项目安全设施"三同时"监督管理办法》第2~6、30条;《危险化学品建设项目安全监督管理办法》

典型案例

叶某与天津市城乡建设委员会行政纠纷案[1]

争议焦点

上诉人向被上诉人反映的宸欣家园、宸宜花园开发商无证施工开挖沉箱式车库造成上诉人房屋开裂等问题,被上诉人是否已经履行了职责。

案例解读

建设工程的安全设施必须与主体同时设计、同时施工、同时投入使用。建设项目安全设施,是指生产经营单位在生产经营活动中用于预防生产安全事故的设备、设施、装置、构(建)筑物和其他技术措施的总称。本案所涉沉箱式机械停车位并不属于该条所指的安全设施,建设单位不违反上述法律规定。所以,上诉人的主张不能成立。

第三十二条　【安全评价】矿山、金属冶炼建设项目和用于生产、储存、装卸危险物品的建设项目,应当按照国家有关规定进行安全评价。

〔1〕 案号:(2015)二中行终字第11号。

条文解读

本法第32条是关于建设项目安全评价的规定。

安全评价，亦称危险评价、风险评价，其是探明系统危险、寻求安全对策的一种方法和技术，是安全系统工程的一个重要组成部分。其旨在建立必要的安全措施前，掌握系统内可能的危险种类、危险程度和危险后果，并对其进行定量、定性的分析，从而提出有效的危险控制措施。可用事故率评价指标，也可用工效学方法评价，如通过业务分析、实验方法、模拟法、可靠性测定和动作时间研究等进行评价。

安全评价按照实施阶段的不同分为三类：安全预评价、安全验收评价、安全现状评价。

1. 安全预评价

在建设项目可行性研究阶段、工业园区规划阶段或生产经营活动组织实施之前，根据相关的基础资料，辨识与分析建设项目、工业园区、生产经营活动潜在的危险、有害因素，确定其与安全生产法律法规、标准、行政规章、规范的符合性，预测发生事故的可能性及其严重程度，提出科学、合理、可行的安全对策措施建议，作出安全评价结论的活动。

2. 安全验收评价

在建设项目竣工后正式生产运行前或工业园区建设完成后，通过检查建设项目安全设施与主体工程同时设计、同时施工、同时投入生产和使用的情况，或工业园区内的安全设施、设备、装置投入生产和使用的情况，检查安全生产管理措施到位情况，检查安全生产规章制度健全情况，检查事故应急救援预案建立情况，审查确定建设项目、工业园区建设满足安全生产法律法规、标准、规范要求的符合性，从整体上确定建设项目、工业园区的运行状况和安全管理情况，作出安全验收评价结论的活动。

3. 安全现状评价

针对生产经营活动中，工业园区的事故风险、安全管理等情况，辨识与分析其存在的危险、有害因素，审查确定其与安全生产法律法规、规章、标准、规范要求的符合性，预测发生事故或造成职业危害的可能性及其严重程度，提出科学、合理、可行的安全对策措施建议，作出安全现状评价结论的活动。

安全现状评价既适用于对一个生产经营单位或一个工业园区的评价，也适用于对某一特定的生产方式、生产工艺、生产装置或作业场所的评价。

矿山、金属冶炼建设项目和用于生产、储存、装卸危险物品的建设项目，应当按照国家有关规定进行安全评价。

根据《安全生产法》第98条的规定，生产经营单位未按照规定对矿山、金属冶炼建设项目或者用于生产、储存、装卸危险物品的建设项目进行安全评价的，责令停止建设或者停产停业整顿，限期改正，并处10万元以上50万元以下的罚款，对其直接负责的主管人员和其他直接责任人员处2万元以上5万元以下的罚款；逾期未改正的，处50万元以上100万元以下的罚款，对其直接负责的主管人员和其他直接责任人员处5万元以上10万元以下的罚款；构成犯罪的，依照《刑法》有关规定追究刑事责任。

配套法规及解读

《建设项目安全设施“三同时”监督管理办法》(2015年4月2日修正)

第七条　下列建设项目在进行可行性研究时，生产经营单位应当按照国家规定，进行安全预评价：

(一)非煤矿矿山建设项目；

(二)生产、储存危险化学品(包括使用长输管道输送危险化学品，下同)的建设项目；

(三)生产、储存烟花爆竹的建设项目；

(四)金属冶炼建设项目；

(五)使用危险化学品从事生产并且使用量达到规定数量的化工建设项目(属于危险化学品生产的除外，下同)；

(六)法律、行政法规和国务院规定的其他建设项目。

第八条　生产经营单位应当委托具有相应资质的安全评价机构，对其建设项目进行安全预评价，并编制安全预评价报告。

建设项目安全预评价报告应当符合国家标准或者行业标准的规定。

生产、储存危险化学品的建设项目和化工建设项目安全预评价报告除符合本条第二款的规定外，还应当符合有关危险化学品建设项目的规定。

第九条　本办法第七条规定以外的其他建设项目，生产经营单位应当对其安全生产条件和设施进行综合分析,形成书面报告备查。

第二十八条 生产经营单位对本办法第七条第(一)项、第(二)项、第(三)项和第(四)项规定的建设项目有下列情形之一的,责令停止建设或者停产停业整顿,限期改正;逾期未改正的,处50万元以上100万元以下的罚款,对其直接负责的主管人员和其他直接责任人员处2万元以上5万元以下的罚款;构成犯罪的,依照刑法有关规定追究刑事责任:

(一)未按照本办法规定对建设项目进行安全评价的;

(二)没有安全设施设计或者安全设施设计未按照规定报经安全生产监督管理部门审查同意,擅自开工的;

(三)施工单位未按照批准的安全设施设计施工的;

(四)投入生产或者使用前,安全设施未经验收合格的。

第三十一条 承担建设项目安全评价的机构弄虚作假、出具虚假报告,尚未构成犯罪的,没收违法所得,违法所得在10万元以上的,并处违法所得二倍以上五倍以下的罚款;没有违法所得或者违法所得不足10万元的,单处或者并处10万元以上20万元以下的罚款,对其直接负责的主管人员和其他直接责任人员处2万元以上5万元以下的罚款;给他人造成损害的,与生产经营单位承担连带赔偿责任。

对有前款违法行为的机构,吊销其相应资质。

※法规解读:《建设项目安全设施"三同时"监督管理办法》第2章对"建设项目安全预评价"作了规定,根据该办法的规定,非煤矿矿山建设项目、生产和储存危险化学品的建设项目、生产和储存烟花爆竹的建设项目、金属冶炼建设项目、使用危险化学品从事生产并且使用量达到规定数量的化工建设项目,以及法律、行政法规和国务院规定的其他建设项目在进行可行性研究时,生产经营单位应当按照国家规定,进行安全预评价。生产经营单位应当委托具有相应资质的安全评价机构,对其建设项目进行安全预评价,并编制安全预评价报告。建设项目安全预评价报告应当符合国家标准或者行业标准的规定。生产、储存危险化学品的建设项目和化工建设项目安全预评价报告还应当符合有关危险化学品建设项目的规定。除该办法第7条之外的其他建设项目,生产经营单位应当对其安全生产条件和设施进行综合分析,形成书面报告备查。

生产经营单位的非煤矿矿山建设项目、生产和储存危险化学品的建设项目、生产和储存烟花爆竹的建设项目、金属冶炼建设项目未按照该办法的规定对建设项目进行安全评价的，责令停止建设或者停产停业整顿，限期改正，并处10万元以上50万元以下的罚款，对其直接负责的主管人员和其他直接责任人员处2万元以上5万元以下的罚款；逾期未改正的，处50万元以上100万元以下的罚款，对其直接负责的主管人员和其他直接责任人员处5万元以上10万元以下的罚款；构成犯罪的，依照《刑法》有关规定追究刑事责任。

承担安全评价的机构出具失实报告的，责令停业整顿，并处3万元以上10万元以下的罚款；给他人造成损害的，依法承担赔偿责任。承担安全评价的机构租借资质、挂靠、出具虚假报告的，没收违法所得；违法所得在10万元以上的，并处违法所得2倍以上5倍以下的罚款，没有违法所得或者违法所得不足10万元的，单处或者并处10万元以上20万元以下的罚款，对其直接负责的主管人员和其他直接责任人员处5万元以上10万元以下的罚款；给他人造成损害的，与生产经营单位承担连带赔偿责任；构成犯罪的，依照《刑法》有关规定追究刑事责任。并对违法行为的机构及其直接责任人员，吊销其相应资质和资格，5年内不得从事安全评价、认证、检测、检验等工作；情节严重的，实行终身行业和职业禁入。

关联法规索引

《安全生产法》第98条；《建设项目安全设施“三同时”监督管理办法》第7～9、30、31条；《危险化学品建设项目安全监督管理办法》；《危险化学品安全管理条例》第22、80条

典型案例

常州市庙桥南华加油站与常州市武进区安全生产监督管理局、常州市安全生产监督管理局行政纠纷案[1]

争议焦点

南华加油站是否按照规定的期限进行了安全评价。

〔1〕 案号：(2018)苏行申1200号。

案例解读

生产、储存危险化学品的企业，应当委托具备国家规定的资质条件的机构，对本企业的安全生产条件每3年进行一次安全评价，提出安全评价报告。安全评价报告的内容应当包括对安全生产条件存在的问题进行整改的方案。生产、储存危险化学品的企业，应当将安全评价报告以及整改方案的落实情况报所在地县级人民政府应急管理部门备案。生产、储存、使用危险化学品的单位未依法对其安全生产条件定期进行安全评价的，由应急管理部门责令改正，处5万元以上10万元以下的罚款。

第三十三条 【安全设施设计审查】建设项目安全设施的设计人、设计单位应当对安全设施设计负责。

矿山、金属冶炼建设项目和用于生产、储存、装卸危险物品的建设项目的安全设施设计应当按照国家有关规定报经有关部门审查，审查部门及其负责审查的人员对审查结果负责。

条文解读

本法第33条是关于建设项目安全设施的设计审查的规定。

安全设施的设计是工程施工提供据以遵循的技术依据，设计质量的好坏是决定整个安全设施质量的基础。如果设计质量存在问题，整个安全设施的质量也就没有保障。建设项目安全设施的设计单位及其人员要以对安全设施质量高度负责的态度，认真地做好设计工作，加强对设计过程的质量控制，确保设计工作的质量万无一失。如果由于设计质量出了问题，影响安全设施的质量，则应由设计单位、设计人对因此造成的损失承担责任。因此，建设项目安全设施的设计人、设计单位应当对安全设施设计负责。

矿山、金属冶炼建设项目和用于生产、储存、装卸危险物品的建设项目，同其他建设项目相比具有更大的危险性。这些项目除了按照本法第32条的规定进行安全评价以外，还需要按照本条第2款的规定，由有关部门对其安全设施的设计进行审查，主要是审查安全评价报告对建设项目提出的安全措施和要求，是否贯彻落实到建设项目安全设施的设计中，安全设施的设计是否符合有关法律、法规以及国家安全标准或者行业标准的规定等。只有符合有关规定，经审查同意的，方可施工。

参加矿山建设项目和用于生产、储存危险物品的建设项目的安全设施设计审查的有关部门及其负责审查的人员，必须坚持原则、认真负责，对不符合有关法律、法规、国家标准或者行业标准的设计，不得同意批准。审查部门及其负责审查的人员对审查结果负责，对于有失职、渎职行为的，应按照《安全生产法》第90条的规定追究其法律责任。

根据《安全生产法》第98条第2项的规定，矿山、金属冶炼建设项目或者用于生产、储存、装卸危险物品的建设项目没有安全设施设计或者安全设施设计未按照规定报经有关部门审查同意的，责令停止建设或者停产停业整顿，限期改正，并处10万元以上50万元以下的罚款，对其直接负责的主管人员和其他直接责任人员处2万元以上5万元以下的罚款；逾期未改正的，处50万元以上100万元以下的罚款，对其直接负责的主管人员和其他直接责任人员处5万元以上10万元以下的罚款；构成犯罪的，依照《刑法》有关规定追究刑事责任。

配套法规及解读

《建设项目安全设施“三同时”监督管理办法》(2015年4月2日修正)

第十条　生产经营单位在建设项目初步设计时，应当委托有相应资质的设计单位对建设项目安全设施同时进行设计，编制安全设施设计。

安全设施设计必须符合有关法律、法规、规章和国家标准或者行业标准、技术规范的规定，并尽可能采用先进适用的工艺、技术和可靠的设备、设施。本办法第七条规定的建设项目安全设施设计还应当充分考虑建设项目安全预评价报告提出的安全对策措施。

安全设施设计单位、设计人应当对其编制的设计文件负责。

第十一条　建设项目安全设施设计应当包括下列内容：

(一)设计依据；

(二)建设项目概述；

(三)建设项目潜在的危险、有害因素和危险、有害程度及周边环境安全分析；

(四)建筑及场地布置；

(五)重大危险源分析及检测监控；

（六）安全设施设计采取的防范措施；

（七）安全生产管理机构设置或者安全生产管理人员配备要求；

（八）从业人员安全生产教育和培训要求；

（九）工艺、技术和设备、设施的先进性和可靠性分析；

（十）安全设施专项投资概算；

（十一）安全预评价报告中的安全对策及建议采纳情况；

（十二）预期效果以及存在的问题与建议；

（十三）可能出现的事故预防及应急救援措施；

（十四）法律、法规、规章、标准规定需要说明的其他事项。

第十二条 本办法第七条第（一）项、第（二）项、第（三）项、第（四）项规定的建设项目安全设施设计完成后，生产经营单位应当按照本办法第五条的规定向安全生产监督管理部门提出审查申请，并提交下列文件资料：

（一）建设项目审批、核准或者备案的文件；

（二）建设项目安全设施设计审查申请；

（三）设计单位的设计资质证明文件；

（四）建设项目安全设施设计；

（五）建设项目安全预评价报告及相关文件资料；

（六）法律、行政法规、规章规定的其他文件资料。

安全生产监督管理部门收到申请后，对属于本部门职责范围内的，应当及时进行审查，并在收到申请后 5 个工作日内作出受理或者不予受理的决定，书面告知申请人；对不属于本部门职责范围内的，应当将有关文件资料转送有审查权的安全生产监督管理部门，并书面告知申请人。

第十三条 对已经受理的建设项目安全设施设计审查申请，安全生产监督管理部门应当自受理之日起 20 个工作日内作出是否批准的决定，并书面告知申请人。20 个工作日内不能作出决定的，经本部门负责人批准，可以延长 10 个工作日，并应当将延长期限的理由书面告知申请人。

第十四条 建设项目安全设施设计有下列情形之一的，不予批准，并不得开工建设：

（一）无建设项目审批、核准或者备案文件的；

（二）未委托具有相应资质的设计单位进行设计的；

（三）安全预评价报告由未取得相应资质的安全评价机构编制的；

（四）设计内容不符合有关安全生产的法律、法规、规章和国家标准或者行业标准、技术规范的规定的；

（五）未采纳安全预评价报告中的安全对策和建议，且未作充分论证说明的；

（六）不符合法律、行政法规规定的其他条件的。

建设项目安全设施设计审查未予批准的，生产经营单位经过整改后可以向原审查部门申请再审。

第十五条　已经批准的建设项目及其安全设施设计有下列情形之一的，生产经营单位应当报原批准部门审查同意；未经审查同意的，不得开工建设：

（一）建设项目的规模、生产工艺、原料、设备发生重大变更的；

（二）改变安全设施设计且可能降低安全性能的；

（三）在施工期间重新设计的。

第十六条　本办法第七条第（一）项、第（二）项、第（三）项和第（四）项规定以外的建设项目安全设施设计，由生产经营单位组织审查，形成书面报告备查。

第二十九条　已经批准的建设项目安全设施设计发生重大变更，生产经营单位未报原批准部门审查同意擅自开工建设的，责令限期改正，可以并处1万元以上3万元以下的罚款。

第三十条　本办法第七条第（一）项、第（二）项、第（三）项和第（四）项规定以外的建设项目有下列情形之一的，对有关生产经营单位责令限期改正，可以并处5000元以上3万元以下的罚款：

（一）没有安全设施设计的；

（二）安全设施设计未组织审查，并形成书面审查报告的；

（三）施工单位未按照安全设施设计施工的；

（四）投入生产或者使用前，安全设施未经竣工验收合格，并形成书面报告的。

※法规解读：《建设项目安全设施“三同时”监督管理办法》第3章对“建设项目安全设施设计审查”作了规定。根据该办法的规定，生产经营单位在建设项目初步设计时，应当委托有相应资质的设计单位对建设项目安全设施同时进行设计，编制安全设施设计。安全设施设计必须符合有关法律、法规、规章和国家标准或者行业标准、技术规范的规定，并尽可能采用先进适用的工艺、技术和可靠的设备、设施。需要进行安全评价的建设项目，安全设施设计还应当充分考虑建设项目安全

预评价报告提出的安全对策措施。安全设施设计单位、设计人应当对其编制的设计文件负责。

建设项目安全设施设计应当包括下列内容:(1)设计依据;(2)建设项目概述;(3)建设项目潜在的危险、有害因素和危险、有害程度及周边环境安全分析;(4)建筑及场地布置;(5)重大危险源分析及检测监控;(6)安全设施设计采取的防范措施;(7)安全生产管理机构设置或者安全生产管理人员配备要求;(8)从业人员安全生产教育和培训要求;(9)工艺、技术和设备、设施的先进性和可靠性分析;(10)安全设施专项投资概算;(11)安全预评价报告中的安全对策及建议采纳情况;(12)预期效果以及存在的问题与建议;(13)可能出现的事故预防及应急救援措施;(14)法律、法规、规章、标准规定需要说明的其他事项。

矿山、金属冶炼建设项目和用于生产、储存、装卸危险物品的建设项目的安全设施设计完成后,生产经营单位应当按照规定向应急管理部门提出审查申请,并提交下列文件资料:(1)建设项目审批、核准或者备案的文件;(2)建设项目安全设施设计审查申请;(3)设计单位的设计资质证明文件;(4)建设项目安全设施设计;(5)建设项目安全预评价报告及相关文件资料;(6)法律、行政法规、规章规定的其他文件资料。矿山、金属冶炼建设项目和用于生产、储存、装卸危险物品的建设项目以外的建设项目安全设施设计,由生产经营单位组织审查,形成书面报告备查。

建设项目安全设施设计有下列情形之一的,不予批准,并不得开工建设:(1)无建设项目审批、核准或者备案文件的;(2)未委托具有相应资质的设计单位进行设计的;(3)安全预评价报告由未取得相应资质的安全评价机构编制的;(4)设计内容不符合有关安全生产的法律、法规、规章和国家标准或者行业标准、技术规范的规定的;(5)未采纳安全预评价报告中的安全对策和建议,且未作充分论证说明的;(6)不符合法律、行政法规规定的其他条件的。建设项目安全设施设计审查未予批准的,生产经营单位经过整改后可以向原审查部门申请再审。

已经批准的建设项目及其安全设施设计有下列情形之一的,生产经营单位应当报原批准部门审查同意;未经审查同意的,不得开工建设:(1)建设项目的规模、生产工艺、原料、设备发生重大变更的;(2)改变安全设施设计且可能降低安全性能的;(3)在施工期间重新设计的。已经批准的建设项目安全设施设计发生重大变更,生产经营单位未报原批准部门审查同意擅自开工建设的,责令限期改正,可以并处1万元以上3万元以下的罚款。

矿山、金属冶炼建设项目和用于生产、储存、装卸危险物品的建设项目以外的建设项目有下列情形之一的，对有关生产经营单位责令限期改正，可以并处5000元以上3万元以下的罚款：(1)没有安全设施设计的；(2)安全设施设计未组织审查，并形成书面审查报告的；(3)施工单位未按照安全设施设计施工的；(4)投入生产或者使用前，安全设施未经竣工验收合格，并形成书面报告的。

关联法规索引

《安全生产法》第98条；《建设项目安全设施"三同时"监督管理办法》第10～16、29、30条；《关于进一步加强煤矿建设项目安全管理的通知》

典型案例

迁西县安全生产监督管理局与迁西县鑫汇金矿有限公司行政强制执行纠纷案[1]

争议焦点

（迁西）安监管罚字（2016）第（1）号行政处罚决定是否符合强制执行的条件。

案例解读

《现场检查记录》《现场处理措施决定书》《整改复查意见书》中被检查单位负责人签名处，安监局无法证明签名人是生产经营单位的负责人。询问笔录缺少被询问人的身份证明材料，无法核实其是否为生产经营单位的职员。《行政处罚告知书》《听证告知书》《行政处罚决定书》《罚款催缴通知书》等行政执法文书的送达回执中，签名处无生产经营单位的公章，仅在送达地点注明公司办公室，无法证实被申请执行人是否收到上述法律文书。（迁西）安监管罚字（2016）第（1）号行政处罚决定仅对生产经营单位即鑫汇金矿有限公司作出责令停止建设尾矿库、罚款60万元的行政处罚，却未对直接负责的主管人员和其他直接责任人员处以罚款，适用法律错误。

---

〔1〕 案号：（2016）冀0227行审59号。

第三十四条 【安全设施施工与验收】 矿山、金属冶炼建设项目和用于生产、储存、装卸危险物品的建设项目的施工单位必须按照批准的安全设施设计施工,并对安全设施的工程质量负责。

矿山、金属冶炼建设项目和用于生产、储存、装卸危险物品的建设项目竣工投入生产或者使用前,应当由建设单位负责组织对安全设施进行验收;验收合格后,方可投入生产和使用。负有安全生产监督管理职责的部门应当加强对建设单位验收活动和验收结果的监督核查。

条文解读

本法第 34 条是关于建设项目安全设施施工与验收的规定。

矿山、金属冶炼建设项目和用于生产、储存、装卸危险物品的建设项目的施工单位必须按照批准的安全设施设计施工,任何单位和个人不得擅自决定不按被批准的设计文件施工或者擅自更改设计文件。这也是保证矿山建设项目和用于生产、储存危险物品的建设项目的安全设施质量的基础。

建设项目在施工过程中,在项目的勘察、设计质量都没有问题的前提下,整个项目的质量状况最终取决于施工质量。实践中,不少建设项目的质量问题,都发生在建设项目的施工阶段。因此,施工单位应该严把施工质量关,做好施工的各项质量控制与管理工作,严格按照批准的设计文件和技术标准进行施工。对于因施工原因造成的质量问题,施工单位承担全部责任。这些责任包括由施工单位对项目存在的质量问题给予修复和赔偿所造成损失的民事责任;由有关主管部门对违法施工的单位给予行政处罚的行政责任;以及对造成重大质量事故、构成犯罪的,由司法机关依照《刑法》的有关规定追究的刑事责任。

矿山、金属冶炼建设项目和用于生产、储存、装卸危险物品的建设项目的安全设施的验收,是指安全设施已经按照设计要求完成全部施工任务,准备交付生产经营单位使用时,依照有关法律、行政法规的规定,对该设施是否合乎设计要求和工程质量标准所进行的检查、考核工作。这是安全设施建设全过程的最后一道程序,是对安全设施质量实施控制的最后一个重要环节。认真做好安全设施的验收工作,对于保证安全设施的质量具有重要意义。2014 年修订前的《安全生产法》第 27 条对验收作了规定,根据立法,当时的验收由安全生产监督管理部门依照有关法律、行政法规的规定对安全设施进行验收，验收合格后，方可投入生产和使用。验收部门及其验收人员对验收结果负责。《矿山安全法》第 12 条第 2 款规定，“矿山建设工程安全设施竣工后，由管理矿山企业的主管部门验收，并须有劳动行政主管部门参加；不符合矿山安全规程和行业技术规范的，不得验收，不得投入生产”。

2014 年修订《安全生产法》时，将组织验收的职责交由建设单位，建设单位负责组织对安全设施进行验收，验收合格后，方可投入生产和使用。安全生产监督管理部门不再承担组织验收的责任，但应当加强对建设单位验收活动和验收结果的监督核查，通过监督检查督促建设单位落实验收义务。

配套法规及解读

《建设项目安全设施“三同时”监督管理办法》(2015 年 4 月 2 日修正)

第十七条　建设项目安全设施的施工应当由取得相应资质的施工单位进行，并与建设项目主体工程同时施工。

施工单位应当在施工组织设计中编制安全技术措施和施工现场临时用电方案，同时对危险性较大的分部分项工程依法编制专项施工方案，并附具安全验算结果，经施工单位技术负责人、总监理工程师签字后实施。

施工单位应当严格按照安全设施设计和相关施工技术标准、规范施工，并对安全设施的工程质量负责。

第十八条　施工单位发现安全设施设计文件有错漏的，应当及时向生产经营单位、设计单位提出。生产经营单位、设计单位应当及时处理。

施工单位发现安全设施存在重大事故隐患时，应当立即停止施工并报告生产经营单位进行整改。整改合格后，方可恢复施工。

第十九条　工程监理单位应当审查施工组织设计中的安全技术措施或者专项施工方案是否符合工程建设强制性标准。

工程监理单位在实施监理过程中，发现存在事故隐患的，应当要求施工单位整改；情况严重的，应当要求施工单位暂时停止施工，并及时报告生产经营单位。施工单位拒不整改或者不停止施工的，工程监理单位应当及时向有关主管部门报告。

工程监理单位、监理人员应当按照法律、法规和工程建设强制性标准实施监理，并对安全设施工程的工程质量承担监理责任。

第二十条 建设项目安全设施建成后，生产经营单位应当对安全设施进行检查，对发现的问题及时整改。

第二十一条 本办法第七条规定的建设项目竣工后，根据规定建设项目需要试运行（包括生产、使用，下同）的，应当在正式投入生产或者使用前进行试运行。

试运行时间应当不少于30日，最长不得超过180日，国家有关部门有规定或者特殊要求的行业除外。

生产、储存危险化学品的建设项目和化工建设项目，应当在建设项目试运行前将试运行方案报负责建设项目安全许可的安全生产监督管理部门备案。

第二十二条 本办法第七条规定的建设项目安全设施竣工或者试运行完成后，生产经营单位应当委托具有相应资质的安全评价机构对安全设施进行验收评价，并编制建设项目安全验收评价报告。

建设项目安全验收评价报告应当符合国家标准或者行业标准的规定。

生产、储存危险化学品的建设项目和化工建设项目安全验收评价报告除符合本条第二款的规定外，还应当符合有关危险化学品建设项目的规定。

第二十三条 建设项目竣工投入生产或者使用前，生产经营单位应当组织对安全设施进行竣工验收，并形成书面报告备查。安全设施竣工验收合格后，方可投入生产和使用。

安全监管部门应当按照下列方式之一对本办法第七条第（一）项、第（二）项、第（三）项和第（四）项规定建设项目的竣工验收活动和验收结果的监督核查：

（一）对安全设施竣工验收报告按照不少于总数10%的比例进行随机抽查；

（二）在实施有关安全许可时，对建设项目安全设施竣工验收报告进行审查。

抽查和审查以书面方式为主。对竣工验收报告的实质内容存在疑问，需要到现场核查的，安全监管部门应当指派两名以上工作人员对有关内容进行现场核查。工作人员应当提出现场核查意见，并如实记录在案。

第二十四条 建设项目的安全设施有下列情形之一的，建设单位不得通过竣工验收，并不得投入生产或者使用：

（一）未选择具有相应资质的施工单位施工的；

（二）未按照建设项目安全设施设计文件施工或者施工质量未达到建设项目安全设施设计文件要求的；

（三）建设项目安全设施的施工不符合国家有关施工技术标准的；

（四）未选择具有相应资质的安全评价机构进行安全验收评价或者安全验收评价不合格的；

（五）安全设施和安全生产条件不符合有关安全生产法律、法规、规章和国家标准或者行业标准、技术规范规定的；

（六）发现建设项目试运行期间存在事故隐患未整改的；

（七）未依法设置安全生产管理机构或者配备安全生产管理人员的；

（八）从业人员未经过安全生产教育和培训或者不具备相应资格的；

（九）不符合法律、行政法规规定的其他条件的。

第二十五条　生产经营单位应当按照档案管理的规定，建立建设项目安全设施"三同时"文件资料档案，并妥善保存。

第二十六条　建设项目安全设施未与主体工程同时设计、同时施工或者同时投入使用的，安全生产监督管理部门对与此有关的行政许可一律不予审批，同时责令生产经营单位立即停止施工、限期改正违法行为，对有关生产经营单位和人员依法给予行政处罚。

※法规解读：根据《安全生产法》第98条第3～4项的规定，矿山、金属冶炼建设项目或者用于生产、储存、装卸危险物品的建设项目的施工单位未按照批准的安全设施设计施工的，或者矿山、金属冶炼建设项目或者用于生产、储存、装卸危险物品的建设项目竣工投入生产或者使用前，安全设施未经验收合格的，责令停止建设或者停产停业整顿，限期改正，并处10万元以上50万元以下的罚款，对其直接负责的主管人员和其他直接责任人员处2万元以上5万元以下的罚款；逾期未改正的，处50万元以上100万元以下的罚款，对其直接负责的主管人员和其他直接责任人员处5万元以上10万元以下的罚款；构成犯罪的，依照《刑法》有关规定追究刑事责任。

关联法规索引

《安全生产法》第98条；《建设项目安全设施"三同时"监督管理办法》第17～26、30条等

典型案例

临夏州森源天然气有限公司与中交煤气热力研究设计院有限公司建设工程设计合同纠纷案[1]

争议焦点

未经验收擅自使用建设工程的，能否再以工程质量不符合要求为由要求施工单位承担责任。

案例解读

2014年《安全生产法》第28条规定，生产经营单位新建、改建、扩建工程项目的安全设施，必须与主体工程同时设计、同时施工、同时投入生产和使用。安全设施投资应当纳入建设项目概算。第31条规定，矿山、金属冶炼建设项目和用于生产、储存、装卸危险物品的建设项目的施工单位必须按照批准的安全设施设计施工，并对安全设施的工程质量负责。矿山、金属冶炼建设项目和用于生产、储存危险物品的建设项目竣工投入生产或者使用前，应当由建设单位负责组织对安全设施进行验收；验收合格后，方可投入生产和使用。负有安全生产监督管理职责的部门应当加强对建设单位验收活动和验收结果的监督核查。在双方签订的《建设工程设计安装合同》中也有“工程未经验收，原告提前使用或擅自动用，由此发生的损失由原告承担，并以通过验收论”的约定。根据上述法律规定和合同约定，森源公司对涉案工程有责任组织验收，验收合格后方可投入使用；未经验收或者验收不合格的，不得擅自使用；擅自使用后又以使用部分质量不符合约定为由主张权利的，不予支持。

第三十五条 【安全警示标志】生产经营单位应当在有较大危险因素的生产经营场所和有关设施、设备上，设置明显的安全警示标志。

条文解读

本法第35条是关于安全警示标志的规定。

---

〔1〕 案号：(2019)甘民再71号。

按照本条规定,设置警示标志的对象为“有较大危险因素的生产经营场所和有关设施、设备”,这里的“危险因素”是指能对人造成伤亡或者对物造成突发性损害的各种因素。

实践中,对于生产经营场所或者有关设施、设备存在较大危险因素,从业人员或者其他有关人员可能因不够清楚或者忽视,最终造成严重的后果。所以,在存在较大危险因素的地方,设置安全警示标志,是对从业人员知情权的保障,有利于提高从业人员的安全生产意识,防止和减少生产安全事故的发生。

设置的安全警示标志必须“明显”。所谓“明显”是指安全警示标志应当设置在作业场所或者有关设施、设备的醒目位置,一目了然,让每一个在该场所或者靠近该设施、设备的从业人员或者其他人员都能够清楚看到,不能设置在从业人员很难找到的地方,这样才能起到警示作用。警示标志必须易于辨识。

安全警示标志一般由安全色、几何图形和图形符号构成,其目的是要引起人们对危险因素的注意,预防生产安全事故的发生。

安全色是表达安全信息的颜色,表示禁止、警告、指令、提示等意义。正确使用安全色,可以使人员能够对威胁安全和健康的物体和环境做出尽快的反应,迅速发现或分辨安全标志,及时得到提醒,以防止事故、危害发生。国际标准化组织建议采用红色、黄色和绿色三种颜色作为安全色,并用蓝色作为辅助色。中国国家标准GB 2893－82规定红、蓝、黄、绿四种颜色为安全色。其含义和用途:(1)红色,表示禁止、停止,也代表防火;(2)蓝色,表示指令、必须遵守的规定,一般用于指令标志;(3)黄色,表示警告、注意;(4)绿色,表示提示、安全状态或通行。

目前,我国常用的安全警示标志分为禁止标志、警告标志、指令标志、提示标志四类。(1)禁止标志,带斜杠的圆形环为禁止标志的几何图形。圆形环与斜杠为红色,图形符号为黑色,其背景为白色。人们习惯用符号“×”表示禁止或不允许,但是,如果在圆环内画上“×”会使图像不清晰,影响视认效果,因此改用“\”即“×”的一半来表示“禁止”。这与国际标准化组织的规定是一致的。(2)警告标志,“△”是警告的几何图形。三角形的边框和图形符号为黑色,其背景为有警告意义的黄色。三角形引人注目,即使光线不佳时也比圆形清楚。《国际标准草案3864.3》文件中也把三角形作为警告标志的几何图形。(3)指令标志。“○”是指令的几何图形。其背景为具有指令含义的蓝色,图形符号为白色。标有指令标志的地方,就是要求人们到达这个地方,必须遵守指令标志的规定。例如,进入施工工地,工地附近有“必须戴安全帽”的指令标志，则必须将安全帽戴上，否则就是违反了施工工地的安全规定。(4)提示标志。“□”是指示标志的几何图形。其背景为绿色，图形符号及文字为白色。长方形给人以安定感，另外，提示标志也需要有足够的地方书写文字和画出箭头以提示必要的信息，所以用长方形是适宜的。

国家已经颁布了安全标志、矿山安全标志等标准。生产经营单位应当用这些规定设置安全警示标志。

根据《安全生产法》第99条的规定，生产经营单位未在有较大危险因素的生产经营场所和有关设施、设备上设置明显的安全警示标志的，责令限期改正，处5万元以下的罚款；逾期未改正的，处5万元以上20万元以下的罚款，对其直接负责的主管人员和其他直接责任人员处1万元以上2万元以下的罚款；情节严重的，责令停产停业整顿；构成犯罪的，依照《刑法》有关规定追究刑事责任。

关联法规索引

《安全标志》；《矿山安全标志》等国家标准；《安全生产法》第99条

典型案例

陕西德方长安实业有限公司
与西安市安全生产监督管理局行政处罚纠纷案[1]

争议焦点

建设单位作为项目投资方是否要对施工单位在施工过程中因未设置明显的安全警示标志等原因导致的事故承担责任。

案例解读

生产经营单位应当与承包单位、承租单位签订专门的安全生产管理协议，或者在承包合同、租赁合同中约定各自的安全生产管理职责；生产经营单位对承包单位、承租单位的安全生产工作统一协调、管理，并应当在有较大危险因素的生产经营场所和有关设施、设备上，设置明显的安全警示标志，同时还应对安全设备进行

〔1〕 案号：(2012)未行初字第00037号。

经常性维护、保养，并定期检测，保证正常运转。建设单位作为项目投资方，一直未明确相关参建单位安全管理职责范围，一直未能排除楼梯防护缺失的隐患，且未设置明显的安全警示标志，并最终导致事故发生，故其对此应当承担责任。

第三十六条 【安全设备管理】 安全设备的设计、制造、安装、使用、检测、维修、改造和报废，应当符合国家标准或者行业标准。

生产经营单位必须对安全设备进行经常性维护、保养，并定期检测，保证正常运转。维护、保养、检测应当作好记录，并由有关人员签字。

生产经营单位不得关闭、破坏直接关系生产安全的监控、报警、防护、救生设备、设施，或者篡改、隐瞒、销毁其相关数据、信息。

餐饮等行业的生产经营单位使用燃气的，应当安装可燃气体报警装置，并保障其正常使用。

条文解读

本法第 36 条是关于生产经营单位对安全设备管理的规定。

安全设备，是指为了保护从业人员等生产经营活动参与者的安全，防止生产安全事故发生，以及在发生生产安全事故时用于救援而安装使用的机械设备和器械，如矿山使用的自救器、灭火设备、各种安全检测仪器（如测风仪表、瓦斯检测器、顶板压力检测仪器）、安全检测系统。安全设备有的是能够在保证安全方面独立发挥作用的，有的则作为生产经营装备的附属设备，如压力表是锅炉的附属设备。这些安全设备需要按照国家有关要求在生产经营活动中配备，以确保生产安全和事故救援的顺利进行。因此，对安全设备从设计到报废的每一个环节都应当实行标准化管理。生产经营单位作为安全设备的使用单位，规定其使用过程中的维护、保养、检测等义务，对确保安全设备发挥作用至关重要。

1. 安全设备的设计、制造、安装、使用、检测、维修、改造和报废，应当符合国家标准或者行业标准

实践中，因为安全设备的设计、制造、安装、使用、检测、维修、改造和报废不符合有关标准而导致生产安全事故或者损失扩大的情况屡见不鲜，所以，有必要加强对安全设备的管理。

标准化管理是生产经营活动现代化的重要标志之一。《标准化法》第 10 条第 1 款规定:"对保障人身健康和生命财产安全、国家安全、生态环境安全以及满足经济社会管理基本需要的技术要求,应当制定强制性国家标准。"所以《安全生产法》第 36 条第 1 款规定:"安全设备的设计、制造、安装、使用、检测、维修、改造和报废,应当符合国家标准或者行业标准。"并且这些标准属于强制性标准。其他安全生产法律、法规中也多作相同规定。例如,国务院《关于预防煤矿生产安全事故的特别规定》第 8 条第 1 款规定:"煤矿的通风、防瓦斯、防水、防火、防煤尘、防冒顶等安全设备、设施和条件应当符合国家标准、行业标准,并有防范生产安全事故发生的措施和完善的应急处理预案。"

2. 安全设备的日常维护

安全设备在使用过程中,由于内在和外在因素,不可避免地会出现各种各样的问题。因此,生产经营单位必须对安全设备进行经常性维护、保养,并定期检测,保证正常运转。维护、保养、检测应当做好记录,并由有关人员签字。经常性主要是指"维护、保养"的周期,因安全设备不同,这里的"经常性"的具体周期也不同。定期检测中的"定期",也要根据安全设备的不同而有所不同。但都要确保安全设备能够正常运转,发挥应有作用。

记录的内容,一般应当包括经常性维护、保养和定期检测的时间、地点、人员、安全设备的名称,维护、保养、检测的结果,发现的问题以及问题的处理情况等。记录是开展相关工作的见证,是重要的追溯资料,也是相关单位履行义务的凭证。需要在记录上签字的有关人员,包括直接从事维护、保养、检测的技术人员以及相关的安全管理人员,必要时生产经营单位的主要负责人也要签字。这样规定,有利于发生事故时的责任划分,为正确追究有关人员法律责任提供证据。

3. 生产经营单位不得关闭、破坏直接关系生产安全的监控、报警、防护、救生设备、设施,或者篡改、隐瞒、销毁其相关数据、信息

直接关系生产安全的监控、报警、防护、救生设备、设施能够提醒生产经营状况,并在发生事故时,对从业人员等提供保护。实践中,生产经营单位出于逃避监管等目的,擅自关闭、破坏直接关系生产安全的监控、报警、防护、救生设备、设施,或者篡改、隐瞒、销毁其相关数据、信息的现象时有发生。因此,2021 年修改的《安全生产法》特设本款。"直接关系生产安全"是指该设备、设施直接检测安全环境数据,关闭、破坏后可能直接导致事故发生,具有重大危险。如果生产经营单位故

意关闭、破坏监控、报警设备或者修改设备阈值，破坏检测设备正常工作条件，使有关监控、检测设备不能正常工作，而继续冒险作业，逃避监管，则涉嫌危险作业罪。

4. 可燃气体报警装置

燃气属于易燃易爆危险品，一旦“发火”爆炸，造成的损害非常大。针对实践中餐饮等行业的生产经营单位使用燃气发生爆炸造成巨大人民群众生命财产损失这一现象，2021 年修改的《安全生产法》规定，餐饮等行业的生产经营单位使用燃气的，应当安装可燃气体报警装置，并保障其正常使用。

关联法规索引

《安全生产法》第 99 条；《矿山安全法》第 15 条；《标准化法》第 10 条；《危险化学品安全管理条例》第 20 条；国务院《关于预防煤矿生产安全事故的特别规定》第 8 条

典型案例

如东县联丰化工有限公司与江苏省安全生产监督管理局、国家安全生产监督管理总局行政纠纷案[1]

争议焦点

如东联丰公司是否符合安全生产许可证直接延期的条件。

案例解读

直接延期的条件是生产企业未降低安全生产条件，并达到安全生产标准化等级二级以上。同时应在安全生产许可证有效期届满前 3 个月提出延期申请，并提交申请书及相关资料，由实施机关进行审查，并作出是否准予延期。生产经营单位必须对安全设备进行经常性维护、保养，并定期检测，保证正常运转。所以，对于特种设备等法定检测内容未经检验合格投入使用应属较大事故隐患，实施机关有权决定不予延期。

〔1〕 案号：(2016)苏行终 1628 号。

第三十七条 【特殊特种设备的管理】生产经营单位使用的危险物品的容器、运输工具,以及涉及人身安全、危险性较大的海洋石油开采特种设备和矿山井下特种设备,必须按照国家有关规定,由专业生产单位生产,并经具有专业资质的检测、检验机构检测、检验合格,取得安全使用证或者安全标志,方可投入使用。检测、检验机构对检测、检验结果负责。

条文解读

本法第37条是关于危险物品的容器、运输工具以及部分特种设备的生产、检测、检验的安全管理要求的规定。

1. 本条适用对象

本条适用对象是生产经营单位使用的危险物品的容器、运输工具,以及涉及人身安全、危险性较大的海洋石油开采特种设备和矿山井下特种设备。

根据《特种设备安全法》第100条第2款的规定,铁路机车、海上设施和船舶、矿山井下使用的特种设备的监督管理可以适用其他有关法律。从实际情况看,铁路机车的生产、检测、检验管理已经比较成熟、定型,而海上设施,尤其是海洋石油开采特种设备和矿山井下特种设备的安全监督管理制度还不够完善。因此,《安全生产法》仅将海洋石油开采特种设备和矿山井下特种设备纳入其中。

2. 危险物品的容器、运输工具以及部分特种设备的生产、检测、检验的安全管理

一是由专业生产单位生产,其他任何单位和个人不得生产。生产经营单位使用的危险物品的容器、运输工具,以及涉及人身安全、危险性较大的海洋石油开采特种设备和矿山井下特种设备,必须按照国家有关规定,由专业生产单位生产。

二是在投入使用前,必须经具有专业资质的检测、检验机构检测、检验合格,取得安全使用证或者安全标志,方可投入使用。

3. 检测、检验机构对检测、检验结果负责

为了确保检测、检验机构依法履行职责,公正、客观地进行检测、检验,本条还规定,检测、检验机构对检测、检验结果负责。检测、检验机构必须认真负责,按照规定的技术标准和要求进行检测、检验,提出科学、客观的结论。检测、检验应当出具专业检测、检验证明(报告)。检测、检验合格的,发给安全使用证或者安全标志。

因检测、检验机构的原因，致使不合格的特种设备和危险物品的容器、运输工具投入使用，并造成严重后果的，检测、检验机构及其有关人员应当承担相应的法律责任。

《安全评价检测检验机构管理办法》对从事安全评价、检测检验机构的条件作了规定。根据其规定，申请安全生产检测检验机构资质应当具备下列条件：(1)独立法人资格，固定资产不少于1000万元；(2)工作场所建筑面积不少于1000平方米，有与从事安全生产检测检验相适应的设施、设备和环境，检测检验设施、设备原值不少于800万元；(3)承担单一业务范围的安全生产检测检验机构，其专业技术人员不少于25人；每增加一个行业(领域)，至少增加5名专业技术人员；专业技术人员中，中级及以上注册安全工程师比例不低于30%，中级及以上技术职称比例不低于50%，且高级技术职称人员比例不低于25%；(4)专业技术人员具有与承担安全生产检测检验相适应的专业技能，以及在本行业领域工作2年以上；(5)法定代表人出具知悉并承担安全生产检测检验的法律责任、义务、权利和风险的承诺书；(6)主持安全生产检测检验工作的负责人、技术负责人、质量负责人具有高级技术职称，在本行业领域工作8年以上；(7)符合安全生产检测检验机构能力通用要求等相关标准和规范性文件规定的文件化管理体系；(8)正常运行并可以供公众查询机构信息的网站；(9)截至申请之日3年内无重大违法失信记录；(10)法律、行政法规规定的其他条件。

关联法规索引

《安全评价检测检验机构管理办法》第6～8、15～22条

第三十八条　【工艺、设备淘汰制度】 国家对严重危及生产安全的工艺、设备实行淘汰制度，具体目录由国务院应急管理部门会同国务院有关部门制定并公布。法律、行政法规对目录的制定另有规定的，适用其规定。

省、自治区、直辖市人民政府可以根据本地区实际情况制定并公布具体目录，对前款规定以外的危及生产安全的工艺、设备予以淘汰。

生产经营单位不得使用应当淘汰的危及生产安全的工艺、设备。

条文解读

本法第38条是关于生产安全的工艺、设备实行淘汰目录制度的规定。

对于应当淘汰的工艺、设备实行目录管理,有利于生产经营单位对照执行,也方便负有安全生产监督管理职责的部门进行执法检查和监督检查。所以,《安全生产法》第38条规定,我国采取危及生产安全工艺、设备淘汰目录制度。

严重危及生产安全,是指不符合生产安全要求,极有可能导致生产安全事故发生,致使人民群众生命和财产遭受重大损失的工艺、设备。2010年国务院下发《关于进一步加强企业安全生产工作的通知》,要求"强制淘汰落后技术产品"。不符合有关安全标准、安全性能低下、职业危害严重、危及安全生产的落后技术、工艺和装备要列入国家产业结构调整指导目录,予以强制性淘汰。2014年修正《安全生产法》时,将该通知的内容纳入第35条。并规定严重危及生产安全的工艺、设备淘汰的具体目录由国务院安全生产监督管理部门会同国务院有关部门制定并公布。考虑到实践中有的行业主管部门对本行业、领域的工艺、设备有特殊的管理要求。例如,2016年《固体废物污染环境防治法》第28条第1款规定,国务院经济综合宏观调控部门应当会同国务院有关部门组织研究、开发和推广减少工业固体废物产生量和危害性的生产工艺和设备,公布限期淘汰产生严重污染环境的工业固体废物的落后生产工艺、落后设备的名录。所以,2014年《安全生产法》第35条还规定"法律、行政法规对目录的制定另有规定的,适用其规定"。《特种设备安全法》也规定,禁止销售和使用国家明令淘汰的特种设备。

危及生产安全的工艺、设备,是指与严重危及生产安全的工艺、设备相比,危险性较低,有的工艺、设备在生产经营单位及其从业人员履行了适当的注意义务或者附加了必要的防护条件后,可以尽量避免事故的发生。考虑到各地经济发展程度和技术装备水平的差异,2010年国务院下发《关于进一步加强企业安全生产工作的通知》进一步要求,"各省级人民政府也要制订本地区相应的目录和措施,支持有效消除重大安全隐患的技术改造和搬迁项目,遏制安全水平低、保障能力差的项目建设和延续"。国家对于这些工艺、设备不一概予以淘汰,由各省、自治区、直辖市人民政府根据本地区实际情况制定并公布具体目录。

生产经营单位不得使用应当淘汰的危及生产安全的工艺、设备,这是禁止性规定,生产经营单位必须执行,不得使用应当淘汰的危及生产安全的工艺、设备,也不得转让给他人使用，否则要承担相应的法律责任。

根据《安全生产法》第 99 条的规定，生产经营单位使用应当淘汰的危及生产安全的工艺、设备的，责令限期改正，处 5 万元以下的罚款；逾期未改正的，处 5 万元以上 20 万元以下的罚款，对其直接负责的主管人员和其他直接责任人员处 1 万元以上 2 万元以下的罚款；情节严重的，责令停产停业整顿；构成犯罪的，依照《刑法》有关规定追究刑事责任。

关联法规索引

《安全生产法》第 99 条；《固体废物污染环境防治法》第 33 条

典型案例

刘某太、山东诚祥建安集团有限公司建筑设备租赁合同纠纷案[1]

争议焦点

租赁淘汰设备的合同是否有效。

案例解读

生产经营单位不得使用应当淘汰的危及生产安全的工艺、设备，这是禁止性规定，生产经营单位必须执行，不但自己不得使用应当淘汰的危及生产安全的工艺、设备，也不得转让、出租给他人使用，否则要承担相应的法律责任。各级建筑施工安全监督机构要求按照公告推进新技术的推广应用，防止违反规定使用限制使用技术和禁止使用技术，凡违反工程建筑强制性标准的，对有关单位进行处罚。本案中，“QT25”井架简易塔式起重机与本案的“QTZ25”塔式起重机不是同一型号，不属于国家明令淘汰的起重机型号，其主张租赁合同无效的观点不予支持。

---

〔1〕 案号：(2017)鲁 08 民再 51 号。

第三十九条 【危险物品的监管】 生产、经营、运输、储存、使用危险物品或者处置废弃危险物品的,由有关主管部门依照有关法律、法规的规定和国家标准或者行业标准审批并实施监督管理。

生产经营单位生产、经营、运输、储存、使用危险物品或者处置废弃危险物品,必须执行有关法律、法规和国家标准或者行业标准,建立专门的安全管理制度,采取可靠的安全措施,接受有关主管部门依法实施的监督管理。

条文解读

本法第 39 条是关于生产、经营、运输、储存、使用危险物品或者处置废弃危险物品的监督管理的规定。

危险物品的生产、经营、运输、储存、使用、处置废弃具有很大的危险性,一旦发生事故,将会对国家和人民群众的生命财产安全造成重大伤害。所以,对危险物品从开始生产一直到最终处置废弃,都应实行规范管理,制定相应的法律、法规和标准,采取必要的监管措施,有效降低危险物品发生事故的概率。目前,我国制定了大量关于危险物品的法律,主要有《固体废物污染环境防治法》《产品质量法》《道路交通安全法》《环境保护法》《放射性污染防治法》等。此外,还有《公路安全保护条例》《危险化学品安全管理条例》《易制毒化学品管理条例》《烟花爆竹安全管理条例》《民用爆炸物品安全管理条例》《监控化学品管理条例》《农药管理条例》《城镇燃气管理条例》《放射性物品运输安全管理条例》《民用核设施安全监督管理条例》《核电厂核事故应急管理条例》《核材料管制条例》《民用核安全设备监督管理条例》《放射性同位素与射线装置安全和防护条例》《放射性物品运输安全管理条例》《放射性废物安全管理条例》等行政法规,以及有关的部门规章、地方性法规等。

因为危险物品的种类比较多,涉及危险物品的生产、经营、运输、储存、使用和处置废弃等多个环节,许多法律、法规和标准对危险物品相关活动的监管均有规定,按照这些规定,除应急管理部门外,对应的主管部门要根据危险物品相关活动的特点,进行审批并实施监督管理。危险物品的审批和监管主要涉及安监、公安、交通运输、市场管理、环境保护等部门。例如,根据《危险化学品安全管理条例》第 6 条的规定,对危险化学品的生产、储存、使用、经营、运输实施安全监督管理的有关部门,依照下列规定履行职责:(1)应急管理部门负责危险化学品安全监督管理综合工作，组织确定、公布、调整危险化学品目录，对新建、改建、扩建生产、储存危险化学品（包括使用长输管道输送危险化学品）的建设项目进行安全条件审查，核发危险化学品安全生产许可证、危险化学品安全使用许可证和危险化学品经营许可证，并负责危险化学品登记工作。（2）公安机关负责危险化学品的公共安全管理，核发剧毒化学品购买许可证、剧毒化学品道路运输通行证，并负责危险化学品运输车辆的道路交通安全管理。（3）质量监督检验检疫部门负责核发危险化学品及其包装物、容器（不包括储存危险化学品的固定式大型储罐）生产企业的工业产品生产许可证，并依法对其产品质量实施监督，负责对进出口危险化学品及其包装实施检验。（4）生态环境主管部门负责废弃危险化学品处置的监督管理，组织危险化学品的环境危害性鉴定和环境风险程度评估，确定实施重点环境管理的危险化学品，负责危险化学品环境管理登记和新化学物质环境管理登记；依照职责分工调查相关危险化学品环境污染事故和生态破坏事件，负责危险化学品事故现场的应急环境监测。（5）交通运输主管部门负责危险化学品道路运输、水路运输的许可以及运输工具的安全管理，对危险化学品水路运输安全实施监督，负责危险化学品道路运输企业、水路运输企业驾驶人员、船员、装卸管理人员、押运人员、申报人员、集装箱装箱现场检查员的资格认定。铁路监管部门负责危险化学品铁路运输及其运输工具的安全管理。民用航空主管部门负责危险化学品航空运输以及航空运输企业及其运输工具的安全管理。（6）卫生主管部门负责危险化学品毒性鉴定的管理，负责组织、协调危险化学品事故受伤人员的医疗卫生救援工作。（7）市场监督管理部门依据有关部门的许可证件，核发危险化学品生产、储存、经营、运输企业营业执照，查处危险化学品经营企业违法采购危险化学品的行为。（8）邮政管理部门负责依法查处寄递危险化学品的行为。

按照《安全生产法》第 39 条的规定，对危险物品负有安全监督管理职责的部门对危险物品的监管主要通过审批和实施监督管理实现。行政审批是从源头上管理危险物品相关生产、经营、运输等活动的有效方式。生产经营单位必须按照相关法律法规的规定取得相应的行政许可后，方可从事危险物品有关的活动。例如，新建、改建、扩建生产、储存危险化学品（包括使用长输管道输送危险化学品）的建设项目，应当由应急管理部门进行安全条件审查。危险化学品生产企业进行生产前，应当依照《安全生产许可证条例》的规定，取得危险化学品安全生产许可证。使用危险化学品从事生产并且使用量达到规定数量的化工企业，应当依法取得危险化学品安全使用许可证。国家对危险化学品经营(包括仓储经营)实行许可制度,未经许可,任何单位和个人不得经营危险化学品。从事危险化学品道路运输、水路运输的,应当分别依照有关道路运输、水路运输的法律、行政法规的规定,取得危险货物道路运输许可、危险货物水路运输许可,并向市场监督部门办理登记手续。有关主管部门对危险物品生产、经营、运输、储存、使用或者处置废弃进行审批时,必须严格按照法律、法规、标准规定的条件和程序进行,对不符合条件的,不得批准,不能降低条件,放松要求。对经过审批从事与危险物品有关的活动的单位和个人要加强监督管理,及时进行严格的监督检查。

根据《安全生产法》第 39 条的规定,生产、经营、运输、储存、使用或处置废弃危险物品生产经营单位的义务主要有四项:(1)必须严格执行有关法律、法规和国家标准或者行业标准。(2)建立专门的安全管理制度。安全管理制度是法律、法规和标准在生产经营单位安全管理方面的具体体现,是法律、法规和标准在生产经营单位的具体化。所以本条规定,生产经营单位生产、经营、运输、储存、使用危险物品或者处置废弃危险物品,必须执行有关法律、法规和国家标准或者行业标准,建立专门的安全管理制度。(3)采取可靠的安全措施。生产经营单位应当根据危险物品的种类、危险特性等采取有针对性的安全措施。例如,托运放射性物品的,托运人应当持有生产、销售、使用或者处置放射性物品的有效证明,使用与所托运的放射性物品类别相适应的运输容器进行包装,配备必要的辐射监测设备、防护用品和防盗、防破坏设备,并编制运输说明书、核与辐射事故应急响应指南、装卸作业方法、安全防护指南。运输说明书应当包括放射性物品的品名、数量、物理化学形态、危害风险等内容。(4)接受有关主管部门依法实施的监督管理。有关主管部门依法对危险物品的生产经营单位实施监督检查,生产经营单位应当积极配合,不得拒绝或阻挠。我国《安全生产法》第 108 条规定:"违反本法规定,生产经营单位拒绝、阻碍负有安全生产监督管理职责的部门依法实施监督检查的,责令改正;拒不改正的,处二万元以上二十万元以下的罚款;对其直接负责的主管人员和其他直接责任人员处一万元以上二万元以下的罚款;构成犯罪的,依照刑法有关规定追究刑事责任。"

根据《安全生产法》第 100 条的规定,"未经依法批准,擅自生产、经营、运输、储存、使用危险物品或者处置废弃危险物品的,依照有关危险物品安全管理的法律、行政法规的规定予以处罚;构成犯罪的,依照刑法有关规定追究刑事责任"。根据《安全生产法》第 101 条的规定，生产经营单位生产、经营、运输、储存、使用危险物品或者处置废弃危险物品，未建立专门安全管理制度、未采取可靠的安全措施的，责令限期改正，处 10 万元以下的罚款；逾期未改正的，责令停产停业整顿，并处 10 万元以上 20 万元以下的罚款，对其直接负责的主管人员和其他直接责任人员处 2 万元以上 5 万元以下的罚款；构成犯罪的，依照《刑法》有关规定追究刑事责任。

关联法规索引

《固体废物污染环境防治法》；《产品质量法》；《道路交通安全法》；《公路安全保护条例》；《危险化学品安全管理条例》；《易制毒化学品管理条例》；《烟花爆竹安全管理条例》；《民用爆炸物品安全管理条例》；《监控化学品管理条例》；《农药管理条例》；《城镇燃气管理条例》；《放射性物品运输安全管理条例》；《民用核设施安全监督管理条例》；《核电厂核事故应急管理条例》；《核材料管制条例》；《民用核安全设备监督管理条例》；《放射性同位素与射线装置安全和防护条例》；《放射性物品运输安全管理条例》；《放射性废物安全管理条例》

典型案例

上诉人兴化市正铨烟花爆竹经营部与被上诉人兴化市安全生产监督管理局质量监督其他行政行为纠纷案[1]

争议焦点

先行登记保存物品是否包括烟花爆竹经营（零售）许可证。

案例解读

行政机关在收集证据时，可以采取抽样取证的方法，在证据可能灭失或者以后难以取得的情况下，经行政机关负责人批准，可以先行登记保存，并应当在 7 日内及时作出处理决定，在此期间，当事人或者有关人员不得销毁或者转移证据。应急管理部门负责烟花爆竹的安全生产监督管理；公安部门负责烟花爆竹的公共安全管理；质量监督检验部门负责烟花爆竹的质量监督和进出口检验。

---

[1] 案号：(2017)苏 12 行终 223 号。

第四十条 【重大危险源的管理】 生产经营单位对重大危险源应当登记建档，进行定期检测、评估、监控，并制定应急预案，告知从业人员和相关人员在紧急情况下应当采取的应急措施。

生产经营单位应当按照国家有关规定将本单位重大危险源及有关安全措施、应急措施报有关地方人民政府应急管理部门和有关部门备案。有关地方人民政府应急管理部门和有关部门应当通过相关信息系统实现信息共享。

条文解读

本法第40条是关于重大危险源安全管理的规定。

重大危险源是由危险物品组成的集合体。构成重大危险源必须是危险物品的数量等于或者超过临界量。所谓临界量是指一个数值，当某种危险物品的数量达到或者超过这个数值时，就有可能发生危险。重大危险源中很大一部分是由危险化学品构成的。目前，我国已经颁布的《危险化学品重大危险源辨识》（GB 18218－2018），是国家强制性标准。该标准规定了辨识危险化学品重大危险源的依据和方法，其中对各种危险化学品的临界量作了明确规定，依据这些临界量，可以辨识某一危险物品的聚集场所或设施是否构成重大危险源。根据本条规定，重大危险源的管理措施主要包括：

1. 生产经营单位对重大危险源的内部管理

（1）登记建档。登记建档的目的在于对重大危险源的情况有一个总体把握，便于采取进一步的管理措施。重大危险源登记的内容包括重大危险源的名称、地点、性质、可能造成的危害等。重大危险源登记建档应当注意保证完整性、连贯性。危险化学品单位应当对辨识确认的重大危险源及时、逐项进行登记建档。

（2）定期检测、评估、监控。检测是指通过一定的技术手段，利用仪器工具对重大危险源的一些具体指标、参数进行测量；评估是指对重大危险源的各种情况进行综合的分析、判断，掌握其危险程度；监控是指对重大危险源进行观察和控制，防止其引发危险。检测、评估、监控的目的都是更好地了解和掌握重大危险源的基本情况，及时发现事故隐患，采取相应措施，防止生产安全事故的发生。生产经营单位应当将对重大危险源的检测、评估、监控作为一项经常性的工作，定期进行。

检测、评估、监控都应当符合有关技术标准的要求，详细记录有关情况，并出具检测、评估或者监控报告,报告应当客观公正、数据准确、内容完整、结论明确、措施可行,由有关人员签字并对其结果负责。

(3)制定应急预案。应急预案是关于发生紧急情况或者生产安全事故时的应对措施、处理办法、程序等的事先安排和计划。生产经营单位应当根据重大危险源的实际情况,依法制定重大危险源事故应急预案。根据《生产安全事故应急预案管理办法》的规定,生产经营单位针对重大危险源防止生产安全事故而制定的专项性工作方案,即专项应急预案。应急预案的编制应当遵循以人为本、依法依规、符合实际、注重实效的原则,以应急处置为核心,明确应急职责、规范应急程序、细化保障措施。生产经营单位应当组织开展本单位的应急预案、应急知识、自救互救和避险逃生技能的培训活动,使有关人员了解应急预案内容,熟悉应急职责、应急处置程序和措施。应急培训的时间、地点、内容、师资、参加人员和考核结果等情况,应当如实记入本单位的安全生产教育和培训档案。

生产经营单位应当按照应急预案的规定,落实应急指挥体系、应急救援队伍、应急物资及装备,建立应急物资、装备配备及其使用档案,并对应急物资、装备进行定期检测和维护,使其处于适用状态。

(4)告知应急措施。生产经营单位应当告知从业人员和相关人员在紧急情况下应当采取的应急措施,这是生产经营单位的一项法定义务。这里的"相关人员"主要是指重大危险源发生事故时,可能受到损害的生产经营单位以外的人员,如工厂周围的居民等。告知从业人员和其他可能受到影响的相关人员在紧急情况下应当采取的应急措施,既有利于从业人员和相关人员对自身安全的保护,也有利于他们在紧急情况下采取正确的应急措施,防止事故或者减少事故损失。

2. 重大危险源的外部管理

(1)重大危险源备案制度。重大危险源的外部管理主要是通过重大危险源备案制度实现的。生产经营单位应当按照国家有关规定将本单位重大危险源及有关安全措施、应急措施报有关地方人民政府应急管理部门和有关部门备案。备案的对象为重大危险源、有关安全措施、应急措施;备案义务主体是生产经营单位;备案管理部门为"有关地方人民政府应急管理部门和有关部门"。应急管理部门和有关部门应当建立、完善有关备案的工作制度和程序,方便生产经营单位进行备案。生产经营单位在完成重大危险源安全评估报告或者安全评价报告后 15 日内,应当填写重大危险源备案申请表,连同重大危险源档案材料,报送所在地县级人民政府应急管理部门备案。县级人民政府应急管理部门应当每季度将辖区内的一级、二级重大危险源备案材料报送至设区的市级人民政府应急管理部门。设区的市级人民政府应急管理部门应当每半年将辖区内的一级重大危险源备案材料报送至省级人民政府应急管理部门。重大危险源出现重新辨识、评估和定级后,应当及时更新档案,并向所在地县级人民政府应急管理部门重新备案。生产经营单位新建、改建和扩建危险物品建设项目,应当在建设项目竣工验收前完成重大危险源的辨识、安全评估和分级、登记建档工作,并向所在地县级人民政府应急管理部门备案。根据《危险化学品安全管理条例》,对剧毒化学品以及储存数量构成重大危险源的其他危险化学品,储存单位还应当将其储存数量、储存地点以及管理人员的情况,向公安机关备案。

(2)重大危险源信息共享。重大危险源具有较高的危险性,需要多部门之间配合监管。因此,有关地方人民政府应急管理部门和有关部门对生产经营单位的重大危险源进行备案后,应当通过相关信息系统实现信息共享,实现重大危险源信息的互联互通,共同监督生产经营单位落实对重大危险源的监管职责。

关联法规索引

《安全生产法》第101条;《危险化学品重大危险源监督管理暂行规定》

第四十一条 【事故隐患治理】生产经营单位应当建立安全风险分级管控制度,按照安全风险分级采取相应的管控措施。

生产经营单位应当建立健全并落实生产安全事故隐患排查治理制度,采取技术、管理措施,及时发现并消除事故隐患。事故隐患排查治理情况应当如实记录,并通过职工大会或者职工代表大会、信息公示栏等方式向从业人员通报。其中,重大事故隐患排查治理情况应当及时向负有安全生产监督管理职责的部门和职工大会或者职工代表大会报告。

县级以上地方各级人民政府负有安全生产监督管理职责的部门应当将重大事故隐患纳入相关信息系统,建立健全重大事故隐患治理督办制度,督促生产经营单位消除重大事故隐患。

条文解读

本法第 41 条是关于生产经营单位风险管控和隐患排查治理职责的规定。

1. 生产经营单位风险分级管控制度

风险是事故的诱因,事故是风险的结果。并非所有的风险都能引起事故的发生,只有当风险释放所造成的危害达到一定程度,对周围的人身、财产、环境构成威胁时,风险才会转化为事故。风险分级管控是生产经营单位安全管理的核心,风险分级管控过程中确定的典型控制措施是隐患排查治理的重要内容。

2016 年 12 月,中共中央、国务院《关于推进安全生产领域改革发展的意见》中将"风险管控"和"事故隐患排查治理"作为生产经营单位安全生产的双重预防机制。此后,各省、自治区、直辖市等出台了风险分级管控相关制度,煤矿、非煤矿山、危险化学品企业等也纷纷建立了风险分级管控制度。在实践推动的基础上,本条第 1 款规定"生产经营单位应当建立安全风险分级管控制度"。主要负责人负责建立并落实本单位风险分级管控制度。安全风险管控法律制度的核心内容包括风险识别(排查)、风险评价、风险监控、响应应急预案、预警信息发布等内容。生产经营单位应建立由主要负责人牵头的风险分级管控组织机构,组织各部门分岗位、分工种全面开展风险辨识,并在企业内部建立风险分级管控工作体系。

2. 生产经营单位事故隐患排查治理制度

(1)生产安全事故隐患的界定。

生产安全事故隐患,是指生产经营单位违反安全生产法律、法规、规章、标准、规程和安全生产管理制度的规定,或者因其他因素,在生产经营活动中存在可能导致事故发生的物的危险状态、人的不安全行为和管理上的缺陷。事故隐患分为一般事故隐患和重大事故隐患。

(2)生产经营单位的生产安全事故隐患排查治理制度。

生产经营单位应当建立健全事故隐患排查治理和建档监控等制度,逐级建立并落实从主要负责人到每个从业人员的隐患排查治理和监控责任制。对于一般事故隐患,由生产经营单位(车间、分厂、区队等)负责人或者有关人员立即组织整改。对于重大事故隐患,由生产经营单位主要负责人组织制订并实施事故隐患治理方案。重大事故隐患治理方案应当包括以下内容:治理的目标和任务;采取的方法和措施;经费和物资的落实;负责治理的机构和人员;治理的时限和要求;安全措施和应急预案。

生产经营单位在事故隐患治理过程中，应当采取相应的安全防范措施，防止事故发生。事故隐患排除前或者排除过程中无法保证安全的，应当从危险区域内撤出作业人员，并疏散可能危及的其他人员，设置警戒标志，暂时停产停业或者停止使用；对暂时难以停产或者停止使用的，应该采取合理措施，防止生产安全事故发生。

生产经营单位将生产经营项目、场所、设备发包、出租的，应当与承包、承租单位签订安全生产管理协议，并在协议中明确各方对事故隐患排查、治理和防控的管理职责。生产经营单位对承包、承租单位的事故隐患排查治理负有统一协调和监督管理的职责。

(3)事故隐患排查治理情况通报制度。

生产经营单位应当如实记录事故隐患排查治理情况，并通过职工大会或者职工代表大会、信息公示栏等方式向从业人员通报。

重大事故隐患排查治理情况应当及时向负有安全生产监督管理职责的部门和职工大会或者职工代表大会报告。重大事故隐患报告内容应当包括：①隐患的现状及其产生原因；②隐患的危害程度和整改难易程度分析；③隐患的治理方案。

(4)重大事故隐患治理督办制度。

事故隐患排查治理首先要强调生产经营单位的主体责任，同时也离不开政府部门的监管。因此，本条第 3 款规定，县级以上地方各级人民政府负有安全生产监督管理职责的部门应当将重大事故隐患纳入相关信息系统，建立健全重大事故隐患治理督办制度，督促生产经营单位消除重大事故隐患。这里所说的“督办”，是指监管部门要对发现的或者有关单位和个人报告的重大事故隐患登记建档，督促生产经营单位及时采取措施消除隐患。要对重大事故隐患治理全程督办，从过程到结果都要负责，确保消除重大事故隐患。

负有安全生产监督管理职责的部门对检查过程中发现的重大事故隐患，应当下达整改指令书，并建立信息管理台账，必要时，报告同级人民政府并对重大事故隐患实行挂牌督办。已经取得安全生产许可证的生产经营单位，在其被挂牌督办的重大事故隐患治理结束前，负有安全生产监督管理职责的部门应当加强监督检查，必要时，可以提请原许可证颁发机关依法暂扣其安全生产许可证。负有安全生产监督管理职责的部门应当会同有关部门把重大事故隐患整改纳入重点行业领域的安全专项整治中加以治理,落实相应责任。对挂牌督办并采取全部或者局部停产停业治理的重大事故隐患,负有安全生产监督管理职责的部门收到生产经营单位恢复生产的申请报告后,应当进行现场审查。审查合格的,对事故隐患进行核销,同意恢复生产经营;审查不合格的,依法责令改正或者下达停产整改指令。对整改无望或者生产经营单位拒不执行整改指令的,依法实施行政处罚;不具备安全生产条件的,依法提请县级以上人民政府按照国务院规定的权限予以关闭。

根据《安全生产法》第 101 条的规定,生产经营单位未建立安全风险分级管控制度的、未按照安全风险分级采取相应管控措施的、未建立事故隐患排查治理制度的,或者重大事故隐患排查治理情况未按照规定报告的,责令限期改正,处 10 万元以下的罚款;逾期未改正的,责令停产停业整顿,并处 10 万元以上 20 万元以下的罚款,对其直接负责的主管人员和其他直接责任人员处 2 万元以上 5 万元以下的罚款;构成犯罪的,依照《刑法》有关规定追究刑事责任。

关联法规索引

《安全生产法》第 102 条;《安全生产事故隐患排查治理暂行规定》

典型案例

青岛利波共进包装有限公司与青岛市城阳区安全生产监督管理局、青岛市城阳区人民政府质量监督检验检疫行政管理纠纷案[1]

争议焦点

被告作出的行政处罚决定是否合法。

案例解读

生产经营单位是事故隐患排查、治理和防控的责任主体。生产经营单位应当

〔1〕 案号:(2016)鲁 0214 行初 33 号。

每季、每年对本单位事故隐患排查治理情况进行统计分析，并分别于下一季度15日前和下一年1月31日前，向安全监管监察部门和有关部门报送书面统计分析表。统计分析表应当由生产经营单位主要负责人签字。按时上报企业事故隐患排查治理统计分析报表是原告应当积极主动履行的法定义务，违反该义务的，要受到相应的行政处罚。

第四十二条 【生产经营场所和员工宿舍安全要求】生产、经营、储存、使用危险物品的车间、商店、仓库不得与员工宿舍在同一座建筑物内，并应当与员工宿舍保持安全距离。

生产经营场所和员工宿舍应当设有符合紧急疏散要求、标志明显、保持畅通的出口、疏散通道。禁止占用、锁闭、封堵生产经营场所或者员工宿舍的出口、疏散通道。

条文解读

本法第42条是关于生产经营场所和员工宿舍的出口、疏散通道安全管理的规定。

现实中，一些生产经营单位为了节省开支，不顾员工的生命安全，将危险物品的生产车间、仓库和员工宿舍混设在同一座建筑物内，导致群死群伤的恶性事故。此外，因危险物品的车间、商店、仓库与员工宿舍距离过近而导致的伤亡事故也时有发生。这是在总结大量事故经验教训的基础上作出的规定。如1991年5月，广东东莞兴业制衣厂火灾造成72人死亡、47人受伤。1993年11月，深圳致丽工艺玩具厂火灾，烧死87人，烧伤51人。1993年12月，福建福州高福纺织有限公司发生火灾，烧死61人，伤7人。1996年1月，广东深圳胜利圣诞饰品有限公司火灾造成20人死亡、109人受伤。1997年，福建晋江裕华鞋厂发生火灾，烧死32人，烧伤4人。这些事故的一个共同原因就是将生产、经营、储存、使用危险物品的车间、商店、仓库与员工宿舍设在同一座建筑物内。又如位于上海宝山城市工业园区内的上海翁牌冷藏实业有限公司发生氨泄漏事故，造成15人死亡、7人重伤、18人轻伤，原因之一就是涉事工厂违规设计施工，在与员工宿舍临近的建筑物内违法组织生产。在总结大量事故教训的基础上，本条第1款明确规定，生产、经营、储存、使用危险物品的车间、商店、仓库不得与员工宿舍在同一座建筑物内，并应当与员工宿舍保持安全距离。所谓安全距离，是指在这个距离之外，即使发生事故，也不致损害宿舍内员工的人身安全，具体标准需要根据危险物品的性质以及生产、储存的规模确定，生产经营单位不得以任何理由违反上述规定，员工也应当提高自我保护意识，拒绝使用生产经营单位提供的违反安全要求的宿舍，并有权向有关部门检举和控告。

生产经营单位防止生产安全事故造成人员伤亡的措施之一是确保畅通的出口，在发生生产安全事故时，给员工保留逃生路线。所以，本条第 2 款规定，生产经营场所和员工宿舍应当设有符合紧急疏散要求、标志明显、保持畅通的出口、疏散通道。禁止占用、锁闭、封堵生产经营场所或者员工宿舍的出口、疏散通道。这也是根据实践中血的教训作出的规定。实践中，一些生产经营单位的生产经营场所或者员工宿舍的建设不符合安全要求，不设紧急出口；有的虽然设了紧急出口，但标志不明显或者长期被占有，不能保持畅通，发生事故时员工无法紧急疏散；也有一些生产经营单位出于各种目的，锁闭、封堵生产经营场所或者员工宿舍的出口和疏散通道，致使发生事故时员工不能及时疏散，逃生无门，造成大量人员伤亡。所以，生产经营场所和员工宿舍在建设时就要考虑好疏散通道、安全出口，出口应当有明显标志，即标志应在容易看到的地方，并保证标志清晰、规范、易于识别。出口应随时保持畅通，不得堆放有碍通行的物品，更不能以任何理由、任何方式，占用、锁闭、封堵生产经营场所或者员工宿舍的出口和疏散通道。

关联法规索引

《安全生产法》第 105 条

典型案例

攀枝花市德峰酒厂与攀枝花市仁和区安全生产监督管理局行政强制措施决定纠纷案[1]

争议焦点

德峰酒厂提起诉讼是否超过了法定起诉期限。

案例解读

公民、法人或者其他组织直接向人民法院提起诉讼的,应当自知道或者应当知道作出行政行为之日起6个月内提出。法律另有规定的除外。本案中,生产经营单位将高度白酒与其他生产单位和宿舍设在同一建筑物内,现场有易燃杂物,构成重大安全隐患,以上存在的问题无法保障安全生产,安监部门决定采取强制措施并下发《责令限期整改指令书》。因原告无人签收,安监部门将《现场检查记录》和《责令限期整改指令书》留置送达于原告办公室中。安监部门作出《强制措施决定书》并于当日以张贴的方式向上诉人进行了送达,虽然送达时上诉人相关人员被公安机关带走,但当其返回生产经营单位时是能够看到张贴的文书,并知晓作出了《强制措施决定书》的。上诉人向一审人民法院提起诉讼的时间是2016年11月3日,远远超过了6个月的起诉期限。

第四十三条 【危险作业现场安全管理】生产经营单位进行爆破、吊装、动火、临时用电以及国务院应急管理部门会同国务院有关部门规定的其他危险作业,应当安排专门人员进行现场安全管理,确保操作规程的遵守和安全措施的落实。

条文解读

本法第43条是关于危险作业现场安全管理的规定。

爆破、吊装、动火、临时用电以及国务院应急管理部门会同国务院有关部门规

〔1〕 案号:(2017)川04行终40号。

定的其他危险作业，具有较大危险性，容易发生事故，而且一旦发生事故，将会对作业人员和有关人员造成伤亡。因此，进行爆破、吊装、动火、临时用电等危险作业时，“应当安排专门人员进行现场安全管理，确保操作规程的遵守和安全措施的落实”。“专门人员”不限于安全管理人员，但应当具有现场管理能力，具备确保爆破、吊装、动火、临时用电等作业按照操作规程进行操作，并落实安全措施的能力。应当安排专门人员进行现场安全管理却没有安排的，要承担相应的法律责任。根据《安全生产法》第101条的规定，生产经营单位进行爆破、吊装、动火、临时用电以及国务院应急管理部门会同国务院有关部门规定的其他危险作业，未安排专门人员进行现场安全管理的，责令限期改正，处10万元以下的罚款；逾期未改正的，责令停产停业整顿，并处10万元以上20万元以下的罚款，对其直接负责的主管人员和其他直接责任人员处2万元以上5万元以下的罚款；构成犯罪的，依照《刑法》有关规定追究刑事责任。

关联法规索引

《安全生产法》第101条

第四十四条　【从业人员的安全管理】生产经营单位应当教育和督促从业人员严格执行本单位的安全生产规章制度和安全操作规程；并向从业人员如实告知作业场所和工作岗位存在的危险因素、防范措施以及事故应急措施。

生产经营单位应当关注从业人员的身体、心理状况和行为习惯，加强对从业人员的心理疏导、精神慰藉，严格落实岗位安全生产责任，防范从业人员行为异常导致事故发生。

条文解读

本法第44条是关于从业人员安全管理的规定。

从业人员的行为是影响生产安全的重要因素之一。所以，生产经营单位应采取多种措施提高从业人员的安全意识，使每一名员工都行动起来，确保安全管理制度落到实处。

1. 教育和督促从业人员严格执行本单位的安全生产规章制度和安全操作规程

安全生产规章制度是生产经营单位根据有关安全生产的法律、法规以及有关国家标准或者行业标准,结合本单位实际情况制定的安全生产方面的具体制度。安全操作规程是指为消除导致人身伤亡或者造成设备、财产破坏以及危害环境的因素而制定的对岗位操作的具体技术要求和实施程序。生产经营单位应当教育和督促从业人员严格执行本单位的安全生产规章制度和安全操作规程。对不遵守安全生产规章制度和安全操作规程的从业人员,要采取适当的措施,促使其改正。

2. 保障从业人员的安全知情权

安全知情权有利于使从业人员做到心中有数,提高安全生产意识和事故防范能力,减少事故发生,降低事故损失。生产经营单位应当向从业人员如实告知作业场所和工作岗位存在的危险因素、防范措施以及事故应急措施。如实告知,是指按实际情况告知,不得隐瞒、保留,更不能欺骗从业人员。

3. 防范从业人员行为异常导致事故发生

随着安全技术的发展,机械化换人、自动化减人、信息化管人、智能化无人取得了巨大进步,因技术、设备等因素导致生产安全事故的情况逐步减少。但现代社会,从业人员的身体、心理压力越来越大,因从业人员身体、心理和行为习惯导致的零星事故时有发生,甚至,有些从业人员心理异常,故意制造生产安全事故,造成群死群伤。因此,2021 年《安全生产法》特设第 2 款规定,生产经营单位应当关注从业人员的身体、心理状况和行为习惯,加强对从业人员的心理疏导、精神慰藉,严格落实岗位安全生产责任,防范从业人员行为异常导致事故发生。

关联法规索引

《安全生产法》第 97 条

典型案例

济南市槐荫区人民政府、济南市槐荫区应急管理局质量监督检验检疫行政管理案[1]

争议焦点

涉案行政处罚决定认定事实和适用法律是否正确。

案例解读

一事不再罚是行政处罚的重要原则之一，是指对当事人的同一个违法行为，不得以同一事实和同一理由给予两次以上罚款的行政处罚。同一事实和同一理由是一事不再罚原则的共同要件，二者缺一不可。同一事实是指同一个违法行为，即从其构成要件上，符合一个违法行为的特征。同一理由是指同一法律依据。本案中，上海铁路监督管理局因联华恒基公司的行为违反了《铁路安全管理条例》第32条之规定，依据《铁路安全管理条例》第90条、《违反〈铁路安全管理条例〉行政处罚实施办法》第26条第3项作出55号铁路处罚决定。槐荫安监局因联华恒基公司违反了《安全生产法》第25、41条的规定，依据2014年《安全生产法》第109条第1款第1项的规定作出了0619号处罚决定。0619号行政处罚决定是针对事故进行的罚款；而55号铁路处罚决定系针对联华恒基公司违反了“在铁路线路安全保护区及其邻近区域建造或者设置的建筑物、构筑物、设备等，不得进入国家规定的铁路建筑限界”的规定，二者系针对不同的违法行为，处罚的法律依据亦有所不同，因此并不违反一事不再罚的规定。

第四十五条　【劳动防护用品】生产经营单位必须为从业人员提供符合国家标准或者行业标准的劳动防护用品，并监督、教育从业人员按照使用规则佩戴、使用。

〔1〕 案号：(2019)鲁行再66号。

条文解读

本法第45条是关于生产经营单位提供劳动防护用品的规定。

劳动防护用品是为了保护工人在生产过程中的安全和健康而发给劳动者个人使用的防护用品。根据具体操作过程中的不同需要,应供给工人的防护用品主要有工作服、工作帽、围裙、口罩、手套护腿、防毒面具、防护眼镜、防护药膏、防寒用品、防晒防雨用品等。按照防护部位,劳动防护用品分为九类:(1)头部护具类。主要用于保护头部,防撞击、挤压伤害、防物料喷溅、防粉尘等的护具。(2)呼吸护具类。主要是预防尘肺和职业病的重要护品。(3)眼防护具。主要用来保护作业人员的眼睛、面部,防止外来伤害,如焊接用眼防护具。(4)听力护具。长期在90dB(A)以上或短时在115dB(A)以上环境中工作时,应使用听力护具保护听力。(5)防护鞋。主要用于防止足部伤害。(6)防护手套。主要用于手部保护。(7)防护服。主要用于保护从业人员免受劳动环境中的物理、化学因素的伤害。(8)防坠落护具。主要用于防止坠落事故发生,主要有安全带、安全绳和安全网。(9)护肤用品。主要用于外露皮肤的保护。

关于劳动防护用品的规定,1996年原劳动部制定了《劳动防护用品管理规定》,但在《关于废止242件安全生产规范性文件的通知》中已对该法作出废止通知。2005年原国家安全生产监督管理总局发布了《劳动防护用品监督管理规定》,但在2015年2月26日原国家安全生产监督管理总局局长办公会议审议通过的《关于废止和修改劳动防护用品和安全培训等领域十部规章的决定》,废止了《劳动防护用品监督管理规定》。之所以废止上述两个部门规章,主要是因为国家对劳动防护用品的产品质量指标和技术条件,制定了一系列技术标准。例如,安全帽、防冲击眼护具等均制定了国家标准,并根据情况适时修订。生产经营单位必须为从业人员提供符合国家标准或者行业标准的劳动防护用品,只有这样,才能真正起到防护用品应该具有的防护效果和作用。根据本条规定,生产经营单位应当"提供"劳动防护用品,而不得以货币或者其他物品替代应当配备的劳动防护用品。生产经营单位应当安排用于配备劳动防护用品的经费,生产经营单位不得让从业人员承担劳动防护用品的费用,也不得以这些费用为名克扣从业人员的工资等。

劳动防护用品具有保护从业人员人身安全的功能,但防护用品的佩戴等较为烦琐。有的从业人员由于缺乏相关操作知识、安全意识不强、图省事等原因,不按照规定佩戴或者使用相关的劳动防护用品，这可能造成很大的事故隐患。所以，本条规定生产经营单位应监督、教育从业人员按照使用规则佩戴、使用劳动防护用品。

根据《安全生产法》第99条的规定，生产经营单位未为从业人员提供符合国家标准或者行业标准的劳动防护用品的，责令限期改正，处5万元以下的罚款；逾期未改正的，处5万元以上20万元以下的罚款，对其直接负责的主管人员和其他直接责任人员处1万元以上2万元以下的罚款；情节严重的，责令停产停业整顿；构成犯罪的，依照《刑法》有关规定追究刑事责任。

关联法规索引

《安全生产法》第47条

典型案例

靖江市双鑫紧固件制造有限公司与靖江市安全生产监督管理局、靖江市人民政府行政复议案[1]

争议焦点

涉案行政处罚决定、行政复议决定的合法性。

案例解读

原则上，企业的任何生产经营活动都应当纳入《安全生产法》调整范围，生产经营单位超过登记范围进行的生产经营活动仍适用《安全生产法》的规定。双鑫公司超过工商登记范围从事的生产经营活动，也必须遵守《安全生产法》的规定，否则应该承担相应的法律责任。双鑫公司在建设工程中，未制备设计方案与施工图纸等资料自主决定施工方式，未审查人员资质即自行招用安排施工，未对施工人员进行安全教育和技术交底，未配发劳动防护用品并督促作业人员正确穿戴，屋面施工现场安全管理不到位，对高处作业未落实相关防坠落安全措施，对施工作业中的安全隐患未及时责令改正并消除。所以，双鑫公司应该承担《安全生产法》上的法律责任。

〔1〕 案号：(2017)苏1291行初291号。

第四十六条 【安全检查和报告】 生产经营单位的安全生产管理人员应当根据本单位的生产经营特点，对安全生产状况进行经常性检查；对检查中发现的安全问题，应当立即处理；不能处理的，应当及时报告本单位有关负责人，有关负责人应当及时处理。检查及处理情况应当如实记录在案。

生产经营单位的安全生产管理人员在检查中发现重大事故隐患，依照前款规定向本单位有关负责人报告，有关负责人不及时处理的，安全生产管理人员可以向主管的负有安全生产监督管理职责的部门报告，接到报告的部门应当依法及时处理。

条文解读

本法第46条是关于生产经营单位的安全生产管理人员的检查职责及重大事故隐患报告义务的规定。

1. 安全生产管理人员的检查职责

(1)对本单位进行经常性检查。为了加强安全生产管理，防止发生生产安全事故，安全生产管理人员必须认真履行职责，依法对本单位的安全生产状况进行经常性检查，安全生产管理人员要根据本单位生产经营的实际特点，有针对性地进行检查，不能流于形式。检查的事项要全面，一般情况下，安全生产管理人员重点检查以下内容：①查制度。即检查本单位的安全生产规章制度的完整性、有效性和合法性等。②查知识。检查从主要负责人到现场作业人员是否具备必要的安全知识、安全操作技能等。③查纪律。检查本单位其他机构和从业人员对本单位安全生产规章制度、操作规程的执行情况。④查设备。检查本单位的安全设备的设计、制造、安装、使用、检测等是否符合国家标准、行业标准，是否处于正常运行状态等。⑤查环境。检查本单位的安全出口、疏散通道等是否符合规定，通风、照明、温度、湿度等是否符合有关法律、法规和标准的规定。⑥查个体防护。检查本单位从业人员劳动防护用品配备、穿戴情况。

(2)对检查中发现的安全问题要立即处理或及时报告。安全生产管理人员对检查中发现的事故隐患和安全生产违法行为等，应立即处理。对于安全生产违法行为，安全生产管理人员能够立即纠正的，要立即纠正；不能立即纠正的，应当要求限期改正。对发现的事故隐患，能够立即排除的，要立即采取措施加以排除，不能拖延；不能立即排除的，要提出限期解决方案，并采取相应措施确保安全。对不能立即处理的，安全生产管理人员应当及时将有关情况报告给有关负责人。有关负责人可以是本单位主要负责人或者主管安全生产工作的其他负责人。报告应当包括安全问题发现的时间、具体情况、危险程度等，并提出如何解决的建议。接到报告后，有关负责人应当及时处理。

（3）检查及处理情况应当如实记录在案。安全生产管理人员对每次安全检查及处理情况，包括检查的时间、范围、内容、发现的问题、处理情况等都应当记录在案。

2. 安全生产管理人员向有关部门报告重大事故隐患的职责

生产经营单位的安全生产管理人员在检查中发现重大事故隐患，向本单位有关负责人报告，有关负责人有及时处理的义务。有关负责人不及时处理的，安全生产管理人员可以向主管的负有安全生产监督管理职责的部门报告，接到报告的部门应当依法及时处理。

关联法规索引

《安全生产法》第96条；《刑法》第134条

第四十七条　【经费保障】生产经营单位应当安排用于配备劳动防护用品、进行安全生产培训的经费。

条文解读

本法第47条是关于劳动防护用品、安全生产培训经费保障义务的规定。

为从业人员配备劳动防护用品是保护其安全健康的重要物质保障；安全生产教育培训则是使从业人员了解本单位危险因素、防范措施和应急措施，熟悉有关的安全生产规章制度和操作规程，掌握必要的安全生产知识和安全生产技能，做好安全生产工作的重要基础。因此，本条规定生产经营单位应当安排用于配备劳动防护用品、进行安全生产培训的经费。生产经营单位所安排的经费应当充足，既要保证生产经营单位能够为从业人员提供劳动防护用品，并且这些劳动防护用品必须符合国家标准或者行业标准，也要能够保证生产经营单位对从业人员进行安全生产培训的正常需要。值得注意的是，生产经营单位安排从业人员进行安全培训期间，应当支付从业人员的工资和必要的费用。

关联法规索引

《安全生产法》第 93 条；《刑法》第 134 条

第四十八条 【安全生产管理协议】两个以上生产经营单位在同一作业区域内进行生产经营活动，可能危及对方生产安全的，应当签订安全生产管理协议，明确各自的安全生产管理职责和应当采取的安全措施，并指定专职安全生产管理人员进行安全检查与协调。

条文解读

本法第 48 条是关于两个以上生产经营单位在同一作业区域进行生产经营活动时安全管理的规定。

实践中，同一作业区域有两个以上生产经营单位进行生产经营活动的现象比较多，如果其中一个单位发生生产安全事故，会直接威胁到其他单位的安全生产，在同一工作区域的多家生产经营单位协调做好安全生产工作具有重要意义。本条虽然是强制性规定，但其适用有一个前提条件，即“可能危及对方生产安全的”，才适用本条的规定。安全管理的手段包括两个方面：其一，签订安全生产管理协议；其二，指定专职安全生产管理人员进行安全检查与协调。

安全生产管理协议是同一作业区域内两个以上生产经营单位为了处理和协调安全生产方面的关系而签订的协议。其主要内容不但包括各生产经营单位生产的特点、作业场所存在的危险因素、防范措施以及事故应急措施，而且包括各自的安全生产管理职责和应该采取的安全措施，做到职责清楚、分工明确。安全生产管理协议既是各生产经营单位履行安全生产职责的依据，也是判定生产安全事故责任的重要依据。

为了使安全生产管理协议真正得到贯彻，保证作业区域内的生产安全，各生产经营单位还应当指定专职的安全生产管理人员，对作业区域内的安全生产状况进行检查，对检查中发现的安全生产问题及时进行协调、解决。

关联法规索引

《安全生产法》第 104 条

典型案例

刘某兴与西宁市安全生产监督管理局、青海省安全生产监督管理局行政复议再审审查与审判监督纠纷案[1]

争议焦点

涉案行政处罚决定的合法性。

案例解读

发包方存在安全生产主体责任落实不到位，没有指定专职人员、专职部门负责监督检查仓储厂房安全生产工作；安全管理不到位，以租代管，未排查和督促整改事故隐患，未履行对各承租户安全生产工作统一协调、管理职责；未能及时发现和有效处置初期火灾，导致火势蔓延等违法事实，应当对事故承担安全生产管理责任。西宁市人民政府的批复及调查组的调查报告认定青海铝型材厂、明锐汽修及山西中德塑钢型材有限公司等相关单位对此次火灾事故均负有责任，且青海铝型材厂和明锐汽修在此次事故中的违法事实、性质及所应承担的责任显然不同。那么，作为单位负责人所应承担的责任亦不相同。因此，西宁市安监局基于青海铝型材厂和明锐汽修不同的违法事实作出不同的行政处罚决定并无不妥。

第四十九条　【发包或出租的安全生产责任】 生产经营单位不得将生产经营项目、场所、设备发包或者出租给不具备安全生产条件或者相应资质的单位或者个人。

〔1〕 案号：(2017)青行申 11 号。

生产经营项目、场所发包或者出租给其他单位的，生产经营单位应当与承包单位、承租单位签订专门的安全生产管理协议，或者在承包合同、租赁合同中约定各自的安全生产管理职责；生产经营单位对承包单位、承租单位的安全生产工作统一协调、管理，定期进行安全检查，发现安全问题的，应当及时督促整改。

矿山、金属冶炼建设项目和用于生产、储存、装卸危险物品的建设项目的施工单位应当加强对施工项目的安全管理，不得倒卖、出租、出借、挂靠或者以其他形式非法转让施工资质，不得将其承包的全部建设工程转包给第三人或者将其承包的全部建设工程支解以后以分包的名义分别转包给第三人，不得将工程分包给不具备相应资质条件的单位。

条文解读

本法第 49 条是关于生产经营项目、场所、设备发包或者出租以及建设项目安全管理的规定。

根据本条第 1 款的规定，生产经营单位将生产经营项目、场所、设备发包或者出租的，承包人或者承租人必须具备安全生产条件或者相应资质，不得将其发包、出租给不具备安全生产条件或者相应资质的单位或者个人。《安全生产法》第 20 条规定，生产经营单位应当具备本法和有关法律、行政法规和国家标准或者行业标准规定的安全生产条件；不具备安全生产条件的，不得从事生产经营活动。法律、行政法规和国家标准或者行业标准规定生产经营单位应具备安全生产条件的目的在于确保生产安全，生产经营单位将生产经营项目、场所、设备发包或者出租的，承包人或者承租人是生产经营活动人，应该具备法律、行政法规和国家标准或者行业标准规定的安全生产条件。

生产经营单位将生产经营项目、场所、设备发包或者出租给具备安全生产条件或者相应资质的单位或者个人的，生产经营单位的安全生产管理义务并没有免除。为了保障生产安全，生产经营项目、场所发包或者出租的，发包单位或出租单位应与承包单位或承租单位签订确定双方安全生产管理职责的协议，即安全生产管理协议。安全生产管理协议有两种存在形式：其一，专门的书面安全生产管理协议；其二，以承包合同、租赁合同中安全生产管理职责条款的形式存在，即承包合同、租赁合同中关于各自的安全生产管理职责的约定。但无论以何种形式存在,安全生产管理协议必须包括三部分内容:(1)发包单位、出租单位的安全生产管理职责;(2)承包单位、承租单位的安全生产管理职责;(3)发包单位、出租单位对承包单位、承租单位的安全生产工作管理要求。安全生产管理协议属于合同,具备合同效力的相对性,只对协议当事人发生效力。生产经营单位不能以与承包单位、承租单位签订的安全生产管理协议为由,拒绝履行安全生产职责。因此,生产经营单位对外包或者出租的项目、场所的安全生产全面负责。生产经营单位对承包单位、承租单位的安全生产工作统一协调、管理,定期进行安全检查,发现安全问题的,应当及时督促整改。

生产经营活动的种类很多,不同的生产经营活动其规模、复杂程度、危险程度也不同。因此,在我国很多法律中,对从事某些生产经营活动的单位需要相关资质,甚至对同类生产经营活动根据其复杂性、危险性划定了不同的资质等级。例如,《建筑法》第26条规定:"承包建筑工程的单位应当持有依法取得的资质证书,并在其资质等级许可的业务范围内承揽工程。禁止建筑施工企业超越本企业资质等级许可的业务范围或者以任何形式用其他建筑施工企业的名义承揽工程。禁止建筑施工企业以任何形式允许其他单位或者个人使用本企业的资质证书、营业执照,以本企业的名义承揽工程。"第29条第3款规定,"禁止总承包单位将工程分包给不具备相应资质条件的单位。禁止分包单位将其承包的工程再分包"。所以,矿山、金属冶炼建设项目和用于生产、储存、装卸危险物品的建设项目施工单位应当加强对施工项目的安全管理,不得倒卖、出租、出借、挂靠或者以其他形式非法转让施工资质,不得将其承包的全部建设工程转包给第三人或者将其承包的全部建设工程支解以后以分包的名义分别转包给第三人,不得将工程分包给不具备相应资质条件的单位。

关联法规索引

《安全生产法》第103条;《建筑法》第26条

典型案例

李某奇与新疆托克逊县龙泉煤矿、托克逊县润田矿业有限公司合同纠纷申诉、申请民事裁定纠纷案[1]

争议焦点

李某奇与龙泉煤矿于2014年1月10日签订的《新疆托克逊县龙泉煤矿管理团队安全、生产聘用合同》的效力。

案例解读

《新疆托克逊县龙泉煤矿管理团队安全、生产聘用合同》虽名为聘用合同，但从双方所约定的事项及合同具体内容而言，该合同的性质应认定为承包经营合同。合同签订时，龙泉煤矿的采矿许可证和安全生产许可证均已过期，依法不能进行正常生产经营，合同签订后，又没有按合同约定办理矿井各种证照，故双方签订的《新疆托克逊县龙泉煤矿管理团队安全、生产聘用合同》因违反上述法律规定，应认定无效。

第五十条 【主要负责人组织事故抢救责任】生产经营单位发生生产安全事故时，单位的主要负责人应当立即组织抢救，并不得在事故调查处理期间擅离职守。

条文解读

本法第50条是关于主要负责人组织事故抢救责任的规定。

生产经营单位的主要负责人是生产经营活动的决策者和指挥者，是生产经营单位的最高领导者和管理者。生产经营单位的主要负责人对本单位的安全生产工作全面负责。全面负责，是指对本单位安全生产工作的各个方面、各个环节都要负责，而不是仅仅负责某些方面或者部分环节。从建立健全安全生产责任制、组织制定安全生产规章制度和操作规程、组织制定并实施安全生产教育和培训计划、保证

[1] 案号：(2015)民申字第3002号。

安全生产投入的有效实施，到督促、检查本单位安全生产工作，及时消除生产安全事故隐患，组织制定并实施本单位的生产安全事故应急救援预案，以及事故抢救等，都要负起责任。立即，说明主要负责人组织事故抢救的时效性，不得拖延事故抢救。生产经营单位发生生产安全事故后，事故现场有关人员应当立即报告本单位负责人。单位负责人接到事故报告后，应当迅速采取有效措施，组织抢救，防止事故扩大，减少人员伤亡和财产损失。

生产经营单位主要负责人作为本生产经营单位安全生产的第一责任人，对本单位的场地、布局、设备、人员通信、生产经营状况比较熟悉，由其在现场参加、组织救援，可以比较顺利地进行事故抢救，所以在事故发生后应当坚守岗位，生产经营单位的主要负责人应当立即组织事故抢救。主要负责人作为生产经营单位安全生产的第一责任人，应当对单位发生的生产安全事故负责，特别是如果发生重特大生产安全责任事故，且有关人员的行为涉嫌构成重大责任事故罪、重大劳动安全事故罪以及其他犯罪。因此，事故发生后，生产经营单位的主要负责人不得擅离职守，而应坚守岗位，并积极配合有关部门的事故调查处理。《生产安全事故报告和调查处理条例》规定，主要负责人应当配合事故调查，不得擅离职守，随时接受事故调查组的询问，如实提供有关情况。“不得擅离职守”主要有三个方面的要求：一是要坚守岗位，继续统筹安排好本单位生产经营活动；二是要组织做好事故善后、灾后恢复工作；三是未经事故调查组同意，不得离开单位前往其他地方。

根据《安全生产法》第110条的规定，生产经营单位的主要负责人在本单位发生生产安全事故时，不立即组织抢救或者在事故调查处理期间擅离职守的，给予降级、撤职的处分，并由应急管理部门处上一年年收入60%～100%的罚款。

关联法规索引

《安全生产法》第83条；《生产安全事故罚款处罚规定(试行)》第4、5、11条；《生产安全事故报告和调查处理条例》第14条

第五十一条 【工伤保险和安全生产责任保险】 生产经营单位必须依法参加工伤保险，为从业人员缴纳保险费。

国家鼓励生产经营单位投保安全生产责任保险；属于国家规定的高危行业、领域的生产经营单位，应当投保安全生产责任保险。具体范围和实施办法由国务院应急管理部门会同国务院财政部门、国务院保险监督管理机构和相关行业主管部门制定。

条文解读

本法第51条是关于生产经营单位生产安全事故赔偿能力保障的规定。

一旦发生生产安全事故，不但会造成从业人员人身伤亡，还有可能造成生产经营单位周围群众的生命财产损失。事故同时会造成生产经营单位巨额财产损失，导致生产经营单位丧失赔付能力。因此，本条两款分别对工伤保险和安全生产责任保险进行了规定。

本条第1款是关于工伤保险的规定。工伤保险，是指劳动者在工作中或在规定的特殊情况下，遭受意外伤害或患职业病导致暂时或永久丧失劳动能力以及死亡时，劳动者或其遗属从国家和社会获得物质帮助的一种社会保险制度。为了保障因工作遭受事故伤害或者患职业病的职工获得医疗救治和经济补偿，促进工伤预防和职业康复，分散用人单位的工伤风险，2004年1月1日国务院制定的《工伤保险条例》开始施行，2010年该条例进行了修改。工伤保险的制度价值之一是一旦发生事故，从业人员构成工伤的，适用《工伤保险条例》的规定，获得工伤保险赔付，确保工伤受害者能够得到及时赔付。

所以，中华人民共和国境内的企业、事业单位、社会团体、民办非企业单位、基金会、律师事务所、会计师事务所等组织和有雇工的个体工商户应当依照《工伤保险条例》的规定参加工伤保险，为本单位全部职工或者雇工缴纳工伤保险费。中华人民共和国境内的企业、事业单位、社会团体、民办非企业单位、基金会、律师事务所、会计师事务所等组织的职工和个体工商户的雇工，均有依照《工伤保险条例》的规定享受工伤保险待遇的权利。工伤保险费的征缴按照《社会保险费征缴暂行条例》关于基本养老保险费、基本医疗保险费、失业保险费的征缴规定执行。工伤保险费根据以支定收、收支平衡的原则，确定费率。国家根据不同行业的工伤风险程度确定行业的差别费率，并根据工伤保险费使用、工伤发生率等情况在每个行业内确定若干费率档次。行业差别费率及行业内费率档次由国务院社会保险行政部门制定，报国务院批准后公布施行。用人单位应当按时缴纳工伤保险费。职工个人不缴纳工伤保险费。用人单位缴纳工伤保险费的数额为本单位职工工资总额乘以单位缴费费率之积。对难以按照工资总额缴纳工伤保险费的行业，其缴纳工伤保险费的具体方式，由国务院社会保险行政部门规定。工伤保险基金存入社会保障基金财政专户，用于《工伤保险条例》规定的工伤保险待遇，劳动能力鉴定，工伤预防的宣传、培训等费用，以及法律、法规规定的用于工伤保险的其他费用的支付。工伤预防费用的提取比例、使用和管理的具体办法，由国务院社会保险行政部门会同国务院财政、卫生行政、安全生产监督管理等部门规定。任何单位或者个人不得将工伤保险基金用于投资运营、兴建或者改建办公场所、发放奖金，或者挪作其他用途。

为更好地保障职工的生命安全和健康，促进用人单位做好工伤预防工作，降低工伤事故伤害和职业病的发生率，规范工伤预防费的使用和管理，2017 年 8 月，人力资源和社会保障部、财政部、原国家卫生计生委、原国家安全生产监督管理总局联合印发了《工伤预防费使用管理暂行办法》，就工伤预防费使用管理工作作出部署。该办法规定，工伤预防费用于工伤事故和职业病预防宣传和培训。在保证工伤保险待遇支付能力和储备金留存的前提下，工伤预防费的使用原则上不得超过统筹地区上年度工伤保险基金征缴收入的 3%。因工伤预防工作需要，经省级人力资源和社会保障部门与财政部门同意，可以适当提高工伤预防费的使用比例。工伤预防费使用实行预算管理。统筹地区社会保险经办机构按照上年度预算执行情况，根据工伤预防工作需要，将工伤预防费列入下一年度工伤保险基金支出预算。该办法提出，由统筹地区人力资源社会保障部门会同财政、卫生计生、安全监管部门以及本辖区内负有安全生产监督管理职责的部门，共同确定每年工伤预防的重点领域，由行业协会和大中型企业等社会组织在确定的重点领域内提出拟实施的项目，再由人力资源社会保障部门会同有关部门共同确定下一年度安排实施的项目。纳入年度计划的工伤预防实施项目，原则上由提出项目的行业协会和大中型企业等社会组织负责组织实施。面向社会和中小微企业的工伤预防项目，可由人力资源社会保障、卫生计生、安全监管部门参照政府采购法等相关规定，从具备相应条件的社会、经济组织以及医疗卫生机构中选择提供工伤预防服务的机构，推动组织项目实施。该办法还对提供工伤预防服务的社会组织应具备的条件、项目的验收评估以及违反规定应承担的责任等方面作出了规定。

由于一些煤矿主常常在矿难发生后躲避逃逸,不履行事故抢险救灾和善后处理的经济义务和社会责任,而是将其全部推给当地政府,造成了"矿主发财,政府发丧"的局面。为扭转这一局面,切实将企业安全生产责任落到实处,保证煤矿生产安全事故应急抢险救灾及善后处理工作的顺利进行,根据2016年12月中共中央、国务院《关于推进安全生产领域改革发展的意见》的规定"取消企业安全生产风险抵押金制度,建立健全安全生产责任保险制度"。财政部、安全监管总局、人民银行《关于取消企业安全生产风险抵押金制度的通知》明确取消安全生产风险抵押金制度。该通知要求"存储安全生产风险抵押金(以下简称风险抵押金)的企业,自本通知印发之日起不再存储。风险抵押金专户中仍有资金结余的,根据地方实际情况,按照自愿原则,可从以下处理方式中任选一种:一是自本通知印发之日起3个月内将风险抵押金转入企业其他同名银行结算账户,同时通过安全生产责任保险等市场化风险分担机制继续做好安全生产预防和控制工作;二是直接将风险抵押金转为安全生产责任保险等市场化风险分担机制。具体办法由省级财政部门会同同级安全监管等有关部门研究制定。按上述方式处理后,相应撤销风险抵押金专户,并做好风险抵押金与市场化风险分担机制的过渡衔接工作"。安全生产责任保险,是指保险机构对投保的生产经营单位发生的生产安全事故造成的人员伤亡和有关经济损失等予以赔偿,并且为投保的生产经营单位提供生产安全事故预防服务的商业保险。2018年1月1日,由原国家安全生产监督管理总局、中国保险监督管理委员会、财政部联合制定的《安全生产责任保险实施办法》开始施行。该办法共6章30条。其规定煤矿、非煤矿山、危险化学品、烟花爆竹、交通运输、建筑施工、民用爆炸物品、金属冶炼、渔业生产等高危行业领域的生产经营单位应当投保安全生产责任保险。鼓励其他行业领域生产经营单位投保安全生产责任保险。各地区可针对本地区安全生产特点,明确应当投保的生产经营单位。对于上述行业之外的其他生产经营单位,国家鼓励其投保安全生产责任保险。

配套法规及解读

《安全生产责任保险实施办法》(2018年1月1日施行)

第二条 本办法所称安全生产责任保险,是指保险机构对投保的生产经营单位发生的生产安全事故造成的人员伤亡和有关经济损失等予以赔偿，并且为投保的生产经营单位提供生产安全事故预防服务的商业保险。

第三条　按照本办法请求的经济赔偿，不影响参保的生产经营单位从业人员（含劳务派遣人员，下同）依法请求工伤保险赔偿的权利。

第五条　安全生产责任保险的保费由生产经营单位缴纳，不得以任何方式摊派给从业人员个人。

第六条　煤矿、非煤矿山、危险化学品、烟花爆竹、交通运输、建筑施工、民用爆炸物品、金属冶炼、渔业生产等高危行业领域的生产经营单位应当投保安全生产责任保险。鼓励其他行业领域生产经营单位投保安全生产责任保险。各地区可针对本地区安全生产特点，明确应当投保的生产经营单位。

对存在高危粉尘作业、高毒作业或其他严重职业病危害的生产经营单位，可以投保职业病相关保险。

对生产经营单位已投保的与安全生产相关的其他险种，应当增加或将其调整为安全生产责任保险，增强事故预防功能。

第七条　承保安全生产责任保险的保险机构应当具有相应的专业资质和能力，主要包含以下方面：

（一）商业信誉情况；

（二）偿付能力水平；

（三）开展责任保险的业绩和规模；

（四）拥有风险管理专业人员的数量和相应专业资格情况；

（五）为生产经营单位提供事故预防服务情况。

第八条　根据实际需要，鼓励保险机构采取共保方式开展安全生产责任保险工作。

第九条　安全生产责任保险的保险责任包括投保的生产经营单位的从业人员人身伤亡赔偿，第三者人身伤亡和财产损失赔偿，事故抢险救援、医疗救护、事故鉴定、法律诉讼等费用。

保险机构可以开发适应各类生产经营单位安全生产保障需求的个性化保险产品。

第十条　除被依法关闭取缔、完全停止生产经营活动外，应当投保安全生产责任保险的生产经营单位不得延迟续保、退保。

第十一条 制定各行业领域安全生产责任保险基准指导费率,实行差别费率和浮动费率。建立费率动态调整机制,费率调整根据以下因素综合确定:

(一)事故记录和等级:费率调整根据生产经营单位是否发生事故、事故次数和等级确定,可以根据发生人员伤亡的一般事故、较大事故、重大及以上事故次数进行调整。

(二)其他:投保生产经营单位的安全风险程度、安全生产标准化等级、隐患排查治理情况、安全生产诚信等级、是否被纳入安全生产领域联合惩戒"黑名单"、赔付率等。

各地区可以参考以上因素,根据不同行业领域实际情况进一步确定具体的费率浮动。

第十二条 生产经营单位投保安全生产责任保险的保障范围应当覆盖全体从业人员。

第十五条 保险机构应当严格按照合同约定及时赔偿保险金;建立快速理赔机制,在事故发生后按照法律规定或者合同约定先行支付确定的赔偿保险金。

生产经营单位应当及时将赔偿保险金支付给受伤人员或者死亡人员的受益人(以下统称受害人),或者请求保险机构直接向受害人赔付。生产经营单位怠于请求的,受害人有权就其应获赔偿部分直接向保险机构请求赔付。

第十六条 同一生产经营单位的从业人员获取的保险金额应当实行同一标准,不得因用工方式、工作岗位等差别对待。

第十七条 各地区根据实际情况确定安全生产责任保险中涉及人员死亡的最低赔偿金额,每死亡一人按不低于30万元赔偿,并按本地区城镇居民上一年度人均可支配收入的变化进行调整。

对未造成人员死亡事故的赔偿保险金额度在保险合同中约定。

※法规解读:根据本办法的规定,煤矿、非煤矿山、危险化学品、烟花爆竹、交通运输、建筑施工、民用爆炸物品、金属冶炼、渔业生产等高危行业领域的生产经营单位应当投保安全生产责任保险。鼓励其他行业领域生产经营单位投保安全生产责任保险。各地区可针对本地区安全生产特点,明确应当投保的生产经营单位。

本办法还明确了工伤保险赔偿权利与安全生产责任保险之间的关系。按照本办法的规定请求的经济赔偿,不影响参保的生产经营单位从业人员(含劳务派遣人员)依法请求工伤保险赔偿的权利。

安全生产责任保险的保险责任包括投保的生产经营单位的从业人员人身伤亡赔偿，第三者人身伤亡和财产损失赔偿，事故抢险救援、医疗救护、事故鉴定、法律诉讼等费用。

生产经营单位应当及时将赔偿保险金支付给受伤人员或者死亡人员的受益人，或者请求保险机构直接向受害人赔付。生产经营单位怠于请求的，受害人有权就其应获赔偿部分直接向保险机构请求赔付。

关联法规索引

《工伤保险条例》；《安全生产责任保险实施办法》；《工伤预防费使用管理暂行办法》；国务院《关于进一步加强安全生产工作的决定》

典型案例

中国平安财产保险股份有限公司宁夏分公司固原中心支公司与固原经济开发区宝源建材有限公司保险合同纠纷再审民事纠纷案[1]

争议焦点

平安财保固原支公司应否对涉案事故向被保险人宝源公司承担保险赔偿责任。

案例解读

在保险期间内，被保险人在本保险单载明的地点范围内依法从事生产、经营、储存等活动过程中，因意外事故造成其雇员或者第三者人身伤亡，且经县级以上安全生产监督管理部门认定为生产安全事故，依照中华人民共和国法律（不包括港澳台地区法律）应由被保险人承担的经济赔偿责任，保险人依照保险合同约定负责赔偿。这里的“第三者”是指雇员之外的第三人。在列明投保的雇员名单之后，未列入名单的雇员属于第三者。保险人只对被保险人给第三者造成的损害承担赔偿责任，第三者伤亡非被保险人的生产安全事故造成的，保险人不承担责任保险金的赔付。

〔1〕 案号：(2018)宁民再52号。

第三章　从业人员的安全生产权利义务

本章介绍

本章是关于从业人员安全生产权利义务的规定，共计 10 条。《安全生产法》中的从业人员是一个含义非常广泛的概念，既包括主要负责人，也包括劳务派遣人员，还包括不合法的用工关系中的“劳动者”。劳动合同中应当载明有关保障从业人员劳动安全、防止职业危害的事项，以及依法为从业人员办理工伤保险的事项，生产经营单位与从业人员签订的“生死协议”无效。从业人员享有安全生产知情权、建议权、紧急处置权、获得赔偿权等安全权利，但同时也要承担服从安全管理、接受安全生产教育培训、发现事故隐患和不安全因素时要报告等义务。

第五十二条　【劳动合同中的安全条款】生产经营单位与从业人员订立的劳动合同，应当载明有关保障从业人员劳动安全、防止职业危害的事项，以及依法为从业人员办理工伤保险的事项。

生产经营单位不得以任何形式与从业人员订立协议，免除或者减轻其对从业人员因生产安全事故伤亡依法应承担的责任。

条文解读

本法第 52 条是关于劳动合同中安全必备事项以及禁止性约定的规定。

1. 劳动合同中必备的安全事项

根据《劳动合同法》的规定，劳动合同是劳动者与用人单位确立劳动关系、明确双方权利和义务的协议。建立劳动关系应当订立劳动合同。用人单位招用劳动者时，应当如实告知劳动者工作内容、工作条件、工作地点、职业危害、安全生产状况、劳动报酬，以及劳动者要求了解的其他情况；用人单位有权了解劳动者与劳动合同直接相关的基本情况，劳动者应当如实说明。劳动合同应当具备以下条款：(1)用人单位的名称、住所和法定代表人或者主要负责人；(2)劳动者的姓名、住址和居民身份证或者其他有效身份证件号码；(3)劳动合同期限；(4)工作内容和工作地点；(5)工作时间和休息休假；(6)劳动报酬；(7)社会保险；(8)劳动保护、劳动条件和职业危害防护；(9)法律、法规规定应当纳入劳动合同的其他事项。劳动合同除前述规定的必备条款外，用人单位与劳动者可以约定试用期、培训、保守秘密、补充保险和福利待遇等其他事项。《劳动法》第 19 条也规定，劳动合同应该以书面形式订立，并具备劳动保护和劳动条件条款。《安全生产法》第 52 条第 1 款的规定，是对《劳动法》《劳动合同法》相关规定的进一步深化，明确要求“生产经营单位与从业人员订立的劳动合同，应当载明有关保障从业人员劳动安全、防止职业危害的事项，以及依法为从业人员办理工伤保险的事项”。本款规定属于强制性规定，用人单位不能违反。

2. 禁止性约定

实践中，有大量高危行业的用人单位与劳动者订立劳动合同时，约定“工伤概不负责”或者“生死合同”。早在 1988 年 10 月最高人民法院《关于雇工合同“工伤概不负责”是否有效的批复》(已失效)中就明确：“对劳动者实行劳动保护，在我国宪法中已有明文规定，这是劳动者所享有的权利。张学珍、徐广秋身为雇主，对雇员理应依法给予劳动保护，但他们却在招工登记表中注明‘工伤概不负责’。这种行为既不符合宪法和有关法律的规定，也严重违反了社会主义公德，应属于无效的民事行为。”《劳动合同法》第 26 条规定，用人单位免除自己的法定责任、排除劳动者权利的约定无效。《安全生产法》第 52 条第 2 款的规定是对上述规定的进一步明确。本款规定的含义如下：其一，订立这种合同违法，属于法律禁止的合同或者合同条款。其二，无论是生产经营单位采取单独订立协议还是在劳动合同中用条款特别约定等何种形式，“免除或者减轻其对从业人员因生产安全事故伤亡依法应承担的责任”都在禁止的行列。其三，订立了这种合同或者合同条款的，合同或者合同条款无效，不免除生产经营单位的赔偿责任。根据《安全生产法》第 106 条的规定，生产经营单位与从业人员订立协议，免除或者减轻其对从业人员因生产安全事故伤亡依法应承担的责任的，该协议无效；对生产经营单位的主要负责人、个人经营的投资人处 2 万元以上 10 万元以下的罚款。

关联法规索引

《安全生产法》第 106 条;《劳动合同法》第 8、26 条;《劳动法》第 16、18、19 条

典型案例

王某江与南京倍立达欧陆装饰艺术工程有限公司等提供劳务者受害责任纠纷案[1]

争议焦点

上诉人倍立达公司与原审被告田某签订《GRC 构件安装施工承包合同》中关于“包干单价 95 元/平方米包含现场施工人员工伤与意外伤害保险费用”的约定是否有效。

案例解读

工程承包企业在内部承包合同中约定将劳动者工伤风险转给实力有限的自然人承担,该约定损害劳动者合法权益,属无效约定。生产经营单位将生产经营项目、场所、设备发包或者出租给不具备安全生产条件或者相应资质的单位或者个人的,责令限期改正,没收违法所得;违法所得 10 万元以上的,并处违法所得 2 倍以上 5 倍以下的罚款;没有违法所得或者违法所得不足 10 万元的,单处或者并处 10 万元以上 20 万元以下的罚款;对其直接负责的主管人员和其他直接责任人员处 1 万元以上 2 万元以下的罚款;导致发生生产安全事故给他人造成损害的,与承包方、承租方承担连带赔偿责任。本案中,南京倍立达欧陆装饰艺术工程有限公司将其工程承包给没有资质的自然人,应当与承包方对受害人的损失承担连带责任。

第五十三条 【从业人员的知情权和建议权】生产经营单位的从业人员有权了解其作业场所和工作岗位存在的危险因素、防范措施及事故应急措施,有权对本单位的安全生产工作提出建议。

〔1〕 案号:(2016)黑 12 民终 586 号。

条文解读

本法第53条是关于从业人员知情权和建议权的规定。

从业人员的知情权是指生产经营单位应当通过教育培训以及相应的告知措施等，使从业人员了解作业场所和工作岗位存在的危险因素、防范措施以及事故应急措施。由于生产经营活动的特点，不同的生产经营场所具有不同的危险因素，例如，有的作业场所易燃易爆，有的则有毒有害或者具有辐射性。防范措施，是指为了防止、避免危险因素对从业人员人身安全造成危害而应当采取的技术上、操作上的措施。事故应急措施，是指生产经营单位根据本单位实际情况，针对可能发生的事故的类别、性质、特点和范围，制定的事故发生时应当采取的组织、技术措施和其他应急措施。生产经营单位应当使从业人员了解其作业场所和工作岗位存在的危险因素，从业人员只有了解自己的作业场所和工作岗位的危险因素、防范措施和事故应急措施，才能有针对性地采取防范措施和应急措施，防止发生伤亡事故或者罹患职业病。生产经营单位应通过教育培训等方式主动告知以保障从业人员的知情权；从业人员也有权主动了解危险因素、防范措施和事故应急措施。生产经营单位应当如实告知，不得隐瞒，更不得欺骗从业人员。

从业人员是本单位生产经营活动的直接参与者，对本单位安全生产状况等感同身受，其对本单位安全生产工作提出的建议或意见更具有针对性和合理性。因此，从业人员有权就本单位安全生产工作提出建议。生产经营单位对从业人员提出的建议，应当认真研究，合理的应当采纳，不合理的应当说明理由。

关联法规索引

《安全生产法》第44条

第五十四条 【批评、检举、控告、拒绝权】从业人员有权对本单位安全生产工作中存在的问题提出批评、检举、控告；有权拒绝违章指挥和强令冒险作业。

生产经营单位不得因从业人员对本单位安全生产工作提出批评、检举、

控告或者拒绝违章指挥、强令冒险作业而降低其工资、福利等待遇或者解除与其订立的劳动合同。

条文解读

本法第54条是关于从业人员批评、检举、控告以及拒绝违章指挥和强令冒险作业的权利的规定。

1. 从业人员有权对本单位安全生产工作中存在的问题提出批评、检举、控告

从业人员直接从事生产经营活动，对生产经营单位安全生产工作中存在的问题有最直观的感受。所以，赋予从业人员对本单位安全生产工作中存在的问题提出批评的权利，有利于从业人员对安全生产工作进行监督，使生产经营单位主管人员能经常倾听群众意见，不断改进安全生产工作。如果生产经营单位拒绝批评，不改正问题，从业人员有权向负有安全生产监督管理职责的部门等检举和控告。对于从业人员的检举、控告，有关部门应当查清事实，认真处理，任何人不得压制和打击报复。检举、控告人不愿公开自己姓名的，有关部门应当采取切实可行的措施，为其保密。

2. 从业人员有权拒绝违章指挥和强令冒险作业

生产经营单位违章指挥、强令冒险作业，违背了“预防为主、安全第一”的方针，侵犯了从业人员的合法权益，是严重的违法行为，从业人员有权拒绝违章指挥和强令冒险作业。违章指挥，是指生产经营单位有关管理人员违反有关安全生产的法律、法规和有关规章制度、安全操作规程的规定，指挥生产经营活动；强令冒险作业，是指生产经营单位有关管理人员明知开始或者继续作业会有重大危险，仍然强迫从业人员进行作业的行为。

3. 生产经营单位不得对从业人员进行打击报复

生产经营单位不得对从业人员行使批评、检举、控告以及拒绝违章指挥和强令冒险作业权利的行为进行打击报复。具体包括：一是不得降低从业人员的工资、福利等待遇；二是不得解除劳动合同。生产经营单位因从业人员行使上述权利而对其进行打击报复的，应依法承担相应的法律责任。

关联法规索引

《安全生产领域举报奖励办法》;《刑法》第134条第2款

第五十五条　【紧急撤离权】 从业人员发现直接危及人身安全的紧急情况时,有权停止作业或者在采取可能的应急措施后撤离作业场所。

生产经营单位不得因从业人员在前款紧急情况下停止作业或者采取紧急撤离措施而降低其工资、福利等待遇或者解除与其订立的劳动合同。

条文解读

本法第55条是关于从业人员紧急撤离权的规定。

1. 从业人员的紧急撤离权

紧急撤离权是指从业人员发现直接危及人身安全的紧急情况时,有权停止作业或者在采取可能的应急措施后撤离作业场所的权利。法律规定从业人员紧急撤离权的目的是保护从业人员的人身安全。紧急撤离权必须在“紧急”情形下行使,紧急是指“发现直接危及人身安全的紧急情况”,即从业人员发现直接危及人身安全的紧急情况,如果不撤离会对其生命安全和健康造成直接的威胁。实践中,如何判断“紧急”,需要根据具体情况来判断。紧急撤离权的行使有两种方式:一是停止作业马上撤离作业场所;二是在采取可能的应急措施后撤离作业场所。实践中,什么是“可能的应急措施”应综合具体情况来作出判断。紧急撤离权的权利主体是从业人员,其无须征得有关负责人同意。

2. 对从业人员紧急撤离权的保护

生产经营单位不得因从业人员在第1款规定的紧急情况下停止作业或者采取紧急撤离措施而降低其工资、福利等待遇或者解除与其订立的劳动合同。生产经营单位如果降低从业人员的工资、福利等待遇或者解除与其订立的劳动合同,则该类行为归于无效,对降低的工资要给从业人员补发,对福利予以恢复。解除合同的行为无效,原劳动合同依然具有法律效力。

第五十六条 【损害赔偿请求权】生产经营单位发生生产安全事故后，应当及时采取措施救治有关人员。

因生产安全事故受到损害的从业人员，除依法享有工伤保险外，依照有关民事法律尚有获得赔偿的权利的，有权提出赔偿要求。

条文解读

本法第56条是关于生产经营单位及时救治义务以及从业人员损害赔偿请求权的规定。

1. 生产经营单位的救治义务

事故发生后，生产经营单位应立即启动并实施应急预案。在救援过程中，有伤者从矿山井下等事故现场被救出后，应当立即采取措施救助伤员，这对减少生产安全事故伤亡具有重要意义。实践中，有些生产经营单位主要负责人怕被追究责任，私自藏匿受害者，使受害者得不到及时抢救而死亡或伤残。因此，2021年修改《安全生产法》特设本条第1款，明确“生产经营单位发生生产安全事故后，应当及时采取措施救治有关人员”。生产经营单位没有采取措施救治有关人员的，应承担民事责任、行政责任甚至刑事责任。

2. 从业人员的人身损害赔偿请求权

因生产安全事故造成损害的，除了享有工伤损害赔偿之外，如果符合其他民事法律规定的情形的，有权按其规定提出损害赔偿请求。一旦发生工伤事故或者第三人侵权致害，受害人依据上述法律、法规获得社会保险金赔付之后，再基于侵权而对用人单位或第三人主张损害赔偿请求权时，在确定用人单位或侵权人赔偿数额时，是否需要扣除社会保险金，是我国目前实务界普遍关注的问题。一般认为，在第三人侵权时，从业人员要求第三人赔偿的，一般不扣除工伤赔偿金。但在从业人员要求用人单位赔偿时，法院判决不同。本书认为，从工伤保险制度目的来看，工伤保险具有责任保险的性质，保险金一旦被给付，用人单位即在此补偿额度内被免除，当民法上的损害赔偿额超过工伤补偿额时，用人单位必须对超过部分进行赔偿。工伤保险之费用，多由用人单位承担，其当然享有支付工伤保险费所获得之利益，就工伤保险赔付金予以抵扣，也符合民法上的公平原则。所以，在要求用人单位赔偿时，应扣除工伤保险金。

配套法规及解读

最高人民法院《关于审理人身损害赔偿案件适用法律若干问题的解释》(2020年12月23日修正)

第三条　依法应当参加工伤保险统筹的用人单位的劳动者,因工伤事故遭受人身损害,劳动者或者其近亲属向人民法院起诉请求用人单位承担民事赔偿责任的,告知其按《工伤保险条例》的规定处理。

因用人单位以外的第三人侵权造成劳动者人身损害,赔偿权利人请求第三人承担民事赔偿责任的,人民法院应予支持。

※法规解读:一、工伤保险赔付之后,受害人能否向用人单位主张损害赔偿请求权

依据最高人民法院《关于审理人身损害赔偿案件适用法律若干问题的解释》第3条规定,工伤者按照《工伤保险条例》之规定,享有工伤保险请求权。《安全生产法》第56条第2款规定:"因生产安全事故受到损害的从业人员,除依法享有工伤保险外,依照有关民事法律尚有获得赔偿的权利的,有权提出赔偿要求。"从上述规定来看,依法应当参加工伤保险统筹的用人单位的劳动者,因工伤事故遭受人身损害,劳动者或者其近亲属应首先按照《工伤保险条例》之规定,主张工伤保险赔付。工伤保险赔付之后,受害人能否向用人单位主张损害赔偿请求权?如果可以向用人单位主张损害赔偿请求权,用人单位能否主张"损益相抵",扣除工伤保险赔偿金?针对上述两个问题,理论界主要有择一说、补充说、聚合说等。通过对人民法院相关裁判案例的分析,在我国实践中,主要有唯一说、损害赔偿请求权补充说。

1. 唯一说

唯一说认为,发生工伤的,受害者只能根据《工伤保险条例》之规定,主张工伤赔付而不能要求用人单位承担侵权责任。在张某勇与湖北荆洪生物科技股份有限公司生命权、健康权、身体权纠纷案,[1]滕某文因与中天建设集团有限公司、杭州稳顺电梯销售有限公司纠纷案[2]等案件中,人民法院认为,发生工伤事故,属于用人单位责任的,工伤职工应当按照《工伤保险条例》的规定享受工伤保险待遇,虽然2014年《安全生产法》第53条规定,因生产安全事故受到损害的从业人员,除依法

〔1〕 参见湖北省高级人民法院民事裁定书(2015)鄂民申字第02605号。
〔2〕 参见浙江省高级人民法院民事判决书(2017)浙民再47号。

享有工伤保险外,依照"有关民事法律"尚有获得赔偿的权利的,有权向本单位提出赔偿要求。但现行民事法律并未规定受害者享有获得赔偿的权利。且2003年最高人民法院《关于审理人身损害赔偿案件适用法律若干问题的解释》第11条第3款明确规定,"属于《工伤保险条例》调整的劳动关系和工伤保险范围的,不适用本条规定"。所以,发生工伤事故造成人身损害的,受害人只能要求工伤赔偿,而不能向用人单位主张损害赔偿,也就不涉及工伤保险金的损益相抵问题。

2. 损害赔偿请求权补充说

损害赔偿请求权补充说认为,工伤保险请求权和损害赔偿请求权并存,工伤者在主张工伤保险请求权获得赔偿后,如果还有其他损失的,可以向用人单位主张损害赔偿请求权。但因对2014年《安全生产法》第53条的理解不同,法院在不同的案件中,作出了不同的判决。在冉某与深圳巴士集团股份有限公司生命权、健康权、身体权纠纷案[1]和张某林与鸿富晋精密工业(太原)有限公司劳动争议案[2]等案件中,虽然没有安监部门对生产安全事故的认定,但人民法院仍根据《安全生产法》第53条的规定,在对工伤保险赔付金扣除后,支持了受害者对用人单位就其他经济损失和精神损害赔偿的侵权损害赔偿请求,这实际上承认了工伤保险赔付金的损益相抵。

广东省各地法院根据广东省高级人民法院、广东省劳动争议仲裁委员会《关于审理劳动人事争议案件若干问题的座谈会纪要》第5条[3]认为,受害者要求用人单位赔偿损失的范围限于精神损害赔偿,且受害人需要提供证据证明因"生产安全事故"导致工伤,否则难以得到法院支持,例如,唐某与艺升宝石工艺品(深圳)有限公司生命权、健康权、身体权纠纷案[4]等。在清远市清新区华威农业科技有限公司与赖某新生命权、健康权、身体权纠纷案[5]中,人民法院在查明存在生产安全事故责任认定的前提下,人民法院支持了受害人的精神损害赔偿请求,而对物质性

---

〔1〕 参见广东省高级人民法院民事裁定书(2016)粤民申1829号。

〔2〕 参见山西省高级人民法院民事裁定书(2018)晋民申630号。

〔3〕 广东省高级人民法院、广东省劳动争议仲裁委员会《关于审理劳动人事争议案件若干问题的座谈会纪要》第5条规定:"劳动者因生产安全事故发生工伤或被诊断患有职业病,劳动者或者其近亲属已享受工伤保险待遇,又依据《最高人民法院关于确定民事侵权精神损害赔偿责任若干问题的解释》的规定向人民法院请求用人单位承担精神损害赔偿责任的,应予支持。"

〔4〕 参见广东省高级人民法院民事裁定书(2016)粤民申1813号。

〔5〕 参见广东省清远市中级人民法院民事判决书(2016)粤18民终672号。

损失则认为属于工伤保险的范畴。当然,在广东省外的其他省市的很多人民法院也认为,如果不存在生产安全事故认定,受害人要求用人单位赔偿精神损失的,通常难以得到法院的支持,例如,胡某于与江苏宏强船舶重工有限公司、杨某一般人格权纠纷案,[1]缪某磊与南京鼎瑞测绘科技有限公司提供劳务者受害责任纠纷案,[2]王某武与连云港黄海勘探技术有限公司工伤赔偿纠纷案,[3]张某文与沈阳铸锻工业有限公司劳动争议纠纷案[4]等案件。在重庆南桐矿业有限责任公司与傅某敏、梁某等生命权纠纷案中,人民法院在查明存在生产安全事故责任认定后,支持了受害者的精神损害赔偿请求。因这些判决中没有涉及物质性损失的赔偿,难以得出"损益相抵"的结论。

在确定用人单位赔偿数额时,个人认为,工伤保险赔付金的损益相抵,除了上述法律的逻辑推理之外,还有另外两个重要原因:其一,从工伤保险制度目的来看,工伤保险具有责任保险的性质,保险金一旦被给付,雇佣人的责任即在此补偿额度内被免除,当民法上的损害赔偿额超过灾害补偿额时,雇佣人必须对超过部分进行赔偿。[5] 其二,工伤保险之费用,多由用人单位承担,其当然享有支付工伤保险费所获得之利益,就工伤保险赔付金予以抵扣,也符合民法上的公平原则。

3."生产安全事故"认定不是适用2021年《安全生产法》第56条的前提条件

从表面看,我国《安全生产法》第56条适用的范围限于"生产安全事故",即在被认定为生产安全事故之后,受害者才可以在要求工伤保险赔付之后,再依据其他民事法律的规定,向用人单位主张赔偿。受害者向用人单位主张赔偿的民事法律依据主要有《民法典》、最高人民法院《关于确定民事侵权精神损害赔偿责任若干问题的解释》、最高人民法院《关于审理人身损害赔偿案件适用法律若干问题的解释》等。然而,按照《生产安全事故报告和调查处理条例》第3条的规定来看,因生产安全事故造成轻伤的,则不需要进行事故调查,也就不存在生产安全事故的认定问题。这时,如果将生产安全事故认定作为适用《安全生产法》第56条的前提,实际上是对该条进行了限缩解释,缩小了本条的适用范围,限制了轻伤受害人基于

[1] 参见江苏省高级人民法院民事裁定书(2016)苏民申4749号。
[2] 参见江苏省高级人民法院民事裁定书(2016)苏民申3728号。
[3] 参见江苏省高级人民法院民事裁定书(2016)苏民申1943号。
[4] 参见辽宁省沈阳市中级人民法院民事判决书(2016)辽01民终3797号。
[5] 参见[日]田山辉明:《日本侵权行为法》,顾祝轩、丁相顺译,北京大学出版社2011年版,第19页。

《安全生产法》第56条要求赔偿的权利。生产安全事故造成轻伤的，也属于生产安全事故，这属于事实问题，不能因没有生产安全事故认定就否定了受害人根据《安全生产法》第56条要求赔偿的权利，受害人在工伤赔付之后仍可以根据《安全生产法》第56条之规定要求用人单位对其尚未获得赔偿的部分加以赔偿。例如，在蒂森电梯有限公司北京分公司与杨某祥劳动争议案、[1]北京市西城区少年儿童业余体校与肖某洋劳动争议案[2]两个案件中，北京市第三中级人民法院和北京市第二中级人民法院皆在判决中将2014年《安全生产法》第53条作为相关法律依据，判决由用人单位负担工伤保险赔付之外的医疗费。

二、第三人承担赔偿责任时工伤保险赔偿金能否抵扣

工伤事故之发生由第三人造成时，受害者享有对第三人的损害赔偿请求权，同时也享有工伤保险请求权。在确定第三人赔偿数额时，工伤保险赔偿金是否可损益相抵，在实践中主要形成了三种不同的判决：(1)不能扣除；(2)能够扣除；(3)工伤保险金能否被损益相抵，应区分财产性损失和精神性损失而分别确定。第三种观点在实质上与第二种观点一致，即可以扣除。

1. 工伤保险不能损益相抵的理由

在恩平市全圣陶瓷有限公司与梁某法申请撤销仲裁裁决特别程序民事裁决案、[3]修正药业集团股份有限公司与王某臣劳动争议案[4]等案件中，人民法院认为，第三人导致工伤事故发生的，受害人从工伤保险机构获得的工伤保险金，侵权人不能主张抵扣。主要理由如下：

(1)雇主之外的第三人侵权行为以致伤残死亡者，因工伤保险机构对侵权人无代位行使赔偿请求权之规定，自不得抵扣。[5]

(2)我国立法上并没有禁止工伤保险请求权和侵权损害赔偿请求权的并用。2003年最高人民法院《关于审理人身损害赔偿案件适用法律若干问题的解释》第12条第2款规定："因用人单位以外的第三人侵权造成劳动者人身损害，赔偿权利人请求第三人承担民事赔偿责任的，人民法院应予支持。"根据本条规定，受害人提

[1] 参见北京市第三中级人民法院民事判决书(2018)京03民终2903号。
[2] 参见北京市第二中级人民法院民事判决书(2018)京02民终3556号。
[3] 参见广东省江门市中级人民法院民事裁定书(2017)粤07民特56号。
[4] 参见吉林省高级人民法院民事判决书(2015)吉民提字第23号。
[5] 参见曾隆兴：《详解损害赔偿法》，中国政法大学出版社2004年版，第451页。

出的民事损害赔偿请求与工伤保险请求，属于两个相互独立的请求权，现行法律法规及相关的司法解释并没有规定当事人只能选择其中一种救济方式。且根据民法理论中“法无禁止即允许”的理念，应理解为受侵害者在享有工伤保险救济机制的同时，该条款赋予了受侵权者请求侵权人承担赔偿责任的权利。

(3)工伤保险请求权和损害赔偿请求权属于两种不同性质的权利。根据《工伤保险条例》的规定，用人单位应当为本单位全体职工缴纳工伤保险费，因工伤事故受到人身损害的职工有权获得工伤保险赔偿、享受工伤待遇，它属于社会保障的范畴，属于公法范畴。基于侵权事实的存在，受伤职工作为被侵权人，与侵权人之间形成了侵权之债的法律关系，有权向侵权人主张人身损害赔偿，属于私法范畴。第三人侵权赔偿与工伤赔偿机制，是两种不同的赔偿机制，源于不同的法律关系，两份赔偿款的法律性质不同，相应的内容不能相互减除，受害人即使得到双份重合赔偿，亦于法不悖。

(4)财产保险实行“损益相抵”原则，财产损失多少赔偿多少，不能重复获赔，而人身保险则不适用“损益相抵”原则，所以工伤保险对人身损害的赔偿是无条件的，体现了对人身损害最大限度保护的精神。

2. 工伤保险能够损益相抵的理由

在张某、中国电信股份有限公司合肥分公司与国网安徽省电力公司合肥供电公司、皖能合肥发电有限公司、合肥发电厂、安徽省通信产业服务有限公司、安徽省通信产业服务有限公司国信分公司、合肥四方通信有限责任公司侵权责任纠纷案，[1]黄某伟、黄某付健康权纠纷案，[2]向某亮、浙江东阳建工集团有限公司物件脱落、坠落损害责任纠纷案，[3]王某成等诉侍某飞机动车交通事故责任纠纷案，[4]日立电梯(中国)有限公司湖南分公司与湘潭湘军建设有限公司追偿权纠纷案[5]等案件中，人民法院认为，第三人造成工伤事故，在确定第三人赔偿数额时，应扣除工伤保险机构支付的工伤保险金。该种观点认为，2003 年最高人民法院《关于审理人身损害赔偿案件适用法律若干问题的解释》第 12 条规定，虽然没有明确工伤

〔1〕 参见安徽省合肥市中级人民法院民事判决书(2015)合民一终字第 00939 号。
〔2〕 参见福建省南平市中级人民法院民事判决书(2014)南民终字第 1002 号。
〔3〕 参见广东省云浮市中级人民法院民事判决书(2016)粤 53 民终 257 号。
〔4〕 参见内蒙古自治区阿拉善盟中级人民法院民事判决书(2016)内 29 民终 199 号。
〔5〕 参见湖南省株洲市中级人民法院民事判决书(2014)株中法民一终字第 85 号。

保险请求权与侵权损害赔偿请求权之间的关系，但根据我国民法损益相抵原则，受害人不得基于同一法律事实获得重复赔偿。受害人主张工伤保险赔偿并获得工伤保险赔偿之后，其因遭受的损失依法得到了“填平”，因此不能基于本次事故再向侵权人主张侵权责任，否则受害人将因侵权而受益。但侵权人对于受害人的受伤的确存在过错，如不依法承担侵权责任，有悖公平原则，因此，应赋予社会保险机构向第三人追偿的权利。

3. 工伤保险有限制的损益相抵的理由

在宗某海与枣庄市安城水泥有限公司劳动争议案、〔1〕林某伟与陈某义、玉林市玉州区陈氏货运服务部劳动争议案、〔2〕蔡某春与长春市绿园区环境卫生保洁管理处劳动争议案〔3〕等案件中，人民法院在区分财产性损失和精神性损失后分别确定是否适用损益相抵。在性质相同的物质性赔偿项目上，因工伤保险进行了赔付，所以无法兼得工伤保险待遇与侵权赔偿，但对精神性损失的补偿不可以抵扣。具体而言，医疗费用、伙食补助费、停工留薪期间的护理费、停工留薪期间的工资、鉴定费用等直接财产性损失，应该适用损益相抵规则，即工伤保险机构已经支付了上述直接财产性损失的，在确定侵权人的赔偿责任时，应当予以扣除。但对于一次性伤残补助金或者一次性死亡补助金，基于人身无价的原则，其仍可重复受偿。

受害者在主张工伤保险后，仍有其他经济损失，也属正常，如超出工伤保险诊疗项目目录、工伤保险药品目录、工伤保险住院服务标准而支出的医疗费。这部分医疗费由用人单位承担还是工伤职工自负，当前法律法规未作出直接明确的规定。之所以有些法院认为应当由用人单位赔偿，而有些法院认为应当由受害者自己承担，问题的主要症结在于对2003年最高人民法院《关于审理人身损害赔偿案件适用法律若干问题的解释》第11条第3款理解上的分歧。该款规定，“属于《工伤保险条例》调整的劳动关系和工伤保险范围的，不适用本条规定”。该款仅说明工伤保险请求权的优先性，即受害者应依据《工伤保险条例》之规定主张工伤保险赔付。对于超过工伤保险范围的损失，受害者仍可以依据本条第1款的规定，要求用人单位赔偿损失，但在赔偿损失时，应当扣除工伤保险范围内的损失，即本条之规定尚隐含了工伤保险金的损益相抵规则。所以，在蒂森电梯有限公司北京分公司与杨

〔1〕 参见山东省枣庄市中级人民法院民事判决书(2014)枣民五终字第247号。
〔2〕 参见广西壮族自治区玉林市中级人民法院民事判决书(2014)玉中民二终字第40号。
〔3〕 参见吉林省长春市中级人民法院民事判决书(2015)长民五终字第300号。

某祥劳动争议案、[1]北京市西城区少年儿童业余体校与肖某洋劳动争议案[2]两个案件中，北京市第三中级人民法院和北京市第二中级人民法院在判决中详细分析了工伤保险立法精神、相关法律和司法解释，并运用法理逻辑对案件进行了综合的体系考量，判决由用人单位负担超过工伤保险赔付范围之外的医疗费，非常值得法学实务者和研究者认真研判。

典型案例

王某华、陈某工伤保险待遇纠纷案[3]

争议焦点

受害人能否同时主张工伤保险与侵权赔偿。

案例解读

工伤保险待遇与侵权赔偿责任竞合时，如劳动者执行任务时因第三人原因受伤，一方面可依据《民法典》向侵权人请求损害赔偿，另一方面可依据《工伤保险条例》请求保险给付，两者请求权基础不同，归责原则和权利的保护范围不同，互不排斥。工伤保险实行无过错责任原则，只要发生工伤，单位和职工履行了缴纳工伤保险费用的义务，就应享有工伤保险待遇。除医疗费等直接费用之外，劳动者可以在有限范围内获得双重赔偿。

第五十七条　【服从安全管理义务】从业人员在作业过程中，应当严格落实岗位安全责任，遵守本单位的安全生产规章制度和操作规程，服从管理，正确佩戴和使用劳动防护用品。

条文解读

本法第57条是关于从业人员安全生产义务的规定。

〔1〕 参见(2018)京03民终2903号。
〔2〕 参见(2018)京02民终3556号。
〔3〕 案号:(2018)川民再787号。

从业人员在作业过程中的安全生产义务主要包括：

一是严格落实岗位安全责任。生产经营单位建立健全全员安全生产责任制，“全员”包括从主要负责人到普通作业人员的一切从业人员，从业人员要严格落实自己的岗位安全责任，否则要承担相应的法律责任。

二是从业人员在作业过程中应当遵守本单位的安全生产规章制度和操作规程，服从管理。生产经营单位的安全生产规章制度和操作规程是保证劳动者的安全和健康，保证生产活动顺利进行的手段，没有健全和严格执行的安全生产规章制度和操作规程，生产经营单位的安全生产就没有保障。所以，生产经营单位的从业人员在作业过程中应当遵守本单位的安全生产规章制度和操作规程，服从管理。这样才能保证生产经营单位的活动安全、有序地进行。

三是从业人员在作业过程中，应当正确佩戴和使用劳动防护用品。劳动防护用品在劳动过程中是必不可少的装备，应该佩戴但不佩戴或者佩戴错误的，劳动防护用品就起不到保护作用。实践中，因从业人员不佩戴或不正确佩戴和使用劳动防护用品而导致受到伤害的现象普遍存在。因此，本条明确将从业人员在作业过程中正确佩戴和使用劳动防护用品作为一项义务。从业人员未按规定佩戴和使用劳动防护用品的，不得上岗作业。

配套法规及解读

《民法典》(2021年1月1日施行)

第一千一百七十三条 被侵权人对同一损害的发生或者扩大有过错的，可以减轻侵权人的责任。

※法规解读：《民法典》第1173条是关于被侵权人与有过错的规定。与有过错也称过失相抵，是指被害人对损害的发生或损害结果扩大也有过错的，可以减轻侵权人赔偿责任的一种制度。与有过错作为损害赔偿制度中公平分担损失的一种规则，无论损害赔偿所发生的法律关系的基础如何，均可适用，它是侵权损害赔偿和违约损害赔偿的通用规则。

原《民法通则》、2003年最高人民法院《关于审理人身损害赔偿案件适用法律若干问题的解释》都曾经对与有过错作出过相关规定。2009年《民法通则》第131条规定：“受害人对于损害的发生也有过错的，可以减轻侵害人的民事责任。”2003

年最高人民法院《关于审理人身损害赔偿案件适用法律若干问题的解释》第2条规定："受害人对同一损害的发生或者扩大有故意、过失的，依照民法通则第一百三十一条的规定，可以减轻或者免除赔偿义务人的赔偿责任。但侵权人因故意或者重大过失致人损害，受害人只有一般过失的，不减轻赔偿义务人的赔偿责任。适用民法通则第一百零六条第三款规定确定赔偿义务人的赔偿责任时，受害人有重大过失的，可以减轻赔偿义务人的赔偿责任。"（本条被2020年最高人民法院《关于审理人身损害赔偿案件适用法律若干问题的解释》废止）原《侵权责任法》第26条规定："被侵权人对损害的发生也有过错的，可以减轻侵权人的责任。"《民法典》第1173条在借鉴原《侵权责任法》第26条的基础上，规定："被侵权人对同一损害的发生或者扩大有过错的，可以减轻侵权人的责任。"《民法典》的变化主要有三个方面：一是将"损害"限于"同一损害"；二是删除了原《侵权责任法》第26条中的"也"字；三是增加了"对同一损害的扩大有过错的"情形。由此可见，根据我国《民法典》，受害人对于损害的发生，具有主观过错的，应当减轻侵权人的责任。

1. 与有过错的适用范围

有人指出，与有过错中的"与"指的是侵权人与被侵权人双方，该制度是双方均有过错的情况下如何承担责任。实际上，行为人无过错但依法需要承担过错责任时，与有过错规则也可以适用，除非法律在无过错责任中明确规定了特殊免责事由。例如，《民法典》第1246条规定："违反管理规定，未对动物采取安全措施造成他人损害的，动物饲养人或者管理人应当承担侵权责任；但是，能够证明损害是因被侵权人故意造成的，可以减轻责任。"也就是说，如果损害是由受害人的过失，哪怕是重大过失造成的，也不能依据《民法典》第1173条减轻动物饲养人或者管理人的责任。

2. 与有过错的适用规则

适用与有过错的，应遵循以下规则：一是被侵权人因侵权行为受到损害；二是被侵权人对同一损害的发生或者损害结果的扩大具有过错，这里的"同一损害"是指与侵权人造成的损害在性质上相同；三是与有过错的法律效果是根据受害人的过错减轻侵权人的损害赔偿责任，在对受害人的损害中，受害人和行为人成立按份责任。

受害人对同一损害的发生或者扩大有过错的，可以减轻侵权人的责任，是否要减轻侵权人的责任，应结合受害人的过错、侵权人的过错等确定。因受害人的过错或行为造成损失扩大的，《民法典》在违约责任和侵权责任中分别采取了不同的做法。依据《民法典》第1173条的规定，受害人对同一损害的扩大有过错只是“可以减轻侵权人的责任”，而非对扩大的损失不承担赔偿责任；依据《民法典》第591条的规定，当事人一方违约后，对方应当采取适当措施防止损失的扩大，没有采取适当措施致使损失扩大的，不得就扩大的损失请求赔偿。《民法典》第1173条的规定，显然不利于在损害发生后受害人主动采取措施防止损失扩大。

3. 受害人故意造成损害的责任承担

受害人故意造成损害是指受害人明知自己的行为会发生损害自己权益的后果，而希望或者放任此种结果发生。依据《民法典》第1174条的规定，受害人故意造成损害的，如果受害人故意的行为是造成损害发生唯一原因的，行为人免责。《民法典》第1237、1238条等多条规定都明确将受害人故意作为行为人免责的事由。《民法典》之外，其他法律也将受害人故意作为行为人免责的事由加以规定，例如《道路交通安全法》第76条等。受害人故意造成的“损害”可以是“全部损害”，也可能是“部分损害”，甚至是“扩大的损害”，无论哪种类型的“损害”，只要该损害是由受害人故意造成的，行为人免除全部或者部分责任。所以，《民法典》第1173条中被侵权人的“过错”应解释为过失，而不包括故意。

关联法规索引

《民法典》第1173条

典型案例

袁某军与新余市勇辉新型建材有限公司、易某珠提供劳务者受害责任纠纷案[1]

争议焦点

被侵权人是否应对损失承担一定的责任。

---

〔1〕 案号：(2020)赣0521民初1969号。

案例解读

被侵权人对同一损害的发生或者扩大有过错的,可以减轻侵权人的责任。从业人员在作业过程中,应当严格遵守本单位的安全生产规章制度和操作规程,服从管理,正确佩戴和使用劳动防护用品,否则,其对损害的发生就存在一定过错。本案中,原告袁某军系从事工棚维修,在安装作业中忽视自身安全,存在过失,应减轻赔偿义务人责任,故原告袁某军亦应承担相应的损失。

第五十八条 【接受安全生产教育培训义务】从业人员应当接受安全生产教育和培训,掌握本职工作所需的安全生产知识,提高安全生产技能,增强事故预防和应急处理能力。

条文解读

本法第58条是关于从业人员应当接受安全生产教育培训的规定。

安全生产教育培训是指以提高生产经营单位从业人员的安全素质为目的的教育培训活动。生产经营单位从业人员是指生产经营单位主要负责人、安全生产管理人员、特种作业人员以及其他从业人员。根据本条的规定,从业人员要有主动接受教育培训的安全意识。安全教育培训包括安全意识、安全知识和安全技能教育。安全意识教育包括思想认识教育和劳动纪律教育两个方面内容。安全知识教育主要包括生产经营单位的基本生产概况、生产过程、作业方法或者工艺流程、专业安全技术操作规程、安全防护基本知识和注意事项等。安全技能教育的内容包括设备的性能、作用和一般结构原理、事故预防和处置、设备的使用、维护和维修等。

从业人员的安全教育培训不局限于特定的形式,主要实行"三级"安全教育培训。"三级"培训是指厂(矿)级安全生产教育、车间(工段、区、队)级安全教育、班组级安全教育。通过教育培训,增强从业人员事故预防和应急处理能力。从业人员的不安全行为不但会影响自身的安全,而且会影响生产经营单位以及其他从业人员的生产安全。因此,本条属于强制性规定,从业人员应当接受教育培训。

一般来说,从业人员应当掌握的知识和技能主要包括:有关安全生产的法律、法规以及本单位安全生产规章制度和安全操作规程;本单位厂区布置、特殊危险作业场所的位置、有毒有害因素以及必须遵守的安全事项;劳动防护用品的性能以及正确使用方法;通用安全技术知识;事故预防和应急知识;事故发生时的逃生避险路线等。

关联法规索引

《安全生产法》第28、53条

第五十九条 【事故隐患和不安全因素的报告义务】从业人员发现事故隐患或者其他不安全因素,应当立即向现场安全生产管理人员或者本单位负责人报告;接到报告的人员应当及时予以处理。

条文解读

本法第59条是关于从业人员对事故隐患或者其他不安全因素报告义务的规定。

从业人员直接承担具体的作业活动,更容易发现事故隐患或者其他不安全因素。为确保事故隐患和不安全因素得到及时处理,防止和减少生产安全事故,本条特别规定了从业人员对事故隐患或者其他不安全因素负有报告义务。作为一项义务,从业人员对发现的事故隐患应当立即向现场安全生产管理人员或者本单位负责人报告,不得隐瞒不报。立即,说明从业人员报告事故隐患或者其他不安全因素的实效性,必须在发现时立即报告,不得拖延报告。

接到报告的安全生产管理人员或者负责人,应当"及时"予以处理。对于能够立即消除的事故隐患或者其他不安全危险,应立即消除;对于不能立即消除的,应采取措施限期消除,采取限期消除的,必须确保安全;情况紧急需要暂时停产停业的,要及时作出决定。

第六十条 【工会的监督职责】工会有权对建设项目的安全设施与主体工程同时设计、同时施工、同时投入生产和使用进行监督,提出意见。

工会对生产经营单位违反安全生产法律、法规,侵犯从业人员合法权益的行为,有权要求纠正;发现生产经营单位违章指挥、强令冒险作业或者发现

事故隐患时，有权提出解决的建议，生产经营单位应当及时研究答复；发现危及从业人员生命安全的情况时，有权向生产经营单位建议组织从业人员撤离危险场所，生产经营单位必须立即作出处理。

工会有权依法参加事故调查，向有关部门提出处理意见，并要求追究有关人员的责任。

条文解读

本法第60条是关于工会在安全生产工作中监督职责的规定。

根据本条的规定，工会对安全生产工作的主要监督职责包括：

1. 工会对建设项目安全设施"三同时"的监督权

为了保证安全设施能与主体工程配套，真正发挥作用，我国《安全生产法》第31条规定，"生产经营单位新建、改建、扩建工程项目的安全设施，必须与主体工程同时设计、同时施工、同时投入生产和使用"，这就是《安全生产法》上的"三同时"制度。为确保生产经营单位贯彻"三同时"制度，本条第1款规定："工会有权对建设项目的安全设施与主体工程同时设计、同时施工、同时投入生产和使用进行监督，提出意见。"有关单位对工会提出的意见，应当认真研究处理，并将处理结果书面通知工会。

2. 工会对侵犯从业人员合法权益的行为，有权要求纠正

有些生产经营单位为赶工期、完任务，无视有关安全生产法律、法规，存在较为严重的侵犯从业人员合法权益的行为。这些行为对从业人员造成侵害的同时，也给生产安全埋下祸端。为保护从业人员合法权益，防止生产安全事故发生，本条第2款规定，"工会对生产经营单位违反安全生产法律、法规，侵犯从业人员合法权益的行为，有权要求纠正"。生产经营单位接到工会的要求后，应当依法予以纠正。当然，生产经营单位认为不存在侵犯从业人员权益的违法行为的，应当予以书面说明。

3. 发现生产经营单位违章指挥、强令冒险作业或者发现事故隐患时，有权提出解决的建议，生产经营单位应当及时研究答复

违章指挥、强令冒险作业置事故隐患和从业人员生命安全于不顾，是非常严重的违法行为，所以我国《刑法》规定了强令、组织他人违章冒险作业罪。事故隐患对

生产经营单位的安全生产构成严重威胁。工会作为工人的组织,负有保护工人合法权益的职责,在发现生产经营单位违章指挥、强令冒险作业或者发现事故隐患时,有权提出解决的建议,生产经营单位应当及时研究答复,不得推诿。

4. 工会享有建议紧急撤离的权利

发现危及从业人员生命安全的情况时,有权向生产经营单位建议组织从业人员撤离危险场所,生产经营单位必须立即作出处理。

5. 工会参与事故调查的权利

根据事故的具体情况,事故调查组由有关人民政府、应急管理部门、负有安全生产监督管理职责的有关部门、公安机关以及工会等单位派人组成。所以,工会是事故调查的组成单位之一。工会依法参加事故调查,向有关部门提出对事故处理的意见,并可以在查明事故原因、分清事故责任的基础上,要求追究有关人员的责任。

关联法规索引

《工会法》第 20 ~ 35 条

第六十一条 【被派遣劳动者的权利义务】生产经营单位使用被派遣劳动者的,被派遣劳动者享有本法规定的从业人员的权利,并应当履行本法规定的从业人员的义务。

条文解读

本法第 61 条是关于劳务派遣人员安全生产权利和义务的规定。

劳务派遣是指由劳务派遣单位与派遣劳工订立劳动合同,把劳动者派向其他用工单位,再由其用工单位向派遣单位支付一笔服务费用的一种用工形式。劳务派遣单位派遣劳动者应当与接受以劳务派遣形式用工的单位订立劳务派遣协议。劳务派遣协议应当约定派遣岗位和人员数量、派遣期限、劳动报酬和社会保险费的数额与支付方式以及违反协议的责任。用工单位应当根据工作岗位的实际需要与劳务派遣单位确定派遣期限,不得将连续用工期限分割订立数个短期劳务派遣协议。劳务派遣单位是用人单位,应当履行用人单位对劳动者的义务。劳务派遣单位与被派遣劳动者订立的劳动合同,除应当载明《劳动合同法》第 17 条规定的事项外,还应当载明被派遣劳动者的用工单位以及派遣期限、工作岗位等情况。劳务派遣单位应当与被派遣劳动者订立 2 年以上的固定期限劳动合同,按月支付劳动报酬;被派遣劳动者在无工作期间,劳务派遣单位应当按照所在地人民政府规定的最低工资标准,向其按月支付报酬。劳务派遣单位跨地区派遣劳动者的,被派遣劳动者享有的劳动报酬和劳动条件,按照用工单位所在地的标准执行。劳务派遣中,用工单位应当履行下列义务:(1)执行国家劳动标准,提供相应的劳动条件和劳动保护;(2)告知被派遣劳动者的工作要求和劳动报酬;(3)支付加班费、绩效奖金,提供与工作岗位相关的福利待遇;(4)对在岗被派遣劳动者进行工作岗位所必需的培训;(5)连续用工的,实行正常的工资调整机制。用工单位不得将被派遣劳动者再派遣到其他用人单位。

为解决劳务派遣工同工不同酬、同岗不同权,社保福利待遇低,没有职业培训,职业发展受限等问题,打击违反劳务派遣的临时性、辅助性、替代性的“三性”规定,滥用派遣制度等违法行为问题,作为贯彻落实《劳动合同法》的一项重要举措,人力资源和社会保障部研究起草了《劳务派遣暂行规定》,共 7 章 29 条内容,主要就明确劳务派遣用工比例、辅助性岗位的确定程序、跨地区劳务派遣的社会保险、禁止“假外包真派遣”等重要内容作出了规定。同时,《劳务派遣暂行规定》也对劳动合同、劳务派遣协议的订立、履行、解除和终止以及相应的法律责任等加以明确。有关行政法规、部门规章也对被派遣劳动者的使用作出了明确规定,如国务院办公厅《关于进一步加强煤矿安全生产工作的意见》第 14 条规定,“规范煤矿劳动用工管理。在一定区域内,加强煤矿企业招工信息服务,统一组织报名和资格审查、统一考核、统一签订劳动合同和办理用工备案、统一参加社会保险、统一依法使用劳务派遣用工,并加强监管”。

被派遣劳动者在用工单位因工作遭受事故伤害的,劳务派遣单位应当依法申请工伤认定,用工单位应当协助工伤认定的调查核实工作。劳务派遣单位承担工伤保险责任,但可以与用工单位约定补偿办法。

《安全生产法》第 61 条是在我国《劳动合同法》关于劳务派遣规定的基础上对劳务派遣人员安全生产权利和义务所作的专门规定,凸显了对劳务派遣人员的生命权利的重视和保障。被派遣劳动者享有本法规定的从业人员的权利,具体是指:

(1)生产经营单位与从业人员订立的劳动合同,应当载明有关保障从业人员劳动安全、防止职业危害的事项,以及依法为从业人员办理工伤保险的事项。生产经营单位不得以任何形式与从业人员订立协议,免除或者减轻其对从业人员因生产安全事故伤亡依法应承担的责任。(2)生产经营单位的从业人员有权了解其作业场所和工作岗位存在的危险因素、防范措施及事故应急措施,有权对本单位的安全生产工作提出建议。(3)从业人员有权对本单位安全生产工作中存在的问题提出批评、检举、控告,有权拒绝违章指挥和强令冒险作业。生产经营单位不得因从业人员对本单位安全生产工作提出批评、检举、控告或者拒绝违章指挥、强令冒险作业而降低其工资、福利等待遇或者解除与其订立的劳动合同。(4)从业人员发现直接危及人身安全的紧急情况时,有权停止作业或者在采取可能的应急措施后撤离作业场所。生产经营单位不得因从业人员在前述紧急情况下停止作业或者采取紧急撤离措施而降低其工资、福利等待遇或者解除与其订立的劳动合同。(5)因生产安全事故受到损害的从业人员,除依法享有工伤保险外,依照有关民事法律尚有获得赔偿的权利的,有权向本单位提出赔偿要求。

被派遣劳动者应承担的职责如下:(1)在作业过程中,应当严格遵守本单位的安全生产规章制度和操作规程,服从管理,正确佩戴和使用劳动防护用品。(2)应当接受安全生产教育和培训,掌握本职工作所需的安全生产知识,提高安全生产技能,增强事故预防和应急处理能力。(3)发现事故隐患或者其他不安全因素,应当立即向现场安全生产管理人员或者本单位负责人报告。

配套法规及解读

《劳动合同法》(2012 年 12 月 28 日修正)

第五十七条 经营劳务派遣业务应当具备下列条件:

(一)注册资本不得少于人民币二百万元;

(二)有与开展业务相适应的固定的经营场所和设施;

(三)有符合法律、行政法规规定的劳务派遣管理制度;

(四)法律、行政法规规定的其他条件。

经营劳务派遣业务,应当向劳动行政部门依法申请行政许可;经许可的,依法办理相应的公司登记。未经许可,任何单位和个人不得经营劳务派遣业务。

第五十八条　劳务派遣单位是本法所称用人单位，应当履行用人单位对劳动者的义务。劳务派遣单位与被派遣劳动者订立的劳动合同，除应当载明本法第十七条规定的事项外，还应当载明被派遣劳动者的用工单位以及派遣期限、工作岗位等情况。

劳务派遣单位应当与被派遣劳动者订立二年以上的固定期限劳动合同，按月支付劳动报酬；被派遣劳动者在无工作期间，劳务派遣单位应当按照所在地人民政府规定的最低工资标准，向其按月支付报酬。

第五十九条　劳务派遣单位派遣劳动者应当与接受以劳务派遣形式用工的单位（以下称用工单位）订立劳务派遣协议。劳务派遣协议应当约定派遣岗位和人员数量、派遣期限、劳动报酬和社会保险费的数额与支付方式以及违反协议的责任。

用工单位应当根据工作岗位的实际需要与劳务派遣单位确定派遣期限，不得将连续用工期限分割订立数个短期劳务派遣协议。

第六十条　劳务派遣单位应当将劳务派遣协议的内容告知被派遣劳动者。

劳务派遣单位不得克扣用工单位按照劳务派遣协议支付给被派遣劳动者的劳动报酬。

劳务派遣单位和用工单位不得向被派遣劳动者收取费用。

第六十一条　劳务派遣单位跨地区派遣劳动者的，被派遣劳动者享有的劳动报酬和劳动条件，按照用工单位所在地的标准执行。

第六十二条　用工单位应当履行下列义务：

（一）执行国家劳动标准，提供相应的劳动条件和劳动保护；

（二）告知被派遣劳动者的工作要求和劳动报酬；

（三）支付加班费、绩效奖金，提供与工作岗位相关的福利待遇；

（四）对在岗被派遣劳动者进行工作岗位所必需的培训；

（五）连续用工的，实行正常的工资调整机制。

用工单位不得将被派遣劳动者再派遣到其他用人单位。

第六十三条　被派遣劳动者享有与用工单位的劳动者同工同酬的权利。用工单位应当按照同工同酬原则，对被派遣劳动者与本单位同类岗位的劳动者实行相同的劳动报酬分配办法。用工单位无同类岗位劳动者的，参照用工单位所在地相同或者相近岗位劳动者的劳动报酬确定。

劳务派遣单位与被派遣劳动者订立的劳动合同和与用工单位订立的劳务派遣

协议,载明或者约定的向被派遣劳动者支付的劳动报酬应当符合前款规定。

第六十四条 被派遣劳动者有权在劳务派遣单位或者用工单位依法参加或者组织工会,维护自身的合法权益。

第六十五条 被派遣劳动者可以依照本法第三十六条、第三十八条的规定与劳务派遣单位解除劳动合同。

被派遣劳动者有本法第三十九条和第四十条第一项、第二项规定情形的,用工单位可以将劳动者退回劳务派遣单位,劳务派遣单位依照本法有关规定,可以与劳动者解除劳动合同。

第六十六条 劳动合同用工是我国的企业基本用工形式。劳务派遣用工是补充形式,只能在临时性、辅助性或者替代性的工作岗位上实施。

前款规定的临时性工作岗位是指存续时间不超过六个月的岗位;辅助性工作岗位是指为主营业务岗位提供服务的非主营业务岗位;替代性工作岗位是指用工单位的劳动者因脱产学习、休假等原因无法工作的一定期间内,可以由其他劳动者替代工作的岗位。

用工单位应当严格控制劳务派遣用工数量,不得超过其用工总量的一定比例,具体比例由国务院劳动行政部门规定。

第六十七条 用人单位不得设立劳务派遣单位向本单位或者所属单位派遣劳动者。

※法规解读:用工单位只能在临时性、辅助性或者替代性的工作岗位上使用被派遣劳动者。临时性工作岗位是指存续时间不超过6个月的岗位;辅助性工作岗位是指为主营业务岗位提供服务的非主营业务岗位;替代性工作岗位是指用工单位的劳动者因脱产学习、休假等原因无法工作的一定期间内,可以由其他劳动者替代工作的岗位。用工单位决定使用被派遣劳动者的辅助性岗位,应当经职工代表大会或者全体职工讨论,提出方案和意见,与工会或者职工代表平等协商确定,并在用工单位内公示。

用工单位应当严格控制劳务派遣用工数量,使用的被派遣劳动者数量不得超过其用工总量的10%。用工总量是指用工单位订立劳动合同人数与使用的被派遣劳动者人数之和。计算劳务派遣用工比例的用工单位是指依照《劳动合同法》和《劳动合同法实施条例》可以与劳动者订立劳动合同的用人单位。

劳务派遣单位应当依法与被派遣劳动者订立2年以上的固定期限书面劳动合

同。劳务派遣单位可以依法与被派遣劳动者约定试用期。劳务派遣单位与同一被派遣劳动者只能约定一次试用期。劳务派遣协议应当载明下列内容:“(一)派遣的工作岗位名称和岗位性质;(二)工作地点;(三)派遣人员数量和派遣期限;(四)按照同工同酬原则确定的劳动报酬数额和支付方式;(五)社会保险费的数额和支付方式;(六)工作时间和休息休假事项;(七)被派遣劳动者工伤、生育或者患病期间的相关待遇;(八)劳动安全卫生以及培训事项;(九)经济补偿等费用;(十)劳务派遣协议期限;(十一)劳务派遣服务费的支付方式和标准;(十二)违反劳务派遣协议的责任;(十三)法律、法规、规章规定应当纳入劳务派遣协议的其他事项。”

劳务派遣单位应当对被派遣劳动者履行下列义务:“(一)如实告知被派遣劳动者劳动合同法第八条规定的事项、应遵守的规章制度以及劳务派遣协议的内容;(二)建立培训制度,对被派遣劳动者进行上岗知识、安全教育培训;(三)按照国家规定和劳务派遣协议约定,依法支付被派遣劳动者的劳动报酬和相关待遇;(四)按照国家规定和劳务派遣协议约定,依法为被派遣劳动者缴纳社会保险费,并办理社会保险相关手续;(五)督促用工单位依法为被派遣劳动者提供劳动保护和劳动安全卫生条件;(六)依法出具解除或者终止劳动合同的证明;(七)协助处理被派遣劳动者与用工单位的纠纷;(八)法律、法规和规章规定的其他事项。”

用工单位应当按照《劳动合同法》第62条规定,向被派遣劳动者提供与工作岗位相关的福利待遇,不得歧视被派遣劳动者。

被派遣劳动者在用工单位因工作遭受事故伤害的,劳务派遣单位应当依法申请工伤认定,用工单位应当协助工伤认定的调查核实工作。劳务派遣单位承担工伤保险责任,但可以与用工单位约定补偿办法。被派遣劳动者在申请进行职业病诊断、鉴定时,用工单位应当负责处理职业病诊断、鉴定事宜,并如实提供职业病诊断、鉴定所需的劳动者职业史和职业危害接触史、工作场所职业病危害因素检测结果等资料,劳务派遣单位应当提供被派遣劳动者职业病诊断、鉴定所需的其他材料。

劳务派遣单位跨地区派遣劳动者的,应当在用工单位所在地为被派遣劳动者参加社会保险,按照用工单位所在地的规定缴纳社会保险费,被派遣劳动者按照国家规定享受社会保险待遇。

劳务派遣单位在用工单位所在地设立分支机构的,由分支机构为被派遣劳动者办理参保手续,缴纳社会保险费。劳务派遣单位未在用工单位所在地设立分支机构的，由用工单位代劳务派遣单位为被派遣劳动者办理参保手续，缴纳社会保险费。

关联法规索引

《安全生产法》第52~60条；《劳动合同法》第57~67条；《劳务派遣暂行规定》

典型案例

韩某英与铜陵有色金属集团股份有限公司生命权、健康权、身体权纠纷案[1]

争议焦点

铜陵有色金属集团股份有限公司是否应当赔偿韩某英残疾赔偿金20万元、护理费12万元、精神抚慰金3万元。

案例解读

生产经营单位使用被派遣劳动者的，被派遣劳动者享有《安全生产法》规定的从业人员的权利，并应当履行《安全生产法》规定的从业人员的义务。因生产安全事故受到损害的劳务派遣人员，除依法享有工伤保险外，依照有关民事法律尚有获得赔偿的权利的，有权向接受劳务派遣的生产经营单位提出赔偿要求。所以，铜陵有色金属集团股份有限公司作为生产经营单位对被派遣的劳动者韩某英有侵权赔偿责任。

[1] 案号：(2015)铜中民一终字第00276号。

第四章　安全生产的监督管理

本章介绍

本章共 17 条，是关于安全生产监督管理的规定，明确了安全生产监督检查的执法主体和监督管理的具体职责。本章具体规定了安全生产监督检查职责分工、对涉及安全生产需要审批或验收事项的审批或验收、现场处理权、行政处罚权、执法人员的执法要求、联合监督检查、停止供电等行政强制措施、举报制度、舆论监督制度和建立违法行为信息库等。

第六十二条　【政府职责】县级以上地方各级人民政府应当根据本行政区域内的安全生产状况，组织有关部门按照职责分工，对本行政区域内容易发生重大生产安全事故的生产经营单位进行严格检查。

应急管理部门应当按照分类分级监督管理的要求，制定安全生产年度监督检查计划，并按照年度监督检查计划进行监督检查，发现事故隐患，应当及时处理。

条文解读

本法第 62 条是关于县级以上地方各级人民政府以及应急管理部门对生产经营单位进行监督检查的规定。

1. 县级以上地方各级人民政府的检查

对于生产经营单位安全生产的监督检查，通常由各级人民政府负有安全生产监督管理职责的部门依据法律、法规、规章的规定，在各自的职责范围内进行。但是，为切实保障安全生产，还必须发挥县级以上地方各级人民政府的领导作用，赋予其相应的职责。县级以上地方各级人民政府应当根据本行政区域内的安全生产状况，组织有关部门按照职责分工，对本行政区域内容易发生重大生产安全事故的生产经营单位进行严格检查。

一是组织检查的主体是县级以上地方各级人民政府,包括省、自治区、直辖市人民政府,市(地、州)人民政府和县(市、区)人民政府。国务院和乡镇人民政府虽然没有被本条包括在内,但这并不意味着它们在安全生产监督管理中就没有责任,也不意味着它们不可以组织有关安全生产检查。

二是县级以上地方各级人民政府组织进行的检查,和有关部门在各自职责范围内进行的经常性监督检查不完全相同。其主要体现在以下三点:其一,县级以上地方各级人民政府组织的检查并非一种日常性检查,该类检查"应当根据本行政区域内的安全生产状况"而定。判断安全生产状况,通常考虑本地区生产经营单位的性质等客观情况,本地区生产经营单位的安全生产实际情况,近期内生产安全事故发生情况,时间(如国庆节、春节等关键时间节点)等因素。其二,检查的对象是"本行政区域内容易发生重大生产安全事故的生产经营单位",而不是所有的生产经营单位。其三,县级以上地方各级人民政府负责组织有关部门按照职责分工进行检查,具体检查工作仍由各有关部门按照职责分工进行。

三是检查必须严格。县级以上地方各级人民政府组织有关部门按照职责分工对本行政区域内容易发生重大生产安全事故的生产经营单位进行检查时,不能走过场、讲排场,而是必须严格按照有关安全生产的法律、法规和有关国家标准或者行业标准以及相关安全规程的规定,认真检查。

2. 应急管理部门的监督检查

一是应急管理部门应当按照分类分级监督管理的要求实施监督检查。不同类型的生产经营单位,危险性不同;同一类型的生产经营单位,岗位不同其危险程度也各有差异。应急管理部门安全生产执法力量有限,所以不能"眉毛胡子一把抓",而应分类分级进行监督检查。

分类监管通常以安全风险等级为基本依据,根据生产经营单位行业类别、生产规模及产权权属等,将省、市、县各级行政区域内的生产经营单位,分为重点和一般两个类别。原则上纳入安全许可的生产经营单位均为重点单位,未纳入许可的涉氨制冷、粉尘制爆,以及含有危险化学品使用或储存的工贸领域单位也将列入重点单位;将发现存在重大安全生产隐患和近 3 年发生死亡事故的单位,也纳入市、县重点监管执法范围。

分级监管通常根据生产经营单位分类情况及安全生产工作实际,合理划分省、市、县三级应急管理部门的执法事权。其中,省级应急管理部门主要抓好中央企业的一级分支机构总部和省属企业总部这两个“关键少数”,并通过随机抽查或交叉执法方式监督指导市、县级执法;市级应急管理部门主要负责辖区内中央企业的二级以下(含二级)分支机构,省属企业一级以下(含一级)分支机构和市属企业的监督执法检查;县级应急管理部门主要负责辖区内除纳入省、市范畴外的所有单位的安全生产监管执法。对重点单位实行重点执法为主,“双随机”为辅,一般单位实行“双随机”执法,各级要对辖区内重点单位实现执法全覆盖。

二是制定安全生产年度监督检查计划,并按照年度监督检查计划进行监督检查。监督检查计划,是指应急管理部门依照《安全生产法》等法律、法规、规章和本级人民政府规定的安全生产监管职责,根据各自的监管权限、行政执法人员数量、监管的生产经营单位状况、技术装备和经费保障等实际情况,为实施安全生产监督检查工作而预先拟定的工作计划。制定安全生产年度监督检查计划,并按照年度监督检查计划进行监督检查,是《安全生产法》对应急管理部门的法定要求。地方各级应急管理部门应当按照分类分级监督管理的要求,制定年度监督检查计划,报本级人民政府批准,并报上一级应急管理部门备案。根据授权或者委托开展行政执法的组织或者机构编制的监督检查计划,应当按照相关规定报有关人民政府批准,并报上级应急管理部门备案。各级应急管理部门编制的年度监督检查计划应当相互衔接,并明确相互衔接可操作的实施细则,避免在监督检查对象、内容和时间上出现重复或者脱节。

三是发现事故隐患,应当及时处理。安全生产监督检查的重要目的之一是发现生产经营单位的事故隐患并及时处理,防患于未然。处理事故隐患的方式主要是立即消除或者限期消除。即能够立即消除的事故隐患,应责令立即消除;不能够立即消除的事故隐患,要责令限期消除,并根据具体情况,责令暂时停产停业、停止使用有关设施、设备或器材;情况紧急的,还可以责令从危险区域撤出作业人员。

关联法规索引

《安全生产年度监督检查计划编制办法》

第六十三条 【审批或验收的监督管理】负有安全生产监督管理职责的部门依照有关法律、法规的规定，对涉及安全生产的事项需要审查批准（包括批准、核准、许可、注册、认证、颁发证照等，下同）或者验收的，必须严格依照有关法律、法规和国家标准或者行业标准规定的安全生产条件和程序进行审查；不符合有关法律、法规和国家标准或者行业标准规定的安全生产条件的，不得批准或者验收通过。对未依法取得批准或者验收合格的单位擅自从事有关活动的，负责行政审批的部门发现或者接到举报后应当立即予以取缔，并依法予以处理。对已经依法取得批准的单位，负责行政审批的部门发现其不再具备安全生产条件的，应当撤销原批准。

条文解读

本法第63条是关于负有安全生产监督管理职责的部门审批、验收应当履行的监督管理职责的规定。

根据本条的规定，负有安全生产监督管理职责的部门在审批和验收监督管理中必须依法履行以下职责：

1. 依法审批或验收

为了防止和坚守生产安全事故、保障人民群众生命和财产安全，有关法律、法规规定，对于一些涉及安全生产的事项，应该由政府负有安全生产监督管理职责的部门依法进行事前审查批准，包括批准、核准、许可、注册、认证、颁发证照等；对于建设项目的安全设施，要由有关监督管理部门检查验收。无论是批准、核准、许可、注册、认证、颁发证照，还是对建设项目的安全设施，要由有关监督管理部门检查验收，都要依据法律规定的程序进行，不能超越职权。

同时，本条还规定，不符合有关法律、法规和国家标准或者行业标准规定的安全生产条件的，不得批准或者验收通过。擅自批准或者验收的，根据法律、行政法规的规定，承担相应的法律责任。

2. 对于未依法审批或者验收而从事有关活动的，必须依法予以取缔、处理

对未依法取得批准或者验收合格的单位擅自从事有关活动的，负责行政审批的部门发现或者接到举报后应当立即予以取缔，并依法予以处理。违反了不同的审批或者验收规定，承担的法律责任不同。例如，根据《安全生产许可证条例》的规

定，未取得安全生产许可证擅自进行生产的，责令停止生产，没收违法所得，并处10万元以上50万元以下的罚款；造成重大事故或者其他严重后果，构成犯罪的，依法追究刑事责任。又如，根据《安全生产法》第98条的规定，矿山建设项目竣工投入生产或使用前，安全设施未经验收合格的，责令停止建设或者停产停业整顿，限期改正，并处10万元以上50万元以下的罚款，对其直接负责的主管人员和其他直接责任人员处2万元以上5万元以下的罚款；逾期未改正的，处50万元以上100万元以下的罚款，对其直接负责的主管人员和其他直接责任人员处5万元以上10万元以下的罚款；构成犯罪的，依照《刑法》有关规定追究刑事责任。

3. 对已经依法取得批准的单位，负责行政审批的部门发现其不再具备安全生产条件的，应当撤销原批准

安全生产条件是生产经营单位保证安全生产的必备条件，也是行政审批部门审批的依据。生产经营单位如果不重视安全生产，在生产过程中不注意保持其安全生产条件，不进行必要的安全生产投入，致使其在生产经营过程中不再符合安全生产的条件的，也就失去了保障安全生产的基础。依照本条的规定，负责行政审批的部门发现其不再具备安全生产条件的，应当撤销原批准。被依法撤销的批准，自撤销之日起失去效力，被撤销批准的单位不得再从事相关的生产经营活动，否则将被依法追究其法律责任。

配套法规及解读

《安全生产许可证条例》(2014年7月29日修订)

第二条　国家对矿山企业、建筑施工企业和危险化学品、烟花爆竹、民用爆炸物品生产企业(以下统称企业)实行安全生产许可制度。

企业未取得安全生产许可证的，不得从事生产活动。

第六条　企业取得安全生产许可证，应当具备下列安全生产条件：

(一)建立、健全安全生产责任制，制定完备的安全生产规章制度和操作规程；

(二)安全投入符合安全生产要求；

(三)设置安全生产管理机构，配备专职安全生产管理人员；

(四)主要负责人和安全生产管理人员经考核合格；

(五)特种作业人员经有关业务主管部门考核合格，取得特种作业操作资格

证书；

（六）从业人员经安全生产教育和培训合格；

（七）依法参加工伤保险，为从业人员缴纳保险费；

（八）厂房、作业场所和安全设施、设备、工艺符合有关安全生产法律、法规、标准和规程的要求；

（九）有职业危害防治措施，并为从业人员配备符合国家标准或者行业标准的劳动防护用品；

（十）依法进行安全评价；

（十一）有重大危险源检测、评估、监控措施和应急预案；

（十二）有生产安全事故应急救援预案、应急救援组织或者应急救援人员，配备必要的应急救援器材、设备；

（十三）法律、法规规定的其他条件。

※法规解读：在各种审批中，最为重要的是安全生产许可证的颁发和管理。根据《安全生产许可证条例》的规定，国家对矿山企业、建筑施工企业和危险化学品、烟花爆竹、民用爆炸物品生产企业实行安全生产许可制度。企业未取得安全生产许可证的，不得从事生产活动。安全生产许可证由不同的负有安全生产监督管理职责的部门颁发和管理。应急管理部门负责非煤矿山企业和危险化学品、烟花爆竹生产企业安全生产许可证的颁发和管理；煤矿安全生产许可证由矿山安全监察机构颁发和管理；建设主管部门负责建筑施工企业安全生产许可证的颁发和管理；民用爆炸物品行业主管部门负责民用爆炸物品生产企业安全生产许可证的颁发和管理。

国务院应急管理部门和省、自治区、直辖市人民政府应急管理部门对建筑施工企业、民用爆炸物品生产企业、煤矿企业取得安全生产许可证的情况进行监督。企业取得安全生产许可证后，不得降低安全生产条件，并应当加强日常安全生产管理，接受安全生产许可证颁发管理机关的监督检查。安全生产许可证颁发管理机关应当加强对取得安全生产许可证的企业的监督检查，发现其不再具备《安全生产许可证条例》规定的安全生产条件的，应当暂扣或者吊销安全生产许可证。

关联法规索引

《安全生产许可证条例》第11、12、14条;《煤矿企业安全生产许可证实施办法》;《危险化学品生产企业安全生产许可证实施办法》;《建筑施工企业安全生产许可证管理规定》;《非煤矿矿山企业安全生产许可证实施办法》

典型案例

张某国与太谷县人民政府行政处理纠纷案[1]

争议焦点

太谷县相关职能部门依据县政府文件对东庄志强建材厂进行行政处理的行为的合法性。

案例解读

国务院办公厅《关于进一步推进墙体材料革新和推广节能建筑的通知》要求逐步禁止生产和使用实心粘土砖,各省、自治区、直辖市人民政府要结合当地具体情况,制定并完善相关法规的实施细则,依法推进墙体革新和建筑节能,省、市、县明确了未采用新型墙体材料和隧道窑工艺的砖瓦企业属于取缔关闭范围,并无不妥。即使原告办理了相应的营业执照、安全生产许可证、采矿许可证等行政许可证件,负责行政审批的部门发现其不再具备安全生产条件的,应当撤销原批准。

第六十四条 【审查、验收的履职要求】负有安全生产监督管理职责的部门对涉及安全生产的事项进行审查、验收,不得收取费用;不得要求接受审查、验收的单位购买其指定品牌或者指定生产、销售单位的安全设备、器材或者其他产品。

条文解读

本法第64条是关于负有安全生产监督管理职责的部门对涉及安全生产的事

[1] 案号:(2016)晋行终482号。

项进行审查、验收时应当遵守的禁止性规范的规定。

1. 对涉及安全生产的事项进行审查、验收,不得收取费用

为保障生产经营单位的安全生产,保障从业人员以及其他社会公众的生命和财产安全,法律规定对生产经营单位涉及安全生产的事项需要进行审查、验收。对涉及安全生产的事项进行审查、验收属于监督管理行为,是公务人员履行法定职责的公务行为,不应当收费,审查、验收所需经费应当由财政资金予以保证。负有安全生产监督管理职责的部门在对涉及安全生产的事项进行审查、验收时,不得收取或者变相收取所谓的"审查费"或者"验收费"等费用。违反这一规定的,生产经营单位可以拒绝交纳,并有权向有关方面检举、控告。当然,如果审查、验收后需要颁发有关证照的,可以收取工本费,但收费标准必须按照国家有关规定执行,不得擅自提高。

2. 不得要求生产经营单位购买其指定的产品

采购设备、器材以及其他产品是生产经营单位一项重要的经营自主权,应当由生产经营单位自主决定购买哪种品牌、购买哪家的产品等。自主决定权并非意味着生产经营单位可以随意购买,而是要求生产经营单位要确保其购买的产品能够符合安全生产法律、法规、国家标准或者行业标准的要求。这样规定的目的主要有两个方面:一是防止不正当竞争。负有安全生产监督管理职责的部门要求接受审查、验收的单位购买其指定品牌或者指定生产、销售单位的安全设备、器材或者其他产品的行为,严重侵犯生产经营单位的生产经营自主权,干扰其正常的生产经营活动,也妨碍公平竞争,损害同类产品的其他生产者、销售者的合法利益,不利于建立公平竞争、统一有序的市场秩序。二是防止"权钱交易"。如果允许负有安全生产监督管理职责的部门指定购买何种产品,易为腐败的滋生提供土壤,既损害政府部门的形象,也影响安全生产监督管理的权威性和严肃性。如果负有安全生产监督管理职责的部门要求购买其指定产品的,生产经营单位有权拒绝购买并向有关方面检举、控告。

第六十五条第一款第一项、第二项 【现场监督检查职权】 应急管理部门和其他负有安全生产监督管理职责的部门依法开展安全生产行政执法工作,对生产经营单位执行有关安全生产的法律、法规和国家标准或者行业标准的情况进行监督检查,行使以下职权:

（一）进入生产经营单位进行检查，调阅有关资料，向有关单位和人员了解情况；

（二）对检查中发现的安全生产违法行为，当场予以纠正或者要求限期改正；对依法应当给予行政处罚的行为，依照本法和其他有关法律、行政法规的规定作出行政处罚决定。

条文解读

本法第 65 条第 1 款第 1、2 项是关于负有安全生产监督管理职责的部门在现场检查权和现场处理措施的规定。

县级以上地方各级人民政府应当根据本行政区域内的安全生产状况，组织有关部门按照职责分工，对本行政区域内容易发生重大生产安全事故的生产经营单位进行严格检查。应急管理部门应当按照分类分级监督管理的要求，制定安全生产年度监督检查计划，并按照年度监督检查计划进行监督检查，发现有违法行为的，应当及时处理。负有安全生产监督管理职责的部门及其工作人员进行的现场检查属于安全生产行政执法活动，必须按照行政行为合法性和合理性的要求履职，监督检查的对象是生产经营单位，监督检查的内容是生产经营单位执行有关安全生产的法律、法规和国家标准或者行业标准的情况，要遵守现场检查规定的程序，监督检查的形式包括：(1)安全生产执法人员有权进入生产经营单位进行检查，被检查单位不得拒绝。(2)有权向被检查单位调阅有关资料。例如，特种作业人员特种作业操作证、生产经营单位安全生产责任制度或者教育培训档案等。(3)向有关单位和人员了解情况，包括被检查单位的负责人、安全管理人员、技术人员和现场作业人员等。

安全生产监督检查人员应当忠于职守、坚持原则、秉公执法。安全生产监督检查人员执行监督检查任务时，必须出示有效的监督执法证件；对涉及被检查单位的技术秘密和业务秘密，应当为其保密。安全生产监督检查人员应当将检查的时间、地点、内容、发现的问题及其处理情况，作出书面记录，并由检查人员和被检查单位的负责人签字；被检查单位的负责人拒绝签字的，检查人员应当将情况记录在案，并向负有安全生产监督管理职责的部门报告。负有安全生产监督管理职责的部门在监督检查中，应当互相配合，实行联合检查；确需分别进行检查的，应当互通情况,发现存在的安全问题应当由其他有关部门进行处理的,应当及时移送其他有关部门并形成记录备查,接受移送的部门应当及时进行处理。

对于执法检查中发现的安全生产违法行为,当场予以纠正或者要求限期改正。当场予以纠正或者要求限期改正,属于执法检查中的现场处理权。能够当场予以纠正的违法行为,当场纠正;不能当场纠正的违法行为,要求限期改正。限期改正的,需要明确整改的期限、整改的内容和具体要求,整改完之后,负有安全生产监督管理职责的部门应对整改情况进行复查。要求限期改正的违法行为,由执法人员根据违法行为是否构成事故隐患等,确定是否需要责令暂时停产停业或者停止使用相关设施、设备。

负有安全生产监督管理职责的部门对检查中发现的安全生产违法行为,依法应当给予行政处罚的,依照《安全生产法》和其他有关法律、行政法规的规定作出行政处罚决定。

配套法规及解读

《行政处罚法》(2021 年 1 月 22 日修订)

第九条 行政处罚的种类:

(一)警告、通报批评;

(二)罚款、没收违法所得、没收非法财物;

(三)暂扣许可证件、降低资质等级、吊销许可证件;

(四)限制开展生产经营活动、责令停产停业、责令关闭、限制从业;

(五)行政拘留;

(六)法律、行政法规规定的其他行政处罚。

第十七条 行政处罚由具有行政处罚权的行政机关在法定职权范围内实施。

第十八条 国家在城市管理、市场监管、生态环境、文化市场、交通运输、应急管理、农业等领域推行建立综合行政执法制度,相对集中行政处罚权。

国务院或者省、自治区、直辖市人民政府可以决定一个行政机关行使有关行政机关的行政处罚权。

限制人身自由的行政处罚权只能由公安机关和法律规定的其他机关行使。

第十九条 法律、法规授权的具有管理公共事务职能的组织可以在法定授权范围内实施行政处罚。

第二十条　行政机关依照法律、法规、规章的规定，可以在其法定权限内书面委托符合本法第二十一条规定条件的组织实施行政处罚。行政机关不得委托其他组织或者个人实施行政处罚。

委托书应当载明委托的具体事项、权限、期限等内容。委托行政机关和受委托组织应当将委托书向社会公布。

委托行政机关对受委托组织实施行政处罚的行为应当负责监督，并对该行为的后果承担法律责任。

受委托组织在委托范围内，以委托行政机关名义实施行政处罚；不得再委托其他组织或者个人实施行政处罚。

第二十一条　受委托组织必须符合以下条件：

（一）依法成立并具有管理公共事务职能；

（二）有熟悉有关法律、法规、规章和业务并取得行政执法资格的工作人员；

（三）需要进行技术检查或者技术鉴定的，应当有条件组织进行相应的技术检查或者技术鉴定。

第四十条　公民、法人或者其他组织违反行政管理秩序的行为，依法应当给予行政处罚的，行政机关必须查明事实；违法事实不清、证据不足的，不得给予行政处罚。

第四十四条　行政机关在作出行政处罚决定之前，应当告知当事人拟作出的行政处罚内容及事实、理由、依据，并告知当事人依法享有的陈述、申辩、要求听证等权利。

第四十五条　当事人有权进行陈述和申辩。行政机关必须充分听取当事人的意见，对当事人提出的事实、理由和证据，应当进行复核；当事人提出的事实、理由或者证据成立的，行政机关应当采纳。

行政机关不得因当事人陈述、申辩而给予更重的处罚。

第五十一条　违法事实确凿并有法定依据，对公民处以二百元以下、对法人或者其他组织处以三千元以下罚款或者警告的行政处罚的，可以当场作出行政处罚决定。法律另有规定的，从其规定。

第五十二条　执法人员当场作出行政处罚决定的，应当向当事人出示执法证件，填写预定格式、编有号码的行政处罚决定书，并当场交付当事人。当事人拒绝签收的，应当在行政处罚决定书上注明。

前款规定的行政处罚决定书应当载明当事人的违法行为，行政处罚的种类和依据、罚款数额、时间、地点，申请行政复议、提起行政诉讼的途径和期限以及行政机关名称，并由执法人员签名或者盖章。

执法人员当场作出的行政处罚决定，应当报所属行政机关备案。

第五十三条 对当场作出的行政处罚决定，当事人应当依照本法第六十七条至第六十九条的规定履行。

第五十四条 除本法第五十一条规定的可以当场作出的行政处罚外，行政机关发现公民、法人或者其他组织有依法应当给予行政处罚的行为的，必须全面、客观、公正地调查，收集有关证据；必要时，依照法律、法规的规定，可以进行检查。

符合立案标准的，行政机关应当及时立案。

第五十五条 执法人员在调查或者进行检查时，应当主动向当事人或者有关人员出示执法证件。当事人或者有关人员有权要求执法人员出示执法证件。执法人员不出示执法证件的，当事人或者有关人员有权拒绝接受调查或者检查。

当事人或者有关人员应当如实回答询问，并协助调查或者检查，不得拒绝或者阻挠。询问或者检查应当制作笔录。

第五十六条 行政机关在收集证据时，可以采取抽样取证的方法；在证据可能灭失或者以后难以取得的情况下，经行政机关负责人批准，可以先行登记保存，并应当在七日内及时作出处理决定，在此期间，当事人或者有关人员不得销毁或者转移证据。

第五十七条 调查终结，行政机关负责人应当对调查结果进行审查，根据不同情况，分别作出如下决定：

（一）确有应受行政处罚的违法行为的，根据情节轻重及具体情况，作出行政处罚决定；

（二）违法行为轻微，依法可以不予行政处罚的，不予行政处罚；

（三）违法事实不能成立的，不予行政处罚；

（四）违法行为涉嫌犯罪的，移送司法机关。

对情节复杂或者重大违法行为给予行政处罚，行政机关负责人应当集体讨论决定。

第五十八条 有下列情形之一，在行政机关负责人作出行政处罚的决定之前，应当由从事行政处罚决定法制审核的人员进行法制审核；未经法制审核或者审核未通过的，不得作出决定：

（一）涉及重大公共利益的；

（二）直接关系当事人或者第三人重大权益，经过听证程序的；

（三）案件情况疑难复杂、涉及多个法律关系的；

（四）法律、法规规定应当进行法制审核的其他情形。

行政机关中初次从事行政处罚决定法制审核的人员，应当通过国家统一法律职业资格考试取得法律职业资格。

第五十九条　行政机关依照本法第五十七条的规定给予行政处罚，应当制作行政处罚决定书。行政处罚决定书应当载明下列事项：

（一）当事人的姓名或者名称、地址；

（二）违反法律、法规、规章的事实和证据；

（三）行政处罚的种类和依据；

（四）行政处罚的履行方式和期限；

（五）申请行政复议、提起行政诉讼的途径和期限；

（六）作出行政处罚决定的行政机关名称和作出决定的日期。

行政处罚决定书必须盖有作出行政处罚决定的行政机关的印章。

第六十条　行政机关应当自行政处罚案件立案之日起九十日内作出行政处罚决定。法律、法规、规章另有规定的，从其规定。

第六十一条　行政处罚决定书应当在宣告后当场交付当事人；当事人不在场的，行政机关应当在七日内依照《中华人民共和国民事诉讼法》的有关规定，将行政处罚决定书送达当事人。

当事人同意并签订确认书的，行政机关可以采用传真、电子邮件等方式，将行政处罚决定书等送达当事人。

第六十二条　行政机关及其执法人员在作出行政处罚决定之前，未依照本法第四十四条、第四十五条的规定向当事人告知拟作出的行政处罚内容及事实、理由、依据，或者拒绝听取当事人的陈述、申辩，不得作出行政处罚决定；当事人明确放弃陈述或者申辩权利的除外。

第六十三条　行政机关拟作出下列行政处罚决定，应当告知当事人有要求听证的权利，当事人要求听证的，行政机关应当组织听证：

(一)较大数额罚款;

(二)没收较大数额违法所得、没收较大价值非法财物;

(三)降低资质等级、吊销许可证件;

(四)责令停产停业、责令关闭、限制从业;

(五)其他较重的行政处罚;

(六)法律、法规、规章规定的其他情形。

当事人不承担行政机关组织听证的费用。

第六十四条 听证应当依照以下程序组织:

(一)当事人要求听证的,应当在行政机关告知后五日内提出;

(二)行政机关应当在举行听证的七日前,通知当事人及有关人员听证的时间、地点;

(三)除涉及国家秘密、商业秘密或者个人隐私依法予以保密外,听证公开举行;

(四)听证由行政机关指定的非本案调查人员主持;当事人认为主持人与本案有直接利害关系的,有权申请回避;

(五)当事人可以亲自参加听证,也可以委托一至二人代理;

(六)当事人及其代理人无正当理由拒不出席听证或者未经许可中途退出听证的,视为放弃听证权利,行政机关终止听证;

(七)举行听证时,调查人员提出当事人违法的事实、证据和行政处罚建议,当事人进行申辩和质证;

(八)听证应当制作笔录。笔录应当交当事人或者其代理人核对无误后签字或者盖章。当事人或者其代理人拒绝签字或者盖章的,由听证主持人在笔录中注明。

第六十五条 听证结束后,行政机关应当根据听证笔录,依照本法第五十七条的规定,作出决定。

※法规解读:《行政处罚法》自1996年10月1日起施行以来,对于规范行政处罚的设定和实施,保障和监督行政机关有效实施行政管理,维护公共利益和社会秩序,保护行政管理相对人的合法权益起了很好的促进作用。《行政处罚法》是为了规范行政处罚的设定和实施,保障和监督行政机关有效实施行政管理,维护公共利益和社会秩序,保护公民、法人或者其他组织的合法权益,根据《宪法》规定制定的法律。《行政处罚法》中规定了行政处罚的种类、行政处罚的管辖和适用、行政处罚

的简易程序、普通程序和听证程序等。负有安全生产监督管理职责的部门在对安全生产违法行为进行行政处罚时，必须严格按照《行政处罚法》规定的管辖划分和程序进行，如果不按照《行政处罚法》规定的程序进行行政处罚的，被处罚人可依法申请复议或者向人民法院提起行政诉讼。

关联法规索引

《行政诉讼法》第25条；《安全生产法》第10、66~69条

典型案例

刘某雁与西昌市安全生产监督管理局、李某琼安全生产行政检查纠纷案[1]

争议焦点

西昌市安监局作出的《责令限期整改指令书》是何种行政行为。

案例解读

《责令限期整改指令书》使用的是格式化填充式“安全生产行政执法文书”，其形式为行政检查行为，西昌市安监局在庭审中也认为该行为是行政检查行为。《行政强制法》第9条明确规定了行政强制措施的种类，虽然也有兜底条款，但第10条对此作出了明确的限制性规定，故西昌市安监局作出的《责令限期整改指令书》不符合该法规定的行政强制措施种类，应认定西昌市安监局作出的行为为行政检查行为。一审法院认定其为行政强制行为不当，二审法院予以纠正，符合法律规定。《责令限期整改指令书》虽注明诉权，但未注明作出《责令限期整改指令书》适用的法律、法规，故作出的行政行为没有法律依据。

[1] 案号：(2016)川34行终17号。

第六十五条第一款第三项、第四项，第二款 【监督检查职权】 应急管理部门和其他负有安全生产监督管理职责的部门依法开展安全生产行政执法工作，对生产经营单位执行有关安全生产的法律、法规和国家标准或者行业标准的情况进行监督检查，行使以下职权：

（三）对检查中发现的事故隐患，应当责令立即排除；重大事故隐患排除前或者排除过程中无法保证安全的，应当责令从危险区域内撤出作业人员，责令暂时停产停业或者停止使用相关设施、设备；重大事故隐患排除后，经审查同意，方可恢复生产经营和使用；

（四）对有根据认为不符合保障安全生产的国家标准或者行业标准的设施、设备、器材以及违法生产、储存、使用、经营、运输的危险物品予以查封或者扣押，对违法生产、储存、使用、经营危险物品的作业场所予以查封，并依法作出处理决定。

监督检查不得影响被检查单位的正常生产经营活动。

条文解读

本法第65条第1款第3项是关于负有安全生产监督管理职责的部门重大事故隐患的现场处理权的规定。

负有安全生产监督管理职责的部门，对监督检查中发现的事故隐患，有权采取以下现场措施：

1. 责令排除事故隐患

对现场监督检查中发现的事故隐患，负有安全生产监督管理职责的部门有权责令被检查单位采取有效措施，立即予以排除。

2. 责令采取紧急避险措施

如果检查中发现的事故隐患属于重大隐患，在隐患排除前或者排除过程中不能保证人员安全的，负有安全生产监督管理职责的部门有权要求从危险区域撤出作业人员，同时要求暂时停止存在重大事故隐患的作业，或者暂停存在重大事故隐患的设施、设备的使用。只有在重大事故隐患被排除后，经过负有安全生产监督管理职责的部门审查同意，生产经营单位才能恢复有关的生产经营活动或者恢复有关设施、设备的使用。

本条第 1 款第 4 项是关于采取查封或扣押行政强制措施权的规定。负有安全生产监督管理职责的部门，对有根据认为不符合保障安全生产的国家标准或者行业标准的设施、设备、器材，有予以查封或者扣押的权力。这里所讲的“查封”，是指负有安全生产监督管理职责的部门对于不符合保障安全生产的国家标准或者行业标准的设施、设备、器材以张贴封条或者其他必要措施封存起来，未经查封部门许可，任何单位或者个人不得启封、动用。这里所讲的“扣押”，是指负有安全生产监督管理职责的部门将不符合保障安全生产的国家标准或者行业标准的设施、设备、器材运到另外的场所予以扣留。本法之所以赋予负有安全生产监督管理职责的部门有权采取查封、扣押的行政强制措施，一是为了防止这些不符合保障安全生产的国家标准或者行业标准的设施、设备、器材的继续使用造成安全事故，二是可以为进一步查处该违法行为保留必要的证据。但是，按照本条规定，负有安全生产监督管理职责的部门在采取查封或扣押行政强制措施后，应当依据《行政强制法》等相关法律法规的规定作出处理决定。

配套法规及解读

《行政强制法》(2012 年 1 月 1 日施行)

第九条　行政强制措施的种类：

(一)限制公民人身自由；

(二)查封场所、设施或者财物；

(三)扣押财物；

(四)冻结存款、汇款；

(五)其他行政强制措施。

第十条　行政强制措施由法律设定。

尚未制定法律，且属于国务院行政管理职权事项的，行政法规可以设定除本法第九条第一项、第四项和应当由法律规定的行政强制措施以外的其他行政强制措施。

尚未制定法律、行政法规，且属于地方性事务的，地方性法规可以设定本法第九条第二项、第三项的行政强制措施。

法律、法规以外的其他规范性文件不得设定行政强制措施。

第十六条 行政机关履行行政管理职责,依照法律、法规的规定,实施行政强制措施。

违法行为情节显著轻微或者没有明显社会危害的,可以不采取行政强制措施。

第十七条 行政强制措施由法律、法规规定的行政机关在法定职权范围内实施。行政强制措施权不得委托。

依据《中华人民共和国行政处罚法》的规定行使相对集中行政处罚权的行政机关,可以实施法律、法规规定的与行政处罚权有关的行政强制措施。

行政强制措施应当由行政机关具备资格的行政执法人员实施,其他人员不得实施。

第十八条 行政机关实施行政强制措施应当遵守下列规定:

(一)实施前须向行政机关负责人报告并经批准;

(二)由两名以上行政执法人员实施;

(三)出示执法身份证件;

(四)通知当事人到场;

(五)当场告知当事人采取行政强制措施的理由、依据以及当事人依法享有的权利、救济途径;

(六)听取当事人的陈述和申辩;

(七)制作现场笔录;

(八)现场笔录由当事人和行政执法人员签名或者盖章,当事人拒绝的,在笔录中予以注明;

(九)当事人不到场的,邀请见证人到场,由见证人和行政执法人员在现场笔录上签名或者盖章;

(十)法律、法规规定的其他程序。

第十九条 情况紧急,需要当场实施行政强制措施的,行政执法人员应当在二十四小时内向行政机关负责人报告,并补办批准手续。行政机关负责人认为不应当采取行政强制措施的,应当立即解除。

第二十条 依照法律规定实施限制公民人身自由的行政强制措施,除应当履行本法第十八条规定的程序外,还应当遵守下列规定:

(一)当场告知或者实施行政强制措施后立即通知当事人家属实施行政强制措施的行政机关、地点和期限;

（二）在紧急情况下当场实施行政强制措施的，在返回行政机关后，立即向行政机关负责人报告并补办批准手续；

（三）法律规定的其他程序。

实施限制人身自由的行政强制措施不得超过法定期限。实施行政强制措施的目的已经达到或者条件已经消失，应当立即解除。

第二十一条　违法行为涉嫌犯罪应当移送司法机关的，行政机关应当将查封、扣押、冻结的财物一并移送，并书面告知当事人。

第二十二条　查封、扣押应当由法律、法规规定的行政机关实施，其他任何行政机关或者组织不得实施。

第二十三条　查封、扣押限于涉案的场所、设施或者财物，不得查封、扣押与违法行为无关的场所、设施或者财物；不得查封、扣押公民个人及其所扶养家属的生活必需品。

当事人的场所、设施或者财物已被其他国家机关依法查封的，不得重复查封。

第二十四条　行政机关决定实施查封、扣押的，应当履行本法第十八条规定的程序，制作并当场交付查封、扣押决定书和清单。

查封、扣押决定书应当载明下列事项：

（一）当事人的姓名或者名称、地址；

（二）查封、扣押的理由、依据和期限；

（三）查封、扣押场所、设施或者财物的名称、数量等；

（四）申请行政复议或者提起行政诉讼的途径和期限；

（五）行政机关的名称、印章和日期。

查封、扣押清单一式二份，由当事人和行政机关分别保存。

第二十五条　查封、扣押的期限不得超过三十日；情况复杂的，经行政机关负责人批准，可以延长，但是延长期限不得超过三十日。法律、行政法规另有规定的除外。

延长查封、扣押的决定应当及时书面告知当事人，并说明理由。

对物品需要进行检测、检验、检疫或者技术鉴定的，查封、扣押的期间不包括检测、检验、检疫或者技术鉴定的期间。检测、检验、检疫或者技术鉴定的期间应当明确，并书面告知当事人。检测、检验、检疫或者技术鉴定的费用由行政机关承担。

第二十六条　对查封、扣押的场所、设施或者财物，行政机关应当妥善保管，不得使用或者损毁；造成损失的，应当承担赔偿责任。

对查封的场所、设施或者财物，行政机关可以委托第三人保管，第三人不得损毁或者擅自转移、处置。因第三人的原因造成的损失，行政机关先行赔付后，有权向第三人追偿。

因查封、扣押发生的保管费用由行政机关承担。

第二十七条 行政机关采取查封、扣押措施后，应当及时查清事实，在本法第二十五条规定的期限内作出处理决定。对违法事实清楚，依法应当没收的非法财物予以没收；法律、行政法规规定应当销毁的，依法销毁；应当解除查封、扣押的，作出解除查封、扣押的决定。

第二十八条 有下列情形之一的，行政机关应当及时作出解除查封、扣押决定：

（一）当事人没有违法行为；

（二）查封、扣押的场所、设施或者财物与违法行为无关；

（三）行政机关对违法行为已经作出处理决定，不再需要查封、扣押；

（四）查封、扣押期限已经届满；

（五）其他不再需要采取查封、扣押措施的情形。

解除查封、扣押应当立即退还财物；已将鲜活物品或者其他不易保管的财物拍卖或者变卖的，退还拍卖或者变卖所得款项。变卖价格明显低于市场价格，给当事人造成损失的，应当给予补偿。

第二十九条 冻结存款、汇款应当由法律规定的行政机关实施，不得委托给其他行政机关或者组织；其他任何行政机关或者组织不得冻结存款、汇款。

冻结存款、汇款的数额应当与违法行为涉及的金额相当；已被其他国家机关依法冻结的，不得重复冻结。

第三十条 行政机关依照法律规定决定实施冻结存款、汇款的，应当履行本法第十八条第一项、第二项、第三项、第七项规定的程序，并向金融机构交付冻结通知书。

金融机构接到行政机关依法作出的冻结通知书后，应当立即予以冻结，不得拖延，不得在冻结前向当事人泄露信息。

法律规定以外的行政机关或者组织要求冻结当事人存款、汇款的，金融机构应当拒绝。

第三十一条 依照法律规定冻结存款、汇款的，作出决定的行政机关应当在三日内向当事人交付冻结决定书。冻结决定书应当载明下列事项：

（一）当事人的姓名或者名称、地址；

（二）冻结的理由、依据和期限；

（三）冻结的账号和数额；

（四）申请行政复议或者提起行政诉讼的途径和期限；

（五）行政机关的名称、印章和日期。

第三十二条 自冻结存款、汇款之日起三十日内，行政机关应当作出处理决定或者作出解除冻结决定；情况复杂的，经行政机关负责人批准，可以延长，但是延长期限不得超过三十日。法律另有规定的除外。

延长冻结的决定应当及时书面告知当事人，并说明理由。

第三十三条 有下列情形之一的，行政机关应当及时作出解除冻结决定：

（一）当事人没有违法行为；

（二）冻结的存款、汇款与违法行为无关；

（三）行政机关对违法行为已经作出处理决定，不再需要冻结；

（四）冻结期限已经届满；

（五）其他不再需要采取冻结措施的情形。

行政机关作出解除冻结决定的，应当及时通知金融机构和当事人。金融机构接到通知后，应当立即解除冻结。

行政机关逾期未作出处理决定或者解除冻结决定的，金融机构应当自冻结期满之日起解除冻结。

※法规解读：负有安全生产监督管理职责的部门根据《安全生产法》第65条规定行使查封、扣押等行政强制措施权的，应当依照《行政强制法》规定的条件和程序进行。《行政强制法》对行政强制措施的种类、行政机关、执法资格以及程序等作了规定。所以，负有安全生产监督管理职责的部门采取查封、扣押等行政强制措施时，必须遵守有关的程序规定，如采取查封、扣押措施，必须要有足够的根据，认为查封、扣押的物品确属不符合保障安全生产的国家标准、行业标准；要经过部门负责人的批准；执行查封、扣押措施时要通知被执行单位的负责人员到场；对查封、扣押的设施、设备、器材应当清点、登记；对扣押物品办好交接手续；对查封、扣押的物品应当在法定期限内及时作出处理决定等。对依法应当给予行政处罚的，应当遵守行政处罚规定的程序。

关联法规索引

《行政强制法》第9、10、16～33条

典型案例

湖南湘妹食品有限公司安监行政强制案[1]

争议焦点

祁阳安监局作出的(祁)安监管行强制(2015)第(5211)号行政强制措施决定和(祁)安监管行现决(2015)第(5112)号现场处理措施决定,即被诉行政行为是否属于行政强制措施以及是否合法适当。

案例解读

安监局对本辖区的生产经营单位行使安全生产监督管理职责,对检查中发现的安全生产违法行为,有权当场予以纠正或者要求其限期改正,对检查中发现的事故隐患,有义务责令立即排除,在重大事故隐患排除前或排除过程中无法保证安全的,有权责令从危险区域内撤出作业人员,并责令暂时停产停业或停止使用相关设施、设备。重大事故隐患排除后,经审查同意,方可恢复生产经营和使用。安监局在对生产经营单位的生产经营场所进行监督检查时,发现其生产经营场所和使用的涉氨设备存在严重的事故隐患,安监局责令其限期整改,在重大事故隐患排除前,责令其停产停业整顿,关闭查封重大危险源的使用,并当场作出现场处理措施决定,该决定不属于行政处罚,是行政强制措施,具有紧急性和暂时性等行政强制措施的特点,不适用听证程序。

第六十六条　【生产经营单位的配合义务】生产经营单位对负有安全生产监督管理职责的部门的监督检查人员(以下统称安全生产监督检查人员)依法履行监督检查职责,应当予以配合,不得拒绝、阻挠。

〔1〕 案号:(2016)湘11行终166号。

条文解读

本法第 66 条是关于生产经营单位依法配合安全执法检查义务的规定。

安全生产监督检查人员对生产经营单位进行安全生产执法检查，属于执行公务的行为，具有强制性。所以，生产经营单位应当依法接受执法检查。执法检查过程中，需要生产经营单位配合提供相关档案材料、单位安全生产规章制度、设置安全生产机构的资料，协助进入生产经营场所实地检查，根据需要安排有关人员接受安全生产监督检查人员询问等。如果生产经营单位不予配合，执法活动将受影响。因此，本条规定，生产经营单位对负有安全生产监督管理职责的部门的监督检查人员依法履行监督检查职责，应当予以配合，不得拒绝、阻挠。生产经营单位配合执法监督检查是其法定义务，不配合的，将产生不利后果或承担法律责任。例如，如果生产经营单位拒绝提供安全生产教育培训计划、记录或档案的，则推定为没有相关的材料，安全生产监督检查人员可依法对其进行行政处罚。

生产经营单位对安全生产监督检查人员"依法履行监督检查职责"的执法检查，要予以配合。对于不合法甚至违法的安全生产监督检查有权拒绝。例如，安全生产监督检查人员仅有一人或者没有出示执法证件等，生产经营单位不仅有权拒绝、抵制，还有权向有关部门检举和控告。

第六十七条　【监督检查人员的要求】安全生产监督检查人员应当忠于职守，坚持原则，秉公执法。

安全生产监督检查人员执行监督检查任务时，必须出示有效的行政执法证件；对涉及被检查单位的技术秘密和业务秘密，应当为其保密。

条文解读

本法第 67 条是关于安全生产监督检查人员的工作原则的规定。

1. 安全生产监督检查人员应当忠于职守，坚持原则，秉公执法

对于这一要求，具体分为以下三点：一是忠于职守。忠于职守，是指安全生产监督检查人员应当充分认识自己肩负的重大职责，对工作尽职尽责，严格按照法律规定，积极、主动、认真、谨慎地履行各项安全生产监督检查职责，完成各项工作任

务。安全生产监督检查人员因失职、渎职而造成生产安全事故的，应当依法承担相应的法律责任；构成犯罪的，还要依法追究其刑事责任。二是坚持原则。坚持原则，是指安全生产监督检查人员依法履行监督检查职责时，在是与非、对与错、合法与违法等原则问题上必须旗帜鲜明，不能含糊，不能动摇，不能让步。三是秉公执法。秉公执法，是指安全生产监督检查人员履行监督检查职责时，对一切生产经营单位都应当一视同仁，不折不扣、不偏不倚地执行有关安全生产的法律、法规，公正无私，不徇私情。

2. 安全生产监督检查人员执行监督检查任务时，必须出示有效的行政执法证件

出示“有效的行政执法证件”，既是安全生产监督检查人员行使监督检查职责时不可缺少的程序，也是证明其合法监督检查主体资格的唯一合法、有效的方式，更是安全生产监督检查人员的一项法定义务，必须予以遵守。

3. 保密义务

安全生产监督检查人员对在执法检查中获得的技术秘密、业务秘密等商业秘密，应当为其保密。商业秘密，是指不为公众所知悉、具有商业价值并经权利人采取相应保密措施的技术信息、经营信息等商业信息。因故意或者过失泄露生产经营单位的技术秘密和业务秘密，给生产经营单位造成损失的，应当依法承担相应的赔偿责任。构成犯罪的，还要依法追究刑事责任。除此之外，安全生产监督检查人员对在执法检查中获知的个人隐私等也应予以保密。

第六十八条 【监督检查的记录】安全生产监督检查人员应当将检查的时间、地点、内容、发现的问题及其处理情况，作出书面记录，并由检查人员和被检查单位的负责人签字；被检查单位的负责人拒绝签字的，检查人员应当将情况记录在案，并向负有安全生产监督管理职责的部门报告。

条文解读

本法第 68 条是关于安全生产监督检查人员在监督检查时，应当对有关检查情况作出记录的规定。

做好监督检查记录具有重要意义：其一，安全生产的监督检查工作是一项具有

连续性的工作,安全生产的监督检查人员之间需要对自己的检查工作有一定交接手续,防止监督检查工作断档;其二,安全生产的检查工作情况、工作结果等应便于查询,便于找出检查监督工作本身存在的有关问题的原因;其三,做好安全生产监督检查的记录,一旦发生生产安全事故,也便于查清责任。因此,本条要求安全生产监督检查人员应当将监督检查的基本情况作出记录。

安全检查记录应当为书面形式,具体内容应当包括:(1)检查的时间,是指检查年、月、日的具体时间。(2)检查的地点。地点的记录应当具体、明确,载明实施检查的具体场所。(3)检查的内容。即检查的具体事项,如本次检查了哪些设施、设备等。(4)检查中发现的问题。对检查中发现的被检查单位存在的与有关安全生产的法律、法规、国家标准、行业标准等要求不符的情况,如安全生产的规章制度不健全,设施、设备存在的安全隐患问题,是一般的事故隐患问题还是重大事故隐患问题等,都应如实加以记录。(5)对检查中发现的问题的处理情况。

检查记录须由检查人员和被检查单位的负责人签字。如果被检查单位的负责人拒绝签字,检查人员应当将这一情况在检查记录中说明,并向负有安全生产监督管理职责的部门报告。本条要求检查人员签字,目的是便于明确责任,增强检查人员的责任心。

关联法规索引

《刑法》第 397 条;最高人民法院、最高人民检察院《关于办理渎职刑事案件适用法律若干问题的解释(一)》第 1 条

典型案例

杨某某玩忽职守案〔1〕

争议焦点

被告人杨某某是否构成玩忽职守罪。

〔1〕 案号:(2014)蓝刑初字第 137 号。

案例解读

安全生产监督检查人员应当将检查的时间、地点、内容、发现的问题及其处理情况，作出书面记录，并由检查人员和被检查单位的负责人签字；被检查单位的负责人拒绝签字的，检查人员应当将情况记录在案，并向负有安全生产监督管理职责的部门报告。执法人员未按上述规定作出书面记录，也未根据《安全生产行政执法委托书》中授权的“提起查处权”取得初查证据后提请委托单位对违法行为人进行查处或移交有权部门查处。由于被告不认真履行职责，在发现生产经营单位无证生产以及具有较大安全隐患的情况下，只是口头提出了整改意见和向县安监局上报了非法经营建设单位情况统计表、安全生产大检查情况汇总表，没有作出书面整改意见并采取有效的责令停产措施，也没有书面向相关部门提请对该单位进行查处，导致其继续无证生产，而发生一人死亡的事故，构成玩忽职守罪。

第六十九条 【监督检查的配合】负有安全生产监督管理职责的部门在监督检查中，应当互相配合，实行联合检查；确需分别进行检查的，应当互通情况，发现存在的安全问题应当由其他有关部门进行处理的，应当及时移送其他有关部门并形成记录备查，接受移送的部门应当及时进行处理。

条文解读

本法第69条是关于负有安全生产监督管理职责的部门在监督检查中应当互相配合的规定。

1. 安全生产联合检查

负有安全生产监督管理职责的部门很多，同一生产经营单位涉及安全生产的事项也非常多。有关部门分别对生产经营单位进行检查，难免会造成多头检查、重复检查，使生产经营单位疲于应付，加重其负担，影响正常的生产经营活动，甚至造成同一违法行为受到两次以上罚款的行政处罚。本条规定，负有安全生产监督管理职责的部门在监督检查中，应当互相配合，实行联合检查。实行联合检查，需要负有安全生产监督管理职责的部门之间互相配合，在检查的时间、地点、内容等方面进行必要的协调。当然，实行联合检查只是一项原则要求，并不是所有的部门都必须一起行动、同时检查。

2. 安全生产分别检查

一般情况下，负有安全生产监督管理职责的部门应当实行联合检查。根据实际情况，在"确需分别进行检查"时，可以分别检查。在分别检查时，负有安全生产监督管理职责的部门之间应当互相通报检查的有关情况，做到信息共享。在检查中发现存在的安全问题不属于本部门的职责范围，应当由其他有关部门进行处理的，应当及时移送其他有关部门，不能不移送，也不能拖延移送。同时还应当将移送的有关情况形成文字记录，以备查询。接受移送的部门应当及时处理。

第七十条　【强制停止生产经营活动】负有安全生产监督管理职责的部门依法对存在重大事故隐患的生产经营单位作出停产停业、停止施工、停止使用相关设施或者设备的决定，生产经营单位应当依法执行，及时消除事故隐患。生产经营单位拒不执行，有发生生产安全事故的现实危险的，在保证安全的前提下，经本部门主要负责人批准，负有安全生产监督管理职责的部门可以采取通知有关单位停止供电、停止供应民用爆炸物品等措施，强制生产经营单位履行决定。通知应当采用书面形式，有关单位应当予以配合。

负有安全生产监督管理职责的部门依照前款规定采取停止供电措施，除有危及生产安全的紧急情形外，应当提前二十四小时通知生产经营单位。生产经营单位依法履行行政决定、采取相应措施消除事故隐患的，负有安全生产监督管理职责的部门应当及时解除前款规定的措施。

条文解读

本法第 70 条是关于通过停止供电、停止供应民用爆炸物品强制生产经营单位停止生产经营活动的规定。

负有安全生产监督管理职责的部门依法对存在重大事故隐患的生产经营单位作出停止生产、停止施工、停止使用相关设施或者设备的决定，生产经营单位应当依法执行，及时消除事故隐患。拒不执行，有发生生产安全事故的现实危险的，在保证安全的前提下，经本部门主要负责人批准，可以采取通知供电单位停止供电、民用爆炸物品发放单位停止供应民用爆炸物品等措施。

1. 决定停电和停供民用爆炸物品

执法人员应填写审批表，报本单位主要负责人批准。审批表应当载明以下内容：(1)执法的具体时间、被检查生产经营单位的名称；(2)被检查生产经营单位存在的重大事故隐患；(3)作出的现场处理决定及文号；(4)拒不执行现场处理决定的情况；(5)办案人建议采取停电（停供民用爆炸物品）措施的具体时间；(6)办案人姓名、日期。

2. 通知供电单位、民用爆炸物品发放单位

应当制作《停供电（停供民用爆炸物品）通知书》，并通知煤矿停供电时间，采取停止供电措施，除有危及生产安全的紧急情形外，应当提前 24 小时通知生产经营单位。

生产经营单位依法履行行政决定、采取相应措施消除事故隐患的，应当及时解除停止供电、停止供应民用爆炸物品措施。解除停止供电、停止供应民用爆炸物品措施，应当制作《解除停电（停供民用爆炸物品）通知书》。

关联法规索引

《安全生产法》第 65 条；《行政强制法》第 9、10、16～33 条

典型案例

贵州长田综合物流服务有限公司、惠水县安全生产监督管理局电力行政管理（电力）纠纷案[1]

争议焦点

惠水县安全生产监督管理局于 2016 年 11 月 14 日对贵州长田综合物流服务有限公司实施停止供电的行政强制措施是否合法。

案例解读

行政机关作出强制执行决定前，应当事先催告当事人履行义务。催告应当以书面形式作出，并载明下列事项：(1)履行义务的期限；(2)履行义务的方式；(3)涉

---

〔1〕 案号：(2017)黔 27 行终 110 号。

及金钱给付的，应当有明确的金额和给付方式；(4)当事人依法享有的陈述权和申辩权。经催告，当事人逾期不履行行政决定的，且无正当理由的，行政机关可以作出强制执行决定。被上诉人在实施停止供电的强制执行行为前，未依法作出行政决定，未履行催告义务，亦未作出停止供电的强制执行决定，违反法律规定。安全生产监督管理部门依照《安全生产法》第70条第1款规定采取停止供电、停止供应民用爆炸物品措施的，除有危及生产安全的紧急情形外，停止供电措施应当提前24小时通知生产经营单位。被上诉人未提供证据证明有危及生产安全的紧急情形，其作出停止供电措施未提前24小时通知上诉人，程序违法。

第七十一条　【安全生产行政监察】监察机关依照监察法的规定，对负有安全生产监督管理职责的部门及其工作人员履行安全生产监督管理职责实施监察。

条文解读

本法第71条是关于监察机关依法对负有安全生产监督管理职责的部门及其工作人员实施监察的规定。

1. 监察机关的管辖权

《监察法》第15条规定："监察机关对下列公职人员和有关人员进行监察：(一)中国共产党机关、人民代表大会及其常务委员会机关、人民政府、监察委员会、人民法院、人民检察院、中国人民政治协商会议各级委员会机关、民主党派机关和工商业联合会机关的公务员，以及参照《中华人民共和国公务员法》管理的人员；(二)法律、法规授权或者受国家机关依法委托管理公共事务的组织中从事公务的人员；(三)国有企业管理人员；(四)公办的教育、科研、文化、医疗卫生、体育等单位中从事管理的人员；(五)基层群众性自治组织中从事管理的人员；(六)其他依法履行公职的人员。"负有安全生产监督管理职责的部门属于行政机关，其工作人员是国家公务员，属于监察机关的监察对象。各级监察机关按照管理权限管辖本辖区内负有安全生产监督管理职责的部门及其工作人员所涉监察事项。上级监察机关可以办理下一级监察机关管辖范围内的监察事项，必要时也可以办理所辖各级监察机关管辖范围内的监察事项。监察机关之间对监察事项的管辖有争议的，由其共同的上级监察机关确定。上级监察机关既可以将其所管辖的监察事项指定给下级监察机关管辖,也可以将下级监察机关有管辖权的监察事项指定给其他监察机关管辖。监察机关认为所管辖的监察事项重大、复杂,需要由上级监察机关管辖的,可以报请上级监察机关管辖。

2. 监察机关的监察职责

监察机关依照《监察法》和有关法律规定履行监督、调查、处置职责:

(1)对负有安全生产监督管理职责的部门及其工作人员开展廉政教育,对其依法履职、秉公用权、廉洁从政从业以及道德操守情况进行监督检查。

(2)对负有安全生产监督管理职责的部门及其工作人员涉嫌贪污贿赂、滥用职权、玩忽职守、权力寻租、利益输送、徇私舞弊以及浪费国家资财等职务违法和职务犯罪进行调查。

(3)对违法的负有安全生产监督管理职责的部门及其工作人员依法作出政务处分决定;对履行职责不力、失职失责的领导人员进行问责;对涉嫌职务犯罪的,将调查结果移送人民检察院依法审查、提起公诉;向监察对象所在单位提出监察建议。

3. 监察机关的权限

(1)调查取证权。监察机关行使监督、调查职权,有权依法向有关单位和个人了解情况,收集、调取证据,有关单位和个人应当如实提供。在调查过程中,对涉嫌职务违法的被调查人,监察机关可以要求其就涉嫌违法行为作出陈述,必要时向被调查人出具书面通知。对涉嫌贪污贿赂、失职渎职等职务犯罪的被调查人,监察机关可以进行讯问,要求其如实供述涉嫌犯罪的情况。在调查过程中,监察机关可以询问证人等人员。

(2)采取留置措施权。被调查人涉嫌贪污贿赂、失职渎职等严重职务违法或者职务犯罪,监察机关已经掌握其部分违法犯罪事实及证据,仍有重要问题需要进一步调查,并有下列情形之一的,经监察机关依法审批,可以将其留置在特定场所:①涉及案情重大、复杂的;②可能逃跑、自杀的;③可能串供或者伪造、隐匿、毁灭证据的;④可能有其他妨碍调查行为的。

(3)搜查权。监察机关可以对涉嫌职务犯罪的被调查人以及可能隐藏被调查人或者犯罪证据的人的身体、物品、住处和其他有关地方进行搜查。在搜查时,应当出示搜查证,并有被搜查人或者其家属等见证人在场。搜查女性身体,应当由女性工作人员进行。监察机关进行搜查时,可以根据工作需要提请公安机关配合,公安机关应当依法予以协助。

(4)调取、查封、扣押有关财物、文件和电子数据等信息。监察机关在调查过程中,可以调取、查封、扣押用以证明被调查人涉嫌违法犯罪的财物、文件和电子数据等信息。采取调取、查封、扣押措施,应当收集原物原件,会同持有人或者保管人、见证人,当面逐一拍照、登记、编号,开列清单,由在场人员当场核对、签名,并将清单副本交财物、文件的持有人或者保管人。对调取、查封、扣押的财物、文件,监察机关应当设立专用账户、专门场所,确定专门人员妥善保管,严格履行交接、调取手续,定期对账核实,不得毁损或者用于其他目的。对价值不明物品应当及时鉴定,专门封存保管。查封、扣押的财物、文件经查明与案件无关的,应当在查明后 3 日内解除查封、扣押,予以退还。

(5)勘验检查权。监察机关在调查过程中,可以直接或者指派、聘请具有专门知识、资格的人员在调查人员主持下进行勘验检查。勘验检查情况应当制作笔录,由参加勘验检查的人员和见证人签名或者盖章。

(6)组织实施鉴定权。监察机关在调查过程中,对于案件中的专门性问题,可以指派、聘请有专门知识的人进行鉴定。鉴定人进行鉴定后,应当出具鉴定意见,并且签名。

关联法规索引

《监察法》第 15 ~49 条

第七十二条　【安全评价检测检验机构资质和义务】承担安全评价、认证、检测、检验职责的机构应当具备国家规定的资质条件,并对其作出的安全评价、认证、检测、检验结果的合法性、真实性负责。资质条件由国务院应急管理部门会同国务院有关部门制定。

承担安全评价、认证、检测、检验职责的机构应当建立并实施服务公开和报告公开制度,不得租借资质、挂靠、出具虚假报告。

条文解读

本法第72条是关于安全生产服务机构资质和义务的规定。

1. 承担安全评价、认证、检测、检验职责的机构应当具备国家规定的资质条件

承担安全评价、认证、检测、检验职责的机构应当具备国家规定的资质条件，资质条件由国务院应急管理部门会同国务院有关部门制定。《安全评价检测检验机构管理办法》第2条第1款规定，在中华人民共和国领域内申请安全评价检测检验机构资质，从事法定的安全评价、检测检验服务，以及应急管理部门、煤矿安全生产监督管理部门实施安全评价检测检验机构资质认可和监督管理适用该办法。

《安全评价检测检验机构管理办法》第6条规定，"申请安全评价机构资质应当具备下列条件：（一）独立法人资格，固定资产不少于八百万元；（二）工作场所建筑面积不少于一千平方米，其中档案室不少于一百平方米，设施、设备、软件等技术支撑条件满足工作需求；（三）承担矿山、金属冶炼、危险化学品生产和储存、烟花爆竹等业务范围安全评价的机构，其专职安全评价师不低于本办法规定的配备标准；（四）承担单一业务范围的安全评价机构，其专职安全评价师不少于二十五人；每增加一个行业（领域），按照专业配备标准至少增加五名专职安全评价师；专职安全评价师中，一级安全评价师比例不低于百分之二十，一级和二级安全评价师的总数比例不低于百分之五十，且中级及以上注册安全工程师比例不低于百分之三十；（五）健全的内部管理制度和安全评价过程控制体系；（六）法定代表人出具知悉并承担安全评价的法律责任、义务、权利和风险的承诺书；（七）配备专职技术负责人和过程控制负责人；专职技术负责人具有一级安全评价师职业资格，并具有与所开展业务相匹配的高级专业技术职称，在本行业领域工作八年以上；专职过程控制负责人具有安全评价师职业资格；（八）正常运行并可以供公众查询机构信息的网站；（九）截至申请之日三年内无重大违法失信记录；（十）法律、行政法规规定的其他条件"。第7条规定，"申请安全生产检测检验机构资质应当具备下列条件：（一）独立法人资格，固定资产不少于一千万元；（二）工作场所建筑面积不少于一千平方米，有与从事安全生产检测检验相适应的设施、设备和环境，检测检验设施、设备原值不少于八百万元；（三）承担单一业务范围的安全生产检测检验机构，其专业技术人员不少于二十五人；每增加一个行业（领域），至少增加五名专业技术人员；专业技术人员中，中级及以上注册安全工程师比例不低于百分之三十，中级及以上技术职称比

例不低于百分之五十，且高级技术职称人员比例不低于百分之二十五；（四）专业技术人员具有与承担安全生产检测检验相适应的专业技能，以及在本行业领域工作两年以上；（五）法定代表人出具知悉并承担安全生产检测检验的法律责任、义务、权利和风险的承诺书；（六）主持安全生产检测检验工作的负责人、技术负责人、质量负责人具有高级技术职称，在本行业领域工作八年以上；（七）符合安全生产检测检验机构能力通用要求等相关标准和规范性文件规定的文件化管理体系；（八）正常运行并可以供公众查询机构信息的网站；（九）截至申请之日三年内无重大违法失信记录；（十）法律、行政法规规定的其他条件”。第 8 条规定，“下列机构不得申请安全评价检测检验机构资质：（一）本办法第三条规定部门所属的事业单位及其出资设立的企业法人；（二）本办法第三条规定部门主管的社会组织及其出资设立的企业法人；（三）本条第一项、第二项中的企业法人出资设立（含控股、参股）的企业法人”。

资质认可机关自收到申请材料之日起 5 个工作日内，对材料齐全、符合规定形式的申请，应当予以受理，并出具书面受理文书；对材料不齐全或者不符合规定形式的，应当当场或者 5 个工作日内一次性告知申请人需要补正的全部内容；对不予受理的，应当说明理由并出具书面凭证。资质认可机关应当自受理之日起 20 个工作日内，对审查合格的，在本部门网站予以公告，公开有关信息，颁发资质证书，并将相关信息纳入安全评价检测检验机构信息查询系统；对审查不合格的，不予颁发资质证书，说明理由并出具书面凭证。需要专家评审的，专家评审时间不计入审查期限内，但最长不超过 3 个月。安全评价检测检验机构资质证书有效期 5 年。资质证书有效期届满需要延续的，应当在有效期届满 3 个月前向原资质认可机关提出申请。

2. 承担安全评价、认证、检测、检验职责的机构对其作出的安全评价、认证、检测、检验结果的合法性、真实性负责

生产经营单位委托安全评价检测检验机构开展技术服务时，应当签订委托技术服务合同，明确服务对象、范围、权利、义务和责任。生产经营单位委托安全评价检测检验机构为其提供安全生产技术服务的，保证安全生产的责任仍由本单位负责。应急管理部门、煤矿安全生产监督管理部门以安全评价报告、检测检验报告为依据，作出相关行政许可、行政处罚决定的，应当对其决定承担相应法律责任。

安全评价检测检验机构及其从业人员应当依照法律、法规、规章、标准，遵循科

学公正、独立客观、安全准确、诚实守信的原则和执业准则，独立开展安全评价和检测检验，并对其作出的安全评价和检测检验结果负责。

3. 承担安全评价、认证、检测、检验职责的机构应当建立并实施服务公开和报告公开制度，不得租借资质、挂靠、出具虚假报告

安全评价检测检验机构应当建立并实施服务公开制度和报告公开制度，加强内部管理，严格自我约束。服务公开制度，是指承担安全评价、认证、检测、检验职责的机构应当公开其服务项目、服务内容、服务承诺等，并按照公开内容进行安全评价、认证、检测、检验。报告公开制度，是指安全评价检测检验机构应当按照有关规定，在网上公开安全评价报告、安全生产检测检验报告相关信息以及现场勘验图像影像等。我国实行安全评价、认证、检测、检验资质认可制度，有关机构必须有相应资质才能从事这些行为。承担安全评价、认证、检测、检验职责的机构租借资质的，属于严重的违法行为，应该承担相应的法律责任。实践中，有些机构没有相应资质，但通过合同方式内部约定，挂靠在某一具有资质的安全评价机构或者检测检验机构下，并使用被挂靠机构的名义从事安全评价、认证、检测、检验等活动，这种挂靠资质的行为，因挂靠单位没有相应资质，不具备出具相关报告的能力和资质，易导致相关安全评价、认证、检测、检验结果不符合实际，甚至违法。因此，本条严格禁止挂靠行为。虚假报告，是指安全评价报告、安全生产检测检验报告内容与当时实际情况严重不符，报告结论定性严重偏离客观实际。出具虚假报告的，极易为安全生产埋下隐患，也属于法律严厉打击的行为。

依据《安全生产法》第92条的规定，承担安全评价、认证、检测、检验职责的机构出具失实报告的，责令停业整顿，并处3万元以上10万元以下的罚款；给他人造成损害的，依法承担赔偿责任。承担安全评价、认证、检测、检验职责的机构租借资质、挂靠、出具虚假报告的，没收违法所得；违法所得在10万元以上的，并处违法所得2倍以上5倍以下的罚款，没有违法所得或者违法所得不足10万元的，单处或者并处10万元以上20万元以下的罚款；对其直接负责的主管人员和其他直接责任人员处5万元以上10万元以下的罚款；给他人造成损害的，与生产经营单位承担连带赔偿责任；构成犯罪的，依照《刑法》有关规定追究刑事责任。对有上述违法行为的机构及其直接责任人员，吊销其相应资质和资格，5年内不得从事安全评价、认证、检测、检验等工作；情节严重的，实行终身行业和职业禁入。

关联法规索引

《安全生产法》第 92 条;《安全评价检测检验机构管理办法》第 2 ~22 条

典型案例

大连市应急管理局与大连经济技术开发区汇智建设工程咨询有限公司质量监督行政管理纠纷案[1]

争议焦点

汇智公司是否属于2014 年《安全生产法》第 109 条规定的对发生生产安全事故负有责任的生产经营单位。

案例解读

承担安全评价、认证、检测、检验职责的机构应当具备国家规定的资质条件,并对其作出的安全评价、认证、检测、检验的结果负责。安全评价机构必须具备国家规定的资质条件,安全评价机构应当取得相应的安全评价资质证书,符合申请安全评价机构资质的条件,安全评价机构应当由相关部门向社会公示。汇智公司不属于2014 年《安全生产法》规定的安全评价机构。法院审查认为,上诉人作为施工图审查单位,属于提供安全评价的中介服务机构,2014 年《安全生产法》及其相关法律规定并未将其纳入生产经营单位之列。上诉人汇智公司对案涉滨海 2 号泵站施工图设计文件进行审查,系对案涉施工图设计文件涉及公共利益、公众安全和工程建设强制性标准的内容所进行的审查,属于对建设工程设计质量进行监督的重要内容。2014 年《安全生产法》第 109 条规定的对生产安全事故负有责任的生产经营单位,并不包括承担安全评价、认证、检测、检验工作的机构,原国家安全生产监督管理总局在其对法院的回函中对此亦予以认可。

---

〔1〕 案号:(2019)辽02 行再6 号。

第七十三条 【安全生产举报制度】 负有安全生产监督管理职责的部门应当建立举报制度，公开举报电话、信箱或者电子邮件地址等网络举报平台，受理有关安全生产的举报；受理的举报事项经调查核实后，应当形成书面材料；需要落实整改措施的，报经有关负责人签字并督促落实。对不属于本部门职责，需要由其他有关部门进行调查处理的，转交其他有关部门处理。

涉及人员死亡的举报事项，应当由县级以上人民政府组织核查处理。

条文解读

本法第73条是关于安全生产举报和核查的规定。

1. 安全生产举报制度

安全生产工作涉及生产经营的方方面面，仅依靠负有安全生产监督管理职责的部门监督检查，难以做好这一工作，安全生产工作需要打一场“人民战争”，其中建立举报制度是一种非常重要且有效的方法。安全生产举报，是指公民、法人或者其他组织采用书信、电子邮件、传真、电话、走访等形式，向负有安全生产监督管理职责的部门反映情况，提出生产经营单位存在的事故隐患、安全生产违法行为以及不报、迟报、谎报、瞒报生产安全事故等举报事项，依法由负有安全生产监督管理职责的部门处理的行为。负有安全生产监督管理职责的部门应当建立举报制度，鼓励从业人员和人民群众积极参与对安全生产违法行为和事故隐患的举报。负有安全生产监督管理职责的部门应该公开举报的方式，举报的方式可以是电话、信箱或者电子邮件地址等网络举报平台，对安全生产违法行为和事故隐患的举报，应当依法予以受理并处理。举报制度的内容应包括举报的受理、核查、处理、协调、移送、答复、统计和报告制度。负有安全生产监督管理职责的部门应当向社会公开受理举报投诉的通信地址、邮政编码及电子邮箱、传真电话和奖金领取办法等。

2. 举报的登记、告知和核查

受理的举报事项经调查核实后，应当形成书面材料，通常包括以下几个步骤：

一是举报的登记和告知。负有安全生产监督管理职责的部门应当准确记录举报投诉方式、内容诉求、时间、举报投诉人联系方式以及办理机构等信息，形成台账备查。举报投诉事项不属于本部门查处职责范围的，接到举报投诉后，负有安全生产监督管理职责的部门应当告知举报投诉人向有处理权的部门举报投诉，或者按规定将举报材料移送有处理权的部门，并采取适当方式告知实名举报投诉人。有关告知书、告知记录等应当留存备查。

二是核查处理。负有安全生产监督管理职责的部门按照分级负责、属地管理的原则，调查核实本行政区域内的举报投诉事项。负有安全生产监督管理职责的部门应当采取突击检查、暗查暗访等方式对举报投诉事项进行调查核实，不得提前告知被举报投诉对象有关举报投诉内容；严格按照行政执法程序的有关要求进行调查和采集证据，核查人员不得少于2名，并向被举报投诉对象出示有效行政执法证件；核查人员与被举报投诉对象或者举报投诉内容有直接利害关系的，须主动申请回避；在调查核实过程中，应当加强与举报投诉人的沟通交流，听取举报投诉人的陈述事实及理由，必要时可以组织专家进行论证。对可能导致事故发生或者造成重大社会影响等紧急情况的举报投诉，负有安全生产监督管理职责的部门应当立即组织有关人员进行调查核实。

三是材料管理。负有安全生产监督管理职责的部门应当安排工作人员专门负责保管举报投诉材料，对举报投诉材料的原件予以封存；需要上报或者批转查处的，应当严格按照有关规定执行，不得泄露举报投诉人的有关信息；需要向举报投诉人核实有关情况的，应当向举报投诉材料原件的封存单位提出申请，由负责保管举报投诉材料的专门人员记录申请人信息后，方可提供举报投诉人的有关信息。

四是经过审查后，需要落实整改措施的，报经有关负责人签字并督促生产经营单位落实。

3. 关于涉及人员死亡的举报事项

涉及人员死亡的举报事项，应当由县级以上人民政府组织核查处理。实践中，瞒报或者谎报生产安全事故的情形依然存在，但是否存在瞒报或者谎报，需要进行核查。但是，涉及人员死亡的举报事项，情况通常比较复杂，负有安全生产监督管理职责的部门难以查明，如某人举报煤矿发生致人死亡事故的瞒报，矿山安全监察局或者地方应急管理部门通常难以查明。接到生产安全事故举报信息的部门要及时向当地政府报告，由当地政府组织公安、纪检监察、工会和有关安全监管监察等相关部门进行核查。对核查难度大、本级人民政府难以推进的，要及时向上一级地方人民政府汇报并提请组织核查。核查属实的事故，要认真查明瞒报谎报的决策者、组织者、参与者以及瞒报谎报细节，查明相关人员责任，按照有关规定上限严肃追责、严厉处罚；对涉嫌犯罪的人员，要移交司法机关依法处理。

关联法规索引

《安全生产领域举报奖励办法》

第七十四条 【举报权和安全生产公益诉讼】任何单位或者个人对事故隐患或者安全生产违法行为,均有权向负有安全生产监督管理职责的部门报告或者举报。

因安全生产违法行为造成重大事故隐患或者导致重大事故,致使国家利益或者社会公共利益受到侵害的,人民检察院可以根据民事诉讼法、行政诉讼法的相关规定提起公益诉讼。

条文解读

本法第74条是关于举报权和安全生产公益诉讼的规定。

1. 单位或者个人对事故隐患或者安全生产违法行为的举报权

任何单位或者个人对事故隐患或者安全生产违法行为,均有权向负有安全生产监督管理职责的部门报告或者举报。这里的举报是其权利而非义务。举报人应当对其举报内容的真实性负责,不得捏造、歪曲事实,不得诬告、陷害他人和生产经营单位,不得故意诱导生产经营单位实施安全生产违法行为。否则,一经查实,依法追究法律责任。

2. 安全生产公益诉讼制度

公益诉讼(public interest litigation),通常被理解为以个人、组织或者机关为原告,以损害国家、社会或不特定多数人利益(公益)的行为为对象,以制止损害公益行为并追究公益加害人相应法律责任为目的,向法院提出的特别诉讼活动。公益诉讼分为民事公益诉讼与行政公益诉讼。安全生产公益诉讼包括安全生产民事公益诉讼和安全生产行政公益诉讼。

(1)提起安全生产公益诉讼的机构

我国公益诉讼制度始于环境公益诉讼。关于提起环境公益诉讼的主体,《民事诉讼法》第58条规定:"对污染环境、侵害众多消费者合法权益等损害社会公共利益的行为,法律规定的机关和有关组织可以向人民法院提起诉讼。人民检察院在履行职责中发现破坏生态环境和资源保护、食品药品安全领域侵害众多消费者合法权益等损害社会公共利益的行为,在没有前款规定的机关和组织或者前款规定的机关和组织不提起诉讼的情况下,可以向人民法院提起诉讼。前款规定的机关或者组织提起诉讼的,人民检察院可以支持起诉。”《行政诉讼法》第 25 条第 4 款规定:“人民检察院在履行职责中发现生态环境和资源保护、食品药品安全、国有财产保护、国有土地使用权出让等领域负有监督管理职责的行政机关违法行使职权或者不作为,致使国家利益或者社会公共利益受到侵害的,应当向行政机关提出检察建议,督促其依法履行职责。行政机关不依法履行职责的,人民检察院依法向人民法院提起诉讼。”人民检察院可以提起民事公益诉讼和行政公益诉讼,但“法律规定的机关和有关组织”只能提起民事公益诉讼。根据《安全生产法》第 74 条的规定,安全生产公益诉讼的起诉主体只能是人民检察院,而不包括“法律规定的机关和有关组织”。

(2)提起安全生产公益诉讼的条件

人民检察院提起安全生产公益诉讼的条件有两个:一是因安全生产违法行为造成重大事故隐患或者导致重大事故。重大事故隐患或者重大事故须由安全生产违法行为引起,非安全生产违法行为引起的重大事故隐患或者导致重大事故的,不适用。二是只有“公益”受到侵害才可提起,即重大事故隐患或者重大事故造成国家利益或者社会公共利益受到侵害。

(3)提供安全生产公益诉讼的种类

本条第 2 款规定,“人民检察院可以根据民事诉讼法、行政诉讼法的相关规定提起公益诉讼”。所以,人民检察院既可以提起安全生产民事公益诉讼,也可以提起安全生产行政公益诉讼。民事公益诉讼的被告是重大事故隐患或者重大事故致使国家利益或者社会公共利益受到侵害的生产经营单位及其有关人员。行政公益诉讼的被告是因未依法履行监督管理职责而致使国家利益或者社会公共利益受到侵害的负有安全生产监督管理职责的部门及其工作人员。

关联法规索引

《民事诉讼法》第 58 条;《行政诉讼法》第 25 条第 4 款

第七十五条 【居民委员会、村民委员会的监督】居民委员会、村民委员会发现其所在区域内的生产经营单位存在事故隐患或者安全生产违法行为时,应当向当地人民政府或者有关部门报告。

条文解读

本法第75条是关于居民委员会、村民委员会报告事故隐患或者安全生产违法行为义务的规定。

居民委员会、村民委员会发现其所在区域内的生产经营单位存在事故隐患或者安全生产违法行为时,有义务向当地人民政府或者有关部门报告。

在理解本条时,需要注意以下几个方面:一是居民委员会、村民委员会报告的对象是已发现的事故隐患或者安全生产违法行为。二是居民委员会、村民委员会只对其所在区域内的生产经营单位存在的事故隐患或者安全生产违法行为进行报告,对于区域外的事故隐患和安全生产违法行为,不属于本条规定的举报的范围。三是居民委员会、村民委员会向“当地人民政府或者有关部门”报告。当地人民政府包括当地乡镇人民政府和区县(含不设区的市)人民政府;有关部门,通常是县级人民政府负有安全生产监督管理职责的部门。对于“区域外”的事故隐患和安全生产违法行为的举报,应适用《安全生产法》第74条第1款的规定。

第七十六条 【举报奖励】县级以上各级人民政府及其有关部门对报告重大事故隐患或者举报安全生产违法行为的有功人员,给予奖励。具体奖励办法由国务院应急管理部门会同国务院财政部门制定。

条文解读

本法第76条是关于举报奖励的规定。

为了加强安全生产领域的社会监督,鼓励举报安全生产重大事故隐患和违法行为,及时发现并排除重大事故隐患,制止和惩处违法行为,本条规定“县级以上各级人民政府及其有关部门对报告重大事故隐患或者举报安全生产违法行为的有功人员,给予奖励”。依据《安全生产法》、国务院《关于预防煤矿生产安全事故的特别规定》等法律、行政法规，以及国务院《关于进一步加强企业安全生产工作的通知》、国务院《关于坚持科学发展安全发展促进安全生产形势持续稳定好转的意见》的要求，原国家安全生产监督管理总局和财政部联合印发了《安全生产领域举报奖励办法》，奖励的对象为对重大事故隐患或者安全生产违法行为的举报人员。

重大事故隐患，是指危害和整改难度较大，应当全部或者局部停产停业，并经过一定时间整改治理方能排除的隐患，或者因外部因素影响致使生产经营单位自身难以排除的隐患。煤矿重大事故隐患的判定，按照《煤矿重大事故隐患判定标准》的规定认定，其他行业和领域重大事故隐患的判定，按照负有安全监督管理职责的部门制定并向社会公布的判定标准认定。

安全生产违法行为，按照《安全生产非法违法行为查处办法》规定的原则进行认定，重点包括以下情形和行为：(1)没有获得有关安全生产许可证或证照不全，证照过期，证照未变更从事生产经营、建设活动的；未依法取得批准或者验收合格，擅自从事生产经营活动的；关闭取缔后又擅自从事生产经营、建设活动的；停产整顿、整合技改未经验收擅自组织生产和违反建设项目安全设施"三同时"规定的。(2)未依法对从业人员进行安全生产教育和培训，或者矿山和危险化学品生产、经营、储存单位、金属冶炼、建筑施工、道路交通运输单位的主要负责人和安全生产管理人员未依法经安全生产知识和管理能力考核合格，或者特种作业人员未依法取得特种作业操作资格证书而上岗作业的；与从业人员订立劳动合同，免除或者减轻其对从业人员因生产安全事故伤亡依法应承担的责任的。(3)将生产经营项目、场所、设备发包或者出租给不具备安全生产条件或者相应资质(资格)的单位或者个人，或者未与承包单位、承租单位签订专门的安全生产管理协议，或者未在承包合同、租赁合同中明确各自的安全生产管理职责，或者未对承包、承租单位的安全生产进行统一协调、管理的。(4)未按国家有关规定对危险物品进行管理，或者使用国家明令淘汰、禁止的危及生产安全的工艺、设备的。(5)承担安全评价、认证、检测、检验工作和职业卫生技术服务的机构出具虚假证明文件的。(6)生产安全事故瞒报、谎报以及重大事故隐患隐瞒不报，或者不按规定期限予以整治的，或者生产经营单位主要负责人在发生伤亡事故后逃匿的。(7)未依法开展职业病防护设施"三同时"，或者未依法开展职业病危害检测、评价的。(8)法律、行政法规、国家标准或行业标准规定的其他安全生产违法行为。

关联法规索引

《安全生产领域举报奖励办法》

第七十七条 【舆论监督】新闻、出版、广播、电影、电视等单位有进行安全生产公益宣传教育的义务,有对违反安全生产法律、法规的行为进行舆论监督的权利。

条文解读

本法第77条是关于有关单位安全生产公益宣传教育的义务和监督安全生产违法行为的权利的规定。

新闻、出版、广播、电影、电视等单位的性质和特点,决定了他们在安全生产宣传教育中的独特地位和作用。为了确保安全生产宣传教育工作取得成效,加强对安全生产违法行为的监督,本条明确规定新闻、出版、广播、电影、电视等单位有进行安全生产公益宣传教育的义务,同时有权利对安全生产违法行为进行舆论监督。

1. 新闻、出版、广播、电影、电视等单位的安全生产公益宣传教育义务

新闻、出版、广播、电影、电视等单位进行安全生产公益宣传教育,是其应该履行的法定义务,对政府及其有关部门提出的安全生产宣传教育任务,新闻、出版、广播、电影、电视等单位不应拒绝、推托,而应当积极配合完成,且原则上不能收取费用。安全生产公益宣传教育主要包括有关安全生产的法律、法规,有关安全生产知识,典型的安全生产案例等的宣传。当然,对非公益性的安全生产宣传教育,新闻等单位可以收取相应费用。

2. 新闻、出版、广播、电影、电视等单位的舆论监督权

新闻、出版、广播、电影、电视等单位的舆论监督透明度高、传播面广、影响力大,对违反安全生产法律、法规的单位和个人有特殊的威慑作用,是一种有效的监督方式。舆论监督指向的对象是“违反安全生产法律、法规的行为”,既包括生产经营单位及其管理人员、从业人员的安全生产违法行为,也包括负有安全生产监督管理职责的部门及其工作人员滥用职权或者不依法履行安全生产监督管理职责的行为。

第七十八条 【违法行为信息公开和联合惩戒】 负有安全生产监督管理职责的部门应当建立安全生产违法行为信息库,如实记录生产经营单位及其有关从业人员的安全生产违法行为信息;对违法行为情节严重的生产经营单位及其有关从业人员,应当及时向社会公告,并通报行业主管部门、投资主管部门、自然资源主管部门、生态环境主管部门、证券监督管理机构以及有关金融机构。有关部门和机构应当对存在失信行为的生产经营单位及其有关从业人员采取加大执法检查频次、暂停项目审批、上调有关保险费率、行业或者职业禁入等联合惩戒措施,并向社会公示。

负有安全生产监督管理职责的部门应当加强对生产经营单位行政处罚信息的及时归集、共享、应用和公开,对生产经营单位作出处罚决定后七个工作日内在监督管理部门公示系统予以公开曝光,强化对违法失信生产经营单位及其有关从业人员的社会监督,提高全社会安全生产诚信水平。

条文解读

本法第78条是关于违法行为信息公开和对违法行为联合惩戒的规定。

1. 建立安全生产违法行为信息库

负有安全生产监督管理职责的部门应当建立安全生产违法行为信息库,如实记录生产经营单位及其有关从业人员的安全生产违法行为信息。

2. 违法行为信息共享

对违法行为情节严重的生产经营单位及其有关从业人员,负有安全生产监督管理职责的部门应当及时向社会公告,并通报行业主管部门、投资主管部门、自然资源主管部门、生态环境主管部门、证券监督管理机构以及有关金融机构。这里的"及时"并非"立即",应根据实际情况确定向社会公告的时间。

3. 对失信行为的联合惩戒

为了对失信生产经营单位及其有关人员实施有效惩戒,督促生产经营单位严格履行安全生产主体责任,依法依规开展生产经营活动,原国家安全生产监督管理总局2017年通过了《对安全生产领域失信行为开展联合惩戒的实施办法》。"失信行为"主要包括:(1)发生较大及以上生产安全责任事故,或1年内累计发生3起及以上造成人员死亡的一般生产安全责任事故的;(2)未按规定取得安全生产许可，擅自开展生产经营建设活动的；(3)发现重大生产安全事故隐患，或职业病危害严重超标，不及时整改，仍组织从业人员冒险作业的；(4)采取隐蔽、欺骗或阻碍等方式逃避、对抗安全监管监察的；(5)被责令停产停业整顿，仍然从事生产经营建设活动的；(6)瞒报、谎报、迟报生产安全事故的；(7)矿山、危险化学品、金属冶炼等高危行业建设项目安全设施未经验收合格即投入生产和使用的；(8)矿山生产经营单位存在超层越界开采、以探代采行为的；(9)发生事故后，故意破坏事故现场，伪造有关证据资料，妨碍、对抗事故调查，或主要负责人逃逸的；(10)安全生产和职业健康技术服务机构出具虚假报告或证明，违规转让或出借资质的。

联合惩戒措施包括加大执法检查频次、暂停项目审批、上调有关保险费率、行业或者职业禁入等。生产经营单位及其有关人员的失信行为、惩戒措施等应向社会公示。

4. 行政处罚信息的归集、共享、应用和公开

《行政处罚法》第48条第1款规定："具有一定社会影响的行政处罚决定应当依法公开。"《安全生产法》第78条第2款中规定，"负有安全生产监督管理职责的部门应当加强对生产经营单位行政处罚信息的及时归集、共享、应用和公开"。所以，安全生产违法行为行政处罚信息应公开，不限于"具有一定社会影响的行政处罚决定"。公开的方式是"在监督管理部门公示系统予以公开曝光"；公开的时间要求是"生产经营单位作出处罚决定后七个工作日内"；公开的目的是"强化对违法失信生产经营单位及其有关从业人员的社会监督，提高全社会安全生产诚信水平"。

关联法规索引

《政府信息公开条例》第10~26条；《行政处罚法》第48条；《对安全生产领域失信行为开展联合惩戒的实施办法》

第五章　生产安全事故的应急救援与调查处理

本章介绍

本章共 11 条，是关于生产安全事故的应急救援和调查处理的规定。本章明确要求各级人民政府建立生产安全事故应急救援预案和应急救援体系，规定了生产经营单位事故应急预案的制定和演练，明确了生产安全事故的报告主体、报告程序和事故抢救的主体以及要求。此外，本章还对生产安全事故调查的原则、任务、事故责任追究等作了规定。

第七十九条　【应急能力建设】国家加强生产安全事故应急能力建设，在重点行业、领域建立应急救援基地和应急救援队伍，并由国家安全生产应急救援机构统一协调指挥；鼓励生产经营单位和其他社会力量建立应急救援队伍，配备相应的应急救援装备和物资，提高应急救援的专业化水平。

国务院应急管理部门牵头建立全国统一的生产安全事故应急救援信息系统，国务院交通运输、住房和城乡建设、水利、民航等有关部门和县级以上地方人民政府建立健全相关行业、领域、地区的生产安全事故应急救援信息系统，实现互联互通、信息共享，通过推行网上安全信息采集、安全监管和监测预警，提升监管的精准化、智能化水平。

条文解读

本法第 79 条是关于国家加强生产安全事故应急能力建设的规定。

安全生产以“预防为主”，但在今后相当长的一段时期内，事故发生不可能完全避免，事故发生后应急救援工作对防止事故扩大及减少事故损失具有重要意义。因此，我们在预防事故的同时，必须切实提高生产安全事故应急能力，尽可能控制、减少、消除生产安全事故造成的损害。这就需要不断加强国家生产安全事故应急能力建设，提高应急救援的专业化水平。

1. 国家在重点行业、领域建立应急救援基地和应急救援队伍

国家加强生产安全事故应急能力建设，在重点行业、领域建立应急救援基地和应急救援队伍。这里的“重点行业、领域”主要是指消防、矿山救护、危险化学品等行业、领域。县级以上人民政府应当加强对生产安全事故应急救援队伍建设的统一规划、组织和指导。县级以上人民政府负有安全生产监督管理职责的部门根据生产安全事故应急工作的实际需要，在重点行业、领域单独建立或者依托有条件的生产经营单位、社会组织共同建立应急救援队伍，并由国家安全生产应急救援机构统一协调指挥。

2. 鼓励生产经营单位和其他社会力量建立应急救援队伍

除国家建立应急救援基地和应急救援队伍外，为更好地加强应急能力建设，还需要生产经营单位和其他社会力量的积极参与。因此，国家鼓励和支持生产经营单位和其他社会力量建立提供社会化应急救援服务的应急救援队伍。本法第82条以及《生产安全事故应急条例》，对生产经营单位应急救援队伍建设作了专门规定，生产经营单位应急救援队伍建设应依据这些规定执行。国家鼓励其他社会力量建立应急救援队伍，如依托共青团组织、中国红十字会、中国青年志愿者协会、基层社区以及其他组织，建立形式多样的应急志愿者队伍等。各级政府应当重视专业应急救援队伍和非专业应急救援队伍的联合培训、联合演练，提高应急救援队伍的合作应急、协调应急能力。

应急救援队伍的应急救援人员应当具备必要的专业知识、技能、身体素质和心理素质。应急救援队伍建立单位或者兼职应急救援人员所在单位应当按照国家有关规定对应急救援人员进行培训；应急救援人员经培训合格后，方可参加应急救援工作。应急救援队伍应当配备必要的应急救援装备和物资，并定期组织训练。

3. 配备相应的应急救援装备和物资，提高应急救援的专业化水平

县级以上地方人民政府应当根据本行政区域内可能发生的生产安全事故的特点和危害，储备必要的应急救援装备和物资，并及时更新和补充，提高应急救援的专业化水平。

4. 国务院应急管理部门和其他有关部门建立生产安全事故应急救援信息系统

生产安全事故往往事出突然，只有及时了解掌握生产安全事故的真实信息，才能正确、及时进行预测、研判，快速处置和救援。国家层面应当充分利用现代信息

技术，整合现有信息汇集、传输渠道，建立高效统一、安全可靠、反应迅速的生产安全事故应急救援信息系统：一是国务院应急管理部门牵头建立全国统一的生产安全事故应急救援信息系统；二是国务院交通运输、住房和城乡建设、水利、民航等有关部门建立健全相关地区的生产安全事故应急救援信息系统；三是县级以上地方人民政府建立健全本地区的生产安全事故应急救援信息系统。这些生产安全事故应急救援信息系统之间要实现互联互通、信息共享，通过推行网上安全信息采集、安全监管和监测预警，提升监管的精准化、智能化水平。

关联法规索引

《生产安全事故应急条例》第3、9、13条

第八十条　【地方政府事故应急救援预案和体系】县级以上地方各级人民政府应当组织有关部门制定本行政区域内生产安全事故应急救援预案，建立应急救援体系。

乡镇人民政府和街道办事处，以及开发区、工业园区、港区、风景区等应当制定相应的生产安全事故应急救援预案，协助人民政府有关部门或者按照授权依法履行生产安全事故应急救援工作职责。

条文解读

本法第80条是关于地方各级人民政府、街道办事处以及开发区、工业园区、港区、风景区等制定生产安全事故应急救援预案的规定。

1. 县级以上地方各级人民政府应当组织有关部门制定本行政区域内生产安全事故应急救援预案，建立应急救援体系

（1）生产安全事故应急工作的领导。

国务院统一领导全国的生产安全事故应急工作，县级以上地方人民政府统一领导本行政区域内的生产安全事故应急工作。生产安全事故应急工作涉及两个以上行政区域的，由有关行政区域共同的上一级人民政府负责，或者由各有关行政区域的上一级人民政府共同负责。县级以上人民政府应急管理部门和其他负有安全

生产监督管理职责的部门在各自职责范围内，做好有关行业、领域的生产安全事故应急工作。县级以上人民政府应急管理部门指导、协调本级人民政府其他负有安全生产监督管理职责的部门和下级人民政府的生产安全事故应急工作。

(2)县级以上地方各级人民政府应当组织有关部门制定本行政区域内生产安全事故应急救援预案。

县级以上地方各级人民政府及其负有安全生产监督管理职责的部门应当针对可能发生的生产安全事故的特点和危害，进行风险辨识和评估，制定相应的生产安全事故应急救援预案，并依法向社会公布。县级以上地方各级人民政府负有安全生产监督管理职责的部门应当将其制定的生产安全事故应急救援预案报送本级人民政府备案。

(3)县级以上地方各级人民政府应当组织有关部门建立应急救援体系。

应急救援体系是指保证应急救援预案的具体落实所需要的组织、人力、物力等各种要素及其调配关系的总和。应急救援体系应当与应急救援预案相协调。同时，应急救援体系应当是一个统一指挥、分工明确、协调配合，在发生生产安全事故时能迅速启动的体系。由于制定应急救援预案和建立应急救援体系涉及多个部门，需要有较大的权威和有力的指挥、协调，单靠任何一个或者几个部门都难以完成。因此，本条规定由县级以上地方各级人民政府组织有关部门来履行这项职责，是符合实际情况的。

2. 乡镇人民政府和街道办事处以及开发区、工业园区、港区、风景区等的应急职责

(1)应当制定相应的生产安全事故应急救援预案。乡、镇人民政府以及街道办事处等地方人民政府派出机关以及开发区、工业园区、港区、风景区等应当针对可能发生的生产安全事故的特点和危害，进行风险辨识和评估，制定相应的生产安全事故应急救援预案，并依法向社会公布。

(2)乡、镇人民政府以及街道办事处等地方人民政府派出机关以及开发区、工业园区、港区、风景区等应当协助上级人民政府有关部门依法履行生产安全事故应急救援工作职责。

配套法规及解读

《生产安全事故应急条例》(2019 年 4 月 1 日施行)

第五条 县级以上人民政府及其负有安全生产监督管理职责的部门和乡、镇人民政府以及街道办事处等地方人民政府派出机关,应当针对可能发生的生产安全事故的特点和危害,进行风险辨识和评估,制定相应的生产安全事故应急救援预案,并依法向社会公布。

生产经营单位应当针对本单位可能发生的生产安全事故的特点和危害,进行风险辨识和评估,制定相应的生产安全事故应急救援预案,并向本单位从业人员公布。

第六条 生产安全事故应急救援预案应当符合有关法律、法规、规章和标准的规定,具有科学性、针对性和可操作性,明确规定应急组织体系、职责分工以及应急救援程序和措施。

有下列情形之一的,生产安全事故应急救援预案制定单位应当及时修订相关预案:

(一)制定预案所依据的法律、法规、规章、标准发生重大变化;

(二)应急指挥机构及其职责发生调整;

(三)安全生产面临的风险发生重大变化;

(四)重要应急资源发生重大变化;

(五)在预案演练或者应急救援中发现需要修订预案的重大问题;

(六)其他应当修订的情形。

第七条 县级以上人民政府负有安全生产监督管理职责的部门应当将其制定的生产安全事故应急救援预案报送本级人民政府备案;易燃易爆物品、危险化学品等危险物品的生产、经营、储存、运输单位,矿山、金属冶炼、城市轨道交通运营、建筑施工单位,以及宾馆、商场、娱乐场所、旅游景区等人员密集场所经营单位,应当将其制定的生产安全事故应急救援预案按照国家有关规定报送县级以上人民政府负有安全生产监督管理职责的部门备案,并依法向社会公布。

第八条 县级以上地方人民政府以及县级以上人民政府负有安全生产监督管理职责的部门,乡、镇人民政府以及街道办事处等地方人民政府派出机关,应当至少每 2 年组织 1 次生产安全事故应急救援预案演练。

易燃易爆物品、危险化学品等危险物品的生产、经营、储存、运输单位，矿山、金属冶炼、城市轨道交通运营、建筑施工单位，以及宾馆、商场、娱乐场所、旅游景区等人员密集场所经营单位，应当至少每半年组织1次生产安全事故应急救援预案演练，并将演练情况报送所在地县级以上地方人民政府负有安全生产监督管理职责的部门。

县级以上地方人民政府负有安全生产监督管理职责的部门应当对本行政区域内前款规定的重点生产经营单位的生产安全事故应急救援预案演练进行抽查；发现演练不符合要求的，应当责令限期改正。

※法规解读：《生产安全事故应急条例》第5~7条对地方各级人民政府和县级以上人民政府有关部门制定生产安全事故应急救援预案作了明确规定。

县级以上人民政府和乡、镇人民政府以及街道办事处等地方人民政府派出机关应当制定生产安全事故应急救援预案，制定的应急救援预案需要具有针对性，即针对可能发生的生产安全事故的特点和危害，进行风险辨识和评估，制定相应的生产安全事故应急救援预案并依法向社会公布。

县级以上人民政府负有安全生产监督管理职责的部门也要根据安全生产监督的范围和对象，有针对性地制定生产安全事故应急救援预案，将制定的生产安全事故应急救援预案报送本级人民政府备案，并依法向社会公布。地方各级人民政府应急管理部门和其他负有安全生产监督管理职责的部门应当根据法律、法规、规章和同级人民政府以及上一级人民政府应急管理部门和其他负有安全生产监督管理职责的部门的应急救援预案，结合工作实际，组织编制相应的部门应急救援预案。部门应急救援预案应当根据本地区、本部门的实际情况，明确信息报告、响应分级、指挥权移交、警戒疏散等内容。

生产安全事故应急救援预案应当符合有关法律、法规、规章和标准的规定，具有科学性、针对性和可操作性，明确规定应急组织体系、职责分工以及应急救援程序和措施。并适时进行修改。有下列情形之一的，生产安全事故应急救援预案制定单位应当及时修订相关预案：(1)制定预案所依据的法律、法规、规章、标准发生重大变化；(2)应急指挥机构及其职责发生调整；(3)安全生产面临的风险发生重大变化；(4)重要应急资源发生重大变化；(5)在预案演练或者应急救援中发现需要修订预案的重大问题；(6)其他应当修订的情形。

县级以上地方人民政府以及县级以上人民政府负有安全生产监督管理职责的

部门，乡、镇人民政府以及街道办事处等地方人民政府派出机关，应当至少每2年组织1次生产安全事故应急救援预案演练。

关联法规索引

《生产安全事故应急条例》第5~8条

第八十一条　【生产经营单位事故应急预案的制定和演练】生产经营单位应当制定本单位生产安全事故应急救援预案，与所在地县级以上地方人民政府组织制定的生产安全事故应急救援预案相衔接，并定期组织演练。

条文解读

本法第81条是关于生产经营单位制定并定期组织演练本单位生产安全事故应急救援预案的规定。

1. 生产经营单位应当制定本单位生产安全事故应急救援预案

生产经营单位发生生产安全事故后，从事故应急救援来说，事故发生单位处于最直接的地位，应在第一时间迅速组织事故抢救。为保证事故应急救援紧张有序地展开，客观上需要生产经营单位制定生产安全事故应急救援预案。

生产经营单位应当针对本单位可能发生的生产安全事故的特点和危害，进行风险辨识和评估，制定相应的生产安全事故应急救援预案，并向本单位从业人员公布。易燃易爆物品、危险化学品等危险物品的生产、经营、储存、运输单位，矿山、金属冶炼、城市轨道交通运营、建筑施工单位，以及宾馆、商场、娱乐场所、旅游景区等人员密集场所经营单位，应当将其制定的生产安全事故应急救援预案按照国家有关规定报送县级以上人民政府负有安全生产监督管理职责的部门备案，并依法向社会公布。

为规范生产安全事故应急预案管理工作，迅速有效处置生产安全事故，依据《突发事件应对法》《安全生产法》《生产安全事故应急条例》等法律、行政法规和《突发事件应急预案管理办法》，原国家安全生产监督管理总局制定了《生产安全事故应急预案管理办法》。该办法对应急预案的编制，应急预案的评审、公布和备案,应急预案的实施等作了进一步细化规定。

2. 生产经营单位制定的预案应当与政府组织制定的预案相衔接

地方各级人民政府应急管理部门和其他负有安全生产监督管理职责的部门应当根据法律、行政法规、部门规章和同级人民政府以及上一级人民政府应急管理部门和其他负有安全生产监督管理职责的部门的应急救援预案,结合工作实际,组织编制相应的部门应急救援预案。部门应急救援预案应当根据本地区、本部门的实际情况,明确信息报告、响应分级、指挥权移交、警戒疏散等内容。县级以上地方人民政府组织制定的生产安全事故应急救援预案是综合性的,适用于本地区所有生产经营单位。生产经营单位制定的本单位事故应急救援预案应与综合性应急救援预案相衔接,确保协调一致,互相配套,一旦启动能够顺畅运行,提高事故应急救援工作的效率。生产经营单位编制的各类应急救援预案之间应当相互衔接,并与相关人民政府及其部门、应急救援队伍和涉及的其他单位的应急救援预案相衔接。

3. 生产经营单位应当对应急救援预案定期组织演练

生产经营单位必须对事故应急救援预案定期组织演练,使本单位主要负责人、有关管理人员和从业人员都能够身临其境积累"实战"经验,熟悉、掌握应急救援预案的各项内容和要求,相互协作、配合。同时,通过组织演练,也能够进一步检验应急救援预案是否科学合理,发现存在的问题,及时调整完善。

生产经营单位应当制定本单位的应急救援预案演练计划,根据本单位的事故风险特点,每年至少组织一次综合应急救援预案演练或者专项应急救援预案演练,每半年至少组织一次现场处置方案演练。易燃易爆物品、危险化学品等危险物品的生产、经营、储存、运输单位,矿山、金属冶炼、城市轨道交通运营、建筑施工单位,以及宾馆、商场、娱乐场所、旅游景区等人员密集场所经营单位,应当至少每半年组织一次生产安全事故应急救援预案演练,并将演练情况报送所在地县级以上地方人民政府负有安全生产监督管理职责的部门。县级以上地方人民政府负有安全生产监督管理职责的部门应当对本行政区域内上述重点生产经营单位的生产安全事故应急救援预案演练进行抽查;发现演练不符合要求的,应当责令限期改正。

关联法规索引

《生产安全事故应急条例》第5~8条;《生产安全事故应急预案管理办法》

第八十二条　【高危行业应急救援要求】 危险物品的生产、经营、储存单位以及矿山、金属冶炼、城市轨道交通运营、建筑施工单位应当建立应急救援组织；生产经营规模较小的，可以不建立应急救援组织，但应当指定兼职的应急救援人员。

危险物品的生产、经营、储存、运输单位以及矿山、金属冶炼、城市轨道交通运营、建筑施工单位应当配备必要的应急救援器材、设备和物资，并进行经常性维护、保养，保证正常运转。

条文解读

本法第 82 条是关于对高危行业的生产经营单位应急救援义务的规定。

1. 生产经营单位应急救援队伍建设

各生产经营单位的危险性和从业人员差别较大，规模小的如个体工商户，大的如国有大型企业，不宜对规模、性质、主营业务等不同的生产经营单位在生产安全事故应急救援队伍方面作出相同要求。所以，本条第 1 款规定“危险物品的生产、经营、储存单位以及矿山、金属冶炼、城市轨道交通运营、建筑施工单位应当建立应急救援组织；生产经营规模较小的，可以不建立应急救援组织，但应当指定兼职的应急救援人员”。

《生产安全事故应急条例》进一步扩大了这一范围，易燃易爆物品、危险化学品等危险物品的生产、经营、储存、运输单位，矿山、金属冶炼、城市轨道交通运营、建筑施工单位，以及宾馆、商场、娱乐场所、旅游景区等人员密集场所经营单位，应当建立应急救援队伍；其中，小型企业或者微型企业等规模较小的生产经营单位，可以不建立应急救援队伍，但应当指定兼职的应急救援人员，并且可以与邻近的应急救援队伍签订应急救援协议。工业园区、开发区等产业聚集区域内的生产经营单位，可以联合建立应急救援队伍。对于高危行业或者人员密集场所经营单位，应当建立应急救援队伍。

2. 生产安全事故应急救援物资的准备

在有关场所配备必要的应急救援器材、设备、物资，可以在发生生产安全事故时，利用预先配备的应急救援器材、设备和物资展开自救和他救工作，以便更有效地应对和处置生产安全事故，避免事故情况进一步恶化。所以，易燃易爆物品、危险化学品等危险物品的生产、经营、储存、运输单位，矿山、金属冶炼、城市轨道交通运营、建筑施工单位，以及宾馆、商场、娱乐场所、旅游景区等人员密集场所经营单位，应当根据本单位可能发生的生产安全事故的特点和危害，配备必要的灭火、排水、通风以及危险物品稀释、掩埋、收集等应急救援器材、设备和物资，并进行经常性维护、保养，保证正常运转。

关联法规索引

《生产安全事故应急条例》第9～13条；《生产安全事故应急预案管理办法》第38条

第八十三条 【事故单位报告和抢救义务】生产经营单位发生生产安全事故后，事故现场有关人员应当立即报告本单位负责人。

单位负责人接到事故报告后，应当迅速采取有效措施，组织抢救，防止事故扩大，减少人员伤亡和财产损失，并按照国家有关规定立即如实报告当地负有安全生产监督管理职责的部门，不得隐瞒不报、谎报或者迟报，不得故意破坏事故现场、毁灭有关证据。

条文解读

本法第83条是关于生产经营单位发生事故后的报告和抢救义务的规定。

一是事故发生后的报告义务。首先，事故发生后，事故现场有关人员应当立即报告本单位负责人。其次，本单位负责人接到事故报告后，按照国家有关规定应当立即如实报告当地负有安全生产监督管理职责的部门，不得以任何理由隐瞒不报、谎报或者拖延不报。国务院最早于1956年5月25日就颁布了《工人职员伤亡事故报告规程》（已废止），其中对生产安全事故的报告和抢救作了规定。1991年国务院又颁布了《企业职工伤亡事故报告和处理规定》（已废止），具体规定了有关程序。之后，建设、铁道、邮电、化工、劳动等部门相继颁布了有关事故报告和调查处理程序的相关规定。《矿山安全法》第36条也明确规定，发生矿山事故，矿山企业必须立即组织抢救，防止事故扩大，减少人员伤亡和财产损失，对伤亡事故必须立即如实报告劳动行政主管部门和管理矿山企业的主管部门。2007 年实施的《生产安全事故报告和调查处理条例》对事故报告的程序和报告的内容等作了明确规定，国务院 1991 年 2 月 22 日公布的《企业职工伤亡事故报告和处理规定》和 1989 年 3 月 29 日公布的《特别重大事故调查程序暂行规定》同时废止。生产经营单位的主要负责人对生产安全事故隐瞒不报、谎报或者迟报的，按照《安全生产法》第 110 条的规定，给予降级、撤职的处分，并由应急管理部门处上一年年收入 60% ~100% 的罚款；对逃匿的处 15 日以下拘留；构成犯罪的，依照《刑法》有关规定追究刑事责任。主要负责人，是指有限责任公司、股份有限公司的董事长或者总经理或者个人经营的投资人，其他生产经营单位的厂长、经理、局长、矿长（含实际控制人）等人员。

二是事故发生单位负责人组织抢救义务。生产安全事故发生后，组织抢救是生产经营单位的首要任务，组织抢救包括组织救护、组织抢救和从业人员自救。单位负责人应当迅速采取有效措施，组织抢救，防止事故扩大，减少人员伤亡和财产损失。在事故发生后，不立即组织抢救或者在事故调查处理期间事故单位负责人擅离职守或者逃匿的，按照《安全生产法》第 110 条的规定，给予降级、撤职的处分，并由应急管理部门处上一年年收入 60% ~100% 的罚款；对逃匿的处 15 日以下拘留；构成犯罪的，依照《刑法》有关规定追究刑事责任。

三是事故单位负责人保护现场的义务。事故现场和有关证据是调查事故原因、查明事故性质和责任的重要方面，必须保护好事故现场、保存好有关证据，不得故意破坏。所以，本条第 2 款规定，生产经营单位负责人不得故意破坏事故现场、毁灭有关证据。因抢救人员和国家财产，防止事故扩大而需移动现场部分物件时，必须作出标志，绘制事故现场图，摄影或录像并详细说明。清理事故现场，要经事故调查组同意后方可进行。

配套法规及解读

《生产安全事故报告和调查处理条例》（2007 年 6 月 1 日施行）

第四条第一款　事故报告应当及时、准确、完整，任何单位和个人对事故不得迟报、漏报、谎报或者瞒报。

第九条　事故发生后，事故现场有关人员应当立即向本单位负责人报告；单位负责人接到报告后，应当于1小时内向事故发生地县级以上人民政府安全生产监督管理部门和负有安全生产监督管理职责的有关部门报告。

情况紧急时，事故现场有关人员可以直接向事故发生地县级以上人民政府安全生产监督管理部门和负有安全生产监督管理职责的有关部门报告。

第十三条 事故报告后出现新情况的，应当及时补报。

自事故发生之日起30日内，事故造成的伤亡人数发生变化的，应当及时补报。道路交通事故、火灾事故自发生之日起7日内，事故造成的伤亡人数发生变化的，应当及时补报。

第十四条 事故发生单位负责人接到事故报告后，应当立即启动事故相应应急预案，或者采取有效措施，组织抢救，防止事故扩大，减少人员伤亡和财产损失。

第十六条 事故发生后，有关单位和人员应当妥善保护事故现场以及相关证据，任何单位和个人不得破坏事故现场、毁灭相关证据。

因抢救人员、防止事故扩大以及疏通交通等原因，需要移动事故现场物件的，应当做出标志，绘制现场简图并做出书面记录，妥善保存现场重要痕迹、物证。

第三十五条 事故发生单位主要负责人有下列行为之一的，处上一年年收入40%至80%的罚款；属于国家工作人员的，并依法给予处分；构成犯罪的，依法追究刑事责任：

（一）不立即组织事故抢救的；

（二）迟报或者漏报事故的；

（三）在事故调查处理期间擅离职守的。

第三十六条 事故发生单位及其有关人员有下列行为之一的，对事故发生单位处100万元以上500万元以下的罚款；对主要负责人、直接负责的主管人员和其他直接责任人员处上一年年收入60%至100%的罚款；属于国家工作人员的，并依法给予处分；构成违反治安管理行为的，由公安机关依法给予治安管理处罚；构成犯罪的，依法追究刑事责任：

（一）谎报或者瞒报事故的；

（二）伪造或者故意破坏事故现场的；

（三）转移、隐匿资金、财产，或者销毁有关证据、资料的；

（四）拒绝接受调查或者拒绝提供有关情况和资料的；

（五）在事故调查中作伪证或者指使他人作伪证的；

（六）事故发生后逃匿的。

※法规解读：《生产安全事故报告和调查处理条例》对事故单位的报告义务、报告内容、报告程序、现场保护和组织抢救等作了明确规定。根据该条例的规定，单位负责人在接到报告后，应当在1个小时内向事故发生地县级以上人民政府应急管理部门和负有安全生产监督管理职责的有关部门报告。情况紧急的，现场有关人员可以直接向事故发生地县级以上人民政府应急管理部门和负有安全生产监督管理职责的有关部门报告。报告的内容包括："（一）事故发生单位概况；（二）事故发生的时间、地点以及事故现场情况；（三）事故的简要经过；（四）事故已经造成或者可能造成的伤亡人数（包括下落不明的人数）和初步估计的直接经济损失；（五）已经采取的措施；（六）其他应当报告的情况。"事故报告后出现新情况的，应及时补报。事故报告应当及时、准确、完整，任何单位和个人对事故不得迟报、漏报、谎报或者瞒报。

生产经营单位负责人在接到报告后，应当立即启动事故相应应急救援预案，或者采取有效措施，组织抢救，防止事故扩大，减少人员伤亡和财产损失。

事故发生后，有关单位和人员应当妥善保护事故现场以及相关证据，任何单位和个人不得破坏事故现场、毁灭相关证据。

因抢救人员、防止事故扩大以及疏通交通等原因，需要移动事故现场物件的，应当作出标志，绘制现场简图并作出书面记录，妥善保存现场重要痕迹、物证。

该条例第35条和第36条是对《安全生产法》第110条规定的进一步细化，并增加了新的应追究责任的情形。

根据本条例规定，事故发生单位主要负责人有下列行为之一的，处上一年年收入40%至80%的罚款；属于国家工作人员的，并依法给予处分；构成犯罪的，依法追究刑事责任：（1）不立即组织事故抢救的；（2）迟报或者漏报事故的；（3）在事故调查处理期间擅离职守的。事故发生单位及其有关人员有下列行为之一的，对事故发生单位处100万元以上500万元以下的罚款；对主要负责人、直接负责的主管人员和其他直接责任人员处上一年年收入60%至100%的罚款；属于国家工作人员的，并依法给予处分；构成违反治安管理行为的，由公安机关依法给予治安管理处罚；构成犯罪的，依法追究刑事责任：（1）谎报或者瞒报事故的；（2）伪造或者故意破坏事故现场的；（3）转移、隐匿资金、财产，或者销毁有关证据、资料的；（4）拒绝接受调查或者拒绝提供有关情况和资料的；（5）在事故调查中作伪证或者指使他人作伪证的;(6)事故发生后逃匿的。

《生产安全事故罚款处罚规定(试行)》第11条规定,事故发生单位主要负责人在事故发生后不立即组织事故抢救的,处上一年年收入100%的罚款;事故发生单位主要负责人迟报事故的,处上一年年收入60%至80%的罚款;漏报事故的,处上一年年收入40%至60%的罚款;事故发生单位主要负责人在事故调查处理期间擅离职守的,处上一年年收入80%至100%的罚款。第13条规定,事故发生单位的主要负责人、直接负责的主管人员和其他直接责任人员有《安全生产法》第110条、该条例第36条规定的行为之一的,依照下列规定处以罚款:(1)伪造、故意破坏事故现场,或者转移、隐匿资金、财产、销毁有关证据、资料,或者拒绝接受调查,或者拒绝提供有关情况和资料,或者在事故调查中作伪证,或者指使他人作伪证的,处上一年年收入80%至90%的罚款;(2)谎报、瞒报事故或者事故发生后逃匿的,处上一年年收入100%的罚款。

事故发生单位主要负责人、直接负责的主管人员和其他直接责任人员的上一年年收入,属于国有生产经营单位的,是指该单位上级主管部门所确定的上一年年收入总额;属于非国有生产经营单位的,是指经财务、税务部门核定的上一年年收入总额。

生产经营单位提供虚假资料或者由于财务、税务部门无法核定等原因致使有关人员的上一年年收入难以确定的,按照下列办法确定:(1)主要负责人的上一年年收入,按照本省、自治区、直辖市上一年度职工平均工资的5倍以上10倍以下计算;(2)直接负责的主管人员和其他直接责任人员的上一年年收入,按照本省、自治区、直辖市上一年度职工平均工资的1倍以上5倍以下计算。

报告事故的时间超过规定时限的,属于迟报;因过失对应当上报的事故或者事故发生的时间、地点、类别、伤亡人数、直接经济损失等内容遗漏未报的,属于漏报;故意不如实报告事故发生的时间、地点、初步原因、性质、伤亡人数和涉险人数、直接经济损失等有关内容的,属于谎报;隐瞒已经发生的事故,超过规定时限未向安全监管监察部门和有关部门报告,经查证属实的,属于瞒报。

对事故发生单位及其有关责任人员处以罚款的行政处罚,依照下列规定决定:(1)对发生特别重大事故的单位及其有关责任人员罚款的行政处罚,由应急管理部决定;(2)对发生重大事故的单位及其有关责任人员罚款的行政处罚,由省级人民政府应急管理部门决定;(3)对发生较大事故的单位及其有关责任人员罚款的行政处罚，由设区的市级人民政府应急管理部门决定；(4)对发生一般事故的单位及其有关责任人员罚款的行政处罚，由县级人民政府应急管理部门决定。上级应急管理部门可以指定下一级应急管理部门对事故发生单位及其有关责任人员实施行政处罚。

对煤矿事故发生单位及其有关责任人员处以罚款的行政处罚，依照下列规定执行：(1)对发生特别重大事故的煤矿及其有关责任人员罚款的行政处罚，由国家矿山安全监察局决定；(2)对发生重大事故和较大事故的煤矿及其有关责任人员罚款的行政处罚，由省级矿山安全监察机构决定；(3)对发生一般事故的煤矿及其有关责任人员罚款的行政处罚，由省级矿山安全监察机构所属分局决定。上级矿山安全监察机构可以指定下一级矿山安全监察机构对事故发生单位及其有关责任人员实施行政处罚。

特别重大事故以下等级事故，事故发生地与事故发生单位所在地不在同一个县级以上行政区域的，由事故发生地的应急管理部门或者矿山安全监察机构依照权限实施行政处罚。

关联法规索引

《安全生产法》第110条；《矿山安全法》第36条；《生产安全事故报告和调查处理条例》第9、13、14、16、35、36条；《生产安全事故罚款处罚规定(试行)》第2～8条

第八十四条　【行政机关的事故报告】负有安全生产监督管理职责的部门接到事故报告后，应当立即按照国家有关规定上报事故情况。负有安全生产监督管理职责的部门和有关地方人民政府对事故情况不得隐瞒不报、谎报或者迟报。

条文解读

本法第84条是关于行政机关事故报告的规定。

生产经营单位按照本法第84条和《生产安全事故报告和调查处理条例》的规

定，将发生的事故报告给负有安全生产监督管理职责的部门。负有安全生产监督管理职责的部门接到生产经营单位的事故报告后，应当立即按照《生产安全事故报告和调查处理条例》的有关规定上报事故情况。

《生产安全事故报告和调查处理条例》对行政机关事故调查报告的具体程序、报告内容、报告时限等作了规定。事故报告应当及时、准确、完整，任何单位和个人对事故不得迟报、漏报、谎报或者瞒报。任何单位和个人不得阻挠和干涉对事故的报告。应急管理部门和负有安全生产监督管理职责的有关部门接到事故报告后，应当依照下列规定上报事故情况，并通知公安机关、劳动保障行政部门、工会和人民检察院：(1)特别重大事故、重大事故逐级上报至国务院应急管理部门和负有安全生产监督管理职责的有关部门；(2)较大事故逐级上报至省、自治区、直辖市人民政府应急管理部门和负有安全生产监督管理职责的有关部门；(3)一般事故上报至设区的市级人民政府应急管理部门和负有安全生产监督管理职责的有关部门。应急管理部门和负有安全生产监督管理职责的有关部门依照前述规定上报事故情况，应当同时报告本级人民政府。国务院应急管理部门和负有安全生产监督管理职责的有关部门以及省级人民政府接到发生特别重大事故、重大事故的报告后，应当立即报告国务院。必要时，应急管理部门和负有安全生产监督管理职责的有关部门可以越级上报事故情况。

应急管理部门和负有安全生产监督管理职责的有关部门逐级上报事故情况，每级上报的时间不得超过 2 小时。

报告事故应当包括下列内容：(1)事故发生单位概况；(2)事故发生的时间、地点以及事故现场情况；(3)事故的简要经过；(4)事故已经造成或者可能造成的伤亡人数(包括下落不明的人数)和初步估计的直接经济损失；(5)已经采取的措施；(6)其他应当报告的情况。

有关地方人民政府、负有安全生产监督管理职责的部门，对生产安全事故隐瞒不报、谎报或者迟报的，按照《安全生产法》第 111 条的规定，对直接负责的主管人员和其他直接责任人员依法给予处分；构成犯罪的，依照《刑法》有关规定追究刑事责任。

根据《生产安全事故报告和调查处理条例》第 39 条的规定，有关地方人民政府、应急管理部门和负有安全生产监督管理职责的有关部门有下列行为之一的，对直接负责的主管人员和其他直接责任人员依法给予处分；构成犯罪的，依法追究刑事责任：(1)不立即组织事故抢救的；(2)迟报、漏报、谎报或者瞒报事故的；(3)阻碍、干涉事故调查工作的；(4)在事故调查中作伪证或者指使他人作伪证的。

关联法规索引

《安全生产法》第111条；《生产安全事故报告和调查处理条例》第4、7、10～13条

典型案例

许某军与宁波市北仑区安全生产监督管理局不履行法定职责纠纷案[1]

争议焦点

涉案事故是否属于生产安全事故。

案例解读

生产安全事故是指在生产经营过程中发生的事故。是否为责任事故，应根据事故调查组的调查结论确定。事故发生后，事故现场有关人员应当立即向本单位负责人报告；单位负责人接到报告后，应当于1小时内向事故发生地县级以上人民政府安全生产监督管理部门和负有安全生产监督管理职责的有关部门报告。安全生产监督管理部门和负有安全生产监督管理职责的有关部门接到事故报告后，向有关部门和同级人民政府报告。涉案事故的单位负责人没有在规定的时间内及时向事故发生地县级以上人民政府安全生产监督管理部门报告，故县级以上人民政府安全生产监督管理部门和负有安全生产监督管理职责的有关部门无履行上报法定职责的前提和事实依据。

[1] 案号：(2015)浙甬行终字第250号。

第八十五条 【事故抢救】 有关地方人民政府和负有安全生产监督管理职责的部门的负责人接到生产安全事故报告后，应当按照生产安全事故应急救援预案的要求立即赶到事故现场，组织事故抢救。

参与事故抢救的部门和单位应当服从统一指挥，加强协同联动，采取有效的应急救援措施，并根据事故救援的需要采取警戒、疏散等措施，防止事故扩大和次生灾害的发生，减少人员伤亡和财产损失。

事故抢救过程中应当采取必要措施，避免或者减少对环境造成的危害。

任何单位和个人都应当支持、配合事故抢救，并提供一切便利条件。

条文解读

本法第 85 条是关于生产安全事故抢救的规定。

1. 有关地方人民政府和负有安全生产监督管理职责的部门的负责人的责任

接到生产安全事故报告后，有关地方人民政府和负有安全生产监督管理职责的部门的负责人应当立即启动相应的生产安全事故应急救援预案，按照生产安全事故应急救援预案的要求立即赶到事故现场，组织事故抢救。

2. 对参与事故抢救的部门和单位的要求

一是统一指挥。生产安全事故现场抢救是事故应对的一个关键环节，涉及控制现场、消除危害、抢救伤员、保护财产等一系列工作，也涉及多个部门协同作战，工作的紧急性和复杂性强，故在事故抢救过程中，参与事故抢救的部门和单位应当服从统一指挥，加强协同联动。二是采取有效的应急救援措施。根据事故救援的需要采取警戒、疏散等措施，防止事故扩大和次生灾害的发生，减少人员伤亡和财产损失。

3. 避免或者减少事故对环境造成的危害

发生生产安全事故的，通常伴随毒害、腐蚀甚至放射性物质的泄漏或扩散，直接威胁生态环境。因此，事故抢救过程中应当采取必要措施，避免或者减少事故对环境造成的危害。

4. 任何单位和个人都应当支持、配合事故抢救，并提供一切便利条件

事故的抢救，不仅需要生产经营单位的自我救助，政府和应急管理部门的组织抢救，还需要有关单位和个人的支持和配合。每个单位和个人都要从保护人民生

命财产安全、维护社会公众利益、国家利益的高度来认识生产事故的抢救问题，对事故抢救要积极支持、配合，提供一切可能的便利条件。

关联法规索引

《生产安全事故报告和调查处理条例》第5、15、16条

第八十六条　【事故调查】事故调查处理应当按照科学严谨、依法依规、实事求是、注重实效的原则，及时、准确地查清事故原因，查明事故性质和责任，评估应急处置工作，总结事故教训，提出整改措施，并对事故责任单位和人员提出处理建议。事故调查报告应当依法及时向社会公布。事故调查和处理的具体办法由国务院制定。

事故发生单位应当及时全面落实整改措施，负有安全生产监督管理职责的部门应当加强监督检查。

负责事故调查处理的国务院有关部门和地方人民政府应当在批复事故调查报告后一年内，组织有关部门对事故整改和防范措施落实情况进行评估，并及时向社会公开评估结果；对不履行职责导致事故整改和防范措施没有落实的有关单位和人员，应当按照有关规定追究责任。

条文解读

本法第86条是关于事故调查处理的基本原则、主要任务、事故调查报告的主要内容，以及授权国务院制定事故调查和处理具体办法的规定。

1. 本条明确了事故调查的基本原则

根据本条的规定，事故调查处理应当按照科学严谨、依法依规、实事求是、注重实效的原则。（1）科学严谨，是指事故调查要尊重事故发生的客观规律，采取科学的方法，认真、细致、全面地获取、分析事故调查收集的每一份证据、材料。（2）依法依规，是指事故调查工作要严格遵守有关法律、行政法规的规定，既要遵守其中的实体法规定，也要遵守必要程序法规定，确保调查程序正义和结果公正。（3）实事求是，是指事故调查要根据客观存在的情况和证据，研究与事故发生的有关事实，

寻求事故发生的原因。(4)注重实效，是指事故调查中既要有对事故事实进行充分、准确的还原，也要注重调查的效率，还要在调查过程中及时发现问题，总结经验教训，对今后的类似事故起到警示作用。

2. 事故调查的主要任务

事故调查的主要任务包括以下几个方面：(1)及时、准确地查清事故原因。及时，就是应在规定的时间内尽快查出事故原因。事故调查组应当自事故发生之日起60日内提交事故调查报告；特殊情况下，经负责事故调查的人民政府批准，提交事故调查报告的期限可以适当延长，但延长的期限最长不超过60日。准确，是指应当客观地、全面地反映事故发生的原因。查明事故原因，应根据事故调查所确认的事实，从直接原因入手，逐步深入间接原因，从而掌握事故的全部原因。生产安全事故的直接原因是指直接导致事故发生的原因，包括物的不安全状态和人的不安全行为。物的不安全状态是指造成事故的物质条件，即机械、设施、作业场所的潜在危险，如矿山作业场所采场支护不当、瓦斯超限等。人的不安全行为是指造成矿山事故的人为错误，如违章作业、违章指挥等。生产安全事故的间接原因是指直接原因得以产生和存在的原因，包括设计上的缺欠、对职工的安全教育培训不够或者未经培训就上岗作业、劳动组织不合理、没有操作规程或者操作规程不健全、未对事故隐患采取措施。(2)查明事故性质和责任。这是指要查明事故的类型和具体责任的承担。事故性质是指事故是人为事故还是自然事故，是意外事故还是责任事故。查明事故性质是认定事故责任的前提和基础。如果是人为事故和责任事故，就应当查明哪些人对事故负有责任，负何种责任。事故责任分析，要根据事故调查所确认的事实，通过对直接原因和间接原因的分析，确定事故中的直接责任者和领导责任者；在直接责任者和领导责任者中，根据其在事故发生过程中的作用，确定主要责任者。(3)总结事故教训，提出整改措施。安全生产工作的方针是“安全第一，预防为主，综合治理”，所以事故调查的宗旨是事故调查分析的目的，强调的是从认真分析事故原因做起，从中接受教训，采取相应措施，防止类似事故重复发生。(4)对事故责任者提出处理意见。生产安全事故责任追究制度是我国《安全生产法》的一项基本制度。如果事故属于人为事故和责任事故，事故调查组应该在事故调查报告中查明事故责任人，并对其提出处理意见。需要说明的是，调查的目的绝不仅仅是发现某人的问题和责任给予惩治，更是要分清责任，作出处理，使生产经营单位领导和职工从中吸取教训，改进工作。

3. 事故调查报告的公布

事故调查报告应当及时向社会公开,公开的具体程序、公开范围和公开内容等应按照《政府信息公开条例》的规定进行。事故调查报告应当包括下列内容:(1)事故发生单位概况;(2)事故发生经过和事故救援情况;(3)事故造成的人员伤亡和直接经济损失;(4)事故发生的原因和事故性质;(5)事故责任的认定以及对事故责任者的处理建议;(6)事故防范和整改措施。事故调查报告应当附具有关证据材料,事故调查组成员应当在事故调查报告上签名。

4. 事故调查和处理的具体办法

事故调查和处理的情况比较复杂,《安全生产法》没有作出具体规定,而授权由国务院制定具体办法。在 2002 年《安全生产法》制定之前,国务院已经制定了《特别重大事故调查程序暂行规定》(已失效)、《企业职工伤亡事故报告和处理规定》(已失效)、《关于特大安全事故行政责任追究的规定》等。这些规定在处理生产安全事故方面发挥了重要作用。2002 年《安全生产法》授权由国务院制定事故调查和处理的具体办法。2007 年国务院制定了《生产安全事故报告和调查处理条例》。

5. 事故调查办法

(1)事故调查的具体组织。特别重大事故由国务院或者国务院授权有关部门组织事故调查组进行调查。重大事故、较大事故、一般事故分别由事故发生地省级人民政府、设区的市级人民政府、县级人民政府负责调查。省级人民政府、设区的市级人民政府、县级人民政府可以直接组织事故调查组进行调查,也可以授权或者委托有关部门组织事故调查组进行调查。未造成人员伤亡的一般事故,县级人民政府也可以委托事故发生单位组织事故调查组进行调查。上级人民政府认为必要时,可以调查由下级人民政府负责调查的事故。自事故发生之日起 30 日内(道路交通事故、火灾事故自发生之日起 7 日内),因事故伤亡人数变化导致事故等级发生变化,依照《生产安全事故报告和调查处理条例》的规定应当由上级人民政府负责调查的,上级人民政府可以另行组织事故调查组进行调查。特别重大事故以下等级事故,事故发生地与事故发生单位不在同一个县级以上行政区域的,由事故发生地人民政府负责调查,事故发生单位所在地人民政府应当派人参加。(2)事故调查组的组成。事故调查组的组成应当遵循精简、效能的原则。根据事故的具体情况,事故调查组由有关人民政府、应急管理部门、负有安全生产监督管理职责的有关部门、监察机关、公安机关以及工会派人组成,并应当邀请人民检察院派人参加。

事故调查组可以聘请有关专家参与调查。事故调查组成员应当具有事故调查所需要的知识和专长,并与所调查的事故没有直接利害关系。事故调查组组长由负责事故调查的人民政府指定。事故调查组组长主持事故调查组的工作。(3)事故调查组履行下列职责:①查明事故发生的经过、原因、人员伤亡情况及直接经济损失;②认定事故的性质和事故责任;③提出对事故责任者的处理建议;④总结事故教训,提出防范和整改措施;⑤提交事故调查报告。事故调查组有权向有关单位和个人了解与事故有关的情况,并要求其提供相关文件、资料,有关单位和个人不得拒绝。事故发生单位的负责人和有关人员在事故调查期间不得擅离职守,并应当随时接受事故调查组的询问,如实提供有关情况。事故调查中发现涉嫌犯罪的,事故调查组应当及时将有关材料或者其复印件移交司法机关处理。事故调查中需要进行技术鉴定的,事故调查组应当委托具有国家规定资质的单位进行技术鉴定。必要时,事故调查组可以直接组织专家进行技术鉴定。技术鉴定所需时间不计入事故调查期限。事故调查组成员在事故调查工作中应当诚信公正、恪尽职守,遵守事故调查组的纪律,保守事故调查的秘密。未经事故调查组组长允许,事故调查组成员不得擅自发布有关事故的信息。

6. 事故调查报告的批复

重大事故、较大事故、一般事故,负责事故调查的人民政府应当自收到事故调查报告之日起 15 日内作出批复;特别重大事故,30 日内作出批复,特殊情况下,批复时间可以适当延长,但延长的时间最长不超过 30 日。有关机关应当按照人民政府的批复,依照法律、行政法规规定的权限和程序,对事故发生单位和有关人员进行行政处罚,对负有事故责任的国家工作人员进行处分。事故发生单位应当按照负责事故调查的人民政府的批复,对本单位负有事故责任的人员进行处理。负有事故责任的人员涉嫌犯罪的,依法追究刑事责任。

7. 事故发生单位落实整改的义务

事故调查的重要目的在于杜绝类似事故的再次发生,因此事故发生单位应当及时全面落实整改措施。事故发生单位应当认真吸取事故教训,落实防范和整改措施,防止事故再次发生。防范和整改措施的落实情况应当接受工会和职工的监督。应急管理部门和负有安全生产监督管理职责的有关部门应当对事故发生单位落实防范和整改措施的情况进行监督检查。

事故整改和防范措施落实情况关系事故调查报告是否得到落实,关系事故隐患是否得到彻底整改，关系防范措施是否到位，也关系事故责任单位和人员是否得到依法处理。因此，负责事故调查处理的国务院有关部门和地方人民政府应当在批复事故调查报告后 1 年内，组织有关部门对事故整改和防范措施落实情况进行评估，并及时向社会公开评估结果；对不履行职责导致事故整改和防范措施没有落实的有关单位和人员，应当按照有关规定追究责任。

关联法规索引

《生产安全事故报告和调查处理条例》第 2 ~ 10、19 ~ 31 条

典型案例

王某庆与大连市人民政府行政批准申诉案〔1〕

争议焦点

事故调查组成员未签名是否构成程序违法。

案例解读

事故调查报告应当附具有关证据材料。事故调查组成员应当在事故调查报告上签名。事故调查报告报送负责事故调查的人民政府后，事故调查工作即告结束。事故调查的有关资料应当归档保存。事故调查组根据省、国家安全生产监督机关的审核意见，经修改后报送大连市政府审批的《事故调查报告》，是事故调查组经调查后形成的最终报告，对此报告事故调查组全体成员应当予以签字确认，未予签字确认违反了《生产安全事故报告和调查处理条例》的规定，市政府未对《事故调查报告》尽到严格的审查义务，存在程序上的瑕疵。鉴于该程序瑕疵不足以否定大连市政府作出的《关于中国石油天然气股份有限公司大连石化分公司三苯罐区“6·2”较大爆炸火灾事故结案的批复》关于事故责任认定的基本事实，并不存在原审判决认定事实主要证据不足的问题。

〔1〕 案号：(2015)行监字第 730 号。

第八十七条 【责任追究】生产经营单位发生生产安全事故，经调查确定为责任事故的，除了应当查明事故单位的责任并依法予以追究外，还应当查明对安全生产的有关事项负有审查批准和监督职责的行政部门的责任，对有失职、渎职行为的，依照本法第九十条的规定追究法律责任。

条文解读

本法第87条是关于追究生产经营单位及有关行政部门生产安全事故责任的规定。

生产安全事故有的属于责任事故，有的属于非责任事故。非责任事故是指事故的发生是由于自然原因（包括不可抗力）或者他人人为破坏造成的，与生产经营单位或者对安全生产有关事项负有审批和监督职责的行政部门的安全生产监督管理无关，这时不应追究生产经营单位或有关行政部门的法律责任。责任事故是指由于生产经营单位在安全生产管理方面的问题造成的事故。如安全生产规章制度不健全，安全投入不到位，未对从业人员进行安全生产教育和培训，不及时消除事故隐患，违章指挥、强令冒险作业等；或者是由于对安全生产的有关事项负有审查批准和监督职责的行政部门及其工作人员不依法履行职责，失职、渎职等造成的事故。

生产经营单位发生生产安全事故后，要依法进行事故调查处理。事故调查处理的重要任务之一就是查明事故的性质，即是否属于责任事故。一旦确定为责任事故，就必须对有关责任人依法予以追究。

一是查明生产经营单位在安全生产管理方面是否存在问题，进而导致事故的发生，同时依法追究责任单位、负责人、主管人员以及其他负有直接责任的人员的法律责任。二是查明对有关安全生产事项负有审查批准和监督职责的行政部门的责任，主要是查明其是否存在本法第90条规定的失职、渎职行为，对有失职、渎职行为的，依照本法第90条的规定追究法律责任。

关联法规索引

《安全生产法》第90条；《刑法》第397条

第八十八条　【事故调查处理不得干涉】任何单位和个人不得阻挠和干涉对事故的依法调查处理。

条文解读

本法第88条是关于依法调查处理不受阻挠和干涉的规定。

生产安全事故发生后,有关人民政府或者有关部门和单位应当依法及时进行事故调查。除了法律、行政法规或者国务院另有规定外,事故发生后,一般应当组成事故调查组对事故进行调查。事故调查终结后,负责组织事故调查的有关人民政府应当及时作出批复,妥善处理事故。为了保证事故调查处理工作顺利进行,必须从制度上排除一切干扰和阻力。因此,本条规定,任何单位和个人不得阻挠和干涉对事故的依法调查处理。这里的"任何单位和个人"包括生产经营单位及其有关人员、地方人民政府、政府部门及其工作人员以及其他任何单位和个人。本条规定的是不得阻挠、干涉对事故的依法调查处理,对于非依法进行的调查处理,如事故调查组组成不合法、事故调查程序不合法、对事故责任单位和人员的处理不符合法律规定等,有关方面可以提出意见,有关政府或者有关机关也可以要求纠正,这些不属于阻挠和干涉对事故的依法调查处理。

关联法规索引

《生产安全事故报告和调查处理条例》第7条

第八十九条　【事故定期统计分析和定期公布】县级以上地方各级人民政府应急管理部门应当定期统计分析本行政区域内发生生产安全事故的情况,并定期向社会公布。

条文解读

本法第89条是关于定期统计分析生产安全事故情况并向社会公布的规定。

定期统计分析生产安全事故情况对及时、全面掌握全国生产安全事故情况,深入分析全国安全生产形势,科学预测全国安全生产发展趋势,为安全生产监督管理工作提供可靠的信息支持和科学的决策依据等,具有重要意义。因此,本条规定,县级以上地方各级人民政府应急管理部门应当定期统计分析本行政区域内发生生产安全事故的情况。关于"定期统计分析"中的"定期"的含义,本条没有明确规定,可以在实际工作中,根据本行政区域内的生产安全事故情况灵活掌握。县级以上地方各级人民政府应急管理部门应当将统计分析生产安全事故情况向社会公布。

实践中,原国家安全生产监督管理总局制定了《生产安全事故统计管理办法》,规范了生产安全事故统计工作。生产安全事故由县级应急管理部门归口统计、联网直报。跨县级行政区域的特殊行业领域生产安全事故统计信息按照应急管理部门和有关行业领域主管部门确定的生产安全事故统计信息通报形式,实行上级应急管理部门归口直报。县级以上(含本级)应急管理部门负责接收本行政区域内生产经营单位报告和同级负有安全生产监督管理职责的部门通报的生产安全事故信息,真实、准确、完整、及时地进行统计。县级以上应急管理部门应按规定时限在"安全生产综合统计信息直报系统"中填报生产安全事故信息,并按照《生产安全事故统计调查制度》有关规定进行统计。统计分析的内容主要包括事故发生单位的基本情况、事故造成的死亡人数(包括下落不明人数)、受伤人数(包括急性工业中毒人数)、直接经济损失、事故具体情况等。没有造成人员伤亡且直接经济损失小于100万元(不含)的生产安全事故,暂不纳入统计。

关联法规索引

《生产安全事故统计管理办法》

第六章　法 律 责 任

本章介绍

本章共27条，是关于安全生产违法行为法律责任的规定。本章主要规定了追究负有安全生产监督管理职责的部门的工作人员法律责任的具体情形，明确了生产经营单位和安全评价等机构对何种违法行为承担何种具体的法律责任。同时，本章还对生产安全事故责任追究作了规定，既规定了对事故负有责任的生产经营单位主要负责人、安全生产管理人员的法律责任，又规定了对事故负有责任的生产经营单位的法律责任。此外，本章还对安全生产违法行为的行政处罚权的具体执法机关作了规定。

第九十条　【不依法履行监管职责的法律责任】 负有安全生产监督管理职责的部门的工作人员，有下列行为之一的，给予降级或者撤职的处分；构成犯罪的，依照刑法有关规定追究刑事责任：

（一）对不符合法定安全生产条件的涉及安全生产的事项予以批准或者验收通过的；

（二）发现未依法取得批准、验收的单位擅自从事有关活动或者接到举报后不予取缔或者不依法予以处理的；

（三）对已经依法取得批准的单位不履行监督管理职责，发现其不再具备安全生产条件而不撤销原批准或者发现安全生产违法行为不予查处的；

（四）在监督检查中发现重大事故隐患，不依法及时处理的。

负有安全生产监督管理职责的部门的工作人员有前款规定以外的滥用职权、玩忽职守、徇私舞弊行为的，依法给予处分；构成犯罪的，依照刑法有关规定追究刑事责任。

条文解读

本法第90条是关于负有安全生产监督管理职责的部门的工作人员不依法履行监管职责的法律责任的规定。

负有安全生产监督管理职责的部门包括应急管理部门和对有关行业、领域的安全生产工作实施监督管理的部门。这些部门工作人员的违法行为主要表现在以下几个方面：

1. 对不符合法定安全生产条件的涉及安全生产的事项予以批准或者验收通过的

安全生产条件是指《安全生产法》和有关法律、行政法规、国家标准或者行业标准规定的安全生产条件。“涉及安全生产的事项”既包括《安全生产法》规定的矿山、金属冶炼、建筑施工、道路交通运输等活动中涉及的安全设施的监督等事项，也包括其他有关法律、行政法规规定的应由负有安全生产监督管理职责的部门进行审批、验收的事项。

2. 发现未依法取得批准、验收的单位擅自从事有关活动或者接到举报后不予取缔或者不依法予以处理的

对于未依法取得批准或者验收合格的单位擅自从事有关活动的，负责行政审批的部门发现或者接到举报后，应当根据情况予以取缔，或者依法给予其他处理。否则就属于不依法履行法定职责的行为，应依照本条的规定追究法律责任。

3. 对已经依法取得批准的单位不履行监督管理职责，发现其不再具备安全生产条件而不撤销原批准，或者发现安全生产违法行为不予查处的

对已经依法取得批准的单位，发现其不再具备安全生产条件的应当撤销原批准或者发现安全生产违法行为应当予以查处。负责审批的部门不依法履行法律所规定的这一职责的，依照本条规定追究其法律责任。

4. 在监督检查中发现重大事故隐患，不依法及时处理的

按照本法第65条第1款第3项的规定，应急管理部门和其他负有安全生产监督管理职责的部门依法开展安全生产行政执法工作，对检查中发现的事故隐患，应当责令立即排除；重大事故隐患排除前或者排除过程中无法保证安全的，应当责令从危险区域内撤出作业人员，责令暂时停产停业或者停止使用相关设施、设备；重大事故隐患排除后，经审查同意，方可恢复生产经营和使用。如果对发现的重大事

故隐患不及时依法处理，依照本法第90条规定追究法律责任。存在上述违法行为的，根据本法第90条的规定，应当承担法律责任，法律责任的承担方式有政务处分和刑事责任。(1)政务处分。《公职人员政务处分法》规定公务人员违法应当给予政务处分，处分分为警告、记过、记大过、降级、撤职、开除。根据《安全生产法》第90条的规定，负有安全生产监督管理职责的部门的工作人员，有上述违法行为的，应当给予降级或者撤职的处分。(2)构成犯罪的，依照《刑法》有关规定追究刑事责任。负有安全生产监督管理职责的部门的工作人员，有上述违法行为的，构成犯罪的罪名主要涉及玩忽职守罪和滥用职权罪。是否构成犯罪、构成何种犯罪、承担何种刑事责任，要根据《刑法》的规定确定。根据《刑法》第397条的规定，国家机关工作人员滥用职权或者玩忽职守，致使公共财产、国家和人民利益遭受重大损失的，处3年以下有期徒刑或者拘役；情节特别严重的，处3年以上7年以下有期徒刑。《刑法》另有规定的，依照规定。国家机关工作人员徇私舞弊，犯前述罪的，处5年以下有期徒刑或者拘役；情节特别严重的，处5年以上10年以下有期徒刑。

关联法规索引

《安全生产法》第63、65、67、74条；《刑法》第397条

第九十一条 【监管部门违法责任】负有安全生产监督管理职责的部门，要求被审查、验收的单位购买其指定的安全设备、器材或者其他产品的，在对安全生产事项的审查、验收中收取费用的，由其上级机关或者监察机关责令改正，责令退还收取的费用；情节严重的，对直接负责的主管人员和其他直接责任人员依法给予处分。

条文解读

本法第91条是关于负有安全生产监督管理职责的部门要求被审查、验收的单位购买指定的安全设备、器材或者其他产品的法律责任的规定。

负有安全生产监督管理职责的部门，在审查、验收中，不得要求被审查、验收的单位购买指定的安全设备、器材或者其他产品，也不得收取审查、验收费用。如果

负有安全生产监督管理职责的部门要求被审查、验收的单位购买其指定的安全设备、器材或者其他产品的，由其上级机关或者监察机关责令改正；情节严重的，对直接负责的主管人员和其他直接责任人员依法给予政务处分。如果负有安全生产监督管理职责的部门在对安全生产事项的审查、验收中收取费用的，由其上级机关或者监察机关责令退还收取的费用；情节严重的，对直接负责的主管人员和其他直接责任人员依《公职人员政务处分法》《公务员法》等规定给予处分。

第九十二条 【中介机构违法责任】承担安全评价、认证、检测、检验职责的机构出具失实报告的，责令停业整顿，并处三万元以上十万元以下的罚款；给他人造成损害的，依法承担赔偿责任。

承担安全评价、认证、检测、检验职责的机构租借资质、挂靠、出具虚假报告的，没收违法所得；违法所得在十万元以上的，并处违法所得二倍以上五倍以下的罚款，没有违法所得或者违法所得不足十万元的，单处或者并处十万元以上二十万元以下的罚款；对其直接负责的主管人员和其他直接责任人员处五万元以上十万元以下的罚款；给他人造成损害的，与生产经营单位承担连带赔偿责任；构成犯罪的，依照刑法有关规定追究刑事责任。

对有前款违法行为的机构及其直接责任人员，吊销其相应资质和资格，五年内不得从事安全评价、认证、检测、检验等工作；情节严重的，实行终身行业和职业禁入。

条文解读

本法第92条是对安全评价、认证、检测、检验职责的机构及责任人员的法律责任的规定。

1. 承担安全评价、认证、检测、检验职责的机构出具失实报告的法律责任

承担安全评价、认证、检测、检验职责的机构应当根据实际情况出具安全评价等报告，并对其出具报告的真实性负责。如果出具失实报告的，要受到责令停业整顿，并处3万元以上10万元以下的罚款的行政处罚。因出具失实报告给他人造成损害的，依法承担赔偿责任。失实报告并非虚假报告，虚假报告应依据本条第2款处理。实践中，失实报告的认定应结合相关实际情况进行认定。

2. 承担安全评价、认证、检测、检验职责的机构租借资质、挂靠、出具虚假报告的法律责任

我国实行安全评价、认证、检测、检验机构的资质认可制度，严禁租借资质、挂靠，严禁承担安全评价、认证、检测、检验职责的机构出具虚假报告。虚假报告是指出具与实际情况严重不符的安全评价报告、认证结论或者有关检测、检验数据。承担安全评价、认证、检测、检验职责的机构租借资质、挂靠、出具虚假报告的，机构及其直接负责的主管人员和其他直接责任人员应承担法律责任，法律责任包括行政责任、民事责任，甚至刑事责任。

机构承担的行政责任包括：(1)没收违法所得。(2)罚款。违法所得在 10 万元以上的，并处违法所得 2 倍以上 5 倍以下的罚款，没有违法所得或者违法所得不足 10 万元的，单处或者并处 10 万元以上 20 万元以下的罚款。(3)吊销机构的相应资质，如安全评价资质等。

机构承担的民事责任：给他人造成损害的，与生产经营单位承担连带赔偿责任。

承担安全评价、认证、检测、检验职责的机构的直接负责的主管人员和其他直接责任人员的行政责任：(1)罚款。处 5 万元以上 10 万元以下的罚款。(2)对违法行为的直接责任人员，吊销其相应资格。(3)实施行业禁入。违法行为的直接责任人员，5 年内不得从事安全评价、认证、检测、检验等工作；情节严重的，实行终身行业和职业禁入。承担安全评价、认证、检测、检验职责的机构的直接负责的主管人员和其他直接责任人员构成犯罪的，依照《刑法》有关规定追究刑事责任。

配套法规及解读

《安全生产违法行为行政处罚办法》(2015 年 4 月 2 日修正)

第五十八条　本办法所称的违法所得，按照下列规定计算：

(一)生产、加工产品的，以生产、加工产品的销售收入作为违法所得；

(二)销售商品的，以销售收入作为违法所得；

(三)提供安全生产中介、租赁等服务的，以服务收入或者报酬作为违法所得；

(四)销售收入无法计算的，按当地同类同等规模的生产经营单位的平均销售收入计算；

（五）服务收入、报酬无法计算的，按照当地同行业同种服务的平均收入或者报酬计算。

※法规解读：《安全生产违法行为行政处罚办法》第58条是关于《安全生产法》上“违法所得”计算的规定。《安全生产法》中的“违法所得”不扣成本而以销售收入等计算，具体包括：(1)生产、加工产品的，以生产、加工产品的销售收入作为违法所得；(2)销售商品的，以销售收入作为违法所得；(3)提供安全生产中介、租赁等服务的，以服务收入或者报酬作为违法所得；(4)销售收入无法计算的，按当地同类同等规模的生产经营单位的平均销售收入计算；(5)服务收入、报酬无法计算的，按照当地同行业同种服务的平均收入或者报酬计算。

关联法规索引

《安全评价检测检验机构管理办法》第25～31条

第九十三条　【资金投入违法责任】生产经营单位的决策机构、主要负责人或者个人经营的投资人不依照本法规定保证安全生产所必需的资金投入，致使生产经营单位不具备安全生产条件的，责令限期改正，提供必需的资金；逾期未改正的，责令生产经营单位停产停业整顿。

有前款违法行为，导致发生生产安全事故的，对生产经营单位的主要负责人给予撤职处分，对个人经营的投资人处二万元以上二十万元以下的罚款；构成犯罪的，依照刑法有关规定追究刑事责任。

条文解读

本法第93条是关于生产经营单位的决策机构、主要负责人或者个人经营的投资人未依法履行资金投入法律责任的规定。

生产经营单位应确保安全生产资金投入，但生产经营单位资金投入在实践中需要经过其决策机构、主要负责人或者个人经营的投资人的同意。如果生产经营单位的决策机构、主要负责人或者个人经营的投资人不依照本法规定保证安全生产所必需的资金投入，致使生产经营单位不具备安全生产条件的，属于违法行为。

该违法行为的主体是生产经营单位的决策机构、主要负责人或者个人经营的投资人；客观表现为由于未依法保证安全生产所必需的资金投入，致使生产经营单位不具备安全生产条件。

对该违法行为，应责令限期改正，提供必需的资金；逾期未改正的，责令生产经营单位停产停业整顿。因安全生产所必需的资金投入不到位，致使生产经营单位不具备安全生产条件，因而发生生产安全事故的，对生产经营单位的主要负责人给予撤职处分，并依据《安全生产法》第 95 条的规定进行罚款。对个人经营的投资人处 2 万元以上 20 万元以下的罚款。构成犯罪的，依照《刑法》有关规定追究刑事责任。这里主要是我国《刑法》中规定的“重大劳动安全事故罪”。

关联法规索引

《安全生产法》第 23 条

第九十四条　【单位主要负责人违法责任】生产经营单位的主要负责人未履行本法规定的安全生产管理职责的，责令限期改正，处二万元以上五万元以下的罚款；逾期未改正的，处五万元以上十万元以下的罚款，责令生产经营单位停产停业整顿。

生产经营单位的主要负责人有前款违法行为，导致发生生产安全事故的，给予撤职处分；构成犯罪的，依照刑法有关规定追究刑事责任。

生产经营单位的主要负责人依照前款规定受刑事处罚或者撤职处分的，自刑罚执行完毕或者受处分之日起，五年内不得担任任何生产经营单位的主要负责人；对重大、特别重大生产安全事故负有责任的，终身不得担任本行业生产经营单位的主要负责人。

条文解读

本法第 94 条是关于生产经营单位主要负责人对其违法行为法律责任的承担的规定。

根据《安全生产法》第 21 条的规定，生产经营单位的主要负责人对本单位安全生产工作负有下列职责:(1)建立健全并落实本单位全员安全生产责任制,加强安全生产标准化建设;(2)组织制定并实施本单位安全生产规章制度和操作规程;(3)组织制定并实施本单位安全生产教育和培训计划;(4)保证本单位安全生产投入的有效实施;(5)组织建立并落实安全风险分级管控和隐患排查治理双重预防工作机制,督促、检查本单位的安全生产工作,及时消除生产安全事故隐患;(6)组织制定并实施本单位的生产安全事故应急救援预案;(7)及时、如实报告生产安全事故。生产经营单位的主要负责人未履行《安全生产法》规定的安全生产管理职责的,责令限期改正,处2万元以上5万元以下的罚款;逾期未改正的,处5万元以上10万元以下的罚款,责令生产经营单位停产停业整顿。

如果主要负责人未履行上述职责,导致发生生产安全事故的,属于国家工作人员的,依法给予处分。主要负责人无论是否属于国家工作人员,构成犯罪的,依照《刑法》有关规定追究刑事责任。

同时,《安全生产法》还对因生产安全事故受到刑事处罚或者撤职处分的生产经营单位的主要负责人的从业资格进行了限制,即自刑罚执行完毕或者受处分之日起,5年内不得担任任何生产经营单位的主要负责人;对重大、特别重大生产安全事故负有责任的,终身不得担任本行业生产经营单位的主要负责人。

配套法规及解读

《刑法》(2020年12月26日修正)

第一百三十一条 航空人员违反规章制度,致使发生重大飞行事故,造成严重后果的,处三年以下有期徒刑或者拘役;造成飞机坠毁或者人员死亡的,处三年以上七年以下有期徒刑。

第一百三十二条 铁路职工违反规章制度,致使发生铁路运营安全事故,造成严重后果的,处三年以下有期徒刑或者拘役;造成特别严重后果的,处三年以上七年以下有期徒刑。

第一百三十四条 在生产、作业中违反有关安全管理的规定,因而发生重大伤亡事故或者造成其他严重后果的,处三年以下有期徒刑或者拘役;情节特别恶劣的,处三年以上七年以下有期徒刑。

强令他人违章冒险作业,或者明知存在重大事故隐患而不排除,仍冒险组织作业，因而发生重大伤亡事故或者造成其他严重后果的，处五年以下有期徒刑或者拘役；情节特别恶劣的，处五年以上有期徒刑。

第一百三十四条之一　在生产、作业中违反有关安全管理的规定，有下列情形之一，具有发生重大伤亡事故或者其他严重后果的现实危险的，处一年以下有期徒刑、拘役或者管制：

（一）关闭、破坏直接关系生产安全的监控、报警、防护、救生设备、设施，或者篡改、隐瞒、销毁其相关数据、信息的；

（二）因存在重大事故隐患被依法责令停产停业、停止施工、停止使用有关设备、设施、场所或者立即采取排除危险的整改措施，而拒不执行的；

（三）涉及安全生产的事项未经依法批准或者许可，擅自从事矿山开采、金属冶炼、建筑施工，以及危险物品生产、经营、储存等高度危险的生产作业活动的。

第一百三十五条　安全生产设施或者安全生产条件不符合国家规定，因而发生重大伤亡事故或者造成其他严重后果的，对直接负责的主管人员和其他直接责任人员，处三年以下有期徒刑或者拘役；情节特别恶劣的，处三年以上七年以下有期徒刑。

第一百三十五条之一　举办大型群众性活动违反安全管理规定，因而发生重大伤亡事故或者造成其他严重后果的，对直接负责的主管人员和其他直接责任人员，处三年以下有期徒刑或者拘役；情节特别恶劣的，处三年以上七年以下有期徒刑。

第一百三十六条　违反爆炸性、易燃性、放射性、毒害性、腐蚀性物品的管理规定，在生产、储存、运输、使用中发生重大事故，造成严重后果的，处三年以下有期徒刑或者拘役；后果特别严重的，处三年以上七年以下有期徒刑。

第一百三十七条　建设单位、设计单位、施工单位、工程监理单位违反国家规定，降低工程质量标准，造成重大安全事故的，对直接责任人员，处五年以下有期徒刑或者拘役，并处罚金；后果特别严重的，处五年以上十年以下有期徒刑，并处罚金。

第一百三十八条　明知校舍或者教育教学设施有危险，而不采取措施或者不及时报告，致使发生重大伤亡事故的，对直接责任人员，处三年以下有期徒刑或者拘役；后果特别严重的，处三年以上七年以下有期徒刑。

第一百三十九条　违反消防管理法规，经消防监督机构通知采取改正措施而拒绝执行，造成严重后果的，对直接责任人员，处三年以下有期徒刑或者拘役；后果特别严重的，处三年以上七年以下有期徒刑。

最高人民法院、最高人民检察院《关于办理危害生产安全刑事案件适用法律若干问题的解释》（2015 年 12 月 16 日施行）

为依法惩治危害生产安全犯罪，根据刑法有关规定，现就办理此类刑事案件适用法律的若干问题解释如下：

第一条 刑法第一百三十四条第一款规定的犯罪主体，包括对生产、作业负有组织、指挥或者管理职责的负责人、管理人员、实际控制人、投资人等人员，以及直接从事生产、作业的人员。

第二条 刑法第一百三十四条第二款规定的犯罪主体，包括对生产、作业负有组织、指挥或者管理职责的负责人、管理人员、实际控制人、投资人等人员。

第三条 刑法第一百三十五条规定的"直接负责的主管人员和其他直接责任人员"，是指对安全生产设施或者安全生产条件不符合国家规定负有直接责任的生产经营单位负责人、管理人员、实际控制人、投资人，以及其他对安全生产设施或者安全生产条件负有管理、维护职责的人员。

第四条 刑法第一百三十九条之一规定的"负有报告职责的人员"，是指负有组织、指挥或者管理职责的负责人、管理人员、实际控制人、投资人，以及其他负有报告职责的人员。

第五条 明知存在事故隐患、继续作业存在危险，仍然违反有关安全管理的规定，实施下列行为之一的，应当认定为刑法第一百三十四条第二款规定的"强令他人违章冒险作业"：

（一）利用组织、指挥、管理职权，强制他人违章作业的；

（二）采取威逼、胁迫、恐吓等手段，强制他人违章作业的；

（三）故意掩盖事故隐患，组织他人违章作业的；

（四）其他强令他人违章作业的行为。

第六条 实施刑法第一百三十二条、第一百三十四条第一款、第一百三十五条、第一百三十五条之一、第一百三十六条、第一百三十九条规定的行为，因而发生安全事故，具有下列情形之一的，应当认定为"造成严重后果"或者"发生重大伤亡事故或者造成其他严重后果"，对相关责任人员，处三年以下有期徒刑或者拘役：

（一）造成死亡一人以上，或者重伤三人以上的；

（二）造成直接经济损失一百万元以上的；

（三）其他造成严重后果或者重大安全事故的情形。

实施刑法第一百三十四条第二款规定的行为，因而发生安全事故，具有本条第一款规定情形的，应当认定为“发生重大伤亡事故或者造成其他严重后果”，对相关责任人员，处五年以下有期徒刑或者拘役。

实施刑法第一百三十七条规定的行为，因而发生安全事故，具有本条第一款规定情形的，应当认定为“造成重大安全事故”，对直接责任人员，处五年以下有期徒刑或者拘役，并处罚金。

实施刑法第一百三十八条规定的行为，因而发生安全事故，具有本条第一款第一项规定情形的，应当认定为“发生重大伤亡事故”，对直接责任人员，处三年以下有期徒刑或者拘役。

第七条　实施刑法第一百三十二条、第一百三十四条第一款、第一百三十五条、第一百三十五条之一、第一百三十六条、第一百三十九条规定的行为，因而发生安全事故，具有下列情形之一的，对相关责任人员，处三年以上七年以下有期徒刑：

（一）造成死亡三人以上或者重伤十人以上，负事故主要责任的；

（二）造成直接经济损失五百万元以上，负事故主要责任的；

（三）其他造成特别严重后果、情节特别恶劣或者后果特别严重的情形。

实施刑法第一百三十四条第二款规定的行为，因而发生安全事故，具有本条第一款规定情形的，对相关责任人员，处五年以上有期徒刑。

实施刑法第一百三十七条规定的行为，因而发生安全事故，具有本条第一款规定情形的，对直接责任人员，处五年以上十年以下有期徒刑，并处罚金。

实施刑法第一百三十八条规定的行为，因而发生安全事故，具有下列情形之一的，对直接责任人员，处三年以上七年以下有期徒刑：

（一）造成死亡三人以上或者重伤十人以上，负事故主要责任的；

（二）具有本解释第六条第一款第一项规定情形，同时造成直接经济损失五百万元以上并负事故主要责任的，或者同时造成恶劣社会影响的。

第八条　在安全事故发生后，负有报告职责的人员不报或者谎报事故情况，贻误事故抢救，具有下列情形之一的，应当认定为刑法第一百三十九条之一规定的“情节严重”：

（一）导致事故后果扩大，增加死亡一人以上，或者增加重伤三人以上，或者增加直接经济损失一百万元以上的；

（二）实施下列行为之一，致使不能及时有效开展事故抢救的：

1. 决定不报、迟报、谎报事故情况或者指使、串通有关人员不报、迟报、谎报事故情况的；

2. 在事故抢救期间擅离职守或者逃匿的；

3. 伪造、破坏事故现场，或者转移、藏匿、毁灭遇难人员尸体，或者转移、藏匿受伤人员的；

4. 毁灭、伪造、隐匿与事故有关的图纸、记录、计算机数据等资料以及其他证据的；

（三）其他情节严重的情形。

具有下列情形之一的，应当认定为刑法第一百三十九条之一规定的“情节特别严重”：

（一）导致事故后果扩大，增加死亡三人以上，或者增加重伤十人以上，或者增加直接经济损失五百万元以上的；

（二）采用暴力、胁迫、命令等方式阻止他人报告事故情况，导致事故后果扩大的；

（三）其他情节特别严重的情形。

第九条 在安全事故发生后，与负有报告职责的人员串通，不报或者谎报事故情况，贻误事故抢救，情节严重的，依照刑法第一百三十九条之一的规定，以共犯论处。

第十条 在安全事故发生后，直接负责的主管人员和其他直接责任人员故意阻挠开展抢救，导致人员死亡或者重伤，或者为了逃避法律追究，对被害人进行隐藏、遗弃，致使被害人因无法得到救助而死亡或者重度残疾的，分别依照刑法第二百三十二条、第二百三十四条的规定，以故意杀人罪或者故意伤害罪定罪处罚。

第十一条 生产不符合保障人身、财产安全的国家标准、行业标准的安全设备，或者明知安全设备不符合保障人身、财产安全的国家标准、行业标准而进行销售，致使发生安全事故，造成严重后果的，依照刑法第一百四十六条的规定，以生产、销售不符合安全标准的产品罪定罪处罚。

第十二条 实施刑法第一百三十二条、第一百三十四条至第一百三十九条之一规定的犯罪行为，具有下列情形之一的，从重处罚：

（一）未依法取得安全许可证件或者安全许可证件过期、被暂扣、吊销、注销后从事生产经营活动的；

（二）关闭、破坏必要的安全监控和报警设备的；

（三）已经发现事故隐患，经有关部门或者个人提出后，仍不采取措施的；

（四）一年内曾因危害生产安全违法犯罪活动受过行政处罚或者刑事处罚的；

（五）采取弄虚作假、行贿等手段，故意逃避、阻挠负有安全监督管理职责的部门实施监督检查的；

（六）安全事故发生后转移财产意图逃避承担责任的；

（七）其他从重处罚的情形。

实施前款第五项规定的行为，同时构成刑法第三百八十九条规定的犯罪的，依照数罪并罚的规定处罚。

第十三条 实施刑法第一百三十二条、第一百三十四条至第一百三十九条之一规定的犯罪行为，在安全事故发生后积极组织、参与事故抢救，或者积极配合调查、主动赔偿损失的，可以酌情从轻处罚。

第十四条 国家工作人员违反规定投资入股生产经营，构成本解释规定的有关犯罪的，或者国家工作人员的贪污、受贿犯罪行为与安全事故发生存在关联性的，从重处罚；同时构成贪污、受贿犯罪和危害生产安全犯罪的，依照数罪并罚的规定处罚。

第十五条 国家机关工作人员在履行安全监督管理职责时滥用职权、玩忽职守，致使公共财产、国家和人民利益遭受重大损失的，或者徇私舞弊，对发现的刑事案件依法应当移交司法机关追究刑事责任而不移交，情节严重的，分别依照刑法第三百九十七条、第四百零二条的规定，以滥用职权罪、玩忽职守罪或者徇私舞弊不移交刑事案件罪定罪处罚。

公司、企业、事业单位的工作人员在依法或者受委托行使安全监督管理职责时滥用职权或者玩忽职守，构成犯罪的，应当依照《全国人民代表大会常务委员会关于〈中华人民共和国刑法〉第九章渎职罪主体适用问题的解释》的规定，适用渎职罪的规定追究刑事责任。

第十六条 对于实施危害生产安全犯罪适用缓刑的犯罪分子，可以根据犯罪情况，禁止其在缓刑考验期限内从事与安全生产相关联的特定活动；对于被判处刑罚的犯罪分子，可以根据犯罪情况和预防再犯罪的需要，禁止其自刑罚执行完毕之日或者假释之日起三年至五年内从事与安全生产相关的职业。

第十七条 本解释自 2015 年 12 月 16 日起施行。本解释施行后,《最高人民法院、最高人民检察院关于办理危害矿山生产安全刑事案件具体应用法律若干问题的解释》(法释〔2007〕5 号)同时废止。最高人民法院、最高人民检察院此前发布的司法解释和规范性文件与本解释不一致的,以本解释为准。

※法规解读:一、主要负责人涉嫌的生产安全刑事罪名

从《刑法》以及最高人民法院的司法解释来看,生产经营单位的主要负责人涉嫌的罪名主要有:

1. 重大责任事故罪

本罪的犯罪主体是对生产、作业负有组织、指挥或者管理职责的负责人、管理人员、实际控制人、投资人等人员,以及直接从事生产、作业的人员。

本罪的客观方面表现为对生产、作业负有组织、指挥或者管理职责的负责人、管理人员、实际控制人、投资人等人员,以及直接从事生产、作业的人员存在违反有关安全管理的规定,且造成"重大伤亡事故或者造成其他严重后果"的行为。本罪属于结果犯,只有造成"重大伤亡事故或者造成其他严重后果"的,才构成本罪。"重大伤亡事故或者造成其他严重后果的"认定标准如下:(1)造成死亡 1 人以上,或者重伤 3 人以上的;(2)造成直接经济损失 100 万元以上的;(3)其他造成严重后果或者重大安全事故的情形。

构成本罪的,处 3 年以下有期徒刑或者拘役。情节特别恶劣的,处 3 年以上 7 年以下有期徒刑。"情节特别恶劣的"认定标准:(1)造成死亡 3 人以上或者重伤 10 人以上,负事故主要责任的;(2)造成直接经济损失 500 万元以上,负事故主要责任的;(3)其他情节特别恶劣的情形。

2. 强令、组织他人违章冒险作业罪

强令他人违章冒险作业,或者明知存在重大事故隐患而不排除,仍冒险组织作业,因而发生重大伤亡事故或者造成其他严重后果的犯罪行为。

本罪的犯罪主体是对生产、作业负有组织、指挥或者管理职责的负责人、管理人员、实际控制人、投资人等人员。

本罪的客观方面表现为对生产、作业负有组织、指挥或者管理职责的负责人、管理人员、实际控制人、投资人等人员,强令他人违章冒险作业,或者明知存在重大事故隐患而不排除,仍冒险组织作业,因而发生重大伤亡事故或者造成其他严重后

果的行为。本罪的客观方面要注意两点:其一,“强令他人违章冒险作业”是指对生产、作业负有组织、指挥或者管理职责的负责人、管理人员、实际控制人、投资人等人员,明知存在事故隐患、继续作业存在危险,仍然违反有关安全管理的规定,实施下列行为之一的:(1)利用组织、指挥、管理职权,强制他人违章作业的;(2)采取威逼、胁迫、恐吓等手段,强制他人违章作业的;(3)明知存在重大事故隐患而不排除,仍冒险组织作业;(4)其他强令他人违章作业的行为。其二,本罪属于结果犯,只有造成“重大伤亡事故或者造成其他严重后果的”,才构成本罪,没有发生危害后果的,不构成本罪。出现下列情形之一的,应认定为造成“重大伤亡事故或者造成其他严重后果”:(1)造成死亡1人以上,或者重伤3人以上的;(2)造成直接经济损失100万元以上的;(3)其他造成严重后果或者重大安全事故的情形。

构成本罪的,处5年以下有期徒刑或者拘役。本罪属于情节加重犯。情节特别恶劣的,处5年以上有期徒刑。出现下列情形之一的,应认定为“情节特别恶劣”:(1)造成死亡3人以上或者重伤10人以上,负事故主要责任的;(2)造成直接经济损失500万元以上,负事故主要责任的;(3)其他情节特别恶劣的情形。

3. 危险作业罪

危险作业罪是指在生产、作业中违反有关安全管理的规定,具有发生重大伤亡事故或者其他严重后果的现实危险的犯罪行为。根据《刑法》第134条之一的规定,在生产、作业中违反有关安全管理的规定,有下列情形之一,具有发生重大伤亡事故或者其他严重后果的现实危险的,处1年以下有期徒刑、拘役或者管制:(1)关闭、破坏直接关系生产安全的监控、报警、防护、救生设备、设施,或者篡改、隐瞒、销毁其相关数据、信息的;(2)因存在重大事故隐患被依法责令停产停业、停止施工、停止使用有关设备、设施、场所或者立即采取排除危险的整改措施,而拒不执行的;(3)涉及安全生产的事项未经依法批准或者许可,擅自从事矿山开采、金属冶炼、建筑施工,以及危险物品生产、经营、储存等高度危险的生产作业活动的。

4. 重大劳动安全事故罪

对安全生产设施或者安全生产条件直接负责的主管人员和其他直接责任人员是本罪的犯罪主体,具体是指对安全生产设施或者安全生产条件不符合国家规定负有直接责任的生产经营单位负责人、管理人员、实际控制人、投资人,以及其他对安全生产设施或者安全生产条件负有管理、维护职责的人员。

本罪的客观方面表现为“安全生产设施或者安全生产条件不符合国家规定,因而发生重大伤亡事故或者造成其他严重后果的”行为。本罪属于结果犯，只有“发生重大伤亡事故或者造成其他严重后果的”，才构成本罪。有下列情形之一的，应认定为“发生重大伤亡事故或者造成其他严重后果”：(1)造成死亡1人以上，或者重伤3人以上的；(2)造成直接经济损失100万元以上的；(3)其他造成严重后果或者重大安全事故的情形。

构成本罪的，处3年以下有期徒刑或者拘役。情节特别恶劣的，处3年以上7年以下有期徒刑。有下列情形之一的，应认定为“情节特别恶劣”：(1)造成死亡3人以上或者重伤10人以上，负事故主要责任的；(2)造成直接经济损失500万元以上，负事故主要责任的；(3)其他情节特别恶劣的情形。

本罪与重大责任事故罪相比，属于特殊罪名，凡是因安全生产设施或者安全生产条件不符合国家规定，因而发生重大伤亡事故或者造成其他严重后果的，应认定为本罪，而不是重大责任事故罪。

5. 大型群众性活动重大安全事故罪

对举办大型群众性活动直接负责的主管人员和其他直接责任人员是本罪的犯罪主体。

本罪的客观方面表现为“举办大型群众性活动违反安全管理规定，因而发生重大伤亡事故或者造成其他严重后果的”行为。本罪属于结果犯，只有“发生重大伤亡事故或者造成其他严重后果的”，才构成本罪。有下列情形之一的，应认定为“发生重大伤亡事故或者造成其他严重后果”：(1)造成死亡1人以上，或者重伤3人以上的；(2)造成直接经济损失100万元以上的；(3)其他造成严重后果或者重大安全事故的情形。

构成本罪的，处3年以下有期徒刑或者拘役。情节特别恶劣的，处3年以上7年以下有期徒刑。有下列情形之一的，应认定为“情节特别恶劣”：(1)造成死亡3人以上或者重伤10人以上，负事故主要责任的；(2)造成直接经济损失500万元以上，负事故主要责任的；(3)其他情节特别恶劣的情形。

6. 危险物品肇事罪

爆炸性、易燃性、放射性、毒害性、腐蚀性物品的生产者、储存者、运输者、使用者是本罪的犯罪主体。

本罪的客观方面表现为“违反爆炸性、易燃性、放射性、毒害性、腐蚀性物品的管理规定，在生产、储存、运输、使用中发生重大事故，造成严重后果的”行为。本罪属于结果犯,只有“发生重大事故”的,才构成本罪。有下列情形之一的,应认定为“发生重大事故”:(1)造成死亡1人以上,或者重伤3人以上的;(2)造成直接经济损失100万元以上的;(3)其他造成严重后果或者重大安全事故的情形。

构成本罪的,处3年以下有期徒刑或者拘役。后果特别严重的,处3年以上7年以下有期徒刑。有下列情形之一的,应认定为“后果特别严重”:(1)造成死亡三人以上或者重伤10人以上,负事故主要责任的;(2)造成直接经济损失500万元以上,负事故主要责任的;(3)其他后果特别严重的情形。

7. 工程重大安全事故罪

本罪的犯罪主体是建设单位、设计单位、施工单位、工程监理单位的直接责任人员。

本罪的客观方面表现为“建设单位、设计单位、施工单位、工程监理单位违反国家规定,降低工程质量标准,造成重大安全事故的”行为。本罪属于结果犯,只有“造成重大安全事故的”,才构成本罪,没有发生危害后果的,不构成本罪。出现下列情形之一的,应认定为“造成重大安全事故”:(1)造成死亡1人以上,或者重伤3人以上的;(2)造成直接经济损失100万元以上的;(3)其他造成严重后果或者重大安全事故的情形。

构成本罪的,处5年以下有期徒刑或者拘役,并处罚金。后果特别严重的,处5年以上10年以下有期徒刑,并处罚金。出现下列情形之一的,应认定为“后果特别严重”:(1)造成死亡3人以上或者重伤10人以上,负事故主要责任的;(2)造成直接经济损失500万元以上,负事故主要责任的;(3)其他后果特别严重的情形。

8. 教育设施重大安全事故罪

本罪的犯罪主体是负责校舍或者教育教学设施安全的直接责任人员。

本罪的客观方面表现为“明知校舍或者教育教学设施有危险,而不采取措施或者不及时报告,致使发生重大伤亡事故”的行为。造成死亡1人以上,或者重伤3人以上的,应认定为“重大伤亡事故”。

构成本罪的,处3年以下有期徒刑或者拘役。后果特别严重的,处3年以上7年以下有期徒刑。出现下列情形之一的,应认定为“后果特别严重”:(1)造成死亡3人以上或者重伤10人以上,负事故主要责任的;(2)造成死亡1人以上,或者重伤3人以上,同时造成直接经济损失500万元以上并负事故主要责任的,或者同时造成恶劣社会影响的。

9. 铁路运营安全事故罪

本罪的犯罪主体是铁路职工。

本罪的客观方面表现为“铁路职工违反规章制度，致使发生铁路运营安全事故，造成严重后果的”行为。本罪属于结果犯，只有“造成严重后果的”，才构成本罪。“造成严重后果的”认定标准如下：(1)造成死亡1人以上，或者重伤3人以上的；(2)造成直接经济损失100万元以上的；(3)其他造成严重后果或者重大安全事故的情形。

构成本罪的，处3年以下有期徒刑或者拘役。造成特别严重后果的，处3年以上7年以下有期徒刑。“特别严重后果”的认定标准：(1)造成死亡3人以上或者重伤10人以上，负事故主要责任的；(2)造成直接经济损失500万元以上，负事故主要责任的；(3)其他造成特别严重后果的情形。

在安全事故发生后，直接负责的主管人员和其他直接责任人员故意阻挠开展抢救，导致人员死亡或者重伤，或者为了逃避法律追究，对被害人进行隐藏、遗弃，致使被害人因无法得到救助而死亡或者重度残疾的，分别依照《刑法》第232条、第234条的规定，以故意杀人罪或者故意伤害罪定罪处罚。

二、生产安全事故犯罪的从重处罚

构成铁路运营安全事故罪，重大责任事故罪，强令、组织他人违章冒险作业罪，重大劳动安全事故罪，大型群众性活动重大安全事故罪，危险物品肇事罪，工程重大安全事故罪，教育设施重大安全事故罪，消防责任事故罪，不报安全事故罪，谎报安全事故罪，具有下列情形之一的，从重处罚：

(1)未依法取得安全许可证件或者安全许可证件过期、被暂扣、吊销、注销后从事生产经营活动的；(2)关闭、破坏必要的安全监控和报警设备的；(3)已经发现事故隐患，经有关部门或者个人提出后，仍不采取措施的；(4)一年内曾因危害生产安全违法犯罪活动受过行政处罚或者刑事处罚的；(5)采取弄虚作假、行贿等手段，故意逃避、阻挠负有安全监督管理职责的部门实施监督检查的；(6)安全事故发生后转移财产意图逃避承担责任的；(7)其他从重处罚的情形。

采取弄虚作假、行贿等手段，故意逃避、阻挠负有安全监督管理职责的部门实施监督检查的，构成生产安全事故犯罪的，从重处罚。同时构成行贿罪的，依照数罪并罚的规定处罚。

三、生产安全事故犯罪的从轻处罚

构成铁路运营安全事故罪，重大责任事故罪，强令、组织他人违章冒险作业罪，重大劳动安全事故罪，大型群众性活动重大安全事故罪，危险物品肇事罪，工程重大安全事故罪，教育设施重大安全事故罪，消防责任事故罪，不报安全事故罪，谎报安全事故罪的，在安全事故发生后积极组织、参与事故抢救，或者积极配合调查、主动赔偿损失的，可以酌情从轻处罚。

四、生产安全事故犯罪分子的从业资格限制

最高人民法院、最高人民检察院《关于办理危害生产安全刑事案件适用法律若干问题的解释》第16条规定，对于实施危害生产安全犯罪适用缓刑的犯罪分子，可以根据犯罪情况，禁止其在缓刑考验期限内从事与安全生产相关联的特定活动；对于被判处刑罚的犯罪分子，可以根据犯罪情况和预防再犯罪的需要，禁止其自刑罚执行完毕之日或者假释之日起3年至5年内从事与安全生产相关的职业。

关联法规索引

《安全生产法》第21条；《刑法》第131～139条；最高人民法院、最高人民检察院《关于办理危害生产安全刑事案件适用法律若干问题的解释》

典型案例

王某龙、安徽省合肥市人民政府行政纠纷案[1]

争议焦点

"2016·7·4"较大道路交通事故调查是否符合法律规定。

案例解读

运营性道路交通事故具有生产经营特性，运输企业、企业负责人、安全生产管理人员和从业人员均负有安全生产责任并应该严格履行。驾驶员与准驾车型不符，主要是由于企业对安全生产教育和管理制度未落实。作为发生交通事故车辆

〔1〕 案号：(2018)皖行终167号。

所在单位的法定代表人，未严格履行自己在安全生产中的监管职责，对交通事故的发生负有重要责任，因涉嫌犯罪故决定移送公安机关处理，符合《安全生产法》规定。至于犯罪是否成立，由公安机关依法处理。

第九十五条 【对事故单位主要负责人的罚款】生产经营单位的主要负责人未履行本法规定的安全生产管理职责，导致发生生产安全事故的，由应急管理部门依照下列规定处以罚款：

（一）发生一般事故的，处上一年年收入百分之四十的罚款；

（二）发生较大事故的，处上一年年收入百分之六十的罚款；

（三）发生重大事故的，处上一年年收入百分之八十的罚款；

（四）发生特别重大事故的，处上一年年收入百分之一百的罚款。

条文解读

本法第 95 条是关于对事故单位主要负责人罚款的规定。

生产经营单位负责人未履行《安全生产法》第 21 条等相关条文规定的法律责任，导致发生生产安全事故的，不但要按照第 94 条的规定给予撤职处分或者追究刑事责任，而且还要对其进行事故罚款。发生一般事故的，处上一年年收入 40% 的罚款；发生较大事故的，处上一年年收入 60% 的罚款；发生重大事故的，处上一年年收入 80% 的罚款；发生特别重大事故的，处上一年年收入 100% 的罚款。

依据《生产安全事故报告和调查处理条例》第 3 条的规定，“（一）特别重大事故，是指造成 30 人以上死亡，或者 100 人以上重伤（包括急性工业中毒，下同），或者 1 亿元以上直接经济损失的事故；（二）重大事故，是指造成 10 人以上 30 人以下死亡，或者 50 人以上 100 人以下重伤，或者 5000 万元以上 1 亿元以下直接经济损失的事故；（三）较大事故，是指造成 3 人以上 10 人以下死亡，或者 10 人以上 50 人以下重伤，或者 1000 万元以上 5000 万元以下直接经济损失的事故；（四）一般事故，是指造成 3 人以下死亡，或者 10 人以下重伤，或者 1000 万元以下直接经济损失的事故”。其中，所称的“以上”包括本数，所称的“以下”不包括本数。

关联法规索引

《安全生产法》第 21 条;《生产安全事故报告和调查处理条例》第 3、38 条

典型案例

张某义与合肥市人民政府安全生产行政批准决定纠纷案[1]

争议焦点

运输企业违反教育培训义务是否说明主要负责人对事故发生负有责任。

案例解读

安全教育培训是道路运输安全生产管理工作的重要组成部分,是实现安全生产的基础性工作。交通运输企业的主要负责人组织对客运驾驶人进行安全教育培训,对于控制驾驶人的不安全行为,减少生产安全事故极为重要。通过安全教育培训,使客运驾驶人严格执行安全生产操作规程,可以及时发现和消除事故隐患,保证安全生产。因此,安全教育培训与安全生产具有一定的因果关系。本案中,上诉人作为涉案事故车辆所在单位的主要负责人,未能依法严格履行安全生产管理职责,组织制定的安全生产教育培训计划规定的时间和频次不足,是涉案事故的原因之一,其对涉案事故的发生负有法律责任。

第九十六条 【其他负责人、安全生产管理人员未依法履职的责任】 生产经营单位的其他负责人和安全生产管理人员未履行本法规定的安全生产管理职责的,责令限期改正,处一万元以上三万元以下的罚款;导致发生生产安全事故的,暂停或者吊销其与安全生产有关的资格,并处上一年年收入百分之二十以上百分之五十以下的罚款;构成犯罪的,依照刑法有关规定追究刑事责任。

〔1〕 案号:(2019)皖行终 36 号。

条文解读

本法第 96 条是关于其他负责人和安全生产管理人员未依法履职的法律责任的规定。

《安全生产法》第 5 条规定,“其他负责人对职责范围内的安全生产工作负责”。第 25 条对生产经营单位的安全生产管理机构以及安全生产管理人员履行的职责作了规定。其他负责人,是指除了主要负责人之外的其他具有管理、指挥或者领导职权的从业人员。安全生产管理人员既包括本单位职工担任安全生产管理人员的情形,也包括生产经营单位依据《安全生产法》第 15 条的规定,委托的依法设立的为安全生产提供技术、管理服务的机构的人员中承担本单位安全生产管理工作的人员。

生产经营单位的其他负责人、安全生产管理人员应当恪尽职守,依法履行职责,未履行安全生产管理职责的,责令限期改正,处 1 万元以上 3 万元以下的罚款。未履行职责的行为导致发生生产安全事故的,暂停或者吊销其与安全生产有关的资格,并处上一年年收入 20% 以上 50% 以下的罚款。例如,《安全生产法》第 27 条第 3 款规定,危险物品的生产、储存、装卸单位以及矿山、金属冶炼单位应当有注册安全工程师从事安全生产管理工作。鼓励其他生产经营单位聘用注册安全工程师从事安全生产管理工作。如果生产经营单位的注册安全工程师未履行法定职责,导致发生生产安全事故的,有关部门可以撤销其资格。未履行职责的行为导致事故发生,构成犯罪的,依照《刑法》有关规定追究刑事责任。

关联法规索引

《安全生产法》第 16、25 ~ 27 条;《刑法》第 131 ~ 139 条;最高人民法院、最高人民检察院《关于办理危害生产安全刑事案件适用法律若干问题的解释》;《生产安全事故报告和调查处理条例》第 40 条

第九十七条 【生产经营单位安全管理违法行为责任(一)】生产经营单位有下列行为之一的,责令限期改正,处十万元以下的罚款;逾期未改正的,责令停产停业整顿,并处十万元以上二十万元以下的罚款,对其直接负责

的主管人员和其他直接责任人员处二万元以上五万元以下的罚款：

（一）未按照规定设置安全生产管理机构或者配备安全生产管理人员、注册安全工程师的；

（二）危险物品的生产、经营、储存、装卸单位以及矿山、金属冶炼、建筑施工、运输单位的主要负责人和安全生产管理人员未按照规定经考核合格的；

（三）未按照规定对从业人员、被派遣劳动者、实习学生进行安全生产教育和培训，或者未按照规定如实告知有关的安全生产事项的；

（四）未如实记录安全生产教育和培训情况的；

（五）未将事故隐患排查治理情况如实记录或者未向从业人员通报的；

（六）未按照规定制定生产安全事故应急救援预案或者未定期组织演练的；

（七）特种作业人员未按照规定经专门的安全作业培训并取得相应资格，上岗作业的。

条文解读

本法第 97 条是关于生产经营单位违反从业人员管理、教育培训相关规定的法律责任的规定。

本条是对 2014 年《安全生产法》第 94 条的修改，主要体现在三个方面：

一是提高了罚款数额。规定“生产经营单位有下列行为之一的，责令限期改正，处十万元以下的罚款；逾期未改正的，责令停产停业整顿，并处十万元以上二十万元以下的罚款，对其直接负责的主管人员和其他直接责任人员处二万元以上五万元以下的罚款”。

二是将原来的“可以处五万元以下的罚款”修改为“处十万元以下的罚款”，只要存在所列违法行为，就“处”罚款，而非“可以处”。

三是增加了违法行为的类型。(1)增加了“未按照规定配备注册安全工程师的”这一违法行为；(2)将主要负责人和安全生产管理人员未按照规定经考核合格的单位的类别增加了“危险物品的装卸单位、运输单位”两类。

在适用本条时，需要注意以下几点：

一是“责令限期改正”并非行政处罚，而是行政执法机关针对生产经营单位安全生产违法行为依法作出的现场处理措施。

二是“逾期未改正的”，行政执法机关对其逾期不改正的行为进行处罚，责令停产停业整顿，并处10万元以上20万元以下的罚款，对其直接负责的主管人员和其他直接责任人员处2万元以上5万元以下的罚款，并不违反“一事不再罚”原则。这时，对“生产经营单位”和“直接负责的主管人员和其他直接责任人员”同时处罚。《行政处罚法》第29条规定：“对当事人的同一个违法行为，不得给予两次以上罚款的行政处罚。同一个违法行为违反多个法律规范应当给予罚款处罚的，按照罚款数额高的规定处罚。”在《安全生产法》第97条规定的各类违法行为中，只要生产经营单位存在其中的一个违法行为，就应处罚；如果存在多个违法行为，应该分别裁量，合并处罚。例如，一个生产经营单位存在多工种、多个特种作业人员未按照规定经专门的安全作业培训并取得相应资格就上岗作业的，仍属于一个违法行为。如果生产经营单位存在“未如实记录安全生产教育和培训情况的”和“未将事故隐患排查治理情况如实记录的”，则是两个违法行为。如果生产经营单位既“未将事故隐患排查治理情况如实记录”又“未向从业人员通报”，因生产经营单位违反了不同的法律义务，要分别承担责任，也属于两个违法行为。

三是这里的“直接负责的主管人员和其他直接责任人员”，需要根据生产经营单位内部的全员安全生产责任制和内部工作分工确定，尤其是“直接负责的主管人员”并非一定是主要负责人。

四是行政机关需要承担证明生产经营单位存在本条规定的安全生产违法行为。

关联法规索引

《安全生产法》第24、27、28、30、41、81条

第九十八条　【建设项目违法责任】生产经营单位有下列行为之一的，责令停止建设或者停产停业整顿，限期改正，并处十万元以上五十万元以下的罚款，对其直接负责的主管人员和其他直接责任人员处二万元以上五万元以下的罚款；逾期未改正的，处五十万元以上一百万元以下的罚款，对其直接

负责的主管人员和其他直接责任人员处五万元以上十万元以下的罚款;构成犯罪的,依照刑法有关规定追究刑事责任:

（一）未按照规定对矿山、金属冶炼建设项目或者用于生产、储存、装卸危险物品的建设项目进行安全评价的;

（二）矿山、金属冶炼建设项目或者用于生产、储存、装卸危险物品的建设项目没有安全设施设计或者安全设施设计未按照规定报经有关部门审查同意的;

（三）矿山、金属冶炼建设项目或者用于生产、储存、装卸危险物品的建设项目的施工单位未按照批准的安全设施设计施工的;

（四）矿山、金属冶炼建设项目或者用于生产、储存、装卸危险物品的建设项目竣工投入生产或者使用前,安全设施未经验收合格的。

条文解读

本法第98条是关于生产经营单位违反建设项目安全管理法律责任的规定。

生产经营单位对矿山、金属冶炼建设项目或者用于生产、储存、装卸危险物品的建设项目应进行安全评价,建设项目安全设施设计应经审查同意,施工单位应按照批准的安全设施设计施工,建设项目竣工投入生产或者使用前应进行安全设施验收且验收合格。如果生产经营单位未履行上述义务的,属于违法行为,应该承担相应的法律责任。

本条是对2014年《安全生产法》第95条的修改和完善,其主要体现在以下三个方面:

一是增加了对违法行为直接进行罚款处罚的规定。在责令生产经营单位停止建设或者停产停业整顿,限期改正的同时,并处10万元以上50万元以下的罚款,对其直接负责的主管人员和其他直接责任人员处2万元以上5万元以下的罚款。

二是提高了对逾期未改正的直接负责的主管人员和其他直接责任人员的罚款数额,由原来的"处二万元以上五万元以下的罚款"提高到"处五万元以上十万元以下的罚款"。

三是增加了"装卸危险物品的建设项目竣工投入生产或者使用前,安全设施未经验收合格的"这一种新的违法行为。

在适用本条时,需要注意以下几点:

一是存在本条规定的违法行为时,对"生产经营单位"和"直接负责的主管人员和其他直接责任人员"同时处罚。

二是"责令改正"并非行政处罚,而是行政执法机关针对生产经营单位安全生产违法行为依法作出的现场处理措施。"并处十万元以上五十万元以下的罚款,对其直接负责的主管人员和其他直接责任人员处二万元以上五万元以下的罚款"是与"责令停止建设或者停产停业整顿"这一行政处罚的并处。

三是"逾期未改正的",行政执法机关对其逾期不改正的行为进行处罚,处50万元以上100万元以下的罚款,对其直接负责的主管人员和其他直接责任人员处5万元以上10万元以下的罚款,并不违反"一事不再罚"原则。

四是这里的"直接负责的主管人员和其他直接责任人员"需要根据生产经营单位内部的全员安全生产责任制和内部工作分工确定,尤其是"直接负责的主管人员"并非一定是主要负责人。

五是行政机关需要承担证明生产经营单位存在本条规定的安全生产违法行为。

关联法规索引

《安全生产法》第32~34条

第九十九条 【生产经营单位安全管理违法行为责任(二)】生产经营单位有下列行为之一的,责令限期改正,处五万元以下的罚款;逾期未改正的,处五万元以上二十万元以下的罚款,对其直接负责的主管人员和其他直接责任人员处一万元以上二万元以下的罚款;情节严重的,责令停产停业整顿;构成犯罪的,依照刑法有关规定追究刑事责任:

(一)未在有较大危险因素的生产经营场所和有关设施、设备上设置明显的安全警示标志的;

(二)安全设备的安装、使用、检测、改造和报废不符合国家标准或者行业标准的;

(三)未对安全设备进行经常性维护、保养和定期检测的;

（四）关闭、破坏直接关系生产安全的监控、报警、防护、救生设备、设施，或者篡改、隐瞒、销毁其相关数据、信息的；

（五）未为从业人员提供符合国家标准或者行业标准的劳动防护用品的；

（六）危险物品的容器、运输工具，以及涉及人身安全、危险性较大的海洋石油开采特种设备和矿山井下特种设备未经具有专业资质的机构检测、检验合格，取得安全使用证或者安全标志，投入使用的；

（七）使用应当淘汰的危及生产安全的工艺、设备的；

（八）餐饮等行业的生产经营单位使用燃气未安装可燃气体报警装置的。

条文解读

本法第99条是生产经营单位违反关于安全设施、设备、劳动防护用品安全管理规定法律责任的规定。

本条是对2014年《安全生产法》第96条的修改和完善，主要体现在以下两个方面：

（1）将2014年《安全生产法》第96条中的“可以处五万元以下的罚款”修改为“处五万元以下的罚款”。（2）增加了适用本条处罚的两种安全生产违法行为：一是关闭、破坏直接关系生产安全的监控、报警、防护、救生设备、设施，或者篡改、隐瞒、销毁其相关数据、信息的；二是餐饮等行业的生产经营单位使用燃气未安装可燃气体报警装置的。

生产经营单位应当对其安全设施、设备和劳动防护用品尽到安全管理职责：（1）在有较大危险因素的生产经营场所和有关设施、设备上设置明显的安全警示标志；（2）保证安全设备的安装、使用、检测、改造和报废符合国家标准或者行业标准；（3）对安全设备进行经常性维护、保养和定期检测；（4）确保直接关系生产安全的监控、报警、防护、救生设备、设施处于正常运行状态，并确保其相关数据、信息的真实性、准确性；（5）为从业人员提供符合国家标准或者行业标准的劳动防护用品；（6）危险物品的容器、运输工具，以及涉及人身安全、危险性较大的海洋石油开采特种设备和矿山井下特种设备，经具有专业资质的机构检测、检验合格，取得安全使用证或者安全标志，方可投入使用；（7）严禁使用应当淘汰的危及生产安全的工艺、设备；（8）餐饮等行业的生产经营单位使用燃气应安装可燃气体报警装置。如果生产经营单位违反上述义务,对安全设施、设备及劳动防护用品等未尽到安全管理职责的,属于违法行为,应该依据本条承担法律责任。

在适用本条时,需要注意以下几点:

一是“责令限期改正”并非行政处罚,而是行政执法机关针对生产经营单位安全生产违法行为依法作出的现场处理措施。

二是“逾期未改正的”,行政执法机关对其逾期不改正的行为进行处罚,处5万元以上20万元以下的罚款,对其直接负责的主管人员和其他直接责任人员处1万元以上2万元以下的罚款,情节严重的,责令停产停业整顿,并不违反“一事不再罚”原则。这时,对“生产经营单位”和“直接负责的主管人员和其他直接责任人员”同时处罚。

三是这里的“直接负责的主管人员和其他直接责任人员”需要根据生产经营单位内部的全员安全生产责任制和内部工作分工确定,尤其是“直接负责的主管人员”并非一定是主要负责人。

四是行政机关需要承担证明生产经营单位存在本条规定的安全生产违法行为。

关联法规索引

《安全生产法》第35~38、45条

第一百条 【违反危险物品安全管理的法律责任】 未经依法批准,擅自生产、经营、运输、储存、使用危险物品或者处置废弃危险物品的,依照有关危险物品安全管理的法律、行政法规的规定予以处罚;构成犯罪的,依照刑法有关规定追究刑事责任。

条文解读

本法第100条是关于违反危险物品安全管理的法律责任的规定。

危险物品的生产、经营、运输、储存、使用或者处置等,具有极高的危险性,生产经营单位需要取得相应资质或者经过批准才有资格从事危险物品的生产、经营、运输、储存、使用或者处置等。本条是引导性条款，生产经营单位未经依法批准，擅自生产、经营、运输、储存、使用危险物品或者处置废弃危险物品的，依照有关危险物品安全管理的法律、行政法规的规定予以处罚；构成犯罪的，依照《刑法》有关规定追究刑事责任。例如，我国《危险化学品安全管理条例》对危险化学品生产、经营、运输、储存、使用或者处置等作了明确规定，并对未经依法批准擅自生产、经营、运输、储存、使用危险物品或者处置废弃危险化学品的行为规定了相应的法律责任。如果生产经营单位违反了关于危险化学品安全管理的规定，应依据《危险化学品安全管理条例》的规定给予行政处罚。

关联法规索引

《危险化学品安全管理条例》；《刑法》第 134～139 条

第一百零一条 【生产经营单位安全管理违法行为责任(三)】 生产经营单位有下列行为之一的，责令限期改正，处十万元以下的罚款；逾期未改正的，责令停产停业整顿，并处十万元以上二十万元以下的罚款，对其直接负责的主管人员和其他直接责任人员处二万元以上五万元以下的罚款；构成犯罪的，依照刑法有关规定追究刑事责任：

(一)生产、经营、运输、储存、使用危险物品或者处置废弃危险物品，未建立专门安全管理制度、未采取可靠的安全措施的；

(二)对重大危险源未登记建档，未进行定期检测、评估、监控，未制定应急预案，或者未告知应急措施的；

(三)进行爆破、吊装、动火、临时用电以及国务院应急管理部门会同国务院有关部门规定的其他危险作业，未安排专门人员进行现场安全管理的；

(四)未建立安全风险分级管控制度或者未按照安全风险分级采取相应管控措施的；

(五)未建立事故隐患排查治理制度，或者重大事故隐患排查治理情况未按照规定报告的。

条文解读

本法第101条是关于生产经营单位未建立相应安全管理制度及未采取措施落实相关制度的法律责任的规定。是对2014年《安全生产法》第98条的修改与完善，主要体现在两个方面：

(1)将“可以处十万元以下的罚款”修改为“处十万元以下的罚款”。

(2)增加了违法行为的情形。一是增加了“对重大危险源未告知应急措施的”“未建立安全风险分级管控制度或者未按照安全风险分级采取相应管控措施的”“重大事故隐患排查治理情况未按照规定报告的”这三种违法行为；二是增加了“动火、临时用电”这两种作业需要专门人员进行现场安全管理的规定。

根据《安全生产法》的规定，生产经营单位应履行以下安全生产管理制度及其落实措施的职责：(1)生产经营单位生产、经营、运输、储存、使用危险物品或者处置废弃危险物品，应当建立专门安全管理制度，并采取可靠的安全措施，防止事故发生；(2)对重大危险源应当登记建档，并进行定期检测、评估、监控，制定应急预案，并向有关人员告知应急措施；(3)进行爆破、吊装、动火、临时用电以及国务院应急管理部门会同国务院有关部门规定的其他危险作业，应安排专门人员进行现场安全管理；(4)应建立安全风险分级管控制度，并按照安全风险分级采取相应管控措施；(5)应建立事故隐患排查治理制度，并将重大事故隐患排查治理情况按照规定向负有安全生产监督管理职责的部门报告。生产经营单位未尽到上述义务的，责令限期改正，处10万元以下的罚款；逾期未改正的，责令停产停业整顿，并处10万元以上20万元以下的罚款，对其直接负责的主管人员和其他直接责任人员处2万元以上5万元以下的罚款；构成犯罪的，依照《刑法》有关规定追究刑事责任。

关联法规索引

《安全生产法》第39~41、43条

第一百零二条 【未采取措施消除事故隐患】 生产经营单位未采取措施消除事故隐患的，责令立即消除或者限期消除，处五万元以下的罚款；生产经营单位拒不执行的，责令停产停业整顿，对其直接负责的主管人员和其他直接责任人员处五万元以上十万元以下的罚款；构成犯罪的，依照刑法有关规定追究刑事责任。

条文解读

本法第 102 条是关于生产经营单位未采取措施消除事故隐患的法律责任的规定。

生产经营单位要对本单位的安全生产全面负责，生产经营单位有主动发现并消除事故隐患的责任，防止生产安全事故的发生。负有安全生产监督管理职责的部门有对生产经营单位进行监督检查的职责，对其在监督检查中发现的问题，有权作出责令限期改正等现场处理措施，同时对生产经营单位处 5 万元以下的罚款。一般事故隐患当场就可以排除，但有些事故隐患则需要较长的时间排除，因此，生产经营单位未采取措施消除事故隐患的，责令立即消除或者限期消除。立即消除事故隐患还是限期消除，由有关行政执法机关根据具体情况作出自由裁量。如果限期消除，期限的长短要根据隐患的具体情况合理确定。

生产经营单位拒不执行立即消除或者限期消除事故隐患指令的，本法采取了双罚制。一方面，责令生产经营单位停产停业整顿，并依据《安全生产法》第 112 条的规定，负有安全生产监督管理职责的部门可以自作出责令改正之日的次日起，按照原处罚数额按日连续处罚。另一方面，对其直接负责的主管人员和其他直接责任人员处 5 万元以上 10 万元以下的罚款。直接负责的主管人员是指在生产经营单位拒不消除事故隐患中负有领导责任的人员。其他直接责任人员是指直接实施消除事故隐患的责任人员。

关联法规索引

《安全生产法》第 65 条；《安全生产事故隐患排查治理暂行规定》

典型案例

中山市小榄镇中南塑料皮件厂(普通合伙)联丰分厂与中山市安全生产监督管理局行政处罚纠纷案[1]

争议焦点

市安监局(中支)安监管罚(2016)84号行政处罚决定和市政府作出的中府行复(2016)697号行政复议决定是否合法。

案例解读

负有安全生产监督管理职责的部门对生产经营单位作出《责令限期整改指令书》,指令书要求生产经营单位在限期内建立事故隐患排查治理制度,并在较大危险因素的生产经营场所设置明显的安全警示标志;但生产经营单位拒不执行限期整改指令,负有安全生产监督管理职责的部门可以根据2014年《安全生产法》第98条第4项和第99条的规定分别对其进行处罚。

第一百零三条 【生产经营单位发包、出租违法责任】 生产经营单位将生产经营项目、场所、设备发包或者出租给不具备安全生产条件或者相应资质的单位或者个人的,责令限期改正,没收违法所得;违法所得十万元以上的,并处违法所得二倍以上五倍以下的罚款;没有违法所得或者违法所得不足十万元的,单处或者并处十万元以上二十万元以下的罚款;对其直接负责的主管人员和其他直接责任人员处一万元以上二万元以下的罚款;导致发生生产安全事故给他人造成损害的,与承包方、承租方承担连带赔偿责任。

生产经营单位未与承包单位、承租单位签订专门的安全生产管理协议或者未在承包合同、租赁合同中明确各自的安全生产管理职责,或者未对承包单位、承租单位的安全生产统一协调、管理的,责令限期改正,处五万元以下的罚款,对其直接负责的主管人员和其他直接责任人员处一万元以下的罚款;逾期未改正的,责令停产停业整顿。

---

〔1〕 案号:(2017)粤20行终433号。

矿山、金属冶炼建设项目和用于生产、储存、装卸危险物品的建设项目的施工单位未按照规定对施工项目进行安全管理的，责令限期改正，处十万元以下的罚款，对其直接负责的主管人员和其他直接责任人员处二万元以下的罚款；逾期未改正的，责令停产停业整顿。以上施工单位倒卖、出租、出借、挂靠或者以其他形式非法转让施工资质的，责令停产停业整顿，吊销资质证书，没收违法所得；违法所得十万元以上的，并处违法所得二倍以上五倍以下的罚款，没有违法所得或者违法所得不足十万元的，单处或者并处十万元以上二十万元以下的罚款；对其直接负责的主管人员和其他直接责任人员处五万元以上十万元以下的罚款；构成犯罪的，依照刑法有关规定追究刑事责任。

条文解读

本法第103条是关于生产经营单位违反承包、出租中安全管理职责规定以及矿山、金属冶炼建设项目和用于生产、储存、装卸危险物品的建设项目的施工单位违反安全管理规定法律责任的规定。

1. 生产经营单位将生产经营项目、场所、设备发包或者出租给不具备安全生产条件或者相应资质的单位或者个人的法律责任

生产经营单位应将生产经营项目、场所、设备发包或者出租给具备安全生产条件或者相应资质的单位或者个人。否则，负有安全生产监督管理职责的部门应责令限期改正，没收违法所得；违法所得10万元以上的，并处违法所得2倍以上5倍以下的罚款；没有违法所得或者违法所得不足10万元的，单处或者并处10万元以上20万元以下的罚款；对其直接负责的主管人员和其他直接责任人员处1万元以上2万元以下的罚款；导致发生生产安全事故给他人造成损害的，与承包方、承租方承担连带赔偿责任。

2. 未签订安全生产管理协议或者未对承包单位、承租单位的安全生产统一协调、管理的法律责任

生产经营单位将其场所、设备、生产经营项目出租、承包给具有资质的单位或者个人的，仍然要承担相应的安全生产管理责任：一是生产经营单位应与承包单位、承租单位签订专门的安全生产管理协议或者在承包合同、租赁合同中明确各自的安全生产管理职责；二是生产经营单位应承担对承包单位、承租单位的安全生产

统一协调、管理职责。如果生产经营单位未与承包单位、承租单位签订专门的安全生产管理协议或者未在承包合同、租赁合同中明确各自的安全生产管理职责，或者未对承包单位、承租单位的安全生产统一协调、管理的，责令限期改正，处 5 万元以下的罚款，对其直接负责的主管人员和其他直接责任人员可以处 1 万元以下的罚款；逾期未改正的，责令停产停业整顿。

3. 矿山、金属冶炼建设项目和用于生产、储存、装卸危险物品的建设项目的施工单位违反安全管理义务的法律责任

一是矿山、金属冶炼建设项目和用于生产、储存、装卸危险物品的建设项目的施工单位应按照规定对施工项目进行安全管理。否则，负有安全生产监督管理职责的部门应责令限期改正，处 10 万元以下的罚款，对其直接负责的主管人员和其他直接责任人员处 2 万元以下的罚款；逾期未改正的，责令停产停业整顿。

二是矿山、金属冶炼建设项目和用于生产、储存、装卸危险物品的建设项目的施工单位倒卖、出租、出借、挂靠或者以其他形式非法转让施工资质的，责令停产停业整顿，吊销资质证书，没收违法所得；违法所得 10 万元以上的，并处违法所得 2 倍以上 5 倍以下的罚款，没有违法所得或者违法所得不足 10 万元的，单处或者并处 10 万元以上 20 万元以下的罚款；对其直接负责的主管人员和其他直接责任人员处 5 万元以上 10 万元以下的罚款；构成犯罪的，依照《刑法》有关规定追究刑事责任。

关联法规索引

《安全生产法》第 49 条

第一百零四条 【同一作业区域安全管理违法责任】 两个以上生产经营单位在同一作业区域内进行可能危及对方安全生产的生产经营活动，未签订安全生产管理协议或者未指定专职安全生产管理人员进行安全检查与协调的，责令限期改正，处五万元以下的罚款，对其直接负责的主管人员和其他直接责任人员处一万元以下的罚款；逾期未改正的，责令停产停业。

条文解读

本法第 104 条是关于违反交叉作业安全管理的法律责任的规定。

同一区域内,有两个以上生产经营单位进行作业,可能危及对方安全生产的,应当签订安全生产管理协议,并指定专职安全生产管理人员进行安全检查与协调。例如,在同一区域内,既有从事煤层气开采的活动,又存在煤炭资源的开采活动的,这两个生产经营单位在同一作业区域内进行可能危及对方安全生产的生产经营活动,如果未签订安全生产管理协议或者未指定专职安全生产管理人员进行安全检查与协调的,责令限期改正,处 5 万元以下的罚款,对其直接负责的主管人员和其他直接责任人员处 1 万元以下的罚款;逾期未改正的,责令停产停业。

关联法规索引

《安全生产法》第 48 条

第一百零五条 【生产经营场所和员工宿舍违法责任】 生产经营单位有下列行为之一的,责令限期改正,处五万元以下的罚款,对其直接负责的主管人员和其他直接责任人员处一万元以下的罚款;逾期未改正的,责令停产停业整顿;构成犯罪的,依照刑法有关规定追究刑事责任:

(一)生产、经营、储存、使用危险物品的车间、商店、仓库与员工宿舍在同一座建筑内,或者与员工宿舍的距离不符合安全要求的;

(二)生产经营场所和员工宿舍未设有符合紧急疏散需要、标志明显、保持畅通的出口、疏散通道,或者占用、锁闭、封堵生产经营场所或者员工宿舍出口、疏散通道的。

条文解读

本法第 105 条是生产经营单位违反作业场所和员工宿舍安全距离及出口、疏散通道安全管理的法律责任的规定。

危险物品具有极大的危险性,如易燃、易爆物品等,所以生产、经营、储存、使用危险物品的车间、商店、仓库与员工宿舍不得在同一座建筑内。生产、经营、储存、使用危险物品的车间、商店、仓库与员工宿舍不在同一建筑物内的，生产经营单位还应确保二者之间的距离符合安全要求。无论是否为从事高危作业的生产经营场所以及员工宿舍，都应设有符合紧急疏散需要、标志明显、保持畅通的出口、疏散通道，不得占用、锁闭、封堵生产经营场所或者员工宿舍出口、疏散通道。否则，应责令限期改正，处 5 万元以下的罚款，对其直接负责的主管人员和其他直接责任人员处 1 万元以下的罚款；逾期未改正的，责令停产停业整顿；构成犯罪的，依照《刑法》有关规定追究刑事责任。

关联法规索引

《安全生产法》第 42 条

第一百零六条 【免责协议违法责任】生产经营单位与从业人员订立协议，免除或者减轻其对从业人员因生产安全事故伤亡依法应承担的责任的，该协议无效；对生产经营单位的主要负责人、个人经营的投资人处二万元以上十万元以下的罚款。

条文解读

本法第 106 条是关于生产经营单位与从业人员订立协议，免除或者减轻其对从业人员因生产安全事故伤亡依法应承担的责任的规定。

生产经营单位不得与从业人员订立协议，免除或者减轻其对从业人员因生产安全事故伤亡依法应承担的责任。否则，不但该协议无效，有关部门还有权对生产经营单位的主要负责人、个人经营的投资人处 2 万元以上 10 万元以下的罚款。

关联法规索引

《劳动合同法》第 26、27 条

第一百零七条　【从业人员违章操作】生产经营单位的从业人员不落实岗位安全责任，不服从管理，违反安全生产规章制度或者操作规程的，由生产经营单位给予批评教育，依照有关规章制度给予处分；构成犯罪的，依照刑法有关规定追究刑事责任。

条文解读

本法第107条是关于生产经营单位从业人员违反生产经营单位内部安全管理规定的法律责任的规定。

《安全生产法》第3章对从业人员的安全生产权利义务作了规定，但是《安全生产法》的立法目的之一是保护从业人员生命健康安全。因此，《安全生产法》没有对从业人员违反内部安全管理行为规定明确的法律责任，而是由生产经营单位对不落实岗位安全责任，不服从管理，违反安全生产规章制度或者操作规程的从业人员进行批评教育，并由生产经营单位依照有关规章制度给予处分。例如，煤矿企业制定了全员安全生产责任制，并对违反安全生产责任制的行为规定了内部处分的规章制度，那么对违反全员安全生产责任制的从业人员即可依据内部的规章制度对其进行处分。

《刑法》第134条第1款规定："在生产、作业中违反有关安全管理的规定，因而发生重大伤亡事故或者造成其他严重后果的，处三年以下有期徒刑或者拘役；情节特别恶劣的，处三年以上七年以下有期徒刑。"这里的"有关安全管理的规定"包括单位内部安全管理规章制度。如果从业人员违反单位内部安全管理制度，因而发生重大伤亡事故或者造成其他严重后果的，也构成重大责任事故罪，应依照《刑法》第134条第1款的规定追究其刑事责任。

本条中的"从业人员"主要是负责人之外的普通从业人员，但主要负责人、其他负责人以及安全生产管理人员也是本条中的从业人员，他们违反《安全生产法》规定的职责的，应根据《安全生产法》的规定进行处罚。例如，其他负责人未履行《安全生产法》规定的安全生产职责的，依据《安全生产法》第96条的规定处罚。如果其他负责人不落实岗位安全责任，不服从管理，违反安全生产规章制度或者操作规程的，应依据本条的规定进行处理。

关联法规索引

《安全生产法》第 57～59、61 条

第一百零八条 【生产经营单位不服从监督检查的责任】违反本法规定，生产经营单位拒绝、阻碍负有安全生产监督管理职责的部门依法实施监督检查的，责令改正；拒不改正的，处二万元以上二十万元以下的罚款；对其直接负责的主管人员和其他直接责任人员处一万元以上二万元以下的罚款；构成犯罪的，依照刑法有关规定追究刑事责任。

条文解读

本法第 108 条是关于生产经营单位拒绝、阻碍负有安全生产监督管理职责的部门依法实施监督检查的法律责任的规定。

生产经营单位对负有安全生产监督管理职责的部门的监督检查人员依法履行监督检查职责，应当予以配合，不得拒绝、阻挠。对生产经营单位拒绝、阻挠负有安全生产监督管理职责的部门行政执法的违法行为，要承担一定的法律责任。拒绝、阻碍负有安全生产监督管理职责的部门依法实施监督检查的，责令生产经营单位改正，配合并采取有效措施保证执法部门能够依法实施监督检查，接受执法部门依法实施的监督检查。拒不改正的，实行双罚制：一方面，对生产经营单位处 2 万元以上 20 万元以下的罚款；另一方面，对其直接负责的主管人员和其他直接责任人员处 1 万元以上 2 万元以下的罚款。构成犯罪的，主要是依据《刑法》第 277 条的规定，以“妨害公务罪”追究刑事责任。妨害公务罪主要是指以暴力、威胁方法阻碍国家机关工作人员依法执行职务的犯罪行为。构成妨害公务罪的，处 3 年以下有期徒刑、拘役、管制或者罚金。

配套法规及解读

《刑法》(2020 年 12 月 26 日修正)

第二百七十七条 以暴力、威胁方法阻碍国家机关工作人员依法执行职务的，处三年以下有期徒刑、拘役、管制或者罚金。

以暴力、威胁方法阻碍全国人民代表大会和地方各级人民代表大会代表依法执行代表职务的,依照前款的规定处罚。

在自然灾害和突发事件中,以暴力、威胁方法阻碍红十字会工作人员依法履行职责的,依照第一款的规定处罚。

故意阻碍国家安全机关、公安机关依法执行国家安全工作任务,未使用暴力、威胁方法,造成严重后果的,依照第一款的规定处罚。

暴力袭击正在依法执行职务的人民警察的,处三年以下有期徒刑、拘役或者管制;使用枪支、管制刀具,或者以驾驶机动车撞击等手段,严重危及其人身安全的,处三年以上七年以下有期徒刑。

※法规解读:妨害公务罪,又称阻碍执行公务罪。是指以暴力、威胁方法阻碍国家机关工作人员依法执行职务的行为。其构成要件如下:

1. 犯罪客体

本罪侵犯的主要客体是国家的正常管理活动。妨害国家机关工作人员和红十字会依法执行职务的犯罪行为,必然是对国家正常管理活动的干扰和破坏。这是认定本罪社会危害性的重心所在,也是本罪区别于单纯侵害公务人员人身、财产的犯罪行为的关键所在。

本罪采取暴力、威胁手段指向的对象为国家机关工作人员、红十字会工作人员,人身权利是本罪的附属性客体。

2. 本罪的客观方面

(1)以暴力或者威胁的方法阻碍国家机关工作人员依法执行职务的行为。

(2)以暴力、威胁方法阻碍各级人民代表大会代表执行代表职务的行为。

(3)在自然灾害和突发事件中,以暴力、威胁方法阻碍红十字会工作人员依法履行职责的行为。

(4)故意阻碍国家安全机关、公安机关依法执行国家安全工作任务,未使用暴力、威胁方法,但造成严重后果的行为。

3. 本罪的主体要件

本罪的主体为一般主体,凡达到刑事责任年龄且具备刑事责任能力的自然人均能构成本罪。

4. 主观要件

本罪在主观方面表现为故意,即明知对方是正在依法执行职务的国家机关工作人员、人大代表、红十字会工作人员,而故意对其实施暴力或者威胁,使其不能执行职务。行为人的动机,往往多种多样,但动机不影响本罪的成立,可作为情节在量刑时考虑。但是,如果行为人不知对方是正在依法执行职务的国家机关工作人员、人大代表、红十字会工作人员,而加以阻挠的,不构成犯罪。

构成本罪的,处3年以下有期徒刑、拘役、管制或者罚金。

关联法规索引

《安全生产法》第66条;《刑法》第277条

典型案例

惠州市惠阳区安全生产监督管理局、李某海非诉执行审查行政裁定案[1]

争议焦点

安监管罚(2016)个-3号行政处罚决定是否符合强制执行的条件。

案例解读

负有安全生产监督管理职责的部门在执法检查过程中发现生产经营单位有拒绝、阻碍安全生产监督检查人员依法实施监督检查并且拒不改正的行为,违反2014年《安全生产法》第63条的规定,根据2014年《安全生产法》第105条和《安全生产行政处罚自由裁量适用规则(试行)》第14条第1款第6项的规定作出处罚。行政处罚决定,认定事实清楚,处理程序合法,适用法律、法规正确。被申请执行人收到处罚决定书后,在法定期限内未申请复议或提起行政诉讼,又不履行法定义务,该处罚决定已发生法律效力。经催告,被申请执行人仍未履行法定义务,由人民法院强制执行。

〔1〕 案号:(2016)粤1322行审294号。

第一百零九条　【应投保而未投保"安责险"的责任】 高危行业、领域的生产经营单位未按照国家规定投保安全生产责任保险的，责令限期改正，处五万元以上十万元以下的罚款；逾期未改正的，处十万元以上二十万元以下的罚款。

条文解读

本法第 109 条是关于应投保而未投保安全生产责任保险的法律责任的规定。

高危行业、领域的生产经营单位应当按照国家规定投保安全生产责任保险，否则应责令限期改正，处 5 万元以上 10 万元以下的罚款；逾期未改正的，处 10 万元以上 20 万元以下的罚款。"国家规定"不限于《安全生产法》的规定，还包括其他法律、法规、规章中规定应当投保安全生产责任保险的高危行业、领域的生产经营单位。例如，《安全生产责任保险实施办法》规定，煤矿、非煤矿山、危险化学品、烟花爆竹、交通运输、建筑施工、民用爆炸物品、金属冶炼、渔业生产等高危行业领域的生产经营单位应当投保安全生产责任保险。这些生产经营单位不投保安全生产责任保险的，负有安全生产监督管理职责的部门依据《安全生产法》第 109 条的规定对其进行处罚。

关联法规索引

《安全生产法》第 51 条；《安全生产责任保险实施办法》

第一百一十条　【单位主要负责人事故处理违法责任】 生产经营单位的主要负责人在本单位发生生产安全事故时，不立即组织抢救或者在事故调查处理期间擅离职守或者逃匿的，给予降级、撤职的处分，并由应急管理部门处上一年年收入百分之六十至百分之一百的罚款；对逃匿的处十五日以下拘留；构成犯罪的，依照刑法有关规定追究刑事责任。

生产经营单位的主要负责人对生产安全事故隐瞒不报、谎报或者迟报的，依照前款规定处罚。

条文解读

本法第110条是关于生产经营单位主要负责人隐瞒不报、谎报或迟报事故或者事故发生时不立即组织抢救或在事故调查处理期间擅离职守或逃匿的法律责任的规定。

生产安全事故发生后，接到事故报告的主要负责人，应当按照《安全生产法》《生产安全事故报告和调查处理条例》的规定报告事故，并立即组织事故抢救，在事故调查处理期间配合调查，不得擅离职守，更不得逃匿。否则，是严重的违法行为。依据本条进行处罚的主要负责人的安全生产违法行为主要包括：(1)生产经营单位的主要负责人对生产安全事故隐瞒不报、谎报或者迟报；(2)生产经营单位的主要负责人在本单位发生生产安全事故时，不立即组织抢救；(3)在事故调查处理期间主要负责人擅离职守或者逃匿。存在上述违法行为的，对主要负责人给予降级、撤职的政务处分，并处上一年年收入60%至100%的罚款。这里必须指出的是，对主要负责人进行罚款的职权由应急管理部门行使，其他负有安全生产监督管理职责的部门不能依据本条的规定对主要负责人作出罚款的行政处罚，法律另有规定的除外。

对逃匿的处15日以下拘留。这里的"拘留"是指行政拘留，按照《治安管理处罚法》的规定，行政拘留由公安机关等实施。

主要负责人的上述违法行为构成犯罪的，依照《刑法》有关规定追究刑事责任。

配套法规及解读

《刑法》(2020年12月26日修正)

第一百三十九条之一　在安全事故发生后，负有报告职责的人员不报或者谎报事故情况，贻误事故抢救，情节严重的，处三年以下有期徒刑或者拘役；情节特别严重的，处三年以上七年以下有期徒刑。

※法规解读：

1. 不报安全事故罪

本罪的犯罪主体是在安全事故发生后，负有组织、指挥或者管理职责的负责人、管理人员、实际控制人、投资人，以及其他负有报告职责的人员。

本罪的客观方面表现为"在安全事故发生后，负有报告职责的人员不报事故情况，贻误事故抢救，情节严重的”行为。本罪属于情节犯，只有“情节严重的”，才构成本罪。在安全事故发生后，负有报告职责的人员不报事故情况，贻误事故抢救，具有下列情形之一的，应当认定为“情节严重”：(1)导致事故后果扩大，增加死亡1人以上，或者增加重伤3人以上，或者增加直接经济损失100万元以上的。(2)实施下列行为之一，致使不能及时有效开展事故抢救的：①决定不报、迟报、谎报事故情况或者指使、串通有关人员不报、迟报、谎报事故情况的；②在事故抢救期间擅离职守或者逃匿的；③伪造、破坏事故现场，或者转移、藏匿、毁灭遇难人员尸体，或者转移、藏匿受伤人员的；④毁灭、伪造、隐匿与事故有关的图纸、记录、计算机数据等资料以及其他证据的。(3)其他情节严重的情形。

构成本罪的，处3年以下有期徒刑或者拘役。情节特别严重的，处3年以上7年以下有期徒刑。有下列情形之一的，应认定为“情节特别严重”：(1)导致事故后果扩大，增加死亡3人以上，或者增加重伤10人以上，或者增加直接经济损失500万元以上的；(2)采用暴力、胁迫、命令等方式阻止他人报告事故情况，导致事故后果扩大的；(3)其他情节特别严重的情形。

在安全事故发生后，与负有报告职责的人员串通，不报事故情况，贻误事故抢救，情节严重的，依照不报安全事故罪，以共犯论处。

2. 谎报安全事故罪

本罪的犯罪主体是在安全事故发生后，负有组织、指挥或者管理职责的负责人、管理人员、实际控制人、投资人，以及其他负有报告职责的人员。

本罪的客观方面表现为“在安全事故发生后，负有报告职责的人员谎报事故情况，贻误事故抢救，情节严重的”行为。本罪属于情节犯，只有“情节严重的”，才构成本罪。在安全事故发生后，负有报告职责的人员谎报事故情况，贻误事故抢救，具有下列情形之一的，应当认定为“情节严重”：(1)导致事故后果扩大，增加死亡1人以上，或者增加重伤3人以上，或者增加直接经济损失100万元以上的。(2)实施下列行为之一，致使不能及时有效开展事故抢救的：①决定不报、迟报、谎报事故情况或者指使、串通有关人员不报、迟报、谎报事故情况的；②在事故抢救期间擅离职守或者逃匿的；③伪造、破坏事故现场，或者转移、藏匿、毁灭遇难人员尸体，或者转移、藏匿受伤人员的；④毁灭、伪造、隐匿与事故有关的图纸、记录、计算机数据等资料以及其他证据的。(3)其他情节严重的情形。

构成本罪的，处3年以下有期徒刑或者拘役。情节特别严重的，处3年以上7

年以下有期徒刑。有下列情形之一的，应认定为“情节特别严重”：(1)导致事故后果扩大，增加死亡3人以上，或者增加重伤10人以上，或者增加直接经济损失500万元以上的；(2)采用暴力、胁迫、命令等方式阻止他人报告事故情况，导致事故后果扩大的；(3)其他情节特别严重的情形。

在安全事故发生后，与负有报告职责的人员串通，谎报事故情况，贻误事故抢救，情节严重的，依照谎报安全事故罪，以共犯论处。

关联法规索引

《安全生产法》第21条；《刑法》第139条之一；最高人民法院、最高人民检察院《关于办理危害生产安全刑事案件适用法律若干问题的解释》

典型案例

沈某阳不报、谎报安全事故罪案[1]

争议焦点

沈某阳不及时上报事故情况是否构成不报安全事故罪。

案例解读

不报安全事故罪的犯罪主体是在安全事故发生后，负有组织、指挥或者管理职责的负责人、管理人员、实际控制人、投资人，以及其他负有报告职责的人员。本罪的客观方面表现为“在安全事故发生后，负有报告职责的人员不报事故情况，贻误事故抢救，情节严重的”行为。本罪属于情节犯，只有“情节严重的”，才构成本罪。在安全事故发生后，负有报告职责的人员不报事故情况，贻误事故抢救，具有下列情形之一的，应当认定为“情节严重”：(1)导致事故后果扩大，增加死亡1人以上，或者增加重伤3人以上，或者增加直接经济损失100万元以上的。(2)实施下列行为之一，致使不能及时有效开展事故抢救的：①决定不报、迟报、谎报事故情况或者指使、串通有关人员不报、迟报、谎报事故情况的；②在事故抢救期间擅离职守或者逃匿的；③伪造、破坏事故现场，或者转移、藏匿、毁灭遇难人员尸体，或者转移、藏

〔1〕 案号：(2020)赣0981刑初59号。

匿受伤人员的；④毁灭、伪造、隐匿与事故有关的图纸、记录、计算机数据等资料以及其他证据的。(3)其他情节严重的情形。本案中，被告人沈某阳作为事故单位法定代表人，在安全事故发生后，被告人在现场并知情的情况下，不立即向有关部门报告，贻误事故抢救，情节严重，故被告人沈某阳的行为已构成不报安全事故罪。

第一百一十一条　【政府部门未按照规定报告事故】有关地方人民政府、负有安全生产监督管理职责的部门，对生产安全事故隐瞒不报、谎报或者迟报的，对直接负责的主管人员和其他直接责任人员依法给予处分；构成犯罪的，依照刑法有关规定追究刑事责任。

条文解读

本法第111条是关于有关地方人民政府、负有安全生产监督管理职责的部门，对生产安全事故隐瞒不报、谎报或者迟报的法律责任的规定。

事故发生后，事故现场有关人员应当立即向本单位负责人报告；单位负责人接到报告后，应当于1小时内向事故发生地县级以上人民政府应急管理部门和负有安全生产监督管理职责的有关部门报告。情况紧急时，事故现场有关人员可以直接向事故发生地县级以上人民政府应急管理部门和负有安全生产监督管理职责的有关部门报告。应急管理部门和负有安全生产监督管理职责的有关部门接到事故报告后，应当依照下列规定上报事故情况，并通知公安机关、劳动保障行政部门、工会等：(1)特别重大事故、重大事故逐级上报至国务院应急管理部门和负有安全生产监督管理职责的有关部门；(2)较大事故逐级上报至省、自治区、直辖市人民政府应急管理部门和负有安全生产监督管理职责的有关部门；(3)一般事故上报至设区的市级人民政府应急管理部门和负有安全生产监督管理职责的有关部门。应急管理部门和负有安全生产监督管理职责的有关部门依照上述规定上报事故情况，应当同时报告本级人民政府。国务院应急管理部门和负有安全生产监督管理职责的有关部门以及省级人民政府接到发生特别重大事故、重大事故的报告后，应当立即报告国务院。必要时，应急管理部门和负有安全生产监督管理职责的有关部门可以越级上报事故情况。应急管理部门和负有安全生产监督管理职责的有关部门逐级上报事故情况，每级上报的时间不得超过2小时。

有关地方人民政府、负有安全生产监督管理职责的部门，对生产安全事故隐瞒不报、谎报或者迟报的，对直接负责的主管人员和其他直接责任人员依《公职人员政务处分法》给予政务处分。在安全事故发生后，有关地方人民政府、负有安全生产监督管理职责的部门的负有报告职责的人员不报或者谎报事故情况，贻误事故抢救，情节严重的，构成不报、谎报安全事故罪的，依据《刑法》第 139 条之一的规定处罚。

关联法规索引

《生产安全事故报告和调查处理条例》第 11 条；《刑法》第 139 条之一；最高人民法院、最高人民检察院《关于办理危害生产安全刑事案件适用法律若干问题的解释》

第一百一十二条 【按日连续处罚】生产经营单位违反本法规定，被责令改正且受到罚款处罚，拒不改正的，负有安全生产监督管理职责的部门可以自作出责令改正之日的次日起，按照原处罚数额按日连续处罚。

条文解读

本法第 112 条是关于生产经营单位拒不改正按日连续处罚的规定。

本条主要适用于以下两种情形：一是生产经营单位存在《安全生产法》规定的违法行为，被责令改正且受到罚款处罚，拒不改正的情形；二是生产经营单位因存在事故隐患，被责令立即消除或者限期消除事故隐患且受到罚款处罚，拒不改正的情形。负有安全生产监督管理职责的部门可以自作出责令改正之日的次日起，按照原处罚数额按日对拒不改正的生产经营单位连续处罚。“可以”一词说明，负有安全生产监督管理职责的部门可以选择按日连续处罚，也可以不选择。是否选择，由负有安全生产监督管理职责的部门根据具体情况确定。“作出责令改正之日的次日”既包括作出立即改正或立即消除之日的次日，也包括作出限期改正或者限期消除之日的次日。

第一百一十三条 【关闭】生产经营单位存在下列情形之一的，负有安全生产监督管理职责的部门应当提请地方人民政府予以关闭，有关部门应当依法吊销其有关证照。生产经营单位主要负责人五年内不得担任任何生产经营单位的主要负责人；情节严重的，终身不得担任本行业生产经营单位的主要负责人：

（一）存在重大事故隐患，一百八十日内三次或者一年内四次受到本法规定的行政处罚的；

（二）经停产停业整顿，仍不具备法律、行政法规和国家标准或者行业标准规定的安全生产条件的；

（三）不具备法律、行政法规和国家标准或者行业标准规定的安全生产条件，导致发生重大、特别重大生产安全事故的；

（四）拒不执行负有安全生产监督管理职责的部门作出的停产停业整顿决定的。

条文解读

本法第 113 条是关于“关闭”这一行政处罚具体适用的规定。

关闭并非当然为行政处罚。例如，生产经营单位自行关闭，煤矿因产能控制等政策原因关闭退出，这时的“关闭”就不是行政处罚。本条规定的生产经营单位的关闭是行政处罚，是指行政机关对违反行政管理秩序的生产经营单位，依法剥夺其从事某项生产经营活动的资格的行政处罚。根据本条的规定，责令关闭适用于以下四种情形：

（1）存在重大事故隐患，180 日内 3 次或者 1 年内 4 次受到《安全生产法》规定的行政处罚的。在适用这一情形关闭生产经营单位时，必须明确两点：一是必须存在重大事故隐患，是否存在重大事故隐患通常以国务院有关部门制定的判定标准加以判断；二是必须因存在重大事故隐患在 180 日内 3 次或者 1 年内 4 次受到《安全生产法》规定的行政处罚的，依据其他法律受到处罚的，不构成这一情形。

（2）经停产停业整顿，仍不具备法律、行政法规和国家标准或者行业标准规定的安全生产条件的。对于生产经营单位不具备《安全生产法》和其他有关法律、行政法规和国家标准或者行业标准规定的安全生产条件的，应由有关行政执法机关责令限期改正;逾期未改正的,给予责令停止建设或者停产停业整顿等行政处罚。对于经停产停业整顿仍然不具备安全生产条件的,应当给予关闭的行政处罚。

(3)不具备法律、行政法规和国家标准或者行业标准规定的安全生产条件,导致发生重大、特别重大生产安全事故的。在适用这一情形时,必须注意两点:一是必须发生重大、特别重大生产安全事故,发生一般事故的,不适用。二是重大、特别重大生产安全事故是因生产经营单位不具备法律、行政法规和国家标准或者行业标准规定的安全生产条件导致的。

(4)拒不执行负有安全生产监督管理职责的部门作出的停产停业整顿决定的。适用这一情形的条件有两个:一是负有安全生产监督管理职责的部门对生产经营单位作出了停产停业整顿决定;二是生产经营单位拒不执行该停产停业整顿决定。

出现上述情形之一的,负有安全生产监督管理职责的部门应当提请地方人民政府予以关闭,证照颁发部门应当依法吊销其有关证照。因本条规定的事由被关闭的,生产经营单位主要负责人5年内不得担任任何生产经营单位的主要负责人;情节严重的,终身不得担任本行业生产经营单位的主要负责人。这里的"情节严重"通常是指造成重大、特别重大生产安全事故。

关联法规索引

《安全生产法》第20条;《安全生产许可证条例》

典型案例

山东诺斯曼食品有限公司、济宁市兖州区应急管理局行政处罚纠纷案[1]

争议焦点

被上诉人作出的行政处罚决定是否合法。

案例解读

2014年《安全生产法》第108条规定:"生产经营单位不具备本法和其他有关

〔1〕 案号:(2019)鲁08行终68号。

法律、行政法规和国家标准或者行业标准规定的安全生产条件，经停产停业整顿仍不具备安全生产条件的，予以关闭；有关部门应当依法吊销其有关证照。”结合以上法律条文的内容，在中华人民共和国领域内从事生产经营活动未“关闭”并具有有关证照的单位，均应当适用《安全生产法》。本案被上诉人作出被诉行政行为时，上诉人并未关闭，且具有相应的生产经营执照。被上诉人有权对其进行生产安全检查，以消除安全生产隐患，防止和减少生产安全事故的发生。上诉人虽主张已因环保原因处于停产整顿状态，但并不能因此而免除其承担安全生产的责任，不能因此而使其免于被职权部门进行安全生产检查。被上诉人有权依据《安全生产法》的规定对上诉人进行安全检查，并对发现的问题依职责作出相应的行政处理。

第一百一十四条　【事故责任单位的责任】发生生产安全事故，对负有责任的生产经营单位除要求其依法承担相应的赔偿等责任外，由应急管理部门依照下列规定处以罚款：

（一）发生一般事故的，处三十万元以上一百万元以下的罚款；

（二）发生较大事故的，处一百万元以上二百万元以下的罚款；

（三）发生重大事故的，处二百万元以上一千万元以下的罚款；

（四）发生特别重大事故的，处一千万元以上二千万元以下的罚款。

发生生产安全事故，情节特别严重、影响特别恶劣的，应急管理部门可以按照前款罚款数额的二倍以上五倍以下对负有责任的生产经营单位处以罚款。

条文解读

本法第 114 条是对生产安全事故责任单位罚款的规定。

本条借鉴了《生产安全事故报告和调查处理条例》第 37 条的规定，对 2014 年《安全生产法》第 109 条作出修改，之所以对事故单位进行处罚，主要目的在于督促生产经营单位采取措施，防止事故的发生。

适用《安全生产法》第 114 条的规定，对生产经营单位进行处罚的，应当符合以下条件：

（1）生产经营单位发生了生产安全事故。“事故”的判断按照《生产安全事故报告和调查处理条例》的标准进行。

(2)该事故属于责任事故。引发事故的原因很多,既有自然原因,也有人为原因。法律是对人的行为的调整,如果是自然原因引起的事故,不属于责任事故,也就不能依据《安全生产法》第114条对生产经营单位进行处罚。

(3)生产经营单位对事故的发生负有责任。生产经营单位对事故的发生没有责任的,不适用本条的规定给予处罚。

按照本法第115条的规定,本法规定的行政处罚,由应急管理部门和其他负有安全生产监督管理职责的部门按照职责分工决定。但是,对单位进行事故罚款的,处罚机关属于应急管理部门。之所以这样规定,是因为对于事故的调查和处理,原则上由应急管理部门在政府领导下进行组织或者牵头,其他部门参加,为了统一、公正执法,对事故单位处以罚款的,原则上由应急管理部门执行。当然,其他法律另有规定的,按照其规定。例如,按照《特种设备安全法》和国务院《特种设备安全监察条例》的规定,特种设备重大以下事故的责任单位,由负责特种设备安全监督管理的部门给予相应的处罚。

对事故单位的处罚标准如下:(1)发生一般事故的,处30万元以上100万元以下的罚款;(2)发生较大事故的,处100万元以上200万元以下的罚款;(3)发生重大事故的,处200万元以上1000万元以下的罚款;(4)发生特别重大事故的,处1000万元以上2000万元以下的罚款。发生生产安全事故,情节特别严重、影响特别恶劣的,应急管理部门可以按照上述罚款数额的2倍以上5倍以下对负有责任的生产经营单位处以罚款。

关联法规索引

《特种设备安全法》第90条;《生产安全事故报告和调查处理条例》第37条

第一百一十五条　【行政处罚决定机关】本法规定的行政处罚,由应急管理部门和其他负有安全生产监督管理职责的部门按照职责分工决定;其中,根据本法第九十五条、第一百一十条、第一百一十四条的规定应当给予民航、铁路、电力行业的生产经营单位及其主要负责人行政处罚的,也可以由主管的负有安全生产监督管理职责的部门进行处罚。予以关闭的行政处罚,由

负有安全生产监督管理职责的部门报请县级以上人民政府按照国务院规定的权限决定；给予拘留的行政处罚，由公安机关依照治安管理处罚的规定决定。

条文解读

本法第115条是关于行政处罚决定机关的规定。

负有安全生产监督管理职责的部门在职责分工范围内承担安全生产监督管理工作，各部门要对各自监管领域的安全生产违法行为实施行政处罚，有利于加强对各行业、各领域安全生产的管理，规范和统一执法尺度。负有安全生产监督管理职责的部门监管违法行为的范围，要根据各部门的职责分工来确定。目前，规定各部门的职责分工的依据主要是有关法律、法规和国务院的“三定方案”等。

民航、铁路、电力行业的生产经营单位的主要负责人因《安全生产法》第95条规定受到事故罚款或因第110条规定的违法行为受到处罚的，以及民航、铁路、电力行业的生产经营单位受到《安全生产法》第114条规定的事故罚款的，原则上由应急管理部门行使罚款权力，但也可以由主管民航、铁路、电力行业的负有安全生产监督管理职责的部门进行处罚。

关闭是最为严厉的行政处罚，所以关闭生产经营单位的，由负有安全生产监督管理职责的部门报请县级以上人民政府按照国务院规定的权限决定。

限制人身自由的行政处罚权只能由公安机关行使，给予拘留的行政处罚由公安机关依照《治安管理处罚法》的规定决定。

关联法规索引

《安全生产法》第10条；《国务院关于机构设置的通知》

第一百一十六条 【生产经营单位赔偿责任】生产经营单位发生生产安全事故造成人员伤亡、他人财产损失的，应当依法承担赔偿责任；拒不承担或者其负责人逃匿的，由人民法院依法强制执行。

生产安全事故的责任人未依法承担赔偿责任，经人民法院依法采取执行措施后，仍不能对受害人给予足额赔偿的，应当继续履行赔偿义务；受害人发现责任人有其他财产的，可以随时请求人民法院执行。

条文解读

本法第116条是关于生产安全事故赔偿的规定。

生产经营单位发生生产安全事故造成人员伤亡、他人财产损失的，应当依法承担赔偿责任。这里的"依法"主要是依据《民法典》、《劳动法》、《劳动合同法》以及《工伤保险条例》等。这里的"赔偿责任"是一种民事赔偿责任，民事赔偿是法律对生产经营单位因生产安全事故所作的否定性评价。生产经营单位拒不承担或者其负责人逃匿的，由人民法院依据《民事诉讼法》等法律规定强制执行。

生产安全事故的责任人未依法承担赔偿责任，经人民法院依法采取执行措施后，仍不能对受害人给予足额赔偿的，就其不能得到赔偿的部分，责任人应当继续履行赔偿义务；受害人发现责任人有其他财产的，也可以随时请求人民法院执行。

本条关于生产经营单位的民事赔偿责任的规定相对比较原则，实践中，在处理民事赔偿问题时，还应当适用《民法典》《民事诉讼法》等有关法律的规定。

关联法规索引

《民法典》侵权责任编；《民事诉讼法》

第七章　附　　则

本章介绍

本章共3条，是关于《安全生产法》中专有名词解释、生效时间以及授权制定生产安全事故分类标准和隐患判定标准的规定，确立了国务院有权规定生产安全一般事故、较大事故、重大事故、特别重大事故的划分标准，国务院负有安全生产监督管理职责的部门有权制定相关行业、领域重大事故隐患的判定标准。

第一百一十七条　【用语解释】本法下列用语的含义：

危险物品，是指易燃易爆物品、危险化学品、放射性物品等能够危及人身安全和财产安全的物品。

重大危险源，是指长期地或者临时地生产、搬运、使用或者储存危险物品，且危险物品的数量等于或者超过临界量的单元（包括场所和设施）。

条文解读

本法第117条是关于危险物品和重大危险源含义的规定。

1. 危险物品的含义

危险物品和重大危险源是《安全生产法》中的两个重要概念。危险物品，是指易燃易爆物品、危险化学品、放射性物品等能够危及人身安全和财产安全的物品。易燃易爆物品包括民用爆炸物品和国家标准《危险货物品名表》中以燃烧爆炸为主要特性的压缩气体和液化气体、易爆液体、易燃固体、自燃物品和遇湿易燃物品、氧化剂和有机过氧化剂以及毒害品、腐蚀品中部分易燃易爆化学物品。危险化学品是指具有毒害、腐蚀、爆炸、燃烧、助燃等性质，对人体、设施、环境具有危害的剧毒化学品和其他化学品。危险化学品目录，由国务院应急管理部门会同国务院工业和信息化、公安、环境保护、卫生、市场监督管理、交通运输、铁路、民用航空、农业主管部门，根据化学品危险特性的鉴别和分类标准确定、公布，并适时调整。放射性物品就是含有放射性核素，并且物品中的总放射性含量和单位质量的放射性含量均超过免于监管的限值的物品。国家规定的豁免值是指不超过国家标准《放射性物品安全运输规程》（GB 11806－2019）中放射性核素的基本限值。

2. 重大危险源的含义

重大危险源包括两层含义：一是长期地或者临时地生产、搬运、使用或者储存危险物品；二是危险物品的数量等于或者超过临界量的单元（包括场所和设施）。重大危险源存在于生产经营场所或者设施上，在设置重大危险源时，应该远离社区及公共场所。

关联法规索引

《安全生产法》第40条

第一百一十八条 【事故分类标准和隐患判定标准的制定】本法规定的生产安全一般事故、较大事故、重大事故、特别重大事故的划分标准由国务院规定。

国务院应急管理部门和其他负有安全生产监督管理职责的部门应当根据各自的职责分工，制定相关行业、领域重大危险源的辨识标准和重大事故隐患的判定标准。

条文解读

本法第118条是关于生产安全事故划分标准及重大危险源的辨识标准和重大事故隐患判定标准制定的规定。

1. 生产安全事故划分标准的规定

《生产安全事故报告和调查处理条例》第3条规定，根据生产安全事故造成的人员伤亡或者直接经济损失，事故一般分为以下等级：（1）特别重大事故，是指造成30人以上死亡，或者100人以上重伤（包括急性工业中毒），或者1亿元以上直接经济损失的事故；（2）重大事故，是指造成10人以上30人以下死亡，或者50人以上 100 人以下重伤,或者 5000 万元以上 1 亿元以下直接经济损失的事故;(3)较大事故,是指造成 3 人以上 10 人以下死亡,或者 10 人以上 50 人以下重伤,或者 1000 万元以上 5000 万元以下直接经济损失的事故;(4)一般事故,是指造成 3 人以下死亡,或者 10 人以下重伤,或者 1000 万元以下直接经济损失的事故。国务院应急管理部门可以会同国务院有关部门,制定事故等级划分的补充性规定。上述所称的"以上"包括本数,所称的"以下"不包括本数。

2. 相关行业、领域重大危险源的辨识标准和重大事故隐患的判定标准的制定

《安全生产事故隐患排查治理暂行规定》将安全生产事故隐患界定为,生产经营单位违反安全生产法律、法规、规章、标准、规程和安全生产管理制度的规定,或者因其他因素在生产经营活动中存在可能导致事故发生的物的危险状态、人的不安全行为和管理上的缺陷。实践中将事故隐患区分为一般事故隐患和重大事故隐患。什么是重大事故隐患?《安全生产事故隐患排查治理暂行规定》第 3 条对其进行了界定:"重大事故隐患,是指危害和整改难度较大,应当全部或者局部停产停业,并经过一定时间整改治理方能排除的隐患,或者因外部因素影响致使生产经营单位自身难以排除的隐患。"该界定中仍有很多概念不明确,例如,何谓"危害较大",何谓"整改难度较大",而"全部或者局部停产停业"则是从事故隐患的整改角度出发进行的界定,至于"经过一定时间整改治理方能排除"或者"因外部因素影响致使生产经营单位自身难以排除",则是对"全部或者局部停产停业"后生产经营单位整改难度的要求。针对实践中难以认定"重大危险源"和"重大事故隐患"的现实,《安全生产法》第 118 条第 2 款规定,国务院应急管理部门和其他负有安全生产监督管理职责的部门应当根据各自的职责分工,制定相关行业、领域重大危险源的辨识标准和重大事故隐患的判定标准。例如,应急管理部制定了煤矿、金属、非金属矿山、化工和危险化学品、烟花爆竹、工贸行业重大生产安全事故隐患判定标准,公安部制定了《重大火灾隐患判定方法》,水利部制定了《水利工程生产安全重大事故隐患判定标准(试行)》,交通运输部制定了《危险货物港口作业重大事故隐患判定指南》等。

关联法规索引

《安全生产事故隐患排查治理暂行规定》第 3 条

第一百一十九条 【生效时间】本法自 2002 年 11 月 1 日起施行。

条文解读

本法第 119 条是关于《安全生产法》施行日期的规定。

法律的时间效力，是指法律何时生效、何时终止效力以及法律对其生效以前的事件和行为有无溯及力。法律的生效时间主要有三种：一是自法律公布之日起生效，即在没有明确生效时间规定时，根据惯例，自法律公布之日起生效；二是法律条文中自行规定具体生效时间，例如，2002 年 6 月 29 日第九届全国人民代表大会常务委员会第二十八次会议通过《安全生产法》，明确规定该法自 2002 年 11 月 1 日起施行；三是规定法律公布后符合一定条件时生效（立法机关另行发布专门文件规定法律的生效时间）。

法律终止的时间。法律终止即法律被废止，指法律效力的消灭。它一般分为明示的废止和默示的废止两类。具体形式主要有：(1)法律法规本身规定了有效期，有效期届满，从而自动失效；(2)新法律法规明确规定自本法实施之日起，旧法律法规立即失效；(3)法律法规据以存在的时代背景或者条件消失，或者其所调整的对象不复存在，或者其使命完成，使法律法规失去了存在的意义，从而自动失效（比如当年社会主义改造时期的一些特殊法律规定）；(4)权力机关进行法律法规清理，对外公布某项法律法规作废；(5)随着新法律法规的颁布实施，相关内容与已生效的新法抵触的旧的法律法规自动失效。

法的溯及力，也称法律溯及既往的效力，是指法律对其生效以前的事件和行为是否适用。如果适用，就具有溯及力；如果不适用，就没有溯及力。法律是否具有溯及力，不同法律规范之间的情况是不同的。关于法律的溯及力问题，一般通行两项原则：一是“法不溯及既往”原则，即国家不能用现在制定的法律规范人们过去的行为，更不能由于人们过去从事某种当时合法而现在看来是违法的行为，而依照现在的法律处罚他们。二是作为法律不溯及既往“原则的补充”，法律规范的效力可以有条件地适用于既往的行为。

此外，法律修改内容的生效时间，通常有明确规定。例如，2021 年 6 月 10 日第十三届全国人民代表大会常务委员会第二十九次会议通过《关于修改〈中华人民共和国安全生产法〉的决定》，对《安全生产法》进行第三次修正，修改内容自 2021 年 9 月 1 日起施行。其他未修改的内容继续有效；已经修改的原规定在 2021 年 9 月 1 日之前继续有效。

配套法规

中华人民共和国矿山安全法

1. 1992 年 11 月 7 日第七届全国人民代表大会常务委员会第二十八次会议通过
2. 根据 2009 年 8 月 27 日第十一届全国人民代表大会常务委员会第十次会议《关于修改部分法律的决定》修正

目　　录

第一章　总　　则

第一条　【立法目的】为了保障矿山生产安全，防止矿山事故，保护矿山职工人身安全，促进采矿业的发展，制定本法。

第二条　【适用范围】在中华人民共和国领域和中华人民共和国管辖的其他海域从事矿产资源开采活动，必须遵守本法。

第三条　【矿企安全管理职责】矿山企业必须具有保障安全生产的设施，建立、健全安全管理制度，采取有效措施改善职工劳动条件，加强矿山安全管理工作，保证安全生产。

第四条　【监督管理部门】国务院劳动行政主管部门对全国矿山安全工作实施统一监督。

县级以上地方各级人民政府劳动行政主管部门对本行政区域内的矿山安全工作实施统一监督。

县级以上人民政府管理矿山企业的主管部门对矿山安全工作进行管理。

第五条　【国家鼓励】国家鼓励矿山安全科学技术研究，推广先进技术，改造安全设施，提高矿山安全生产水平。

第六条 【奖励】对坚持矿山安全生产，防止矿山事故，参加矿山抢险救护，进行矿山安全科学技术研究等方面取得显著成绩的单位和个人，给予奖励。

第二章 矿山建设的安全保障

第七条 【安全设施主体工程的同时设计、施工与投产】矿山建设工程的安全设施必须和主体工程同时设计、同时施工、同时投入生产和使用。

第八条 【设计要求】矿山建设工程的设计文件，必须符合矿山安全规程和行业技术规范，并按照国家规定经管理矿山企业的主管部门批准；不符合矿山安全规程和行业技术规范的，不得批准。

矿山建设工程安全设施的设计必须有劳动行政主管部门参加审查。

矿山安全规程和行业技术规范，由国务院管理矿山企业的主管部门制定。

第九条 【矿山设计须符合安全规程事项】矿山设计下列项目必须符合矿山安全规程和行业技术规范：

（一）矿井的通风系统和供风量、风质、风速；

（二）露天矿的边坡角和台阶的宽度、高度；

（三）供电系统；

（四）提升、运输系统；

（五）防水、排水系统和防火、灭火系统；

（六）防瓦斯系统和防尘系统；

（七）有关矿山安全的其他项目。

第十条 【安全出口】每个矿井必须有两个以上能行人的安全出口，出口之间的直线水平距离必须符合矿山安全规程和行业技术规范。

第十一条 【运输、通讯设施】矿山必须有与外界相通的、符合安全要求的运输和通讯设施。

第十二条 【工程批复和验收】矿山建设工程必须按照管理矿山企业的主管部门批准的设计文件施工。

矿山建设工程安全设施竣工后，由管理矿山企业的主管部门验收，并须有劳动行政主管部门参加；不符合矿山安全规程和行业技术规范的，不得验收，不得投入生产。

第三章 矿山开采的安全保障

第十三条 【安全生产条件保障】矿山开采必须具备保障安全生产的条件，执行开采不同矿种的矿山安全规程和行业技术规范。

第十四条 【矿柱、岩柱保护】矿山设计规定保留的矿柱、岩柱，在规定的期限内，应当予以保护,不得开采或者毁坏。

第十五条 【设施安全标准】矿山使用的有特殊安全要求的设备、器材、防护用品和安全检测仪器,必须符合国家安全标准或者行业安全标准;不符合国家安全标准或者行业安全标准的,不得使用。

第十六条 【设备检修】矿山企业必须对机电设备及其防护装置、安全检测仪器,定期检查、维修,保证使用安全。

第十七条 【毒害物质和空气检测】矿山企业必须对作业场所中的有毒有害物质和井下空气含氧量进行检测,保证符合安全要求。

第十八条 【事故隐患预防】矿山企业必须对下列危害安全的事故隐患采取预防措施:

(一)冒顶、片帮、边坡滑落和地表塌陷;

(二)瓦斯爆炸、煤尘爆炸;

(三)冲击地压、瓦斯突出、井喷;

(四)地面和井下的火灾、水害;

(五)爆破器材和爆破作业发生的危害;

(六)粉尘、有毒有害气体、放射性物质和其他有害物质引起的危害;

(七)其他危害。

第十九条 【机械、设备使用及闭坑危害预防】矿山企业对使用机械、电气设备,排土场、矸石山、尾矿库和矿山闭坑后可能引起的危害,应当采取预防措施。

第四章 矿山企业的安全管理

第二十条 【安全生产责任制】矿山企业必须建立、健全安全生产责任制。

矿长对本企业的安全生产工作负责。

第二十一条 【职工大会监督】矿长应当定期向职工代表大会或者职工大会报告安全生产工作,发挥职工代表大会的监督作用。

第二十二条 【矿工义务和权利】矿山企业职工必须遵守有关矿山安全的法律、法规和企业规章制度。

矿山企业职工有权对危害安全的行为,提出批评、检举和控告。

第二十三条 【工会职能】矿山企业工会依法维护职工生产安全的合法权益,组织职工对矿山安全工作进行监督。

第二十四条 【工会要求权】矿山企业违反有关安全的法律、法规,工会有权要求企业行政方面或者有关部门认真处理。

矿山企业召开讨论有关安全生产的会议,应当有工会代表参加,工会有权提出意见和建议。

第二十五条 【事故隐患和职业危害解决建议】矿山企业工会发现企业行政方面违章指挥、

强令工人冒险作业或者生产过程中发现明显重大事故隐患和职业危害，有权提出解决的建议；发现危及职工生命安全的情况时，有权向矿山企业行政方面建议组织职工撤离危险现场，矿山企业行政方面必须及时作出处理决定。

第二十六条 【职工安全教育、培训】矿山企业必须对职工进行安全教育、培训；未经安全教育、培训的，不得上岗作业。

矿山企业安全生产的特种作业人员必须接受专门培训，经考核合格取得操作资格证书的，方可上岗作业。

第二十七条 【矿长资格考核】矿长必须经过考核，具备安全专业知识，具有领导安全生产和处理矿山事故的能力。

矿山企业安全工作人员必须具备必要的安全专业知识和矿山安全工作经验。

第二十八条 【防护用品发放】矿山企业必须向职工发放保障安全生产所需的劳动防护用品。

第二十九条 【未成年人禁用和妇女特殊保护】矿山企业不得录用未成年人从事矿山井下劳动。

矿山企业对女职工按照国家规定实行特殊劳动保护，不得分配女职工从事矿山井下劳动。

第三十条 【事故防范措施】矿山企业必须制定矿山事故防范措施，并组织落实。

第三十一条 【救护和医疗急救】矿山企业应当建立由专职或者兼职人员组成的救护和医疗急救组织，配备必要的装备、器材和药物。

第三十二条 【专项费用】矿山企业必须从矿产品销售额中按照国家规定提取安全技术措施专项费用。安全技术措施专项费用必须全部用于改善矿山安全生产条件，不得挪作他用。

第五章 矿山安全的监督和管理

第三十三条 【劳动行政主管部门监督职责】县级以上各级人民政府劳动行政主管部门对矿山安全工作行使下列监督职责：

（一）检查矿山企业和管理矿山企业的主管部门贯彻执行矿山安全法律、法规的情况；

（二）参加矿山建设工程安全设施的设计审查和竣工验收；

（三）检查矿山劳动条件和安全状况；

（四）检查矿山企业职工安全教育、培训工作；

（五）监督矿山企业提取和使用安全技术措施专项费用的情况；

（六）参加并监督矿山事故的调查和处理；

（七）法律、行政法规规定的其他监督职责。

第三十四条 【矿企主管部门管理职责】县级以上人民政府管理矿山企业的主管部门对矿山安全工作行使下列管理职责：

（一）检查矿山企业贯彻执行矿山安全法律、法规的情况；

（二）审查批准矿山建设工程安全设施的设计；

（三）负责矿山建设工程安全设施的竣工验收；

（四）组织矿长和矿山企业安全工作人员的培训工作；

（五）调查和处理重大矿山事故；

（六）法律、行政法规规定的其他管理职责。

第三十五条 【安全监督人员职责】劳动行政主管部门的矿山安全监督人员有权进入矿山企业，在现场检查安全状况；发现有危及职工安全的紧急险情时，应当要求矿山企业立即处理。

第六章 矿山事故处理

第三十六条 【矿山事故处理措施】发生矿山事故，矿山企业必须立即组织抢救，防止事故扩大，减少人员伤亡和财产损失，对伤亡事故必须立即如实报告劳动行政主管部门和管理矿山企业的主管部门。

第三十七条 【事故处理部门】发生一般矿山事故，由矿山企业负责调查和处理。

发生重大矿山事故，由政府及其有关部门、工会和矿山企业按照行政法规的规定进行调查和处理。

第三十八条 【抚恤和赔偿】矿山企业对矿山事故中伤亡的职工按照国家规定给予抚恤或者补偿。

第三十九条 【事故善后处理】矿山事故发生后，应当尽快消除现场危险，查明事故原因，提出防范措施。现场危险消除后，方可恢复生产。

第七章 法律责任

第四十条 【违法应受处罚事项】违反本法规定，有下列行为之一的，由劳动行政主管部门责令改正，可以并处罚款；情节严重的，提请县级以上人民政府决定责令停产整顿；对主管人员和直接责任人员由其所在单位或者上级主管机关给予行政处分：

（一）未对职工进行安全教育、培训，分配职工上岗作业的；

（二）使用不符合国家安全标准或者行业安全标准的设备、器材、防护用品、安全检测仪器的；

（三）未按照规定提取或者使用安全技术措施专项费用的；

（四）拒绝矿山安全监督人员现场检查或者在被检查时隐瞒事故隐患，不如实反映情况的；

（五）未按照规定及时、如实报告矿山事故的。

第四十一条 【矿长及特种作业人员资格不合法的处罚】矿长不具备安全专业知识的，安全生产的特种作业人员未取得操作资格证书上岗作业的，由劳动行政主管部门责令限期改正；逾期不改正的，提请县级以上人民政府决定责令停产，调整配备合格人员后，方可恢复生产。

第四十二条 **【擅自施工处罚】**矿山建设工程安全设施的设计未经批准擅自施工的，由管理矿山企业的主管部门责令停止施工；拒不执行的，由管理矿山企业的主管部门提请县级以上人民政府决定由有关主管部门吊销其采矿许可证和营业执照。

第四十三条 **【不符验收规定的处罚】**矿山建设工程的安全设施未经验收或者验收不合格擅自投入生产的，由劳动行政主管部门会同管理矿山企业的主管部门责令停止生产，并由劳动行政主管部门处以罚款；拒不停止生产的，由劳动行政主管部门提请县级以上人民政府决定由有关主管部门吊销其采矿许可证和营业执照。

第四十四条 **【强行开采处理】**已经投入生产的矿山企业，不具备安全生产条件而强行开采的，由劳动行政主管部门会同管理矿山企业的主管部门责令限期改进；逾期仍不具备安全生产条件的，由劳动行政主管部门提请县级以上人民政府决定责令停产整顿或者由有关主管部门吊销其采矿许可证和营业执照。

第四十五条 **【复议和起诉】**当事人对行政处罚决定不服的，可以在接到处罚决定通知之日起十五日内向作出处罚决定的机关的上一级机关申请复议；当事人也可以在接到处罚决定通知之日起十五日内直接向人民法院起诉。

复议机关应当在接到复议申请之日起六十日内作出复议决定。当事人对复议决定不服的，可以在接到复议决定之日起十五日内向人民法院起诉。复议机关逾期不作出复议决定的，当事人可以在复议期满之日起十五日内向人民法院起诉。

当事人逾期不申请复议也不向人民法院起诉、又不履行处罚决定的，作出处罚决定的机关可以申请人民法院强制执行。

第四十六条 **【违章指挥处罚】**矿山企业主管人员违章指挥、强令工人冒险作业，因而发生重大伤亡事故的，依照刑法有关规定追究刑事责任。

第四十七条 **【主管人员怠职处罚】**矿山企业主管人员对矿山事故隐患不采取措施，因而发生重大伤亡事故的，依照刑法有关规定追究刑事责任。

第四十八条 **【渎职处罚】**矿山安全监督人员和安全管理人员滥用职权、玩忽职守、徇私舞弊，构成犯罪的，依法追究刑事责任；不构成犯罪的，给予行政处分。

第八章 附 则

第四十九条 **【实施条例和实施办法的制定】**国务院劳动行政主管部门根据本法制定实施条例，报国务院批准施行。

省、自治区、直辖市人民代表大会常务委员会可以根据本法和本地区的实际情况，制定实施办法。

第五十条 **【生效日期】**本法自1993年5月1日起施行。

中华人民共和国特种设备安全法

1．2013 年 6 月 29 日第十二届全国人民代表大会常务委员会第三次会议通过

2．2013 年 6 月 29 日中华人民共和国主席令第 4 号公布

3．自 2014 年 1 月 1 日起施行

目　　录

第一章　总　　则

第一条　【立法目的】为了加强特种设备安全工作，预防特种设备事故，保障人身和财产安全，促进经济社会发展，制定本法。

第二条　【调整范围】特种设备的生产（包括设计、制造、安装、改造、修理）、经营、使用、检验、检测和特种设备安全的监督管理，适用本法。

本法所称特种设备，是指对人身和财产安全有较大危险性的锅炉、压力容器（含气瓶）、压力管道、电梯、起重机械、客运索道、大型游乐设施、场（厂）内专用机动车辆，以及法律、行政法规规定适用本法的其他特种设备。

国家对特种设备实行目录管理。特种设备目录由国务院负责特种设备安全监督管理的部门制定，报国务院批准后执行。

第三条　【基本原则】特种设备安全工作应当坚持安全第一、预防为主、节能环保、综合治理

的原则。

第四条 【安全监督管理方式】国家对特种设备的生产、经营、使用,实施分类的、全过程的安全监督管理。

第五条 【安全监督管理行政部门】国务院负责特种设备安全监督管理的部门对全国特种设备安全实施监督管理。县级以上地方各级人民政府负责特种设备安全监督管理的部门对本行政区域内特种设备安全实施监督管理。

第六条 【领导安全工作】国务院和地方各级人民政府应当加强对特种设备安全工作的领导,督促各有关部门依法履行监督管理职责。

县级以上地方各级人民政府应当建立协调机制,及时协调、解决特种设备安全监督管理中存在的问题。

第七条 【遵纪守法】特种设备生产、经营、使用单位应当遵守本法和其他有关法律、法规,建立、健全特种设备安全和节能责任制度,加强特种设备安全和节能管理,确保特种设备生产、经营、使用安全,符合节能要求。

第八条 【技术规范】特种设备生产、经营、使用、检验、检测应当遵守有关特种设备安全技术规范及相关标准。

特种设备安全技术规范由国务院负责特种设备安全监督管理的部门制定。

第九条 【行业自律】特种设备行业协会应当加强行业自律,推进行业诚信体系建设,提高特种设备安全管理水平。

第十条 【支持研究与推广应用】国家支持有关特种设备安全的科学技术研究,鼓励先进技术和先进管理方法的推广应用,对做出突出贡献的单位和个人给予奖励。

第十一条 【宣传教育】负责特种设备安全监督管理的部门应当加强特种设备安全宣传教育,普及特种设备安全知识,增强社会公众的特种设备安全意识。

第十二条 【举报】任何单位和个人有权向负责特种设备安全监督管理的部门和有关部门举报涉及特种设备安全的违法行为,接到举报的部门应当及时处理。

第二章 生产、经营、使用

第一节 一般规定

第十三条 【单位及主要负责人】特种设备生产、经营、使用单位及其主要负责人对其生产、经营、使用的特种设备安全负责。

特种设备生产、经营、使用单位应当按照国家有关规定配备特种设备安全管理人员、检测人员和作业人员,并对其进行必要的安全教育和技能培训。

第十四条 【取得相应资格】特种设备安全管理人员、检测人员和作业人员应当按照国家有关规定取得相应资格，方可从事相关工作。特种设备安全管理人员、检测人员和作业人员应当严格执行安全技术规范和管理制度，保证特种设备安全。

第十五条 【检测、保养与检验】特种设备生产、经营、使用单位对其生产、经营、使用的特种设备应当进行自行检测和维护保养，对国家规定实行检验的特种设备应当及时申报并接受检验。

第十六条 【技术评审】特种设备采用新材料、新技术、新工艺，与安全技术规范的要求不一致，或者安全技术规范未作要求、可能对安全性能有重大影响的，应当向国务院负责特种设备安全监督管理的部门申报，由国务院负责特种设备安全监督管理的部门及时委托安全技术咨询机构或者相关专业机构进行技术评审，评审结果经国务院负责特种设备安全监督管理的部门批准，方可投入生产、使用。

国务院负责特种设备安全监督管理的部门应当将允许使用的新材料、新技术、新工艺的有关技术要求，及时纳入安全技术规范。

第十七条 【责任保险】国家鼓励投保特种设备安全责任保险。

第二节 生 产

第十八条 【许可制度】国家按照分类监督管理的原则对特种设备生产实行许可制度。特种设备生产单位应当具备下列条件，并经负责特种设备安全监督管理的部门许可，方可从事生产活动：

（一）有与生产相适应的专业技术人员；

（二）有与生产相适应的设备、设施和工作场所；

（三）有健全的质量保证、安全管理和岗位责任等制度。

第十九条 【对安全性能负责】特种设备生产单位应当保证特种设备生产符合安全技术规范及相关标准的要求，对其生产的特种设备的安全性能负责。不得生产不符合安全性能要求和能效指标以及国家明令淘汰的特种设备。

第二十条 【设计文件的鉴定与型式试验】锅炉、气瓶、氧舱、客运索道、大型游乐设施的设计文件，应当经负责特种设备安全监督管理的部门核准的检验机构鉴定，方可用于制造。

特种设备产品、部件或者试制的特种设备新产品、新部件以及特种设备采用的新材料，按照安全技术规范的要求需要通过型式试验进行安全性验证的，应当经负责特种设备安全监督管理的部门核准的检验机构进行型式试验。

第二十一条 【附随资料、文件，设置铭牌、标志、说明】特种设备出厂时，应当随附安全技术规范要求的设计文件、产品质量合格证明、安装及使用维护保养说明、监督检验证明等相关技术资料和文件，并在特种设备显著位置设置产品铭牌、安全警示标志及其说明。

第二十二条 【电梯的安装、改造、修理】电梯的安装、改造、修理，必须由电梯制造单位或者其委托的依照本法取得相应许可的单位进行。电梯制造单位委托其他单位进行电梯安装、改造、修理的，应当对其安装、改造、修理进行安全指导和监控，并按照安全技术规范的要求进行校验和调试。电梯制造单位对电梯安全性能负责。

第二十三条 【事前书面告知义务】特种设备安装、改造、修理的施工单位应当在施工前将拟进行的特种设备安装、改造、修理情况书面告知直辖市或者设区的市级人民政府负责特种设备安全监督管理的部门。

第二十四条 【验收后资料文件移交义务】特种设备安装、改造、修理竣工后，安装、改造、修理的施工单位应当在验收后三十日内将相关技术资料和文件移交特种设备使用单位。特种设备使用单位应当将其存入该特种设备的安全技术档案。

第二十五条 【对特殊设备的监督检验】锅炉、压力容器、压力管道元件等特种设备的制造过程和锅炉、压力容器、压力管道、电梯、起重机械、客运索道、大型游乐设施的安装、改造、重大修理过程，应当经特种设备检验机构按照安全技术规范的要求进行监督检验；未经监督检验或者监督检验不合格的，不得出厂或者交付使用。

第二十六条 【缺陷特种设备召回制度】国家建立缺陷特种设备召回制度。因生产原因造成特种设备存在危及安全的同一性缺陷的，特种设备生产单位应当立即停止生产，主动召回。

国务院负责特种设备安全监督管理的部门发现特种设备存在应当召回而未召回的情形时，应当责令特种设备生产单位召回。

第三节 经　　营

第二十七条 【建立检查验收和销售记录制度】特种设备销售单位销售的特种设备，应当符合安全技术规范及相关标准的要求，其设计文件、产品质量合格证明、安装及使用维护保养说明、监督检验证明等相关技术资料和文件应当齐全。

特种设备销售单位应当建立特种设备检查验收和销售记录制度。

禁止销售未取得许可生产的特种设备，未经检验和检验不合格的特种设备，或者国家明令淘汰和已经报废的特种设备。

第二十八条 【禁止出租、维护保养的情形】特种设备出租单位不得出租未取得许可生产的特种设备或者国家明令淘汰和已经报废的特种设备，以及未按照安全技术规范的要求进行维护保养和未经检验或者检验不合格的特种设备。

第二十九条 【出租期间的使用管理和维护保养义务】特种设备在出租期间的使用管理和维护保养义务由特种设备出租单位承担，法律另有规定或者当事人另有约定的除外。

第三十条 【对进口特种设备的要求】进口的特种设备应当符合我国安全技术规范的要求，并经检验合格；需要取得我国特种设备生产许可的，应当取得许可。

进口特种设备随附的技术资料和文件应当符合本法第二十一条的规定，其安装及使用维护保养说明、产品铭牌、安全警示标志及其说明应当采用中文。

特种设备的进出口检验,应当遵守有关进出口商品检验的法律、行政法规。

第三十一条 【进口特种设备的提前告知义务】进口特种设备,应当向进口地负责特种设备安全监督管理的部门履行提前告知义务。

第四节 使 用

第三十二条 【使用与禁止使用的要求】特种设备使用单位应当使用取得许可生产并经检验合格的特种设备。

禁止使用国家明令淘汰和已经报废的特种设备。

第三十三条 【使用登记】特种设备使用单位应当在特种设备投入使用前或者投入使用后三十日内,向负责特种设备安全监督管理的部门办理使用登记,取得使用登记证书。登记标志应当置于该特种设备的显著位置。

第三十四条 【建立安全管理制度】特种设备使用单位应当建立岗位责任、隐患治理、应急救援等安全管理制度,制定操作规程,保证特种设备安全运行。

第三十五条 【安全技术档案】特种设备使用单位应当建立特种设备安全技术档案。安全技术档案应当包括以下内容:

(一)特种设备的设计文件、产品质量合格证明、安装及使用维护保养说明、监督检验证明等相关技术资料和文件;

(二)特种设备的定期检验和定期自行检查记录;

(三)特种设备的日常使用状况记录;

(四)特种设备及其附属仪器仪表的维护保养记录;

(五)特种设备的运行故障和事故记录。

第三十六条 【对特种设备的使用安全负责】电梯、客运索道、大型游乐设施等为公众提供服务的特种设备的运营使用单位,应当对特种设备的使用安全负责,设置特种设备安全管理机构或者配备专职的特种设备安全管理人员;其他特种设备使用单位,应当根据情况设置特种设备安全管理机构或者配备专职、兼职的特种设备安全管理人员。

第三十七条 【安全距离、安全防护措施】特种设备的使用应当具有规定的安全距离、安全防护措施。

与特种设备安全相关的建筑物、附属设施,应当符合有关法律、行政法规的规定。

第三十八条 【共有特种设备的管理】特种设备属于共有的,共有人可以委托物业服务单位或者其他管理人管理特种设备,受托人履行本法规定的特种设备使用单位的义务,承担相应责任。共有人未委托的,由共有人或者实际管理人履行管理义务,承担相应责任。

第三十九条 【维护保养和定期自行检查】特种设备使用单位应当对其使用的特种设备进

行经常性维护保养和定期自行检查，并作出记录。

特种设备使用单位应当对其使用的特种设备的安全附件、安全保护装置进行定期校验、检修，并作出记录。

第四十条　【定期检验】特种设备使用单位应当按照安全技术规范的要求，在检验合格有效期届满前一个月向特种设备检验机构提出定期检验要求。

特种设备检验机构接到定期检验要求后，应当按照安全技术规范的要求及时进行安全性能检验。特种设备使用单位应当将定期检验标志置于该特种设备的显著位置。

未经定期检验或者检验不合格的特种设备，不得继续使用。

第四十一条　【经常性检查、及时报告义务】特种设备安全管理人员应当对特种设备使用状况进行经常性检查，发现问题应当立即处理；情况紧急时，可以决定停止使用特种设备并及时报告本单位有关负责人。

特种设备作业人员在作业过程中发现事故隐患或者其他不安全因素，应当立即向特种设备安全管理人员和单位有关负责人报告；特种设备运行不正常时，特种设备作业人员应当按照操作规程采取有效措施保证安全。

第四十二条　【全面检查】特种设备出现故障或者发生异常情况，特种设备使用单位应当对其进行全面检查，消除事故隐患，方可继续使用。

第四十三条　【电梯、客运索道、大型游乐设施的安全要求】客运索道、大型游乐设施在每日投入使用前，其运营使用单位应当进行试运行和例行安全检查，并对安全附件和安全保护装置进行检查确认。

电梯、客运索道、大型游乐设施的运营使用单位应当将电梯、客运索道、大型游乐设施的安全使用说明、安全注意事项和警示标志置于易于为乘客注意的显著位置。

公众乘坐或者操作电梯、客运索道、大型游乐设施，应当遵守安全使用说明和安全注意事项的要求，服从有关工作人员的管理和指挥；遇有运行不正常时，应当按照安全指引，有序撤离。

第四十四条　【锅炉的安全要求】锅炉使用单位应当按照安全技术规范的要求进行锅炉水（介）质处理，并接受特种设备检验机构的定期检验。

从事锅炉清洗，应当按照安全技术规范的要求进行，并接受特种设备检验机构的监督检验。

第四十五条　【电梯的维护保养】电梯的维护保养应当由电梯制造单位或者依照本法取得许可的安装、改造、修理单位进行。

电梯的维护保养单位应当在维护保养中严格执行安全技术规范的要求，保证其维护保养的电梯的安全性能，并负责落实现场安全防护措施，保证施工安全。

电梯的维护保养单位应当对其维护保养的电梯的安全性能负责；接到故障通知后，应当立即赶赴现场，并采取必要的应急救援措施。

第四十六条　【电梯制造单位的义务】电梯投入使用后，电梯制造单位应当对其制造的电梯的安全运行情况进行跟踪调查和了解，对电梯的维护保养单位或者使用单位在维护保养和安全运行方面存在的问题，提出改进建议，并提供必要的技术帮助；发现电梯存在严重事故隐患时，应当及时告知电梯使用单位，并向负责特种设备安全监督管理的部门报告。电梯制造单位对调查和了解的情况，应当作出记录。

第四十七条 【变更登记】特种设备进行改造、修理，按照规定需要变更使用登记的，应当办理变更登记，方可继续使用。

第四十八条 【特种设备的报废】特种设备存在严重事故隐患，无改造、修理价值，或者达到安全技术规范规定的其他报废条件的，特种设备使用单位应当依法履行报废义务，采取必要措施消除该特种设备的使用功能，并向原登记的负责特种设备安全监督管理的部门办理使用登记证书注销手续。

前款规定报废条件以外的特种设备，达到设计使用年限可以继续使用的，应当按照安全技术规范的要求通过检验或者安全评估，并办理使用登记证书变更，方可继续使用。允许继续使用的，应当采取加强检验、检测和维护保养等措施，确保使用安全。

第四十九条 【充装活动的安全要求】移动式压力容器、气瓶充装单位，应当具备下列条件，并经负责特种设备安全监督管理的部门许可，方可从事充装活动：

（一）有与充装和管理相适应的管理人员和技术人员；

（二）有与充装和管理相适应的充装设备、检测手段、场地厂房、器具、安全设施；

（三）有健全的充装管理制度、责任制度、处理措施。

充装单位应当建立充装前后的检查、记录制度，禁止对不符合安全技术规范要求的移动式压力容器和气瓶进行充装。

气瓶充装单位应当向气体使用者提供符合安全技术规范要求的气瓶，对气体使用者进行气瓶安全使用指导，并按照安全技术规范的要求办理气瓶使用登记，及时申报定期检验。

第三章 检验、检测

第五十条 【检验、检测机构的资质】从事本法规定的监督检验、定期检验的特种设备检验机构，以及为特种设备生产、经营、使用提供检测服务的特种设备检测机构，应当具备下列条件，并经负责特种设备安全监督管理的部门核准，方可从事检验、检测工作：

（一）有与检验、检测工作相适应的检验、检测人员；

（二）有与检验、检测工作相适应的检验、检测仪器和设备；

（三）有健全的检验、检测管理制度和责任制度。

第五十一条 【检验、检测人员的资格与执业】特种设备检验、检测机构的检验、检测人员应当经考核，取得检验、检测人员资格，方可从事检验、检测工作。

特种设备检验、检测机构的检验、检测人员不得同时在两个以上检验、检测机构中执业；变更执业机构的,应当依法办理变更手续。

第五十二条 【遵纪守法】特种设备检验、检测工作应当遵守法律、行政法规的规定,并按照安全技术规范的要求进行。

特种设备检验、检测机构及其检验、检测人员应当依法为特种设备生产、经营、使用单位提供安全、可靠、便捷、诚信的检验、检测服务。

第五十三条 【检验、检测结果与鉴定结论】特种设备检验、检测机构及其检验、检测人员应当客观、公正、及时地出具检验、检测报告,并对检验、检测结果和鉴定结论负责。

特种设备检验、检测机构及其检验、检测人员在检验、检测中发现特种设备存在严重事故隐患时,应当及时告知相关单位,并立即向负责特种设备安全监督管理的部门报告。

负责特种设备安全监督管理的部门应当组织对特种设备检验、检测机构的检验、检测结果和鉴定结论进行监督抽查,但应当防止重复抽查。监督抽查结果应当向社会公布。

第五十四条 【生产、经营、使用单位提供资料义务】特种设备生产、经营、使用单位应当按照安全技术规范的要求向特种设备检验、检测机构及其检验、检测人员提供特种设备相关资料和必要的检验、检测条件,并对资料的真实性负责。

第五十五条 【检验、检测机构与人员的保密义务】特种设备检验、检测机构及其检验、检测人员对检验、检测过程中知悉的商业秘密,负有保密义务。

特种设备检验、检测机构及其检验、检测人员不得从事有关特种设备的生产、经营活动,不得推荐或者监制、监销特种设备。

第五十六条 【投诉】特种设备检验机构及其检验人员利用检验工作故意刁难特种设备生产、经营、使用单位的,特种设备生产、经营、使用单位有权向负责特种设备安全监督管理的部门投诉,接到投诉的部门应当及时进行调查处理。

第四章 监 督 管 理

第五十七条 【负责监督检查的行政单位;重点安全监督检查】负责特种设备安全监督管理的部门依照本法规定,对特种设备生产、经营、使用单位和检验、检测机构实施监督检查。

负责特种设备安全监督管理的部门应当对学校、幼儿园以及医院、车站、客运码头、商场、体育场馆、展览馆、公园等公众聚集场所的特种设备,实施重点安全监督检查。

第五十八条 【许可审查】负责特种设备安全监督管理的部门实施本法规定的许可工作,应当依照本法和其他有关法律、行政法规规定的条件和程序以及安全技术规范的要求进行审查;不符合规定的,不得许可。

第五十九条 【程序公开与受理期限】负责特种设备安全监督管理的部门在办理本法规定的许可时,其受理、审查、许可的程序必须公开,并应当自受理申请之日起三十日内,作出许可或者不予许可的决定;不予许可的,应当书面向申请人说明理由。

第六十条　【监督管理档案和信息查询系统；督促报废】负责特种设备安全监督管理的部门对依法办理使用登记的特种设备应当建立完整的监督管理档案和信息查询系统；对达到报废条件的特种设备，应当及时督促特种设备使用单位依法履行报废义务。

第六十一条　【履行监督检查职责的职权】负责特种设备安全监督管理的部门在依法履行监督检查职责时，可以行使下列职权：

（一）进入现场进行检查，向特种设备生产、经营、使用单位和检验、检测机构的主要负责人和其他有关人员调查、了解有关情况；

（二）根据举报或者取得的涉嫌违法证据，查阅、复制特种设备生产、经营、使用单位和检验、检测机构的有关合同、发票、账簿以及其他有关资料；

（三）对有证据表明不符合安全技术规范要求或者存在严重事故隐患的特种设备实施查封、扣押；

（四）对流入市场的达到报废条件或者已经报废的特种设备实施查封、扣押；

（五）对违反本法规定的行为作出行政处罚决定。

第六十二条　【书面指令】负责特种设备安全监督管理的部门在依法履行职责过程中，发现违反本法规定和安全技术规范要求的行为或者特种设备存在事故隐患时，应当以书面形式发出特种设备安全监察指令，责令有关单位及时采取措施予以改正或者消除事故隐患。紧急情况下要求有关单位采取紧急处置措施的，应当随后补发特种设备安全监察指令。

第六十三条　【对重大违法行为和严重事故隐患的处理】负责特种设备安全监督管理的部门在依法履行职责过程中，发现重大违法行为或者特种设备存在严重事故隐患时，应当责令有关单位立即停止违法行为、采取措施消除事故隐患，并及时向上级负责特种设备安全监督管理的部门报告。接到报告的负责特种设备安全监督管理的部门应当采取必要措施，及时予以处理。

对违法行为、严重事故隐患的处理需要当地人民政府和有关部门的支持、配合时，负责特种设备安全监督管理的部门应当报告当地人民政府，并通知其他有关部门。当地人民政府和其他有关部门应当采取必要措施，及时予以处理。

第六十四条　【不得要求重复许可、重复检验】地方各级人民政府负责特种设备安全监督管理的部门不得要求已经依照本法规定在其他地方取得许可的特种设备生产单位重复取得许可，不得要求对已经依照本法规定在其他地方检验合格的特种设备重复进行检验。

第六十五条　【对安全监察人员的要求】负责特种设备安全监督管理的部门的安全监察人员应当熟悉相关法律、法规，具有相应的专业知识和工作经验，取得特种设备安全行政执法证件。

特种设备安全监察人员应当忠于职守、坚持原则、秉公执法。

负责特种设备安全监督管理的部门实施安全监督检查时，应当有二名以上特种设备安全监察人员参加，并出示有效的特种设备安全行政执法证件。

第六十六条 【记录】负责特种设备安全监督管理的部门对特种设备生产、经营、使用单位和检验、检测机构实施监督检查，应当对每次监督检查的内容、发现的问题及处理情况作出记录，并由参加监督检查的特种设备安全监察人员和被检查单位的有关负责人签字后归档。被检查单位的有关负责人拒绝签字的，特种设备安全监察人员应当将情况记录在案。

第六十七条 【禁止推荐、监制、监销；保密义务】负责特种设备安全监督管理的部门及其工作人员不得推荐或者监制、监销特种设备；对履行职责过程中知悉的商业秘密负有保密义务。

第六十八条 【定期公布总体状况】国务院负责特种设备安全监督管理的部门和省、自治区、直辖市人民政府负责特种设备安全监督管理的部门应当定期向社会公布特种设备安全总体状况。

第五章 事故应急救援与调查处理

第六十九条 【应急预案】国务院负责特种设备安全监督管理的部门应当依法组织制定特种设备重特大事故应急预案，报国务院批准后纳入国家突发事件应急预案体系。

县级以上地方各级人民政府及其负责特种设备安全监督管理的部门应当依法组织制定本行政区域内特种设备事故应急预案，建立或者纳入相应的应急处置与救援体系。

特种设备使用单位应当制定特种设备事故应急专项预案，并定期进行应急演练。

第七十条 【特种设备发生事故后的处理】特种设备发生事故后，事故发生单位应当按照应急预案采取措施，组织抢救，防止事故扩大，减少人员伤亡和财产损失，保护事故现场和有关证据，并及时向事故发生地县级以上人民政府负责特种设备安全监督管理的部门和有关部门报告。

县级以上人民政府负责特种设备安全监督管理的部门接到事故报告，应当尽快核实情况，立即向本级人民政府报告，并按照规定逐级上报。必要时，负责特种设备安全监督管理的部门可以越级上报事故情况。对特别重大事故、重大事故，国务院负责特种设备安全监督管理的部门应当立即报告国务院并通报国务院安全生产监督管理部门等有关部门。

与事故相关的单位和人员不得迟报、谎报或者瞒报事故情况，不得隐匿、毁灭有关证据或者故意破坏事故现场。

第七十一条 【事故发生后人民政府的职责】事故发生地人民政府接到事故报告，应当依法启动应急预案，采取应急处置措施，组织应急救援。

第七十二条 【事故调查】特种设备发生特别重大事故，由国务院或者国务院授权有关部门组织事故调查组进行调查。

发生重大事故，由国务院负责特种设备安全监督管理的部门会同有关部门组织事故调查组进行调查。

发生较大事故，由省、自治区、直辖市人民政府负责特种设备安全监督管理的部门会同有关部门组织事故调查组进行调查。

发生一般事故，由设区的市级人民政府负责特种设备安全监督管理的部门会同有关部门组织事故调查组进行调查。

事故调查组应当依法、独立、公正开展调查，提出事故调查报告。

第七十三条　【事故报告与责任承担】组织事故调查的部门应当将事故调查报告报本级人民政府，并报上一级人民政府负责特种设备安全监督管理的部门备案。有关部门和单位应当依照法律、行政法规的规定，追究事故责任单位和人员的责任。

事故责任单位应当依法落实整改措施，预防同类事故发生。事故造成损害的，事故责任单位应当依法承担赔偿责任。

第六章　法 律 责 任

第七十四条　【未经许可从事特种设备生产活动的处罚】违反本法规定，未经许可从事特种设备生产活动的，责令停止生产，没收违法制造的特种设备，处十万元以上五十万元以下罚款；有违法所得的，没收违法所得；已经实施安装、改造、修理的，责令恢复原状或者责令限期由取得许可的单位重新安装、改造、修理。

第七十五条　【特种设备设计文件未经鉴定擅自用于制造的处罚】违反本法规定，特种设备的设计文件未经鉴定，擅自用于制造的，责令改正，没收违法制造的特种设备，处五万元以上五十万元以下罚款。

第七十六条　【未进行型式试验的处罚】违反本法规定，未进行型式试验的，责令限期改正；逾期未改正的，处三万元以上三十万元以下罚款。

第七十七条　【未按要求随附技术资料和文件的处罚】违反本法规定，特种设备出厂时，未按照安全技术规范的要求随附相关技术资料和文件的，责令限期改正；逾期未改正的，责令停止制造、销售，处二万元以上二十万元以下罚款；有违法所得的，没收违法所得。

第七十八条　【施工单位违规施工或逾期移交资料文件的处罚】违反本法规定，特种设备安装、改造、修理的施工单位在施工前未书面告知负责特种设备安全监督管理的部门即行施工的，或者在验收后三十日内未将相关技术资料和文件移交特种设备使用单位的，责令限期改正；逾期未改正的，处一万元以上十万元以下罚款。

第七十九条　【未经监督检验的处罚】违反本法规定，特种设备的制造、安装、改造、重大修理以及锅炉清洗过程，未经监督检验的，责令限期改正；逾期未改正的，处五万元以上二十万元以下罚款；有违法所得的，没收违法所得；情节严重的，吊销生产许可证。

第八十条　【电梯制造单位的法律责任】违反本法规定，电梯制造单位有下列情形之一的，责令限期改正；逾期未改正的，处一万元以上十万元以下罚款：

（一）未按照安全技术规范的要求对电梯进行校验、调试的；

（二）对电梯的安全运行情况进行跟踪调查和了解时，发现存在严重事故隐患，未及时告知电梯使用单位并向负责特种设备安全监督管理的部门报告的。

第八十一条 【特种设备生产单位的法律责任】违反本法规定，特种设备生产单位有下列行为之一的，责令限期改正；逾期未改正的，责令停止生产，处五万元以上五十万元以下罚款；情节严重的，吊销生产许可证：

（一）不再具备生产条件、生产许可证已经过期或者超出许可范围生产的；

（二）明知特种设备存在同一性缺陷，未立即停止生产并召回的。

违反本法规定，特种设备生产单位生产、销售、交付国家明令淘汰的特种设备的，责令停止生产、销售，没收违法生产、销售、交付的特种设备，处三万元以上三十万元以下罚款；有违法所得的，没收违法所得。

特种设备生产单位涂改、倒卖、出租、出借生产许可证的，责令停止生产，处五万元以上五十万元以下罚款；情节严重的，吊销生产许可证。

第八十二条 【特种设备经营单位的法律责任】违反本法规定，特种设备经营单位有下列行为之一的，责令停止经营，没收违法经营的特种设备，处三万元以上三十万元以下罚款；有违法所得的，没收违法所得：

（一）销售、出租未取得许可生产，未经检验或者检验不合格的特种设备的；

（二）销售、出租国家明令淘汰、已经报废的特种设备，或者未按照安全技术规范的要求进行维护保养的特种设备的。

违反本法规定，特种设备销售单位未建立检查验收和销售记录制度，或者进口特种设备未履行提前告知义务的，责令改正，处一万元以上十万元以下罚款。

特种设备生产单位销售、交付未经检验或者检验不合格的特种设备的，依照本条第一款规定处罚；情节严重的，吊销生产许可证。

第八十三条 【特种设备使用单位的法律责任（一）】违反本法规定，特种设备使用单位有下列行为之一的，责令限期改正；逾期未改正的，责令停止使用有关特种设备，处一万元以上十万元以下罚款：

（一）使用特种设备未按照规定办理使用登记的；

（二）未建立特种设备安全技术档案或者安全技术档案不符合规定要求，或者未依法设置使用登记标志、定期检验标志的；

（三）未对其使用的特种设备进行经常性维护保养和定期自行检查，或者未对其使用的特种设备的安全附件、安全保护装置进行定期校验、检修，并作出记录的；

（四）未按照安全技术规范的要求及时申报并接受检验的；

（五）未按照安全技术规范的要求进行锅炉水（介）质处理的；

（六）未制定特种设备事故应急专项预案的。

第八十四条 【特种设备使用单位的法律责任（二）】违反本法规定，特种设备使用单位有下列行为之一的，责令停止使用有关特种设备，处三万元以上三十万元以下罚款：

（一）使用未取得许可生产，未经检验或者检验不合格的特种设备，或者国家明令淘汰、已经报废的特种设备的；

（二）特种设备出现故障或者发生异常情况，未对其进行全面检查、消除事故隐患，继续使用的；

（三）特种设备存在严重事故隐患，无改造、修理价值，或者达到安全技术规范规定的其他报废条件，未依法履行报废义务，并办理使用登记证书注销手续的。

第八十五条 【充装单位的法律责任】违反本法规定，移动式压力容器、气瓶充装单位有下列行为之一的，责令改正，处二万元以上二十万元以下罚款；情节严重的，吊销充装许可证：

（一）未按照规定实施充装前后的检查、记录制度的；

（二）对不符合安全技术规范要求的移动式压力容器和气瓶进行充装的。

违反本法规定，未经许可，擅自从事移动式压力容器或者气瓶充装活动的，予以取缔，没收违法充装的气瓶，处十万元以上五十万元以下罚款；有违法所得的，没收违法所得。

第八十六条 【特种设备生产、经营、使用的法律责任】违反本法规定，特种设备生产、经营、使用单位有下列情形之一的，责令限期改正；逾期未改正的，责令停止使用有关特种设备或者停产停业整顿，处一万元以上五万元以下罚款：

（一）未配备具有相应资格的特种设备安全管理人员、检测人员和作业人员的；

（二）使用未取得相应资格的人员从事特种设备安全管理、检测和作业的；

（三）未对特种设备安全管理人员、检测人员和作业人员进行安全教育和技能培训的。

第八十七条 【电梯、客运索道、大型游乐设施运营使用单位的法律责任】违反本法规定，电梯、客运索道、大型游乐设施的运营使用单位有下列情形之一的，责令限期改正；逾期未改正的，责令停止使用有关特种设备或者停产停业整顿，处二万元以上十万元以下罚款：

（一）未设置特种设备安全管理机构或者配备专职的特种设备安全管理人员的；

（二）客运索道、大型游乐设施每日投入使用前，未进行试运行和例行安全检查，未对安全附件和安全保护装置进行检查确认的；

（三）未将电梯、客运索道、大型游乐设施的安全使用说明、安全注意事项和警示标志置于易于为乘客注意的显著位置的。

第八十八条 【未经许可擅自从事电梯维护保养的处罚】违反本法规定，未经许可，擅自从事电梯维护保养的，责令停止违法行为，处一万元以上十万元以下罚款；有违法所得的，没收违法所得。

电梯的维护保养单位未按照本法规定以及安全技术规范的要求，进行电梯维护保养的，依照前款规定处罚。

第八十九条 【发生特种设备事故时的责任承担】发生特种设备事故，有下列情形之一的，对单位处五万元以上二十万元以下罚款；对主要负责人处一万元以上五万元以下罚款；主要负责人属于国家工作人员的，并依法给予处分：

（一）发生特种设备事故时，不立即组织抢救或者在事故调查处理期间擅离职守或者逃匿的；

（二）对特种设备事故迟报、谎报或者瞒报的。

第九十条 【发生特种设备事故时的罚款】发生事故，对负有责任的单位除要求其依法承担相应的赔偿等责任外，依照下列规定处以罚款：

（一）发生一般事故，处十万元以上二十万元以下罚款；

（二）发生较大事故，处二十万元以上五十万元以下罚款；

（三）发生重大事故，处五十万元以上二百万元以下罚款。

第九十一条 【事故主要负责人未履行职责或负有领导责任的处罚】对事故发生负有责任的单位的主要负责人未依法履行职责或者负有领导责任的，依照下列规定处以罚款；属于国家工作人员的，并依法给予处分：

（一）发生一般事故，处上一年年收入百分之三十的罚款；

（二）发生较大事故，处上一年年收入百分之四十的罚款；

（三）发生重大事故，处上一年年收入百分之六十的罚款。

第九十二条 【吊销资格的情形】违反本法规定，特种设备安全管理人员、检测人员和作业人员不履行岗位职责，违反操作规程和有关安全规章制度，造成事故的，吊销相关人员的资格。

第九十三条 【检验、检测机构及其人员的法律责任】违反本法规定，特种设备检验、检测机构及其检验、检测人员有下列行为之一的，责令改正，对机构处五万元以上二十万元以下罚款，对直接负责的主管人员和其他直接责任人员处五千元以上五万元以下罚款；情节严重的，吊销机构资质和有关人员的资格：

（一）未经核准或者超出核准范围、使用未取得相应资格的人员从事检验、检测的；

（二）未按照安全技术规范的要求进行检验、检测的；

（三）出具虚假的检验、检测结果和鉴定结论或者检验、检测结果和鉴定结论严重失实的；

（四）发现特种设备存在严重事故隐患，未及时告知相关单位，并立即向负责特种设备安全监督管理的部门报告的；

（五）泄露检验、检测过程中知悉的商业秘密的；

（六）从事有关特种设备的生产、经营活动的；

（七）推荐或者监制、监销特种设备的；

（八）利用检验工作故意刁难相关单位的。

违反本法规定，特种设备检验、检测机构的检验、检测人员同时在两个以上检验、检测机构中执业的，处五千元以上五万元以下罚款；情节严重的，吊销其资格。

第九十四条 【监督管理部门的法律责任】违反本法规定，负责特种设备安全监督管理的部门及其工作人员有下列行为之一的，由上级机关责令改正；对直接负责的主管人员和其他直接责任人员，依法给予处分：

（一）未依照法律、行政法规规定的条件、程序实施许可的；

（二）发现未经许可擅自从事特种设备的生产、使用或者检验、检测活动不予取缔或者不依法予以处理的；

（三）发现特种设备生产单位不再具备本法规定的条件而不吊销其许可证，或者发现特种设备生产、经营、使用违法行为不予查处的；

（四）发现特种设备检验、检测机构不再具备本法规定的条件而不撤销其核准，或者对其出具虚假的检验、检测结果和鉴定结论或者检验、检测结果和鉴定结论严重失实的行为不予查处的；

（五）发现违反本法规定和安全技术规范要求的行为或者特种设备存在事故隐患，不立即处理的；

（六）发现重大违法行为或者特种设备存在严重事故隐患，未及时向上级负责特种设备安全监督管理的部门报告，或者接到报告的负责特种设备安全监督管理的部门不立即处理的；

（七）要求已经依照本法规定在其他地方取得许可的特种设备生产单位重复取得许可，或者要求对已经依照本法规定在其他地方检验合格的特种设备重复进行检验的；

（八）推荐或者监制、监销特种设备的；

（九）泄露履行职责过程中知悉的商业秘密的；

（十）接到特种设备事故报告未立即向本级人民政府报告，并按照规定上报的；

（十一）迟报、漏报、谎报或者瞒报事故的；

（十二）妨碍事故救援或者事故调查处理的；

（十三）其他滥用职权、玩忽职守、徇私舞弊的行为。

第九十五条 【拒不接受监督检查，擅自动用、调换、转移、损毁被查封、扣押设备的法律责任】违反本法规定，特种设备生产、经营、使用单位或者检验、检测机构拒不接受负责特种设备安全监督管理的部门依法实施的监督检查的，责令限期改正；逾期未改正的，责令停产停业整顿，处二万元以上二十万元以下罚款。

特种设备生产、经营、使用单位擅自动用、调换、转移、损毁被查封、扣押的特种设备或者其主要部件的，责令改正，处五万元以上二十万元以下罚款；情节严重的，吊销生产许可证，注销特种设备使用登记证书。

第九十六条 【吊销许可证后的限制】违反本法规定，被依法吊销许可证的，自吊销许可证之日起三年内,负责特种设备安全监督管理的部门不予受理其新的许可申请。

第九十七条　【民事责任】违反本法规定,造成人身、财产损害的,依法承担民事责任。

违反本法规定,应当承担民事赔偿责任和缴纳罚款、罚金,其财产不足以同时支付时,先承担民事赔偿责任。

第九十八条　【治安管理处罚与刑事责任】违反本法规定,构成违反治安管理行为的,依法给予治安管理处罚;构成犯罪的,依法追究刑事责任。

第七章　附　　则

第九十九条　【适用相应法律法规】特种设备行政许可、检验的收费,依照法律、行政法规的规定执行。

第一百条　【适用例外】军事装备、核设施、航空航天器使用的特种设备安全的监督管理不适用本法。

铁路机车、海上设施和船舶、矿山井下使用的特种设备以及民用机场专用设备安全的监督管理,房屋建筑工地、市政工程工地用起重机械和场(厂)内专用机动车辆的安装、使用的监督管理,由有关部门依照本法和其他有关法律的规定实施。

第一百零一条　【生效日期】本法自 2014 年 1 月 1 日起施行。

中华人民共和国煤炭法(节录)

1. 1996 年 8 月 29 日第八届全国人民代表大会常务委员会第二十一次会议通过
2. 根据 2009 年 8 月 27 日第十一届全国人民代表大会常务委员会第十次会议《关于修改部分法律的决定》第一次修正
3. 根据 2011 年 4 月 22 日第十一届全国人民代表大会常务委员会第二十次会议《关于修改〈中华人民共和国煤炭法〉的决定》第二次修正
4. 根据 2013 年 6 月 29 日第十二届全国人民代表大会常务委员会第三次会议《关于修改〈中华人民共和国文物保护法〉等十二部法律的决定》第三次修正
5. 根据 2016 年 11 月 7 日第十二届全国人民代表大会常务委员会第二十四次会议《关于修改〈中华人民共和国对外贸易法〉等十二部法律的决定》第四次修正

第七条　【安全生产】煤矿企业必须坚持安全第一、预防为主的安全生产方针,建立健全安全生产的责任制度和群防群治制度。

第八条 【劳保】各级人民政府及其有关部门和煤矿企业必须采取措施加强劳动保护,保障煤矿职工的安全和健康。

国家对煤矿井下作业的职工采取特殊保护措施。

第二十条 【许可证】煤矿投入生产前,煤矿企业应当依照有关安全生产的法律、行政法规的规定取得安全生产许可证。未取得安全生产许可证的,不得从事煤炭生产。

第三十一条 【安全管理】煤矿企业的安全生产管理,实行矿务局长、矿长负责制。

第三十二条 【安全责任制度】矿务局长、矿长及煤矿企业的其他主要负责人必须遵守有关矿山安全的法律、法规和煤炭行业安全规章、规程,加强对煤矿安全生产工作的管理,执行安全生产责任制度,采取有效措施,防止伤亡和其他安全生产事故的发生。

第三十三条 【安全教育】煤矿企业应当对职工进行安全生产教育、培训;未经安全生产教育、培训的,不得上岗作业。

煤矿企业职工必须遵守有关安全生产的法律、法规、煤炭行业规章、规程和企业规章制度。

第三十四条 【紧急撤离】在煤矿井下作业中,出现危及职工生命安全并无法排除的紧急情况时,作业现场负责人或者安全管理人员应当立即组织职工撤离危险现场,并及时报告有关方面负责人。

第三十五条 【工会监督】煤矿企业工会发现企业行政方面违章指挥、强令职工冒险作业或者生产过程中发现明显重大事故隐患,可能危及职工生命安全的情况,有权提出解决问题的建议,煤矿企业行政方面必须及时作出处理决定。企业行政方面拒不处理的,工会有权提出批评、检举和控告。

第三十六条 【劳保用品】煤矿企业必须为职工提供保障安全生产所需的劳动保护用品。

第三十七条 【保险】煤矿企业应当依法为职工参加工伤保险缴纳工伤保险费。鼓励企业为井下作业职工办理意外伤害保险,支付保险费。

第三十八条 【标准】煤矿企业使用的设备、器材、火工产品和安全仪器,必须符合国家标准或者行业标准。

第六十四条 【违章作业】煤矿企业的管理人员违章指挥、强令职工冒险作业,发生重大伤亡事故的,依照刑法有关规定追究刑事责任。

第六十五条 【不消除隐患】煤矿企业的管理人员对煤矿事故隐患不采取措施予以消除,发生重大伤亡事故的,依照刑法有关规定追究刑事责任。

第六十六条 【渎职】煤炭管理部门和有关部门的工作人员玩忽职守、徇私舞弊、滥用职权的,依法给予行政处分;构成犯罪的,由司法机关依法追究刑事责任。

中华人民共和国刑法(节录)

1．1979年7月1日第五届全国人民代表大会第二次会议通过

2．1997年3月14日第八届全国人民代表大会第五次会议修订

3．根据1998年12月29日第九届全国人民代表大会常务委员会第六次会议通过的《关于惩治骗购外汇、逃汇和非法买卖外汇犯罪的决定》、1999年12月25日第九届全国人民代表大会常务委员会第十三次会议通过的《中华人民共和国刑法修正案》、2001年8月31日第九届全国人民代表大会常务委员会第二十三次会议通过的《中华人民共和国刑法修正案(二)》、2001年12月29日第九届全国人民代表大会常务委员会第二十五次会议通过的《中华人民共和国刑法修正案(三)》、2002年12月28日第九届全国人民代表大会常务委员会第三十一次会议通过的《中华人民共和国刑法修正案(四)》、2005年2月28日第十届全国人民代表大会常务委员会第十四次会议通过的《中华人民共和国刑法修正案(五)》、2006年6月29日第十届全国人民代表大会常务委员会第二十二次会议通过的《中华人民共和国刑法修正案(六)》、2009年2月28日第十一届全国人民代表大会常务委员会第七次会议通过的《中华人民共和国刑法修正案(七)》、2009年8月27日第十一届全国人民代表大会常务委员会第十次会议通过的《关于修改部分法律的决定》、2011年2月25日第十一届全国人民代表大会常务委员会第十九次会议通过的《中华人民共和国刑法修正案(八)》、2015年8月29日第十二届全国人民代表大会常务委员会第十六次会议通过的《中华人民共和国刑法修正案(九)》、2017年11月4日第十二届全国人民代表大会常务委员会第三十次会议通过的《中华人民共和国刑法修正案(十)》、2020年12月26日第十三届全国人民代表大会常务委员会第二十四次会议通过的《中华人民共和国刑法修正案(十一)》修正

第一百三十一条　【重大飞行事故罪】航空人员违反规章制度，致使发生重大飞行事故，造成严重后果的，处三年以下有期徒刑或者拘役；造成飞机坠毁或者人员死亡的，处三年以上七年以下有期徒刑。

第一百三十二条　【铁路运营安全事故罪】铁路职工违反规章制度，致使发生铁路运营安全事故，造成严重后果的，处三年以下有期徒刑或者拘役；造成特别严重后果的，处三年以上七年以下有期徒刑。

第一百三十三条　【交通肇事罪】违反交通运输管理法规，因而发生重大事故，致人重伤、死亡或者使公私财产遭受重大损失的，处三年以下有期徒刑或者拘役；交通运输肇事后逃逸或者

有其他特别恶劣情节的，处三年以上七年以下有期徒刑；因逃逸致人死亡的，处七年以上有期徒刑。

第一百三十三条之一 【危险驾驶罪】在道路上驾驶机动车，有下列情形之一的，处拘役，并处罚金：

（一）追逐竞驶，情节恶劣的；

（二）醉酒驾驶机动车的；

（三）从事校车业务或者旅客运输，严重超过额定乘员载客，或者严重超过规定时速行驶的；

（四）违反危险化学品安全管理规定运输危险化学品，危及公共安全的。

机动车所有人、管理人对前款第三项、第四项行为负有直接责任的，依照前款的规定处罚。

有前两款行为，同时构成其他犯罪的，依照处罚较重的规定定罪处罚。

第一百三十三条之二 【妨害安全驾驶罪】对行驶中的公共交通工具的驾驶人员使用暴力或者抢控驾驶操纵装置，干扰公共交通工具正常行驶，危及公共安全的，处一年以下有期徒刑、拘役或者管制，并处或者单处罚金。

前款规定的驾驶人员在行驶的公共交通工具上擅离职守，与他人互殴或者殴打他人，危及公共安全的，依照前款的规定处罚。

有前两款行为，同时构成其他犯罪的，依照处罚较重的规定定罪处罚。

第一百三十四条 【重大责任事故罪】在生产、作业中违反有关安全管理的规定，因而发生重大伤亡事故或者造成其他严重后果的，处三年以下有期徒刑或者拘役；情节特别恶劣的，处三年以上七年以下有期徒刑。

【强令、组织他人违章冒险作业罪】强令他人违章冒险作业，或者明知存在重大事故隐患而不排除，仍冒险组织作业，因而发生重大伤亡事故或者造成其他严重后果的，处五年以下有期徒刑或者拘役；情节特别恶劣的，处五年以上有期徒刑。

第一百三十四条之一 【危险作业罪】在生产、作业中违反有关安全管理的规定，有下列情形之一，具有发生重大伤亡事故或者其他严重后果的现实危险的，处一年以下有期徒刑、拘役或者管制：

（一）关闭、破坏直接关系生产安全的监控、报警、防护、救生设备、设施，或者篡改、隐瞒、销毁其相关数据、信息的；

（二）因存在重大事故隐患被依法责令停产停业、停止施工、停止使用有关设备、设施、场所或者立即采取排除危险的整改措施，而拒不执行的；

（三）涉及安全生产的事项未经依法批准或者许可，擅自从事矿山开采、金属冶炼、建筑施工，以及危险物品生产、经营、储存等高度危险的生产作业活动的。

第一百三十五条 【重大劳动安全事故罪】安全生产设施或者安全生产条件不符合国家规定，因而发生重大伤亡事故或者造成其他严重后果的，对直接负责的主管人员和其他直接责任人员,处三年以下有期徒刑或者拘役;情节特别恶劣的,处三年以上七年以下有期徒刑。

第一百三十五条之一 【大型群众性活动重大安全事故罪】举办大型群众性活动违反安全管理规定,因而发生重大伤亡事故或者造成其他严重后果的,对直接负责的主管人员和其他直接责任人员,处三年以下有期徒刑或者拘役;情节特别恶劣的,处三年以上七年以下有期徒刑。

第一百三十六条 【危险物品肇事罪】违反爆炸性、易燃性、放射性、毒害性、腐蚀性物品的管理规定,在生产、储存、运输、使用中发生重大事故,造成严重后果的,处三年以下有期徒刑或者拘役;后果特别严重的,处三年以上七年以下有期徒刑。

第一百三十七条 【工程重大安全事故罪】建设单位、设计单位、施工单位、工程监理单位违反国家规定,降低工程质量标准,造成重大安全事故的,对直接责任人员,处五年以下有期徒刑或者拘役,并处罚金;后果特别严重的,处五年以上十年以下有期徒刑,并处罚金。

第一百三十八条 【教育设施重大安全事故罪】明知校舍或者教育教学设施有危险,而不采取措施或者不及时报告,致使发生重大伤亡事故的,对直接责任人员,处三年以下有期徒刑或者拘役;后果特别严重的,处三年以上七年以下有期徒刑。

第一百三十九条 【消防责任事故罪】违反消防管理法规,经消防监督机构通知采取改正措施而拒绝执行,造成严重后果的,对直接责任人员,处三年以下有期徒刑或者拘役;后果特别严重的,处三年以上七年以下有期徒刑。

第一百三十九条之一 【不报、谎报安全事故罪】在安全事故发生后,负有报告职责的人员不报或者谎报事故情况,贻误事故抢救,情节严重的,处三年以下有期徒刑或者拘役;情节特别严重的,处三年以上七年以下有期徒刑。

第二百七十七条 【妨害公务罪】以暴力、威胁方法阻碍国家机关工作人员依法执行职务的,处三年以下有期徒刑、拘役、管制或者罚金。

以暴力、威胁方法阻碍全国人民代表大会和地方各级人民代表大会代表依法执行代表职务的,依照前款的规定处罚。

在自然灾害和突发事件中,以暴力、威胁方法阻碍红十字会工作人员依法履行职责的,依照第一款的规定处罚。

故意阻碍国家安全机关、公安机关依法执行国家安全工作任务,未使用暴力、威胁方法,造成严重后果的,依照第一款的规定处罚。

暴力袭击正在依法执行职务的人民警察的,依照第一款的规定从重处罚。

第三百九十七条 【滥用职权罪;玩忽职守罪】国家机关工作人员滥用职权或者玩忽职守,致使公共财产、国家和人民利益遭受重大损失的,处三年以下有期徒刑或者拘役;情节特别严重的,处三年以上七年以下有期徒刑。本法另有规定的,依照规定。

国家机关工作人员徇私舞弊,犯前款罪的,处五年以下有期徒刑或者拘役;情节特别严重的,处五年以上十年以下有期徒刑。本法另有规定的,依照规定。

中华人民共和国道路交通安全法

1. 2003年10月28日第十届全国人民代表大会常务委员会第五次会议通过
2. 根据2007年12月29日第十届全国人民代表大会常务委员会第三十一次会议《关于修改〈中华人民共和国道路交通安全法〉的决定》第一次修正
3. 根据2011年4月22日第十一届全国人民代表大会常务委员会第二十次会议《关于修改〈中华人民共和国道路交通安全法〉的决定》第二次修正
4. 根据2021年4月29日第十三届全国人民代表大会常务委员会第二十八次会议《关于修改〈中华人民共和国道路交通安全法〉的决定》第三次修正

目　　录

第一章　总　　则

第一条　【立法目的】为了维护道路交通秩序，预防和减少交通事故，保护人身安全，保护公民、法人和其他组织的财产安全及其他合法权益，提高通行效率，制定本法。

第二条 【**适用范围**】中华人民共和国境内的车辆驾驶人、行人、乘车人以及与道路交通活动有关的单位和个人,都应当遵守本法。

第三条 【**工作原则**】道路交通安全工作,应当遵循依法管理、方便群众的原则,保障道路交通有序、安全、畅通。

第四条 【**政府职责**】各级人民政府应当保障道路交通安全管理工作与经济建设和社会发展相适应。

县级以上地方各级人民政府应当适应道路交通发展的需要,依据道路交通安全法律、法规和国家有关政策,制定道路交通安全管理规划,并组织实施。

第五条 【**主管部门**】国务院公安部门负责全国道路交通安全管理工作。县级以上地方各级人民政府公安机关交通管理部门负责本行政区域内的道路交通安全管理工作。

县级以上各级人民政府交通、建设管理部门依据各自职责,负责有关的道路交通工作。

第六条 【**宣传教育**】各级人民政府应当经常进行道路交通安全教育,提高公民的道路交通安全意识。

公安机关交通管理部门及其交通警察执行职务时,应当加强道路交通安全法律、法规的宣传,并模范遵守道路交通安全法律、法规。

机关、部队、企业事业单位、社会团体以及其他组织,应当对本单位的人员进行道路交通安全教育。

教育行政部门、学校应当将道路交通安全教育纳入法制教育的内容。

新闻、出版、广播、电视等有关单位,有进行道路交通安全教育的义务。

第七条 【**科学推广**】对道路交通安全管理工作,应当加强科学研究,推广、使用先进的管理方法、技术、设备。

第二章 车辆和驾驶人

第一节 机动车、非机动车

第八条 【**机动车登记制度**】国家对机动车实行登记制度。机动车经公安机关交通管理部门登记后,方可上道路行驶。尚未登记的机动车,需要临时上道路行驶的,应当取得临时通行牌证。

第九条 【**申请登记证明及受理**】申请机动车登记,应当提交以下证明、凭证:

(一)机动车所有人的身份证明;

(二)机动车来历证明;

(三)机动车整车出厂合格证明或者进口机动车进口凭证;

(四)车辆购置税的完税证明或者免税凭证;

（五）法律、行政法规规定应当在机动车登记时提交的其他证明、凭证。

公安机关交通管理部门应当自受理申请之日起五个工作日内完成机动车登记审查工作，对符合前款规定条件的，应当发放机动车登记证书、号牌和行驶证；对不符合前款规定条件的，应当向申请人说明不予登记的理由。

公安机关交通管理部门以外的任何单位或者个人不得发放机动车号牌或者要求机动车悬挂其他号牌，本法另有规定的除外。

机动车登记证书、号牌、行驶证的式样由国务院公安部门规定并监制。

第十条　【安全技术检验】准予登记的机动车应当符合机动车国家安全技术标准。申请机动车登记时，应当接受对该机动车的安全技术检验。但是，经国家机动车产品主管部门依据机动车国家安全技术标准认定的企业生产的机动车型，该车型的新车在出厂时经检验符合机动车国家安全技术标准，获得检验合格证的，免予安全技术检验。

第十一条　【车牌号的使用规定】驾驶机动车上道路行驶，应当悬挂机动车号牌，放置检验合格标志、保险标志，并随车携带机动车行驶证。

机动车号牌应当按照规定悬挂并保持清晰、完整，不得故意遮挡、污损。

任何单位和个人不得收缴、扣留机动车号牌。

第十二条　【变更登记】有下列情形之一的，应当办理相应的登记：

（一）机动车所有权发生转移的；

（二）机动车登记内容变更的；

（三）机动车用作抵押的；

（四）机动车报废的。

第十三条　【安检】对登记后上道路行驶的机动车，应当依照法律、行政法规的规定，根据车辆用途、载客载货数量、使用年限等不同情况，定期进行安全技术检验。对提供机动车行驶证和机动车第三者责任强制保险单的，机动车安全技术检验机构应当予以检验，任何单位不得附加其他条件。对符合机动车国家安全技术标准的，公安机关交通管理部门应当发给检验合格标志。

对机动车的安全技术检验实行社会化。具体办法由国务院规定。

机动车安全技术检验实行社会化的地方，任何单位不得要求机动车到指定的场所进行检验。

公安机关交通管理部门、机动车安全技术检验机构不得要求机动车到指定的场所进行维修、保养。

机动车安全技术检验机构对机动车检验收取费用，应当严格执行国务院价格主管部门核定的收费标准。

第十四条　【强制报废制度】国家实行机动车强制报废制度，根据机动车的安全技术状况和不同用途，规定不同的报废标准。

应当报废的机动车必须及时办理注销登记。

达到报废标准的机动车不得上道路行驶。报废的大型客、货车及其他营运车辆应当在公安机关交通管理部门的监督下解体。

第十五条 【特种车辆标志的使用】警车、消防车、救护车、工程救险车应当按照规定喷涂标志图案，安装警报器、标志灯具。其他机动车不得喷涂、安装、使用上述车辆专用的或者与其相类似的标志图案、警报器或者标志灯具。

警车、消防车、救护车、工程救险车应当严格按照规定的用途和条件使用。

公路监督检查的专用车辆，应当依照公路法的规定，设置统一的标志和示警灯。

第十六条 【禁止行为】任何单位或者个人不得有下列行为：

（一）拼装机动车或者擅自改变机动车已登记的结构、构造或者特征；

（二）改变机动车型号、发动机号、车架号或者车辆识别代号；

（三）伪造、变造或者使用伪造、变造的机动车登记证书、号牌、行驶证、检验合格标志、保险标志；

（四）使用其他机动车的登记证书、号牌、行驶证、检验合格标志、保险标志。

第十七条 【强制保险】国家实行机动车第三者责任强制保险制度，设立道路交通事故社会救助基金。具体办法由国务院规定。

第十八条 【非机动车的登记】依法应当登记的非机动车，经公安机关交通管理部门登记后，方可上道路行驶。

依法应当登记的非机动车的种类，由省、自治区、直辖市人民政府根据当地实际情况规定。

非机动车的外形尺寸、质量、制动器、车铃和夜间反光装置，应当符合非机动车安全技术标准。

第二节 机动车驾驶人

第十九条 【驾驶证】驾驶机动车，应当依法取得机动车驾驶证。

申请机动车驾驶证，应当符合国务院公安部门规定的驾驶许可条件；经考试合格后，由公安机关交通管理部门发给相应类别的机动车驾驶证。

持有境外机动车驾驶证的人，符合国务院公安部门规定的驾驶许可条件，经公安机关交通管理部门考核合格的，可以发给中国的机动车驾驶证。

驾驶人应当按照驾驶证载明的准驾车型驾驶机动车；驾驶机动车时，应当随身携带机动车驾驶证。

公安机关交通管理部门以外的任何单位或者个人，不得收缴、扣留机动车驾驶证。

第二十条 【驾驶培训】机动车的驾驶培训实行社会化，由交通运输主管部门对驾驶培训学校、驾驶培训班实行备案管理,并对驾驶培训活动加强监督,其中专门的拖拉机驾驶培训学校、驾驶培训班由农业(农业机械)主管部门实行监督管理。

驾驶培训学校、驾驶培训班应当严格按照国家有关规定,对学员进行道路交通安全法律、法规、驾驶技能的培训,确保培训质量。

任何国家机关以及驾驶培训和考试主管部门不得举办或者参与举办驾驶培训学校、驾驶培训班。

第二十一条 【上路前检查】驾驶人驾驶机动车上道路行驶前,应当对机动车的安全技术性能进行认真检查;不得驾驶安全设施不全或者机件不符合技术标准等具有安全隐患的机动车。

第二十二条 【安全、文明驾驶】机动车驾驶人应当遵守道路交通安全法律、法规的规定,按照操作规范安全驾驶、文明驾驶。

饮酒、服用国家管制的精神药品或者麻醉药品,或者患有妨碍安全驾驶机动车的疾病,或者过度疲劳影响安全驾驶的,不得驾驶机动车。

任何人不得强迫、指使、纵容驾驶人违反道路交通安全法律、法规和机动车安全驾驶要求驾驶机动车。

第二十三条 【驾驶证审验制度】公安机关交通管理部门依照法律、行政法规的规定,定期对机动车驾驶证实施审验。

第二十四条 【累积记分制】公安机关交通管理部门对机动车驾驶人违反道路交通安全法律、法规的行为,除依法给予行政处罚外,实行累积记分制度。公安机关交通管理部门对累积记分达到规定分值的机动车驾驶人,扣留机动车驾驶证,对其进行道路交通安全法律、法规教育,重新考试;考试合格的,发还其机动车驾驶证。

对遵守道路交通安全法律、法规,在一年内无累积记分的机动车驾驶人,可以延长机动车驾驶证的审验期。具体办法由国务院公安部门规定。

第三章 道路通行条件

第二十五条 【道路交通信号】全国实行统一的道路交通信号。

交通信号包括交通信号灯、交通标志、交通标线和交通警察的指挥。

交通信号灯、交通标志、交通标线的设置应当符合道路交通安全、畅通的要求和国家标准,并保持清晰、醒目、准确、完好。

根据通行需要,应当及时增设、调换、更新道路交通信号。增设、调换、更新限制性的道路交通信号,应当提前向社会公告,广泛进行宣传。

第二十六条 【交通信号灯】交通信号灯由红灯、绿灯、黄灯组成。红灯表示禁止通行,绿灯表示准许通行,黄灯表示警示。

第二十七条 【铁路警示标志】铁路与道路平面交叉的道口,应当设置警示灯、警示标志或者安全防护设施。无人看守的铁路道口，应当在距道口一定距离处设置警示标志。

第二十八条 【交通设施的保护】任何单位和个人不得擅自设置、移动、占用、损毁交通信号灯、交通标志、交通标线。

道路两侧及隔离带上种植的树木或者其他植物，设置的广告牌、管线等，应当与交通设施保持必要的距离，不得遮挡路灯、交通信号灯、交通标志，不得妨碍安全视距，不得影响通行。

第二十九条 【安全防范】道路、停车场和道路配套设施的规划、设计、建设，应当符合道路交通安全、畅通的要求，并根据交通需求及时调整。

公安机关交通管理部门发现已经投入使用的道路存在交通事故频发路段，或者停车场、道路配套设施存在交通安全严重隐患的，应当及时向当地人民政府报告，并提出防范交通事故、消除隐患的建议，当地人民政府应当及时作出处理决定。

第三十条 【警示与修复损毁道路】道路出现坍塌、坑漕、水毁、隆起等损毁或者交通信号灯、交通标志、交通标线等交通设施损毁、灭失的，道路、交通设施的养护部门或者管理部门应当设置警示标志并及时修复。

公安机关交通管理部门发现前款情形，危及交通安全，尚未设置警示标志的，应当及时采取安全措施，疏导交通，并通知道路、交通设施的养护部门或者管理部门。

第三十一条 【非法占道】未经许可，任何单位和个人不得占用道路从事非交通活动。

第三十二条 【施工要求】因工程建设需要占用、挖掘道路，或者跨越、穿越道路架设、增设管线设施，应当事先征得道路主管部门的同意；影响交通安全的，还应当征得公安机关交通管理部门的同意。

施工作业单位应当在经批准的路段和时间内施工作业，并在距离施工作业地点来车方向安全距离处设置明显的安全警示标志，采取防护措施；施工作业完毕，应当迅速清除道路上的障碍物，消除安全隐患，经道路主管部门和公安机关交通管理部门验收合格，符合通行要求后，方可恢复通行。

对未中断交通的施工作业道路，公安机关交通管理部门应当加强交通安全监督检查，维护道路交通秩序。

第三十三条 【停车泊位】新建、改建、扩建的公共建筑、商业街区、居住区、大（中）型建筑等，应当配建、增建停车场；停车泊位不足的，应当及时改建或者扩建；投入使用的停车场不得擅自停止使用或者改作他用。

在城市道路范围内，在不影响行人、车辆通行的情况下，政府有关部门可以施划停车泊位。

第三十四条 【人行横道及盲道】学校、幼儿园、医院、养老院门前的道路没有行人过街设施的，应当施划人行横道线，设置提示标志。

城市主要道路的人行道，应当按照规划设置盲道。盲道的设置应当符合国家标准。

第四章　道路通行规定

第一节　一 般 规 定

第三十五条　【右行】机动车、非机动车实行右侧通行。

第三十六条　【分道通行】根据道路条件和通行需要，道路划分为机动车道、非机动车道和人行道的，机动车、非机动车、行人实行分道通行。没有划分机动车道、非机动车道和人行道的，机动车在道路中间通行，非机动车和行人在道路两侧通行。

第三十七条　【专用车道的使用】道路划设专用车道的，在专用车道内，只准许规定的车辆通行，其他车辆不得进入专用车道内行驶。

第三十八条　【通行原则】车辆、行人应当按照交通信号通行；遇有交通警察现场指挥时，应当按照交通警察的指挥通行；在没有交通信号的道路上，应当在确保安全、畅通的原则下通行。

第三十九条　【交通限制的提前公告】公安机关交通管理部门根据道路和交通流量的具体情况，可以对机动车、非机动车、行人采取疏导、限制通行、禁止通行等措施。遇有大型群众性活动、大范围施工等情况，需要采取限制交通的措施，或者作出与公众的道路交通活动直接有关的决定，应当提前向社会公告。

第四十条　【交通管制的条件】遇有自然灾害、恶劣气象条件或者重大交通事故等严重影响交通安全的情形，采取其他措施难以保证交通安全时，公安机关交通管理部门可以实行交通管制。

第四十一条　【立法委任】有关道路通行的其他具体规定，由国务院规定。

第二节　机动车通行规定

第四十二条　【车速】机动车上道路行驶，不得超过限速标志标明的最高时速。在没有限速标志的路段，应当保持安全车速。

夜间行驶或者在容易发生危险的路段行驶，以及遇有沙尘、冰雹、雨、雪、雾、结冰等气象条件时，应当降低行驶速度。

第四十三条　【安全车距及禁止超车情形】同车道行驶的机动车，后车应当与前车保持足以采取紧急制动措施的安全距离。有下列情形之一的，不得超车：

（一）前车正在左转弯、掉头、超车的；

（二）与对面来车有会车可能的；

（三）前车为执行紧急任务的警车、消防车、救护车、工程救险车的；

（四）行经铁路道口、交叉路口、窄桥、弯道、陡坡、隧道、人行横道、市区交通流量大的路段等没有超车条件的。

第四十四条 【减速行驶】机动车通过交叉路口，应当按照交通信号灯、交通标志、交通标线或者交通警察的指挥通过；通过没有交通信号灯、交通标志、交通标线或者交通警察指挥的交叉路口时，应当减速慢行，并让行人和优先通行的车辆先行。

第四十五条 【超车限制】机动车遇有前方车辆停车排队等候或者缓慢行驶时，不得借道超车或者占用对面车道，不得穿插等候的车辆。

在车道减少的路段、路口，或者在没有交通信号灯、交通标志、交通标线或者交通警察指挥的交叉路口遇到停车排队等候或者缓慢行驶时，机动车应当依次交替通行。

第四十六条 【铁路道口行驶规定】机动车通过铁路道口时，应当按照交通信号或者管理人员的指挥通行；没有交通信号或者管理人员的，应当减速或者停车，在确认安全后通过。

第四十七条 【避让行人】机动车行经人行横道时，应当减速行驶；遇行人正在通过人行横道，应当停车让行。

机动车行经没有交通信号的道路时，遇行人横过道路，应当避让。

第四十八条 【载物规定】机动车载物应当符合核定的载质量，严禁超载；载物的长、宽、高不得违反装载要求，不得遗洒、飘散载运物。

机动车运载超限的不可解体的物品，影响交通安全的，应当按照公安机关交通管理部门指定的时间、路线、速度行驶，悬挂明显标志。在公路上运载超限的不可解体的物品，并应当依照公路法的规定执行。

机动车载运爆炸物品、易燃易爆化学物品以及剧毒、放射性等危险物品，应当经公安机关批准后，按指定的时间、路线、速度行驶，悬挂警示标志并采取必要的安全措施。

第四十九条 【核定载人量】机动车载人不得超过核定的人数，客运机动车不得违反规定载货。

第五十条 【货运车载客限制】禁止货运机动车载客。

货运机动车需要附载作业人员的，应当设置保护作业人员的安全措施。

第五十一条 【安全带及头盔】机动车行驶时，驾驶人、乘坐人员应当按规定使用安全带，摩托车驾驶人及乘坐人员应当按规定戴安全头盔。

第五十二条 【排除故障】机动车在道路上发生故障，需要停车排除故障时，驾驶人应当立即开启危险报警闪光灯，将机动车移至不妨碍交通的地方停放；难以移动的，应当持续开启危险报警闪光灯，并在来车方向设置警告标志等措施扩大示警距离，必要时迅速报警。

第五十三条 【优先通行权之一】警车、消防车、救护车、工程救险车执行紧急任务时，可以使用警报器、标志灯具；在确保安全的前提下，不受行驶路线、行驶方向、行驶速度和信号灯的限制，其他车辆和行人应当让行。

警车、消防车、救护车、工程救险车非执行紧急任务时，不得使用警报器、标志灯具，不享有前款规定的道路优先通行权。

第五十四条 【优先通行权之二】道路养护车辆、工程作业车进行作业时,在不影响过往车辆通行的前提下,其行驶路线和方向不受交通标志、标线限制,过往车辆和人员应当注意避让。

洒水车、清扫车等机动车应当按照安全作业标准作业;在不影响其他车辆通行的情况下,可以不受车辆分道行驶的限制,但是不得逆向行驶。

第五十五条 【拖拉机通行规定】高速公路、大中城市中心城区内的道路,禁止拖拉机通行。其他禁止拖拉机通行的道路,由省、自治区、直辖市人民政府根据当地实际情况规定。

在允许拖拉机通行的道路上,拖拉机可以从事货运,但是不得用于载人。

第五十六条 【机动车停放】机动车应当在规定地点停放。禁止在人行道上停放机动车;但是,依照本法第三十三条规定施划的停车泊位除外。

在道路上临时停车的,不得妨碍其他车辆和行人通行。

第三节 非机动车通行规定

第五十七条 【非机动车行驶规定】驾驶非机动车在道路上行驶应当遵守有关交通安全的规定。非机动车应当在非机动车道内行驶;在没有非机动车道的道路上,应当靠车行道的右侧行驶。

第五十八条 【残疾人机动轮椅车、电动自行车的最高时速限制】残疾人机动轮椅车、电动自行车在非机动车道内行驶时,最高时速不得超过十五公里。

第五十九条 【非机动车停放】非机动车应当在规定地点停放。未设停放地点的,非机动车停放不得妨碍其他车辆和行人通行。

第六十条 【驾驭畜力车规定】驾驭畜力车,应当使用驯服的牲畜;驾驭畜力车横过道路时,驾驭人应当下车牵引牲畜;驾驭人离开车辆时,应当拴系牲畜。

第四节 行人和乘车人通行规定

第六十一条 【行人行走规则】行人应当在人行道内行走,没有人行道的靠路边行走。

第六十二条 【通过路口或横过道路】行人通过路口或者横过道路,应当走人行横道或者过街设施;通过有交通信号灯的人行横道,应当按照交通信号灯指示通行;通过没有交通信号灯、人行横道的路口,或者在没有过街设施的路段横过道路,应当在确认安全后通过。

第六十三条 【妨碍道路交通安全行为】行人不得跨越、倚坐道路隔离设施,不得扒车、强行拦车或者实施妨碍道路交通安全的其他行为。

第六十四条 【限制行为能力人的保护】学龄前儿童以及不能辨认或者不能控制自己行为的精神疾病患者、智力障碍者在道路上通行,应当由其监护人、监护人委托的人或者对其负有管理、保护职责的人带领。

盲人在道路上通行,应当使用盲杖或者采取其他导盲手段,车辆应当避让盲人。

第六十五条 【通过铁路道口规定】行人通过铁路道口时，应当按照交通信号或者管理人员的指挥通行；没有交通信号和管理人员的，应当在确认无火车驶临后，迅速通过。

第六十六条 【禁带危险物品乘车】乘车人不得携带易燃易爆等危险物品，不得向车外抛洒物品，不得有影响驾驶人安全驾驶的行为。

第五节 高速公路的特别规定

第六十七条 【禁入高速公路的规定及高速限速】行人、非机动车、拖拉机、轮式专用机械车、铰接式客车、全挂拖斗车以及其他设计最高时速低于七十公里的机动车，不得进入高速公路。高速公路限速标志标明的最高时速不得超过一百二十公里。

第六十八条 【高速公路上的故障处理】机动车在高速公路上发生故障时，应当依照本法第五十二条的有关规定办理；但是，警告标志应当设置在故障车来车方向一百五十米以外，车上人员应当迅速转移到右侧路肩上或者应急车道内，并且迅速报警。

机动车在高速公路上发生故障或者交通事故，无法正常行驶的，应当由救援车、清障车拖曳、牵引。

第六十九条 【禁止拦截高速公路行驶车辆】任何单位、个人不得在高速公路上拦截检查行驶的车辆，公安机关的人民警察依法执行紧急公务除外。

第五章 交通事故处理

第七十条 【交通事故的现场处理】在道路上发生交通事故，车辆驾驶人应当立即停车，保护现场；造成人身伤亡的，车辆驾驶人应当立即抢救受伤人员，并迅速报告执勤的交通警察或者公安机关交通管理部门。因抢救受伤人员变动现场的，应当标明位置。乘车人、过往车辆驾驶人、过往行人应当予以协助。

在道路上发生交通事故，未造成人身伤亡，当事人对事实及成因无争议的，可以即行撤离现场，恢复交通，自行协商处理损害赔偿事宜；不即行撤离现场的，应当迅速报告执勤的交通警察或者公安机关交通管理部门。

在道路上发生交通事故，仅造成轻微财产损失，并且基本事实清楚的，当事人应当先撤离现场再进行协商处理。

第七十一条 【交通肇事逃逸】车辆发生交通事故后逃逸的，事故现场目击人员和其他知情人员应当向公安机关交通管理部门或者交通警察举报。举报属实的，公安机关交通管理部门应当给予奖励。

第七十二条 【事故处理措施】公安机关交通管理部门接到交通事故报警后，应当立即派交通警察赶赴现场，先组织抢救受伤人员，并采取措施，尽快恢复交通。

交通警察应当对交通事故现场进行勘验、检查，收集证据；因收集证据的需要，可以扣留事故车辆,但是应当妥善保管,以备核查。

对当事人的生理、精神状况等专业性较强的检验,公安机关交通管理部门应当委托专门机构进行鉴定。鉴定结论应当由鉴定人签名。

第七十三条 **【交通事故认定书】**公安机关交通管理部门应当根据交通事故现场勘验、检查、调查情况和有关的检验、鉴定结论,及时制作交通事故认定书,作为处理交通事故的证据。交通事故认定书应当载明交通事故的基本事实、成因和当事人的责任,并送达当事人。

第七十四条 **【事故赔偿争议】**对交通事故损害赔偿的争议,当事人可以请求公安机关交通管理部门调解,也可以直接向人民法院提起民事诉讼。

经公安机关交通管理部门调解,当事人未达成协议或者调解书生效后不履行的,当事人可以向人民法院提起民事诉讼。

第七十五条 **【抢救费用】**医疗机构对交通事故中的受伤人员应当及时抢救,不得因抢救费用未及时支付而拖延救治。肇事车辆参加机动车第三者责任强制保险的,由保险公司在责任限额范围内支付抢救费用;抢救费用超过责任限额的,未参加机动车第三者责任强制保险或者肇事后逃逸的,由道路交通事故社会救助基金先行垫付部分或者全部抢救费用,道路交通事故社会救助基金管理机构有权向交通事故责任人追偿。

第七十六条 **【交通事故的赔偿原则】**机动车发生交通事故造成人身伤亡、财产损失的,由保险公司在机动车第三者责任强制保险责任限额范围内予以赔偿;不足的部分,按照下列规定承担赔偿责任:

(一)机动车之间发生交通事故的,由有过错的一方承担赔偿责任;双方都有过错的,按照各自过错的比例分担责任。

(二)机动车与非机动车驾驶人、行人之间发生交通事故,非机动车驾驶人、行人没有过错的,由机动车一方承担赔偿责任;有证据证明非机动车驾驶人、行人有过错的,根据过错程度适当减轻机动车一方的赔偿责任;机动车一方没有过错的,承担不超过百分之十的赔偿责任。

交通事故的损失是由非机动车驾驶人、行人故意碰撞机动车造成的,机动车一方不承担赔偿责任。

第七十七条 **【道路外交通事故的处理】**车辆在道路以外通行时发生的事故,公安机关交通管理部门接到报案的,参照本法有关规定办理。

第六章 执法监督

第七十八条 **【交警培训与考核】**公安机关交通管理部门应当加强对交通警察的管理,提高交通警察的素质和管理道路交通的水平。

公安机关交通管理部门应当对交通警察进行法制和交通安全管理业务培训、考核。交通警察经考核不合格的,不得上岗执行职务。

第七十九条 【工作目标】公安机关交通管理部门及其交通警察实施道路交通安全管理，应当依据法定的职权和程序，简化办事手续，做到公正、严格、文明、高效。

第八十条 【警容警纪】交通警察执行职务时，应当按照规定着装，佩带人民警察标志，持有人民警察证件，保持警容严整，举止端庄，指挥规范。

第八十一条 【工本费】依照本法发放牌证等收取工本费，应当严格执行国务院价格主管部门核定的收费标准，并全部上缴国库。

第八十二条 【罚款决定与收缴分离】公安机关交通管理部门依法实施罚款的行政处罚，应当依照有关法律、行政法规的规定，实施罚款决定与罚款收缴分离；收缴的罚款以及依法没收的违法所得，应当全部上缴国库。

第八十三条 【回避】交通警察调查处理道路交通安全违法行为和交通事故，有下列情形之一的，应当回避：

（一）是本案的当事人或者当事人的近亲属；

（二）本人或者其近亲属与本案有利害关系；

（三）与本案当事人有其他关系，可能影响案件的公正处理。

第八十四条 【执法监督】公安机关交通管理部门及其交通警察的行政执法活动，应当接受行政监察机关依法实施的监督。

公安机关督察部门应当对公安机关交通管理部门及其交通警察执行法律、法规和遵守纪律的情况依法进行监督。

上级公安机关交通管理部门应当对下级公安机关交通管理部门的执法活动进行监督。

第八十五条 【社会监督】公安机关交通管理部门及其交通警察执行职务，应当自觉接受社会和公民的监督。

任何单位和个人都有权对公安机关交通管理部门及其交通警察不严格执法以及违法违纪行为进行检举、控告。收到检举、控告的机关，应当依据职责及时查处。

第八十六条 【不得下达罚款指标】任何单位不得给公安机关交通管理部门下达或者变相下达罚款指标；公安机关交通管理部门不得以罚款数额作为考核交通警察的标准。

公安机关交通管理部门及其交通警察对超越法律、法规规定的指令，有权拒绝执行，并同时向上级机关报告。

第七章 法律责任

第八十七条 【现场处罚】公安机关交通管理部门及其交通警察对道路交通安全违法行为，应当及时纠正。

公安机关交通管理部门及其交通警察应当依据事实和本法的有关规定对道路交通安全违法行为予以处罚。对于情节轻微，未影响道路通行的，指出违法行为，给予口头警告后放行。

第八十八条 【处罚种类】对道路交通安全违法行为的处罚种类包括:警告、罚款、暂扣或者吊销机动车驾驶证、拘留。

第八十九条 【行人、乘车人、非机动车驾驶人违规】行人、乘车人、非机动车驾驶人违反道路交通安全法律、法规关于道路通行规定的,处警告或者五元以上五十元以下罚款;非机动车驾驶人拒绝接受罚款处罚的,可以扣留其非机动车。

第九十条 【机动车驾驶人违规】机动车驾驶人违反道路交通安全法律、法规关于道路通行规定的,处警告或者二十元以上二百元以下罚款。本法另有规定的,依照规定处罚。

第九十一条 【酒后驾车】饮酒后驾驶机动车的,处暂扣六个月机动车驾驶证,并处一千元以上二千元以下罚款。因饮酒后驾驶机动车被处罚,再次饮酒后驾驶机动车的,处十日以下拘留,并处一千元以上二千元以下罚款,吊销机动车驾驶证。

醉酒驾驶机动车的,由公安机关交通管理部门约束至酒醒,吊销机动车驾驶证,依法追究刑事责任;五年内不得重新取得机动车驾驶证。

饮酒后驾驶营运机动车的,处十五日拘留,并处五千元罚款,吊销机动车驾驶证,五年内不得重新取得机动车驾驶证。

醉酒驾驶营运机动车的,由公安机关交通管理部门约束至酒醒,吊销机动车驾驶证,依法追究刑事责任;十年内不得重新取得机动车驾驶证,重新取得机动车驾驶证后,不得驾驶营运机动车。

饮酒后或者醉酒驾驶机动车发生重大交通事故,构成犯罪的,依法追究刑事责任,并由公安机关交通管理部门吊销机动车驾驶证,终生不得重新取得机动车驾驶证。

第九十二条 【超载】公路客运车辆载客超过额定乘员的,处二百元以上五百元以下罚款;超过额定乘员百分之二十或者违反规定载货的,处五百元以上二千元以下罚款。

货运机动车超过核定载质量的,处二百元以上五百元以下罚款;超过核定载质量百分之三十或者违反规定载客的,处五百元以上二千元以下罚款。

有前两款行为的,由公安机关交通管理部门扣留机动车至违法状态消除。

运输单位的车辆有本条第一款、第二款规定的情形,经处罚不改的,对直接负责的主管人员处二千元以上五千元以下罚款。

第九十三条 【违规停车】对违反道路交通安全法律、法规关于机动车停放、临时停车规定的,可以指出违法行为,并予以口头警告,令其立即驶离。

机动车驾驶人不在现场或者虽在现场但拒绝立即驶离,妨碍其他车辆、行人通行的,处二十元以上二百元以下罚款,并可以将该机动车拖移至不妨碍交通的地点或者公安机关交通管理部门指定的地点停放。公安机关交通管理部门拖车不得向当事人收取费用,并应当及时告知当事人停放地点。

因采取不正确的方法拖车造成机动车损坏的,应当依法承担补偿责任。

第九十四条 【违反安检规定】机动车安全技术检验机构实施机动车安全技术检验超过国务院价格主管部门核定的收费标准收取费用的，退还多收取的费用，并由价格主管部门依照《中华人民共和国价格法》的有关规定给予处罚。

机动车安全技术检验机构不按照机动车国家安全技术标准进行检验，出具虚假检验结果的，由公安机关交通管理部门处所收检验费用五倍以上十倍以下罚款，并依法撤销其检验资格；构成犯罪的，依法追究刑事责任。

第九十五条 【无牌、无证驾驶】上道路行驶的机动车未悬挂机动车号牌，未放置检验合格标志、保险标志，或者未随车携带行驶证、驾驶证的，公安机关交通管理部门应当扣留机动车，通知当事人提供相应的牌证、标志或者补办相应手续，并可以依照本法第九十条的规定予以处罚。当事人提供相应的牌证、标志或者补办相应手续的，应当及时退还机动车。

故意遮挡、污损或者不按规定安装机动车号牌的，依照本法第九十条的规定予以处罚。

第九十六条 【使用虚假或他人证照】伪造、变造或者使用伪造、变造的机动车登记证书、号牌、行驶证、驾驶证的，由公安机关交通管理部门予以收缴，扣留该机动车，处十五日以下拘留，并处二千元以上五千元以下罚款；构成犯罪的，依法追究刑事责任。

伪造、变造或者使用伪造、变造的检验合格标志、保险标志的，由公安机关交通管理部门予以收缴，扣留该机动车，处十日以下拘留，并处一千元以上三千元以下罚款；构成犯罪的，依法追究刑事责任。

使用其他车辆的机动车登记证书、号牌、行驶证、检验合格标志、保险标志的，由公安机关交通管理部门予以收缴，扣留该机动车，处二千元以上五千元以下罚款。

当事人提供相应的合法证明或者补办相应手续的，应当及时退还机动车。

第九十七条 【非法安装警报器具】非法安装警报器、标志灯具的，由公安机关交通管理部门强制拆除，予以收缴，并处二百元以上二千元以下罚款。

第九十八条 【未上第三者责任强制险】机动车所有人、管理人未按照国家规定投保机动车第三者责任强制保险的，由公安机关交通管理部门扣留车辆至依照规定投保后，并处依照规定投保最低责任限额应缴纳的保险费的二倍罚款。

依照前款缴纳的罚款全部纳入道路交通事故社会救助基金。具体办法由国务院规定。

第九十九条 【其他行政处罚】有下列行为之一的，由公安机关交通管理部门处二百元以上二千元以下罚款：

（一）未取得机动车驾驶证、机动车驾驶证被吊销或者机动车驾驶证被暂扣期间驾驶机动车的；

（二）将机动车交由未取得机动车驾驶证或者机动车驾驶证被吊销、暂扣的人驾驶的；

（三）造成交通事故后逃逸，尚不构成犯罪的；

（四）机动车行驶超过规定时速百分之五十的；

（五）强迫机动车驾驶人违反道路交通安全法律、法规和机动车安全驾驶要求驾驶机动车，造成交通事故，尚不构成犯罪的；

（六）违反交通管制的规定强行通行，不听劝阻的；

（七）故意损毁、移动、涂改交通设施，造成危害后果，尚不构成犯罪的；

（八）非法拦截、扣留机动车辆，不听劝阻，造成交通严重阻塞或者较大财产损失的。

行为人有前款第二项、第四项情形之一的，可以并处吊销机动车驾驶证；有第一项、第三项、第五项至第八项情形之一的，可以并处十五日以下拘留。

第一百条　【驾驶、出售不合标准机动车】驾驶拼装的机动车或者已达到报废标准的机动车上道路行驶的，公安机关交通管理部门应当予以收缴，强制报废。

对驾驶前款所列机动车上道路行驶的驾驶人，处二百元以上二千元以下罚款，并吊销机动车驾驶证。

出售已达到报废标准的机动车的，没收违法所得，处销售金额等额的罚款，对该机动车依照本条第一款的规定处理。

第一百零一条　【重大交通事故责任】违反道路交通安全法律、法规的规定，发生重大交通事故，构成犯罪的，依法追究刑事责任，并由公安机关交通管理部门吊销机动车驾驶证。

造成交通事故后逃逸的，由公安机关交通管理部门吊销机动车驾驶证，且终生不得重新取得机动车驾驶证。

第一百零二条　【半年内二次以上发生特大交通事故】对六个月内发生二次以上特大交通事故负有主要责任或者全部责任的专业运输单位，由公安机关交通管理部门责令消除安全隐患，未消除安全隐患的机动车，禁止上道路行驶。

第一百零三条　【有关机动车生产、销售的违法行为】国家机动车产品主管部门未按照机动车国家安全技术标准严格审查，许可不合格机动车型投入生产的，对负有责任的主管人员和其他直接责任人员给予降级或者撤职的行政处分。

机动车生产企业经国家机动车产品主管部门许可生产的机动车型，不执行机动车国家安全技术标准或者不严格进行机动车成品质量检验，致使质量不合格的机动车出厂销售的，由质量技术监督部门依照《中华人民共和国产品质量法》的有关规定给予处罚。

擅自生产、销售未经国家机动车产品主管部门许可生产的机动车型的，没收非法生产、销售的机动车成品及配件，可以并处非法产品价值三倍以上五倍以下罚款；有营业执照的，由工商行政管理部门吊销营业执照，没有营业执照的，予以查封。

生产、销售拼装的机动车或者生产、销售擅自改装的机动车的，依照本条第三款的规定处罚。

有本条第二款、第三款、第四款所列违法行为，生产或者销售不符合机动车国家安全技术标准的机动车，构成犯罪的，依法追究刑事责任。

第一百零四条 【道路施工影响交通安全行为】未经批准，擅自挖掘道路、占用道路施工或者从事其他影响道路交通安全活动的，由道路主管部门责令停止违法行为，并恢复原状，可以依法给予罚款；致使通行的人员、车辆及其他财产遭受损失的，依法承担赔偿责任。

有前款行为，影响道路交通安全活动的，公安机关交通管理部门可以责令停止违法行为，迅速恢复交通。

第一百零五条 【未采取安全防护措施行为】道路施工作业或者道路出现损毁，未及时设置警示标志、未采取防护措施，或者应当设置交通信号灯、交通标志、交通标线而没有设置或者应当及时变更交通信号灯、交通标志、交通标线而没有及时变更，致使通行的人员、车辆及其他财产遭受损失的，负有相关职责的单位应当依法承担赔偿责任。

第一百零六条 【妨碍安全视距行为】在道路两侧及隔离带上种植树木、其他植物或者设置广告牌、管线等，遮挡路灯、交通信号灯、交通标志，妨碍安全视距的，由公安机关交通管理部门责令行为人排除妨碍；拒不执行的，处二百元以上二千元以下罚款，并强制排除妨碍，所需费用由行为人负担。

第一百零七条 【当场处罚决定书】对道路交通违法行为人予以警告、二百元以下罚款，交通警察可以当场作出行政处罚决定，并出具行政处罚决定书。

行政处罚决定书应当载明当事人的违法事实、行政处罚的依据、处罚内容、时间、地点以及处罚机关名称，并由执法人员签名或者盖章。

第一百零八条 【罚款的缴纳】当事人应当自收到罚款的行政处罚决定书之日起十五日内，到指定的银行缴纳罚款。

对行人、乘车人和非机动车驾驶人的罚款，当事人无异议的，可以当场予以收缴罚款。

罚款应当开具省、自治区、直辖市财政部门统一制发的罚款收据；不出具财政部门统一制发的罚款收据的，当事人有权拒绝缴纳罚款。

第一百零九条 【对不履行处罚决定可采取的措施】当事人逾期不履行行政处罚决定的，作出行政处罚决定的行政机关可以采取下列措施：

（一）到期不缴纳罚款的，每日按罚款数额的百分之三加处罚款；

（二）申请人民法院强制执行。

第一百一十条 【暂扣或吊销驾驶证】执行职务的交通警察认为应当对道路交通违法行为人给予暂扣或者吊销机动车驾驶证处罚的，可以先予扣留机动车驾驶证，并在二十四小时内将案件移交公安机关交通管理部门处理。

道路交通违法行为人应当在十五日内到公安机关交通管理部门接受处理。无正当理由逾期未接受处理的，吊销机动车驾驶证。

公安机关交通管理部门暂扣或者吊销机动车驾驶证的，应当出具行政处罚决定书。

第一百一十一条 【拘留裁决机关】对违反本法规定予以拘留的行政处罚，由县、市公安局、公安分局或者相当于县一级的公安机关裁决。

第一百一十二条 【对扣留车辆的处理】公安机关交通管理部门扣留机动车、非机动车,应当当场出具凭证,并告知当事人在规定期限内到公安机关交通管理部门接受处理。

公安机关交通管理部门对被扣留的车辆应当妥善保管,不得使用。

逾期不来接受处理,并且经公告三个月仍不来接受处理的,对扣留的车辆依法处理。

第一百一十三条 【暂扣与重新申领驾驶证期限的计算】暂扣机动车驾驶证的期限从处罚决定生效之日起计算;处罚决定生效前先予扣留机动车驾驶证的,扣留一日折抵暂扣期限一日。

吊销机动车驾驶证后重新申请领取机动车驾驶证的期限,按照机动车驾驶证管理规定办理。

第一百一十四条 【电子警察的处罚依据】公安机关交通管理部门根据交通技术监控记录资料,可以对违法的机动车所有人或者管理人依法予以处罚。对能够确定驾驶人的,可以依照本法的规定依法予以处罚。

第一百一十五条 【行政处分】交通警察有下列行为之一的,依法给予行政处分:

(一)为不符合法定条件的机动车发放机动车登记证书、号牌、行驶证、检验合格标志的;

(二)批准不符合法定条件的机动车安装、使用警车、消防车、救护车、工程救险车的警报器、标志灯具,喷涂标志图案的;

(三)为不符合驾驶许可条件、未经考试或者考试不合格人员发放机动车驾驶证的;

(四)不执行罚款决定与罚款收缴分离制度或者不按规定将依法收取的费用、收缴的罚款及没收的违法所得全部上缴国库的;

(五)举办或者参与举办驾驶学校或者驾驶培训班、机动车修理厂或者收费停车场等经营活动的;

(六)利用职务上的便利收受他人财物或者谋取其他利益的;

(七)违法扣留车辆、机动车行驶证、驾驶证、车辆号牌的;

(八)使用依法扣留的车辆的;

(九)当场收取罚款不开具罚款收据或者不如实填写罚款额的;

(十)徇私舞弊,不公正处理交通事故的;

(十一)故意刁难,拖延办理机动车牌证的;

(十二)非执行紧急任务时使用警报器、标志灯具的;

(十三)违反规定拦截、检查正常行驶的车辆的;

(十四)非执行紧急公务时拦截搭乘机动车的;

(十五)不履行法定职责的。

公安机关交通管理部门有前款所列行为之一的,对直接负责的主管人员和其他直接责任人员给予相应的行政处分。

第一百一十六条 【停职和辞退】依照本法第一百一十五条的规定，给予交通警察行政处分的，在作出行政处分决定前，可以停止其执行职务；必要时，可以予以禁闭。

依照本法第一百一十五条的规定，交通警察受到降级或者撤职行政处分的，可以予以辞退。

交通警察受到开除处分或者被辞退的，应当取消警衔；受到撤职以下行政处分的交通警察，应当降低警衔。

第一百一十七条 【渎职责任】交通警察利用职权非法占有公共财物，索取、收受贿赂，或者滥用职权、玩忽职守，构成犯罪的，依法追究刑事责任。

第一百一十八条 【执法不当的损失赔偿】公安机关交通管理部门及其交通警察有本法第一百一十五条所列行为之一，给当事人造成损失的，应当依法承担赔偿责任。

第八章 附 则

第一百一十九条 【用语含义】本法中下列用语的含义：

（一）“道路”，是指公路、城市道路和虽在单位管辖范围但允许社会机动车通行的地方，包括广场、公共停车场等用于公众通行的场所。

（二）“车辆”，是指机动车和非机动车。

（三）“机动车”，是指以动力装置驱动或者牵引，上道路行驶的供人员乘用或者用于运送物品以及进行工程专项作业的轮式车辆。

（四）“非机动车”，是指以人力或者畜力驱动，上道路行驶的交通工具，以及虽有动力装置驱动但设计最高时速、空车质量、外形尺寸符合有关国家标准的残疾人机动轮椅车、电动自行车等交通工具。

（五）“交通事故”，是指车辆在道路上因过错或者意外造成的人身伤亡或者财产损失的事件。

第一百二十条 【部队在编机动车管理】中国人民解放军和中国人民武装警察部队在编机动车牌证、在编机动车检验以及机动车驾驶人考核工作，由中国人民解放军、中国人民武装警察部队有关部门负责。

第一百二十一条 【拖拉机管理】对上道路行驶的拖拉机，由农业（农业机械）主管部门行使本法第八条、第九条、第十三条、第十九条、第二十三条规定的公安机关交通管理部门的管理职权。

农业（农业机械）主管部门依照前款规定行使职权，应当遵守本法有关规定，并接受公安机关交通管理部门的监督；对违反规定的，依照本法有关规定追究法律责任。

本法施行前由农业（农业机械）主管部门发放的机动车牌证，在本法施行后继续有效。

第一百二十二条 【入境的境外机动车管理】国家对入境的境外机动车的道路交通安全实施统一管理。

第一百二十三条 【**地方执行标准**】省、自治区、直辖市人民代表大会常务委员会可以根据本地区的实际情况，在本法规定的罚款幅度内，规定具体的执行标准。

第一百二十四条 【**实施日期**】本法自 2004 年 5 月 1 日起施行。

生产安全事故报告和调查处理条例

1．2007 年 4 月 9 日国务院令第 493 号公布

2．自 2007 年 6 月 1 日起施行

第一章 总 则

第一条 为了规范生产安全事故的报告和调查处理，落实生产安全事故责任追究制度，防止和减少生产安全事故，根据《中华人民共和国安全生产法》和有关法律，制定本条例。

第二条 生产经营活动中发生的造成人身伤亡或者直接经济损失的生产安全事故的报告和调查处理，适用本条例；环境污染事故、核设施事故、国防科研生产事故的报告和调查处理不适用本条例。

第三条 根据生产安全事故（以下简称事故）造成的人员伤亡或者直接经济损失，事故一般分为以下等级：

（一）特别重大事故，是指造成 30 人以上死亡，或者 100 人以上重伤（包括急性工业中毒，下同），或者 1 亿元以上直接经济损失的事故；

（二）重大事故，是指造成 10 人以上 30 人以下死亡，或者 50 人以上 100 人以下重伤，或者 5000 万元以上 1 亿元以下直接经济损失的事故；

（三）较大事故，是指造成 3 人以上 10 人以下死亡，或者 10 人以上 50 人以下重伤，或者 1000 万元以上 5000 万元以下直接经济损失的事故；

（四）一般事故，是指造成 3 人以下死亡，或者 10 人以下重伤，或者 1000 万元以下直接经济损失的事故。

国务院安全生产监督管理部门可以会同国务院有关部门，制定事故等级划分的补充性规定。

本条第一款所称的“以上”包括本数，所称的“以下”不包括本数。

第四条 事故报告应当及时、准确、完整，任何单位和个人对事故不得迟报、漏报、谎报或者瞒报。

事故调查处理应当坚持实事求是、尊重科学的原则，及时、准确地查清事故经过、事故原因

和事故损失，查明事故性质，认定事故责任，总结事故教训，提出整改措施，并对事故责任者依法追究责任。

第五条 县级以上人民政府应当依照本条例的规定，严格履行职责，及时、准确地完成事故调查处理工作。

事故发生地有关地方人民政府应当支持、配合上级人民政府或者有关部门的事故调查处理工作，并提供必要的便利条件。

参加事故调查处理的部门和单位应当互相配合，提高事故调查处理工作的效率。

第六条 工会依法参加事故调查处理，有权向有关部门提出处理意见。

第七条 任何单位和个人不得阻挠和干涉对事故的报告和依法调查处理。

第八条 对事故报告和调查处理中的违法行为，任何单位和个人有权向安全生产监督管理部门、监察机关或者其他有关部门举报，接到举报的部门应当依法及时处理。

第二章 事故报告

第九条 事故发生后，事故现场有关人员应当立即向本单位负责人报告；单位负责人接到报告后，应当于1小时内向事故发生地县级以上人民政府安全生产监督管理部门和负有安全生产监督管理职责的有关部门报告。

情况紧急时，事故现场有关人员可以直接向事故发生地县级以上人民政府安全生产监督管理部门和负有安全生产监督管理职责的有关部门报告。

第十条 安全生产监督管理部门和负有安全生产监督管理职责的有关部门接到事故报告后，应当依照下列规定上报事故情况，并通知公安机关、劳动保障行政部门、工会和人民检察院：

（一）特别重大事故、重大事故逐级上报至国务院安全生产监督管理部门和负有安全生产监督管理职责的有关部门；

（二）较大事故逐级上报至省、自治区、直辖市人民政府安全生产监督管理部门和负有安全生产监督管理职责的有关部门；

（三）一般事故上报至设区的市级人民政府安全生产监督管理部门和负有安全生产监督管理职责的有关部门。

安全生产监督管理部门和负有安全生产监督管理职责的有关部门依照前款规定上报事故情况，应当同时报告本级人民政府。国务院安全生产监督管理部门和负有安全生产监督管理职责的有关部门以及省级人民政府接到发生特别重大事故、重大事故的报告后，应当立即报告国务院。

必要时，安全生产监督管理部门和负有安全生产监督管理职责的有关部门可以越级上报事故情况。

第十一条 安全生产监督管理部门和负有安全生产监督管理职责的有关部门逐级上报事

故情况，每级上报的时间不得超过 2 小时。

第十二条 报告事故应当包括下列内容：

（一）事故发生单位概况；

（二）事故发生的时间、地点以及事故现场情况；

（三）事故的简要经过；

（四）事故已经造成或者可能造成的伤亡人数（包括下落不明的人数）和初步估计的直接经济损失；

（五）已经采取的措施；

（六）其他应当报告的情况。

第十三条 事故报告后出现新情况的，应当及时补报。

自事故发生之日起 30 日内，事故造成的伤亡人数发生变化的，应当及时补报。道路交通事故、火灾事故自发生之日起 7 日内，事故造成的伤亡人数发生变化的，应当及时补报。

第十四条 事故发生单位负责人接到事故报告后，应当立即启动事故相应应急预案，或者采取有效措施，组织抢救，防止事故扩大，减少人员伤亡和财产损失。

第十五条 事故发生地有关地方人民政府、安全生产监督管理部门和负有安全生产监督管理职责的有关部门接到事故报告后，其负责人应当立即赶赴事故现场，组织事故救援。

第十六条 事故发生后，有关单位和人员应当妥善保护事故现场以及相关证据，任何单位和个人不得破坏事故现场、毁灭相关证据。

因抢救人员、防止事故扩大以及疏通交通等原因，需要移动事故现场物件的，应当做出标志，绘制现场简图并做出书面记录，妥善保存现场重要痕迹、物证。

第十七条 事故发生地公安机关根据事故的情况，对涉嫌犯罪的，应当依法立案侦查，采取强制措施和侦查措施。犯罪嫌疑人逃匿的，公安机关应当迅速追捕归案。

第十八条 安全生产监督管理部门和负有安全生产监督管理职责的有关部门应当建立值班制度，并向社会公布值班电话，受理事故报告和举报。

第三章 事故调查

第十九条 特别重大事故由国务院或者国务院授权有关部门组织事故调查组进行调查。

重大事故、较大事故、一般事故分别由事故发生地省级人民政府、设区的市级人民政府、县级人民政府负责调查。省级人民政府、设区的市级人民政府、县级人民政府可以直接组织事故调查组进行调查，也可以授权或者委托有关部门组织事故调查组进行调查。

未造成人员伤亡的一般事故，县级人民政府也可以委托事故发生单位组织事故调查组进行调查。

第二十条 上级人民政府认为必要时，可以调查由下级人民政府负责调查的事故。

自事故发生之日起30日内(道路交通事故、火灾事故自发生之日起7日内),因事故伤亡人数变化导致事故等级发生变化,依照本条例规定应当由上级人民政府负责调查的,上级人民政府可以另行组织事故调查组进行调查。

第二十一条 特别重大事故以下等级事故,事故发生地与事故发生单位不在同一个县级以上行政区域的,由事故发生地人民政府负责调查,事故发生单位所在地人民政府应当派人参加。

第二十二条 事故调查组的组成应当遵循精简、效能的原则。

根据事故的具体情况,事故调查组由有关人民政府、安全生产监督管理部门、负有安全生产监督管理职责的有关部门、监察机关、公安机关以及工会派人组成,并应当邀请人民检察院派人参加。

事故调查组可以聘请有关专家参与调查。

第二十三条 事故调查组成员应当具有事故调查所需要的知识和专长,并与所调查的事故没有直接利害关系。

第二十四条 事故调查组组长由负责事故调查的人民政府指定。事故调查组组长主持事故调查组的工作。

第二十五条 事故调查组履行下列职责:

(一)查明事故发生的经过、原因、人员伤亡情况及直接经济损失;

(二)认定事故的性质和事故责任;

(三)提出对事故责任者的处理建议;

(四)总结事故教训,提出防范和整改措施;

(五)提交事故调查报告。

第二十六条 事故调查组有权向有关单位和个人了解与事故有关的情况,并要求其提供相关文件、资料,有关单位和个人不得拒绝。

事故发生单位的负责人和有关人员在事故调查期间不得擅离职守,并应当随时接受事故调查组的询问,如实提供有关情况。

事故调查中发现涉嫌犯罪的,事故调查组应当及时将有关材料或者其复印件移交司法机关处理。

第二十七条 事故调查中需要进行技术鉴定的,事故调查组应当委托具有国家规定资质的单位进行技术鉴定。必要时,事故调查组可以直接组织专家进行技术鉴定。技术鉴定所需时间不计入事故调查期限。

第二十八条 事故调查组成员在事故调查工作中应当诚信公正、恪尽职守,遵守事故调查组的纪律,保守事故调查的秘密。

未经事故调查组组长允许,事故调查组成员不得擅自发布有关事故的信息。

第二十九条 事故调查组应当自事故发生之日起60日内提交事故调查报告;特殊情况下,

经负责事故调查的人民政府批准，提交事故调查报告的期限可以适当延长，但延长的期限最长不超过60日。

第三十条 事故调查报告应当包括下列内容：

（一）事故发生单位概况；

（二）事故发生经过和事故救援情况；

（三）事故造成的人员伤亡和直接经济损失；

（四）事故发生的原因和事故性质；

（五）事故责任的认定以及对事故责任者的处理建议；

（六）事故防范和整改措施。

事故调查报告应当附具有关证据材料。事故调查组成员应当在事故调查报告上签名。

第三十一条 事故调查报告报送负责事故调查的人民政府后，事故调查工作即告结束。事故调查的有关资料应当归档保存。

第四章 事故处理

第三十二条 重大事故、较大事故、一般事故，负责事故调查的人民政府应当自收到事故调查报告之日起15日内做出批复；特别重大事故，30日内做出批复，特殊情况下，批复时间可以适当延长，但延长的时间最长不超过30日。

有关机关应当按照人民政府的批复，依照法律、行政法规规定的权限和程序，对事故发生单位和有关人员进行行政处罚，对负有事故责任的国家工作人员进行处分。

事故发生单位应当按照负责事故调查的人民政府的批复，对本单位负有事故责任的人员进行处理。

负有事故责任的人员涉嫌犯罪的，依法追究刑事责任。

第三十三条 事故发生单位应当认真吸取事故教训，落实防范和整改措施，防止事故再次发生。防范和整改措施的落实情况应当接受工会和职工的监督。

安全生产监督管理部门和负有安全生产监督管理职责的有关部门应当对事故发生单位落实防范和整改措施的情况进行监督检查。

第三十四条 事故处理的情况由负责事故调查的人民政府或者其授权的有关部门、机构向社会公布，依法应当保密的除外。

第五章 法律责任

第三十五条 事故发生单位主要负责人有下列行为之一的，处上一年年收入40%至80%的罚款；属于国家工作人员的，并依法给予处分；构成犯罪的，依法追究刑事责任：

（一）不立即组织事故抢救的；

（二）迟报或者漏报事故的；

（三）在事故调查处理期间擅离职守的。

第三十六条 事故发生单位及其有关人员有下列行为之一的，对事故发生单位处100万元以上500万元以下的罚款；对主要负责人、直接负责的主管人员和其他直接责任人员处上一年年收入60%至100%的罚款；属于国家工作人员的，并依法给予处分；构成违反治安管理行为的，由公安机关依法给予治安管理处罚；构成犯罪的，依法追究刑事责任：

（一）谎报或者瞒报事故的；

（二）伪造或者故意破坏事故现场的；

（三）转移、隐匿资金、财产，或者销毁有关证据、资料的；

（四）拒绝接受调查或者拒绝提供有关情况和资料的；

（五）在事故调查中作伪证或者指使他人作伪证的；

（六）事故发生后逃匿的。

第三十七条 事故发生单位对事故发生负有责任的，依照下列规定处以罚款：

（一）发生一般事故的，处10万元以上20万元以下的罚款；

（二）发生较大事故的，处20万元以上50万元以下的罚款；

（三）发生重大事故的，处50万元以上200万元以下的罚款；

（四）发生特别重大事故的，处200万元以上500万元以下的罚款。

第三十八条 事故发生单位主要负责人未依法履行安全生产管理职责，导致事故发生的，依照下列规定处以罚款；属于国家工作人员的，并依法给予处分；构成犯罪的，依法追究刑事责任：

（一）发生一般事故的，处上一年年收入30%的罚款；

（二）发生较大事故的，处上一年年收入40%的罚款；

（三）发生重大事故的，处上一年年收入60%的罚款；

（四）发生特别重大事故的，处上一年年收入80%的罚款。

第三十九条 有关地方人民政府、安全生产监督管理部门和负有安全生产监督管理职责的有关部门有下列行为之一的，对直接负责的主管人员和其他直接责任人员依法给予处分；构成犯罪的，依法追究刑事责任：

（一）不立即组织事故抢救的；

（二）迟报、漏报、谎报或者瞒报事故的；

（三）阻碍、干涉事故调查工作的；

（四）在事故调查中作伪证或者指使他人作伪证的。

第四十条 事故发生单位对事故发生负有责任的，由有关部门依法暂扣或者吊销其有关证照；对事故发生单位负有事故责任的有关人员，依法暂停或者撤销其与安全生产有关的执业资格、岗位证书；事故发生单位主要负责人受到刑事处罚或者撤职处分的，自刑罚执行完毕或者受处分之日起，5 年内不得担任任何生产经营单位的主要负责人。

为发生事故的单位提供虚假证明的中介机构，由有关部门依法暂扣或者吊销其有关证照及其相关人员的执业资格；构成犯罪的，依法追究刑事责任。

第四十一条 参与事故调查的人员在事故调查中有下列行为之一的，依法给予处分；构成犯罪的，依法追究刑事责任：

（一）对事故调查工作不负责任，致使事故调查工作有重大疏漏的；

（二）包庇、袒护负有事故责任的人员或者借机打击报复的。

第四十二条 违反本条例规定，有关地方人民政府或者有关部门故意拖延或者拒绝落实经批复的对事故责任人的处理意见的，由监察机关对有关责任人员依法给予处分。

第四十三条 本条例规定的罚款的行政处罚，由安全生产监督管理部门决定。

法律、行政法规对行政处罚的种类、幅度和决定机关另有规定的，依照其规定。

第六章 附 则

第四十四条 没有造成人员伤亡，但是社会影响恶劣的事故，国务院或者有关地方人民政府认为需要调查处理的，依照本条例的有关规定执行。

国家机关、事业单位、人民团体发生的事故的报告和调查处理，参照本条例的规定执行。

第四十五条 特别重大事故以下等级事故的报告和调查处理，有关法律、行政法规或者国务院另有规定的，依照其规定。

第四十六条 本条例自 2007 年 6 月 1 日起施行。国务院 1989 年 3 月 29 日公布的《特别重大事故调查程序暂行规定》和 1991 年 2 月 22 日公布的《企业职工伤亡事故报告和处理规定》同时废止。

安全生产许可证条例

1．2004 年 1 月 13 日国务院令第 397 号公布

2．根据 2013 年 7 月 18 日国务院令第 638 号《关于废止和修改部分行政法规的决定》第一次修订

3．根据 2014 年 7 月 29 日国务院令第 653 号《关于修改部分行政法规的决定》第二次修订

第一条 为了严格规范安全生产条件，进一步加强安全生产监督管理，防止和减少生产安全事故，根据《中华人民共和国安全生产法》的有关规定，制定本条例。

第二条 国家对矿山企业、建筑施工企业和危险化学品、烟花爆竹、民用爆炸物品生产企业(以下统称企业)实行安全生产许可制度。

企业未取得安全生产许可证的,不得从事生产活动。

第三条 国务院安全生产监督管理部门负责中央管理的非煤矿矿山企业和危险化学品、烟花爆竹生产企业安全生产许可证的颁发和管理。

省、自治区、直辖市人民政府安全生产监督管理部门负责前款规定以外的非煤矿矿山企业和危险化学品、烟花爆竹生产企业安全生产许可证的颁发和管理,并接受国务院安全生产监督管理部门的指导和监督。

国家煤矿安全监察机构负责中央管理的煤矿企业安全生产许可证的颁发和管理。

在省、自治区、直辖市设立的煤矿安全监察机构负责前款规定以外的其他煤矿企业安全生产许可证的颁发和管理,并接受国家煤矿安全监察机构的指导和监督。

第四条 省、自治区、直辖市人民政府建设主管部门负责建筑施工企业安全生产许可证的颁发和管理,并接受国务院建设主管部门的指导和监督。

第五条 省、自治区、直辖市人民政府民用爆炸物品行业主管部门负责民用爆炸物品生产企业安全生产许可证的颁发和管理,并接受国务院民用爆炸物品行业主管部门的指导和监督。

第六条 企业取得安全生产许可证,应当具备下列安全生产条件:

(一)建立、健全安全生产责任制,制定完备的安全生产规章制度和操作规程;

(二)安全投入符合安全生产要求;

(三)设置安全生产管理机构,配备专职安全生产管理人员;

(四)主要负责人和安全生产管理人员经考核合格;

(五)特种作业人员经有关业务主管部门考核合格,取得特种作业操作资格证书;

(六)从业人员经安全生产教育和培训合格;

(七)依法参加工伤保险,为从业人员缴纳保险费;

(八)厂房、作业场所和安全设施、设备、工艺符合有关安全生产法律、法规、标准和规程的要求;

(九)有职业危害防治措施,并为从业人员配备符合国家标准或者行业标准的劳动防护用品;

(十)依法进行安全评价;

(十一)有重大危险源检测、评估、监控措施和应急预案;

(十二)有生产安全事故应急救援预案、应急救援组织或者应急救援人员,配备必要的应急救援器材、设备;

(十三)法律、法规规定的其他条件。

第七条 企业进行生产前,应当依照本条例的规定向安全生产许可证颁发管理机关申请领取安全生产许可证,并提供本条例第六条规定的相关文件、资料。安全生产许可证颁发管理机关应当自收到申请之日起45日内审查完毕,经审查符合本条例规定的安全生产条件的,颁发安全生产许可证;不符合本条例规定的安全生产条件的,不予颁发安全生产许可证,书面通知企业并说明理由。

煤矿企业应当以矿(井)为单位,依照本条例的规定取得安全生产许可证。

第八条 安全生产许可证由国务院安全生产监督管理部门规定统一的式样。

第九条 安全生产许可证的有效期为3年。安全生产许可证有效期满需要延期的,企业应当于期满前3个月向原安全生产许可证颁发管理机关办理延期手续。

企业在安全生产许可证有效期内,严格遵守有关安全生产的法律法规,未发生死亡事故的,安全生产许可证有效期届满时,经原安全生产许可证颁发管理机关同意,不再审查,安全生产许可证有效期延期3年。

第十条 安全生产许可证颁发管理机关应当建立、健全安全生产许可证档案管理制度,并定期向社会公布企业取得安全生产许可证的情况。

第十一条 煤矿企业安全生产许可证颁发管理机关、建筑施工企业安全生产许可证颁发管理机关、民用爆炸物品生产企业安全生产许可证颁发管理机关,应当每年向同级安全生产监督管理部门通报其安全生产许可证颁发和管理情况。

第十二条 国务院安全生产监督管理部门和省、自治区、直辖市人民政府安全生产监督管理部门对建筑施工企业、民用爆炸物品生产企业、煤矿企业取得安全生产许可证的情况进行监督。

第十三条 企业不得转让、冒用安全生产许可证或者使用伪造的安全生产许可证。

第十四条 企业取得安全生产许可证后,不得降低安全生产条件,并应当加强日常安全生产管理,接受安全生产许可证颁发管理机关的监督检查。

安全生产许可证颁发管理机关应当加强对取得安全生产许可证的企业的监督检查,发现其不再具备本条例规定的安全生产条件的,应当暂扣或者吊销安全生产许可证。

第十五条 安全生产许可证颁发管理机关工作人员在安全生产许可证颁发、管理和监督检查工作中,不得索取或者接受企业的财物,不得谋取其他利益。

第十六条 监察机关依照《中华人民共和国行政监察法》的规定,对安全生产许可证颁发管理机关及其工作人员履行本条例规定的职责实施监察。

第十七条 任何单位或者个人对违反本条例规定的行为,有权向安全生产许可证颁发管理机关或者监察机关等有关部门举报。

第十八条 安全生产许可证颁发管理机关工作人员有下列行为之一的,给予降级或者撤职的行政处分;构成犯罪的,依法追究刑事责任:

(一)向不符合本条例规定的安全生产条件的企业颁发安全生产许可证的;

（二）发现企业未依法取得安全生产许可证擅自从事生产活动，不依法处理的；

（三）发现取得安全生产许可证的企业不再具备本条例规定的安全生产条件，不依法处理的；

（四）接到对违反本条例规定行为的举报后，不及时处理的；

（五）在安全生产许可证颁发、管理和监督检查工作中，索取或者接受企业的财物，或者谋取其他利益的。

第十九条 违反本条例规定，未取得安全生产许可证擅自进行生产的，责令停止生产，没收违法所得，并处10万元以上50万元以下的罚款；造成重大事故或者其他严重后果，构成犯罪的，依法追究刑事责任。

第二十条 违反本条例规定，安全生产许可证有效期满未办理延期手续，继续进行生产的，责令停止生产，限期补办延期手续，没收违法所得，并处5万元以上10万元以下的罚款；逾期仍不办理延期手续，继续进行生产的，依照本条例第十九条的规定处罚。

第二十一条 违反本条例规定，转让安全生产许可证的，没收违法所得，处10万元以上50万元以下的罚款，并吊销其安全生产许可证；构成犯罪的，依法追究刑事责任；接受转让的，依照本条例第十九条的规定处罚。

冒用安全生产许可证或者使用伪造的安全生产许可证的，依照本条例第十九条的规定处罚。

第二十二条 本条例施行前已经进行生产的企业，应当自本条例施行之日起1年内，依照本条例的规定向安全生产许可证颁发管理机关申请办理安全生产许可证；逾期不办理安全生产许可证，或者经审查不符合本条例规定的安全生产条件，未取得安全生产许可证，继续进行生产的，依照本条例第十九条的规定处罚。

第二十三条 本条例规定的行政处罚，由安全生产许可证颁发管理机关决定。

第二十四条 本条例自公布之日起施行。

安全生产事故隐患排查治理暂行规定

1．2007年12月28日国家安全生产监督管理总局令第16号公布

2．自2008年2月1日起施行

第一章 总 则

第一条 为了建立安全生产事故隐患排查治理长效机制，强化安全生产主体责任，加强事

故隐患监督管理,防止和减少事故,保障人民群众生命财产安全,根据安全生产法等法律、行政法规,制定本规定。

第二条 生产经营单位安全生产事故隐患排查治理和安全生产监督管理部门、煤矿安全监察机构(以下统称安全监管监察部门)实施监管监察,适用本规定。

有关法律、行政法规对安全生产事故隐患排查治理另有规定的,依照其规定。

第三条 本规定所称安全生产事故隐患(以下简称事故隐患),是指生产经营单位违反安全生产法律、法规、规章、标准、规程和安全生产管理制度的规定,或者因其他因素在生产经营活动中存在可能导致事故发生的物的危险状态、人的不安全行为和管理上的缺陷。

事故隐患分为一般事故隐患和重大事故隐患。一般事故隐患,是指危害和整改难度较小,发现后能够立即整改排除的隐患。重大事故隐患,是指危害和整改难度较大,应当全部或者局部停产停业,并经过一定时间整改治理方能排除的隐患,或者因外部因素影响致使生产经营单位自身难以排除的隐患。

第四条 生产经营单位应当建立健全事故隐患排查治理制度。

生产经营单位主要负责人对本单位事故隐患排查治理工作全面负责。

第五条 各级安全监管监察部门按照职责对所辖区域内生产经营单位排查治理事故隐患工作依法实施综合监督管理;各级人民政府有关部门在各自职责范围内对生产经营单位排查治理事故隐患工作依法实施监督管理。

第六条 任何单位和个人发现事故隐患,均有权向安全监管监察部门和有关部门报告。

安全监管监察部门接到事故隐患报告后,应当按照职责分工立即组织核实并予以查处;发现所报告事故隐患应当由其他有关部门处理的,应当立即移送有关部门并记录备查。

第二章 生产经营单位的职责

第七条 生产经营单位应当依照法律、法规、规章、标准和规程的要求从事生产经营活动。严禁非法从事生产经营活动。

第八条 生产经营单位是事故隐患排查、治理和防控的责任主体。

生产经营单位应当建立健全事故隐患排查治理和建档监控等制度,逐级建立并落实从主要负责人到每个从业人员的隐患排查治理和监控责任制。

第九条 生产经营单位应当保证事故隐患排查治理所需的资金,建立资金使用专项制度。

第十条 生产经营单位应当定期组织安全生产管理人员、工程技术人员和其他相关人员排查本单位的事故隐患。对排查出的事故隐患,应当按照事故隐患的等级进行登记,建立事故隐患信息档案,并按照职责分工实施监控治理。

第十一条 生产经营单位应当建立事故隐患报告和举报奖励制度,鼓励、发动职工发现和排除事故隐患,鼓励社会公众举报。对发现、排除和举报事故隐患的有功人员,应当给予物质奖励和表彰。

第十二条 生产经营单位将生产经营项目、场所、设备发包、出租的，应当与承包、承租单位签订安全生产管理协议，并在协议中明确各方对事故隐患排查、治理和防控的管理职责。生产经营单位对承包、承租单位的事故隐患排查治理负有统一协调和监督管理的职责。

第十三条 安全监管监察部门和有关部门的监督检查人员依法履行事故隐患监督检查职责时，生产经营单位应当积极配合，不得拒绝和阻挠。

第十四条 生产经营单位应当每季、每年对本单位事故隐患排查治理情况进行统计分析，并分别于下一季度15日前和下一年1月31日前向安全监管监察部门和有关部门报送书面统计分析表。统计分析表应当由生产经营单位主要负责人签字。

对于重大事故隐患，生产经营单位除依照前款规定报送外，应当及时向安全监管监察部门和有关部门报告。重大事故隐患报告内容应当包括：

（一）隐患的现状及其产生原因；

（二）隐患的危害程度和整改难易程度分析；

（三）隐患的治理方案。

第十五条 对于一般事故隐患，由生产经营单位（车间、分厂、区队等）负责人或者有关人员立即组织整改。

对于重大事故隐患，由生产经营单位主要负责人组织制定并实施事故隐患治理方案。重大事故隐患治理方案应当包括以下内容：

（一）治理的目标和任务；

（二）采取的方法和措施；

（三）经费和物资的落实；

（四）负责治理的机构和人员；

（五）治理的时限和要求；

（六）安全措施和应急预案。

第十六条 生产经营单位在事故隐患治理过程中，应当采取相应的安全防范措施，防止事故发生。事故隐患排除前或者排除过程中无法保证安全的，应当从危险区域内撤出作业人员，并疏散可能危及的其他人员，设置警戒标志，暂时停产停业或者停止使用；对暂时难以停产或者停止使用的相关生产储存装置、设施、设备，应当加强维护和保养，防止事故发生。

第十七条 生产经营单位应当加强对自然灾害的预防。对于因自然灾害可能导致事故灾难的隐患，应当按照有关法律、法规、标准和本规定的要求排查治理，采取可靠的预防措施，制定应急预案。在接到有关自然灾害预报时，应当及时向下属单位发出预警通知；发生自然灾害可能危及生产经营单位和人员安全的情况时，应当采取撤离人员、停止作业、加强监测等安全措施，并及时向当地人民政府及其有关部门报告。

第十八条 地方人民政府或者安全监管监察部门及有关部门挂牌督办并责令全部或者局部停产停业治理的重大事故隐患，治理工作结束后，有条件的生产经营单位应当组织本单位的技术人员和专家对重大事故隐患的治理情况进行评估；其他生产经营单位应当委托具备相应资质的安全评价机构对重大事故隐患的治理情况进行评估。

经治理后符合安全生产条件的，生产经营单位应当向安全监管监察部门和有关部门提出恢复生产的书面申请，经安全监管监察部门和有关部门审查同意后，方可恢复生产经营。申请报告应当包括治理方案的内容、项目和安全评价机构出具的评价报告等。

第三章 监督管理

第十九条 安全监管监察部门应当指导、监督生产经营单位按照有关法律、法规、规章、标准和规程的要求，建立健全事故隐患排查治理等各项制度。

第二十条 安全监管监察部门应当建立事故隐患排查治理监督检查制度，定期组织对生产经营单位事故隐患排查治理情况开展监督检查；应当加强对重点单位的事故隐患排查治理情况的监督检查。对检查过程中发现的重大事故隐患，应当下达整改指令书，并建立信息管理台账。必要时，报告同级人民政府并对重大事故隐患实行挂牌督办。

安全监管监察部门应当配合有关部门做好对生产经营单位事故隐患排查治理情况开展的监督检查，依法查处事故隐患排查治理的非法和违法行为及其责任者。

安全监管监察部门发现属于其他有关部门职责范围内的重大事故隐患的，应该及时将有关资料移送有管辖权的有关部门，并记录备查。

第二十一条 已经取得安全生产许可证的生产经营单位，在其被挂牌督办的重大事故隐患治理结束前，安全监管监察部门应当加强监督检查。必要时，可以提请原许可证颁发机关依法暂扣其安全生产许可证。

第二十二条 安全监管监察部门应当会同有关部门把重大事故隐患整改纳入重点行业领域的安全专项整治中加以治理，落实相应责任。

第二十三条 对挂牌督办并采取全部或者局部停产停业治理的重大事故隐患，安全监管监察部门收到生产经营单位恢复生产的申请报告后，应当在10日内进行现场审查。审查合格的，对事故隐患进行核销，同意恢复生产经营；审查不合格的，依法责令改正或者下达停产整改指令。对整改无望或者生产经营单位拒不执行整改指令的，依法实施行政处罚；不具备安全生产条件的，依法提请县级以上人民政府按照国务院规定的权限予以关闭。

第二十四条 安全监管监察部门应当每季将本行政区域重大事故隐患的排查治理情况和统计分析表逐级报至省级安全监管监察部门备案。

省级安全监管监察部门应当每半年将本行政区域重大事故隐患的排查治理情况和统计分析表报国家安全生产监督管理总局备案。

第四章 罚 则

第二十五条 生产经营单位及其主要负责人未履行事故隐患排查治理职责，导致发生生产安全事故的，依法给予行政处罚。

第二十六条 生产经营单位违反本规定，有下列行为之一的，由安全监管监察部门给予警告，并处三万元以下的罚款：

（一）未建立安全生产事故隐患排查治理等各项制度的；

（二）未按规定上报事故隐患排查治理统计分析表的；

（三）未制定事故隐患治理方案的；

（四）重大事故隐患不报或者未及时报告的；

（五）未对事故隐患进行排查治理擅自生产经营的；

（六）整改不合格或者未经安全监管监察部门审查同意擅自恢复生产经营的。

第二十七条 承担检测检验、安全评价的中介机构，出具虚假评价证明，尚不够刑事处罚的，没收违法所得，违法所得在五千元以上的，并处违法所得二倍以上五倍以下的罚款，没有违法所得或者违法所得不足五千元的，单处或者并处五千元以上二万元以下的罚款，同时可对其直接负责的主管人员和其他直接责任人员处五千元以上五万元以下的罚款；给他人造成损害的，与生产经营单位承担连带赔偿责任。

对有前款违法行为的机构，撤销其相应的资质。

第二十八条 生产经营单位事故隐患排查治理过程中违反有关安全生产法律、法规、规章、标准和规程规定的，依法给予行政处罚。

第二十九条 安全监管监察部门的工作人员未依法履行职责的，按照有关规定处理。

第五章 附 则

第三十条 省级安全监管监察部门可以根据本规定，制定事故隐患排查治理和监督管理实施细则。

第三十一条 事业单位、人民团体以及其他经济组织的事故隐患排查治理，参照本规定执行。

第三十二条 本规定自2008年2月1日起施行。

安全生产违法行为行政处罚办法

1．2007 年 11 月 30 日国家安全生产监督管理总局令第 15 号公布

2．根据 2015 年 4 月 2 日国家安全生产监督管理总局令第 77 号《关于修改〈《生产安全事故报告和调查处理条例》罚款处罚暂行规定〉等四部规章的决定》修正

第一章　总　　则

第一条　为了制裁安全生产违法行为，规范安全生产行政处罚工作，依照行政处罚法、安全生产法及其他有关法律、行政法规的规定，制定本办法。

第二条　县级以上人民政府安全生产监督管理部门对生产经营单位及其有关人员在生产经营活动中违反有关安全生产的法律、行政法规、部门规章、国家标准、行业标准和规程的违法行为（以下统称安全生产违法行为）实施行政处罚，适用本办法。

煤矿安全监察机构依照本办法和煤矿安全监察行政处罚办法，对煤矿、煤矿安全生产中介机构等生产经营单位及其有关人员的安全生产违法行为实施行政处罚。

有关法律、行政法规对安全生产违法行为行政处罚的种类、幅度或者决定机关另有规定的，依照其规定。

第三条　对安全生产违法行为实施行政处罚，应当遵循公平、公正、公开的原则。

安全生产监督管理部门或者煤矿安全监察机构（以下统称安全监管监察部门）及其行政执法人员实施行政处罚，必须以事实为依据。行政处罚应当与安全生产违法行为的事实、性质、情节以及社会危害程度相当。

第四条　生产经营单位及其有关人员对安全监管监察部门给予的行政处罚，依法享有陈述权、申辩权和听证权；对行政处罚不服的，有权依法申请行政复议或者提起行政诉讼；因违法给予行政处罚受到损害的，有权依法申请国家赔偿。

第二章　行政处罚的种类、管辖

第五条　安全生产违法行为行政处罚的种类：

（一）警告；

（二）罚款；

（三）没收违法所得、没收非法开采的煤炭产品、采掘设备；

（四）责令停产停业整顿、责令停产停业、责令停止建设、责令停止施工；

（五）暂扣或者吊销有关许可证，暂停或者撤销有关执业资格、岗位证书；

（六）关闭；

（七）拘留；

（八）安全生产法律、行政法规规定的其他行政处罚。

第六条 县级以上安全监管监察部门应当按照本章的规定，在各自的职责范围内对安全生产违法行为行政处罚行使管辖权。

安全生产违法行为的行政处罚，由安全生产违法行为发生地的县级以上安全监管监察部门管辖。中央企业及其所属企业、有关人员的安全生产违法行为的行政处罚，由安全生产违法行为发生地的设区的市级以上安全监管监察部门管辖。

暂扣、吊销有关许可证和暂停、撤销有关执业资格、岗位证书的行政处罚，由发证机关决定。其中，暂扣有关许可证和暂停有关执业资格、岗位证书的期限一般不得超过6个月；法律、行政法规另有规定的，依照其规定。

给予关闭的行政处罚，由县级以上安全监管监察部门报请县级以上人民政府按照国务院规定的权限决定。

给予拘留的行政处罚，由县级以上安全监管监察部门建议公安机关依照治安管理处罚法的规定决定。

第七条 两个以上安全监管监察部门因行政处罚管辖权发生争议的，由其共同的上一级安全监管监察部门指定管辖。

第八条 对报告或者举报的安全生产违法行为，安全监管监察部门应当受理；发现不属于自己管辖的，应当及时移送有管辖权的部门。

受移送的安全监管监察部门对管辖权有异议的，应当报请共同的上一级安全监管监察部门指定管辖。

第九条 安全生产违法行为涉嫌犯罪的，安全监管监察部门应当将案件移送司法机关，依法追究刑事责任；尚不够刑事处罚但依法应当给予行政处罚的，由安全监管监察部门管辖。

第十条 上级安全监管监察部门可以直接查处下级安全监管监察部门管辖的案件，也可以将自己管辖的案件交由下级安全监管监察部门管辖。

下级安全监管监察部门可以将重大、疑难案件报请上级安全监管监察部门管辖。

第十一条 上级安全监管监察部门有权对下级安全监管监察部门违法或者不适当的行政处罚予以纠正或者撤销。

第十二条 安全监管监察部门根据需要，可以在其法定职权范围内委托符合《行政处罚法》第十九条规定条件的组织或者乡、镇人民政府以及街道办事处、开发区管理机构等地方人民政府的派出机构实施行政处罚。受委托的单位在委托范围内，以委托的安全监管监察部门名义实施行政处罚。

委托的安全监管监察部门应当监督检查受委托的单位实施行政处罚，并对其实施行政处罚的后果承担法律责任。

第三章　行政处罚的程序

第十三条　安全生产行政执法人员在执行公务时，必须出示省级以上安全生产监督管理部门或者县级以上地方人民政府统一制作的有效行政执法证件。其中对煤矿进行安全监察，必须出示国家安全生产监督管理总局统一制作的煤矿安全监察员证。

第十四条　安全监管监察部门及其行政执法人员在监督检查时发现生产经营单位存在事故隐患的，应当按照下列规定采取现场处理措施：

（一）能够立即排除的，应当责令立即排除；

（二）重大事故隐患排除前或者排除过程中无法保证安全的，应当责令从危险区域撤出作业人员，并责令暂时停产停业、停止建设、停止施工或者停止使用相关设施、设备，限期排除隐患。

隐患排除后，经安全监管监察部门审查同意，方可恢复生产经营和使用。

本条第一款第（二）项规定的责令暂时停产停业、停止建设、停止施工或者停止使用相关设施、设备的期限一般不超过6个月；法律、行政法规另有规定的，依照其规定。

第十五条　对有根据认为不符合安全生产的国家标准或者行业标准的在用设施、设备、器材，违法生产、储存、使用、经营、运输的危险物品，以及违法生产、储存、使用、经营危险物品的作业场所，安全监管监察部门应当依照《行政强制法》的规定予以查封或者扣押。查封或者扣押的期限不得超过30日，情况复杂的，经安全监管监察部门负责人批准，最多可以延长30日，并在查封或者扣押期限内作出处理决定：

（一）对违法事实清楚、依法应当没收的非法财物予以没收；

（二）法律、行政法规规定应当销毁的，依法销毁；

（三）法律、行政法规规定应当解除查封、扣押的，作出解除查封、扣押的决定。

实施查封、扣押，应当制作并当场交付查封、扣押决定书和清单。

第十六条　安全监管监察部门依法对存在重大事故隐患的生产经营单位作出停产停业、停止施工、停止使用相关设施、设备的决定，生产经营单位应当依法执行，及时消除事故隐患。生产经营单位拒不执行，有发生生产安全事故的现实危险的，在保证安全的前提下，经本部门主要负责人批准，安全监管监察部门可以采取通知有关单位停止供电、停止供应民用爆炸物品等措施，强制生产经营单位履行决定。通知应当采用书面形式，有关单位应当予以配合。

安全监管监察部门依照前款规定采取停止供电措施，除有危及生产安全的紧急情形外，应当提前24小时通知生产经营单位。生产经营单位依法履行行政决定、采取相应措施消除事故隐患的，安全监管监察部门应当及时解除前款规定的措施。

第十七条　生产经营单位被责令限期改正或者限期进行隐患排除治理的，应当在规定限期内完成。因不可抗力无法在规定限期内完成的，应当在进行整改或者治理的同时，于限期届满前10日内提出书面延期申请，安全监管监察部门应当在收到申请之日起5日内书面答复是否准予延期。

生产经营单位提出复查申请或者整改、治理限期届满的，安全监管监察部门应当自申请或者限期届满之日起10日内进行复查，填写复查意见书，由被复查单位和安全监管监察部门复查人员签名后存档。逾期未整改、未治理或者整改、治理不合格的，安全监管监察部门应当依法给予行政处罚。

第十八条 安全监管监察部门在作出行政处罚决定前，应当填写行政处罚告知书，告知当事人作出行政处罚决定的事实、理由、依据，以及当事人依法享有的权利，并送达当事人。当事人应当在收到行政处罚告知书之日起3日内进行陈述、申辩，或者依法提出听证要求，逾期视为放弃上述权利。

第十九条 安全监管监察部门应当充分听取当事人的陈述和申辩，对当事人提出的事实、理由和证据，应当进行复核；当事人提出的事实、理由和证据成立的，安全监管监察部门应当采纳。

安全监管监察部门不得因当事人陈述或者申辩而加重处罚。

第二十条 安全监管监察部门对安全生产违法行为实施行政处罚，应当符合法定程序，制作行政执法文书。

第一节 简易程序

第二十一条 违法事实确凿并有法定依据，对个人处以50元以下罚款、对生产经营单位处以1000元以下罚款或者警告的行政处罚的，安全生产行政执法人员可以当场作出行政处罚决定。

第二十二条 安全生产行政执法人员当场作出行政处罚决定，应当填写预定格式、编有号码的行政处罚决定书并当场交付当事人。

安全生产行政执法人员当场作出行政处罚决定后应当及时报告，并在5日内报所属安全监管监察部门备案。

第二节 一般程序

第二十三条 除依照简易程序当场作出的行政处罚外，安全监管监察部门发现生产经营单位及其有关人员有应当给予行政处罚的行为的，应当予以立案，填写立案审批表，并全面、客观、公正地进行调查，收集有关证据。对确需立即查处的安全生产违法行为，可以先行调查取证，并在5日内补办立案手续。

第二十四条 对已经立案的案件，由立案审批人指定两名或者两名以上安全生产行政执法人员进行调查。

有下列情形之一的,承办案件的安全生产行政执法人员应当回避:

(一)本人是本案的当事人或者当事人的近亲属的;

(二)本人或者其近亲属与本案有利害关系的;

(三)与本人有其他利害关系,可能影响案件的公正处理的。

安全生产行政执法人员的回避,由派出其进行调查的安全监管监察部门的负责人决定。进行调查的安全监管监察部门负责人的回避,由该部门负责人集体讨论决定。回避决定作出之前,承办案件的安全生产行政执法人员不得擅自停止对案件的调查。

第二十五条 进行案件调查时,安全生产行政执法人员不得少于两名。当事人或者有关人员应当如实回答安全生产行政执法人员的询问,并协助调查或者检查,不得拒绝、阻挠或者提供虚假情况。

询问或者检查应当制作笔录。笔录应当记载时间、地点、询问和检查情况,并由被询问人、被检查单位和安全生产行政执法人员签名或者盖章;被询问人、被检查单位要求补正的,应当允许。被询问人或者被检查单位拒绝签名或者盖章的,安全生产行政执法人员应当在笔录上注明原因并签名。

第二十六条 安全生产行政执法人员应当收集、调取与案件有关的原始凭证作为证据。调取原始凭证确有困难的,可以复制,复制件应当注明“经核对与原件无异”的字样和原始凭证存放的单位及其处所,并由出具证据的人员签名或者单位盖章。

第二十七条 安全生产行政执法人员在收集证据时,可以采取抽样取证的方法;在证据可能灭失或者以后难以取得的情况下,经本单位负责人批准,可以先行登记保存,并应当在7日内作出处理决定:

(一)违法事实成立依法应当没收的,作出行政处罚决定,予以没收;依法应当扣留或者封存的,予以扣留或者封存;

(二)违法事实不成立,或者依法不应当予以没收、扣留、封存的,解除登记保存。

第二十八条 安全生产行政执法人员对与案件有关的物品、场所进行勘验检查时,应当通知当事人到场,制作勘验笔录,并由当事人核对无误后签名或者盖章。当事人拒绝到场的,可以邀请在场的其他人员作证,并在勘验笔录中注明原因并签名;也可以采用录音、录像等方式记录有关物品、场所的情况后,再进行勘验检查。

第二十九条 案件调查终结后,负责承办案件的安全生产行政执法人员应当填写案件处理呈批表,连同有关证据材料一并报本部门负责人审批。

安全监管监察部门负责人应当及时对案件调查结果进行审查,根据不同情况,分别作出以下决定:

(一)确有应受行政处罚的违法行为的,根据情节轻重及具体情况,作出行政处罚决定;

（二）违法行为轻微，依法可以不予行政处罚的，不予行政处罚；

（三）违法事实不能成立，不得给予行政处罚；

（四）违法行为涉嫌犯罪的，移送司法机关处理。

对严重安全生产违法行为给予责令停产停业整顿、责令停产停业、责令停止建设、责令停止施工、吊销有关许可证、撤销有关执业资格或者岗位证书、5 万元以上罚款、没收违法所得、没收非法开采的煤炭产品或者采掘设备价值 5 万元以上的行政处罚的，应当由安全监管监察部门的负责人集体讨论决定。

第三十条 安全监管监察部门依照本办法第二十九条的规定给予行政处罚，应当制作行政处罚决定书。行政处罚决定书应当载明下列事项：

（一）当事人的姓名或者名称、地址或者住址；

（二）违法事实和证据；

（三）行政处罚的种类和依据；

（四）行政处罚的履行方式和期限；

（五）不服行政处罚决定，申请行政复议或者提起行政诉讼的途径和期限；

（六）作出行政处罚决定的安全监管监察部门的名称和作出决定的日期。

行政处罚决定书必须盖有作出行政处罚决定的安全监管监察部门的印章。

第三十一条 行政处罚决定书应当在宣告后当场交付当事人；当事人不在场的，安全监管监察部门应当在 7 日内依照民事诉讼法的有关规定，将行政处罚决定书送达当事人或者其他的法定受送达人：

（一）送达必须有送达回执，由受送达人在送达回执上注明收到日期，签名或者盖章；

（二）送达应当直接送交受送达人。受送达人是个人的，本人不在交他的同住成年家属签收，并在行政处罚决定书送达回执的备注栏内注明与受送达人的关系；

（三）受送达人是法人或者其他组织的，应当由法人的法定代表人、其他组织的主要负责人或者该法人、组织负责收件的人签收；

（四）受送达人指定代收人的，交代收人签收并注明受当事人委托的情况；

（五）直接送达确有困难的，可以挂号邮寄送达，也可以委托当地安全监管监察部门代为送达，代为送达的安全监管监察部门收到文书后，必须立即交受送达人签收；

（六）当事人或者他的同住成年家属拒绝接收的，送达人应当邀请有关基层组织或者所在单位的代表到场，说明情况，在行政处罚决定书送达回执上记明拒收的事由和日期，由送达人、见证人签名或者盖章，将行政处罚决定书留在当事人的住所；也可以把行政处罚决定书留在受送达人的住所，并采用拍照、录像等方式记录送达过程，即视为送达；

（七）受送达人下落不明，或者用以上方式无法送达的，可以公告送达，自公告发布之日起经过 60 日，即视为送达。公告送达，应当在案卷中注明原因和经过。

安全监管监察部门送达其他行政处罚执法文书，按照前款规定办理。

第三十二条 行政处罚案件应当自立案之日起30日内作出行政处罚决定；由于客观原因不能完成的，经安全监管监察部门负责人同意，可以延长，但不得超过90日；特殊情况需进一步延长的，应当经上一级安全监管监察部门批准，可延长至180日。

第三节 听证程序

第三十三条 安全监管监察部门作出责令停产停业整顿、责令停产停业、吊销有关许可证、撤销有关执业资格、岗位证书或者较大数额罚款的行政处罚决定之前，应当告知当事人有要求举行听证的权利；当事人要求听证的，安全监管监察部门应当组织听证，不得向当事人收取听证费用。

前款所称较大数额罚款，为省、自治区、直辖市人大常委会或者人民政府规定的数额；没有规定数额的，其数额对个人罚款为2万元以上，对生产经营单位罚款为5万元以上。

第三十四条 当事人要求听证的，应当在安全监管监察部门依照本办法第十八条规定告知后3日内以书面方式提出。

第三十五条 当事人提出听证要求后，安全监管监察部门应当在收到书面申请之日起15日内举行听证会，并在举行听证会的7日前，通知当事人举行听证的时间、地点。

当事人应当按期参加听证。当事人有正当理由要求延期的，经组织听证的安全监管监察部门负责人批准可以延期1次；当事人未按期参加听证，并且未事先说明理由的，视为放弃听证权利。

第三十六条 听证参加人由听证主持人、听证员、案件调查人员、当事人及其委托代理人、书记员组成。

听证主持人、听证员、书记员应当由组织听证的安全监管监察部门负责人指定的非本案调查人员担任。

当事人可以委托1至2名代理人参加听证，并提交委托书。

第三十七条 除涉及国家秘密、商业秘密或者个人隐私外，听证应当公开举行。

第三十八条 当事人在听证中的权利和义务：

（一）有权对案件涉及的事实、适用法律及有关情况进行陈述和申辩；

（二）有权对案件调查人员提出的证据质证并提出新的证据；

（三）如实回答主持人的提问；

（四）遵守听证会场纪律，服从听证主持人指挥。

第三十九条 听证按照下列程序进行：

（一）书记员宣布听证会场纪律、当事人的权利和义务。听证主持人宣布案由，核实听证参加人名单，宣布听证开始；

（二）案件调查人员提出当事人的违法事实、出示证据，说明拟作出的行政处罚的内容及法律依据；

（三）当事人或者其委托代理人对案件的事实、证据、适用的法律等进行陈述和申辩，提交新的证据材料；

（四）听证主持人就案件的有关问题向当事人、案件调查人员、证人询问；

（五）案件调查人员、当事人或者其委托代理人相互辩论；

（六）当事人或者其委托代理人作最后陈述；

（七）听证主持人宣布听证结束。

听证笔录应当当场交当事人核对无误后签名或者盖章。

第四十条 有下列情形之一的，应当中止听证：

（一）需要重新调查取证的；

（二）需要通知新证人到场作证的；

（三）因不可抗力无法继续进行听证的。

第四十一条 有下列情形之一的，应当终止听证：

（一）当事人撤回听证要求的；

（二）当事人无正当理由不按时参加听证的；

（三）拟作出的行政处罚决定已经变更，不适用听证程序的。

第四十二条 听证结束后，听证主持人应当依据听证情况，填写听证会报告书，提出处理意见并附听证笔录报安全监管监察部门负责人审查。安全监管监察部门依照本办法第二十九条的规定作出决定。

第四章 行政处罚的适用

第四十三条 生产经营单位的决策机构、主要负责人、个人经营的投资人（包括实际控制人，下同）未依法保证下列安全生产所必需的资金投入之一，致使生产经营单位不具备安全生产条件的，责令限期改正，提供必需的资金，可以对生产经营单位处1万元以上3万元以下罚款，对生产经营单位的主要负责人、个人经营的投资人处5000元以上1万元以下罚款；逾期未改正的，责令生产经营单位停产停业整顿：

（一）提取或者使用安全生产费用；

（二）用于配备劳动防护用品的经费；

（三）用于安全生产教育和培训的经费；

（四）国家规定的其他安全生产所必须的资金投入。

生产经营单位主要负责人、个人经营的投资人有前款违法行为，导致发生生产安全事故的，依照《生产安全事故罚款处罚规定（试行）》的规定给予处罚。

第四十四条 生产经营单位的主要负责人未依法履行安全生产管理职责，导致生产安全事故发生的，依照《生产安全事故罚款处罚规定（试行）》的规定给予处罚。

第四十五条 生产经营单位及其主要负责人或者其他人员有下列行为之一的，给予警告，并可以对生产经营单位处1万元以上3万元以下罚款，对其主要负责人、其他有关人员处1000元以上1万元以下的罚款：

（一）违反操作规程或者安全管理规定作业的；

（二）违章指挥从业人员或者强令从业人员违章、冒险作业的；

（三）发现从业人员违章作业不加制止的；

（四）超过核定的生产能力、强度或者定员进行生产的；

（五）对被查封或者扣押的设施、设备、器材、危险物品和作业场所，擅自启封或者使用的；

（六）故意提供虚假情况或者隐瞒存在的事故隐患以及其他安全问题的；

（七）拒不执行安全监管监察部门依法下达的安全监管监察指令的。

第四十六条 危险物品的生产、经营、储存单位以及矿山、金属冶炼单位有下列行为之一的，责令改正，并可以处1万元以上3万元以下的罚款：

（一）未建立应急救援组织或者生产经营规模较小、未指定兼职应急救援人员的；

（二）未配备必要的应急救援器材、设备和物资，并进行经常性维护、保养，保证正常运转的。

第四十七条 生产经营单位与从业人员订立协议，免除或者减轻其对从业人员因生产安全事故伤亡依法应承担的责任的，该协议无效；对生产经营单位的主要负责人、个人经营的投资人按照下列规定处以罚款：

（一）在协议中减轻因生产安全事故伤亡对从业人员依法应承担的责任的，处2万元以上5万元以下的罚款；

（二）在协议中免除因生产安全事故伤亡对从业人员依法应承担的责任的，处5万元以上10万元以下的罚款。

第四十八条 生产经营单位不具备法律、行政法规和国家标准、行业标准规定的安全生产条件，经责令停产停业整顿仍不具备安全生产条件的，安全监管监察部门应当提请有管辖权的人民政府予以关闭；人民政府决定关闭的，安全监管监察部门应当依法吊销其有关许可证。

第四十九条 生产经营单位转让安全生产许可证的，没收违法所得，吊销安全生产许可证，并按照下列规定处以罚款：

（一）接受转让的单位和个人未发生生产安全事故的，处10万元以上30万元以下的罚款；

（二）接受转让的单位和个人发生生产安全事故但没有造成人员死亡的，处30万元以上40万元以下的罚款；

（三）接受转让的单位和个人发生人员死亡生产安全事故的，处40万元以上50万元以下的罚款。

第五十条 知道或者应当知道生产经营单位未取得安全生产许可证或者其他批准文件擅自从事生产经营活动,仍为其提供生产经营场所、运输、保管、仓储等条件的,责令立即停止违法行为,有违法所得的,没收违法所得,并处违法所得1倍以上3倍以下的罚款,但是最高不得超过3万元;没有违法所得的,并处5000元以上1万元以下的罚款。

第五十一条 生产经营单位及其有关人员弄虚作假,骗取或者勾结、串通行政审批工作人员取得安全生产许可证书及其他批准文件的,撤销许可及批准文件,并按照下列规定处以罚款:

(一)生产经营单位有违法所得的,没收违法所得,并处违法所得1倍以上3倍以下的罚款,但是最高不得超过3万元;没有违法所得的,并处5000元以上1万元以下的罚款;

(二)对有关人员处1000元以上1万元以下的罚款。

有前款规定违法行为的生产经营单位及其有关人员在3年内不得再次申请该行政许可。

生产经营单位及其有关人员未依法办理安全生产许可证书变更手续的,责令限期改正,并对生产经营单位处1万元以上3万元以下的罚款,对有关人员处1000元以上5000元以下的罚款。

第五十二条 未取得相应资格、资质证书的机构及其有关人员从事安全评价、认证、检测、检验工作,责令停止违法行为,并按照下列规定处以罚款:

(一)机构有违法所得的,没收违法所得,并处违法所得1倍以上3倍以下的罚款,但是最高不得超过3万元;没有违法所得的,并处5000元以上1万元以下的罚款;

(二)有关人员处5000元以上1万元以下的罚款。

第五十三条 生产经营单位及其有关人员触犯不同的法律规定,有两个以上应当给予行政处罚的安全生产违法行为的,安全监管监察部门应当适用不同的法律规定,分别裁量,合并处罚。

第五十四条 对同一生产经营单位及其有关人员的同一安全生产违法行为,不得给予两次以上罚款的行政处罚。

第五十五条 生产经营单位及其有关人员有下列情形之一的,应当从重处罚:

(一)危及公共安全或者其他生产经营单位安全的,经责令限期改正,逾期未改正的;

(二)一年内因同一违法行为受到两次以上行政处罚的;

(三)拒不整改或者整改不力,其违法行为呈持续状态的;

(四)拒绝、阻碍或者以暴力威胁行政执法人员的。

第五十六条 生产经营单位及其有关人员有下列情形之一的,应当依法从轻或者减轻行政处罚:

(一)已满14周岁不满18周岁的公民实施安全生产违法行为的;

(二)主动消除或者减轻安全生产违法行为危害后果的;

(三)受他人胁迫实施安全生产违法行为的;

（四）配合安全监管监察部门查处安全生产违法行为，有立功表现的；

（五）主动投案，向安全监管监察部门如实交待自己的违法行为的；

（六）具有法律、行政法规规定的其他从轻或者减轻处罚情形的。

有从轻处罚情节的，应当在法定处罚幅度的中档以下确定行政处罚标准，但不得低于法定处罚幅度的下限。

本条第一款第（四）项所称的立功表现，是指当事人有揭发他人安全生产违法行为，并经查证属实；或者提供查处其他安全生产违法行为的重要线索，并经查证属实；或者阻止他人实施安全生产违法行为；或者协助司法机关抓捕其他违法犯罪嫌疑人的行为。

安全生产违法行为轻微并及时纠正，没有造成危害后果的，不予行政处罚。

第五章　行政处罚的执行和备案

第五十七条　安全监管监察部门实施行政处罚时，应当同时责令生产经营单位及其有关人员停止、改正或者限期改正违法行为。

第五十八条　本办法所称的违法所得，按照下列规定计算：

（一）生产、加工产品的，以生产、加工产品的销售收入作为违法所得；

（二）销售商品的，以销售收入作为违法所得；

（三）提供安全生产中介、租赁等服务的，以服务收入或者报酬作为违法所得；

（四）销售收入无法计算的，按当地同类同等规模的生产经营单位的平均销售收入计算；

（五）服务收入、报酬无法计算的，按照当地同行业同种服务的平均收入或者报酬计算。

第五十九条　行政处罚决定依法作出后，当事人应当在行政处罚决定的期限内，予以履行；当事人逾期不履行的，作出行政处罚决定的安全监管监察部门可以采取下列措施：

（一）到期不缴纳罚款的，每日按罚款数额的3%加处罚款，但不得超过罚款数额；

（二）根据法律规定，将查封、扣押的设施、设备、器材和危险物品拍卖所得价款抵缴罚款；

（三）申请人民法院强制执行。

当事人对行政处罚决定不服申请行政复议或者提起行政诉讼的，行政处罚不停止执行，法律另有规定的除外。

第六十条　安全生产行政执法人员当场收缴罚款的，应当出具省、自治区、直辖市财政部门统一制发的罚款收据；当场收缴的罚款，应当自收缴罚款之日起2日内，交至所属安全监管监察部门；安全监管监察部门应当在2日内将罚款缴付指定的银行。

第六十一条　除依法应当予以销毁的物品外，需要将查封、扣押的设施、设备、器材和危险物品拍卖抵缴罚款的，依照法律或者国家有关规定处理。销毁物品，依照国家有关规定处理；没有规定的，经县级以上安全监管监察部门负责人批准，由两名以上安全生产行政执法人员监督销毁，并制作销毁记录。处理物品，应当制作清单。

第六十二条 罚款、没收违法所得的款项和没收非法开采的煤炭产品、采掘设备,必须按照有关规定上缴,任何单位和个人不得截留、私分或者变相私分。

第六十三条 县级安全生产监督管理部门处以5万元以上罚款、没收违法所得、没收非法生产的煤炭产品或者采掘设备价值5万元以上、责令停产停业、停止建设、停止施工、停产停业整顿、吊销有关资格、岗位证书或者许可证的行政处罚的,应当自作出行政处罚决定之日起10日内报设区的市级安全生产监督管理部门备案。

第六十四条 设区的市级安全生产监管监察部门处以10万元以上罚款、没收违法所得、没收非法生产的煤炭产品或者采掘设备价值10万元以上、责令停产停业、停止建设、停止施工、停产停业整顿、吊销有关资格、岗位证书或者许可证的行政处罚的,应当自作出行政处罚决定之日起10日内报省级安全监管监察部门备案。

第六十五条 省级安全监管监察部门处以50万元以上罚款、没收违法所得、没收非法生产的煤炭产品或者采掘设备价值50万元以上、责令停产停业、停止建设、停止施工、停产停业整顿、吊销有关资格、岗位证书或者许可证的行政处罚的,应当自作出行政处罚决定之日起10日内报国家安全生产监督管理总局或者国家煤矿安全监察局备案。

对上级安全监管监察部门交办案件给予行政处罚的,由决定行政处罚的安全监管监察部门自作出行政处罚决定之日起10日内报上级安全监管监察部门备案。

第六十六条 行政处罚执行完毕后,案件材料应当按照有关规定立卷归档。

案卷立案归档后,任何单位和个人不得擅自增加、抽取、涂改和销毁案卷材料。未经安全监管监察部门负责人批准,任何单位和个人不得借阅案卷。

第六章 附 则

第六十七条 安全生产监督管理部门所用的行政处罚文书式样,由国家安全生产监督管理总局统一制定。

煤矿安全监察机构所用的行政处罚文书式样,由国家煤矿安全监察局统一制定。

第六十八条 本办法所称的生产经营单位,是指合法和非法从事生产或者经营活动的基本单元,包括企业法人、不具备企业法人资格的合伙组织、个体工商户和自然人等生产经营主体。

第六十九条 本办法自2008年1月1日起施行。原国家安全生产监督管理局(国家煤矿安全监察局)2003年5月19日公布的《安全生产违法行为行政处罚办法》、2001年4月27日公布的《煤矿安全监察程序暂行规定》同时废止。